新编21世纪教育学系列教材

教育评价学

第四版

胡中锋　主编

中国人民大学出版社
·北京·

内容简介

《教育评价学（第四版）》是写给广大高校教育学专业师范生的教材。这本教材已经发行了十几年，让诸多教育学师生受益。本书不仅阐明了教育评价的基本原理，还着重介绍了教育评价的方法，如量化评价法和质性评价法。此外，结合教学实际工作，提供了教学工作评价、课程评价、教师评价、学生评价、学生品德评价、学生劳动教育评价、学校体育评价、中小学学校评价、学校美育评价和增值性评价等方面的内容。其中，学生劳动教育评价、学校美育评价和增值性评价为本版新增内容。本书既可作为高等教育相关专业本科教材使用，也可作为教育研究用书。

作者简介

胡中锋 大学数学专业毕业，教育学硕士，心理学博士，教授，教育经济与管理专业博士生导师。曾任华南师范大学教育系副系主任、教科院院长助理、公共管理学院副院长，现任华南师范大学政治与公共管理学院院长，兼任全国基础教育评价专业委员会常务理事、广东省教育质量监测与评价专业委员会理事长、广东省教育评估协会基础教育分会理事长、广东省教育管理专业委员会副理事长、广东省高考研究会副会长。主要研究方向为教育统计、测量与评价，以及教育研究方法等，尤其注重量的研究方法与质的研究方法的结合。

主要学术成果包括：主编《教育科学研究方法》《校本评价：方法与案例》《数学试卷分析方法》《教育测量与评价》《现代教育学》《中小学教师教育科研导论》《教育评价学》《基础教育学生评价》；发表论文100多篇，主要集中在“教育评价改革”“高考改革研究”“教育领导力及其测评研究”“课程评价研究”“研究方法的整合研究”等方面，多篇论文被人大复印报刊资料全文转载。承担多项国家一般项目及省、厅重点项目，涉及领域为学校评价、校长领导力、教师工作绩效、教学评价、教师评价、创新力评价、高考改革、增值性评价等。

第四版前言

本书第三版出版之后，我国的教育评价改革进入了深水区。2020 年 10 月，中共中央、国务院颁发了《深化新时代教育评价改革总体方案》，吹响了深化新时代教育评价改革的号角；2021 年 3 月，教育部等六部委印发了《义务教育质量评价指南》；2022 年 1 月，教育部又印发了《普通高中学校办学质量评价指南》；各省市也相继出台了落实《深化新时代教育评价改革总体方案》的政策和文件。教育评价的理论研究与实践变革迎来了好时机。

教育是国之大计，党之大计。教育评价事关教育的发展方向，是树立正确办学导向的指挥棒，也是加快推进教育治理体系和治理能力现代化的重要抓手。在认识到教育评价重要性的同时更要尊重教育评价工作的专业性和技术性。教育评价是一项专业性强、技术含量高的工作，教育评价的有效开展离不开专业的学习，如何建立科学合理的评价指标体系，并将评价要素转化为具体、可操作的评价工具，都需要科学理论的指引和技术方法的支撑。

习近平总书记在二十大报告中指出，我们要坚持教育优先发展，加快建设教育强国，坚持为党育人、为国育才；办好人民满意的教育，全面贯彻党的教育方针，落实立德树人根本任务，培养德智体美劳全面发展的社会主义建设者和接班人；加快建设高质量教育体系，发展素质教育，促进教育公平。为了达成习近平总书记提出的教育发展的宏伟目标，教育改革势在必行，以教育评价改革为抓手，牵引教育领域综合改革，具有重要的现实意义。

本书第四版力求文字内容简明扼要；内容体系更具全面性、可操作性、科学性；适用对象更广泛，满足不同层次学生及一线教师的学习需求。本书在第三版的基础上进行了修改和完善。

一是增加了第十二章“学生劳动教育评价”。教育部于 2020 年印发的《大中小学劳动教育指导纲要（试行）》指出，劳动教育是新时代党对教育的新要求，是中国特色社会主义教育制度的重要内容，是全面发展教育体系的重要组成部分，是大中小学必须开展的教育活动。对劳动教育评价的探讨是教育评价体系的重要组成部分。

二是增加了第十五章“学校美育评价”，介绍了学校美育评价的概念、功能与价值以及开展学校美育评价的原则。这有利于指导学校开展各类美育评价工作。

三是增加了第十六章“增值性评价”。《深化新时代教育评价改革总体方案》明确提出要“探索增值评价”。目前各地都在尝试运用增值性评价的理论与方法评价学生、教师和学校，对增值性评价的探讨更具时代价值。

四是对原有内容进行了修订，秉持以科学的教育评价凸显教育价值的新思想，紧密结合课程思政的相关要求，增加了“深化新时代教育评价改革的意义与要求”“课程思政评价的改革与思考”等紧扣时代发展的新内容，并在每章后增加了拓展阅读，帮助读者更好地理解和学习相关知识，以提升学习者思辨性思维及解决实际问题的能力。

尽管我国的教育评价改革进行得如火如荼，但我们与西方发达国家的差距仍然存在，适合于本土的教育评价理论与方法仍有待发展、完善，当前的教育评价改革仍然急需先进评价理论与方法的指导。本书系 2021 年全国教育科学规划课题国家一般项目“基于学生发展的增值性评价理论与实践研究”（BFA210064）成果之一。

教育评价的改革永远在路上，让我们共同求索吧！

编者

2022 年 10 月

目录

第一篇

教育评价的基本原理

第二篇

教育评价方法

第四章

教育评价的基本方法

第五章

量化评价法

第六章

质性评价法

第三篇

各类基础教育评价

第七章

教学工作评价

第八章 课程评价

第九章 教师评价

第十章 学生评价

第十一章 学生品德评价

第十二章 学生劳动教育评价

第十三章 学校体育评价

第一篇

教育评价的基本原理

第一章
教育评价概述

本章提要

教育是国之大计，党之大计。教育评价事关教育的发展方向，是树立正确办学导向的指挥棒，也是提高现代教育治理能力的关键点。

本章从什么是教育评价出发，阐述了教育评价的意义和功能，介绍了教育评价的类型，对现代教育评价的主要模式进行了述评，最后对教育评价的发展阶段进行了划分。

第一节　什么是教育评价

一、什么是评价

“评价”一词早在我国的北宋时期就已出现。《宋史·戚同文传》中就有“市物不评价，市人知而不欺”的记载。这里的“评价”是讨价还价、评论货物的价格的意思。我国2000年出版的《辞海》（1999年版缩印本），对“评价”一词的解释是：“评价，评论货物的价格……今亦泛指衡量人物或事物的价值。”评价是指根据某种价值观对事物及其属性进行判断、衡量，亦即对人或物做出好与坏、真与假、善与恶、美与丑、优与劣等的判断。评价意味着对某一事物的价值给予一般的衡量。

价值观在评价中起着十分重要的作用。人的价值观不同，对同一事物会有不同的评价。在哲学史上有几种不同的价值观：第一种是客观主义的价值观，认为价值是客观对象固有的本性，是纯客观的东西；第二种是主观主义的价值观，认为价值是用来表达个人对事物的好恶情感的，是纯主观的东西；第三种是辩证唯物主义的价值观，认为价值是客体对主体的特殊效用性，是主观性与客观性的统一，客观事物的效用性与主观的需要和愿望相结合，就具有了一定的价值，二者相符合的程度越高，客体对主体的价值就越大。我们认为第三种观点是正确的。

二、什么是教育评价

怎样理解和解释教育评价（evaluation），是现代教育评价基本理论的重要问题。因为教育评价是一门新兴的学科，它的理论体系、指导思想、评价模式和方法技术等都处于不断完善、不断发展的过程中，因此，虽然各国教育评价专家、学者对教育评价做了种种界说和解释，但迄今尚未形成统一的、为大家所公认的科学定义。下面介绍几种具有代表性的界说：

（一）早期解释

泰勒（R. W. Tyler）在 20 世纪 40 年代初将教育评价解释为：确定教育目标在实际上被理解到何种程度的过程。后来日本学者进一步把它界定为：教育评价就是系统地、有步骤地从数量上测量或从性质上描述儿童的学习过程和结果，据此判定是否达到了所期望的教育目标的一种手段。

这种解释和界说认为，以教育目标为导向，评量学习结果达到目标的程度，就是教育评价。

（二）20 世纪 60 年代的界说

克龙巴赫（L. Cronbach）对教育评价的阐释是基于突破行为目标模式的观点，他提出：评价是为决策提供信息的过程。后来有人对这一界说做了具体的描述：教育评价是一种系统地去寻找并搜集信息资料，以便协助决策者在诸种可行的途径（方案）中择一而行的历程。这种观点强调了评价的信息作用，扩大拓宽了评价的功能、范围，从广义上对评价进行了创造性的解释。

斯塔弗尔比姆（D. L. Stufflebeam）对泰勒的评价模式提出了异议，他的观点和克龙巴赫有着很大的一致性。他认为：教育者需要一个较广义的评价定义，而不只是局限于确定目标是否达到，评价应有助于更好地执行和改进我们的方案。他强调：评价最重要的意图不是为了证明（prove），而是为了改进（improve）。

（三）较深层的定义

斯克里文（M. Scriven）和豪斯对教育评价的定义是：评价是一种对优缺点和价值的评估，是一种既有描述又有判断的活动。

日本心理学家大桥正夫认为：教育评价就是对照教育目标，对教育行为产生的变化进行价值上的判断。

这种评价观点认为教育评价的着眼点在于教育现象的价值，也就是评价应当着重判断教育的效果，看其是否具有价值。这里的关键主要是价值判断。尽管各国学者对教育评价有不同的界说，但在这一点上却相当一致。

（四）对教育评价的界定和理解

基于国内外评价学者对评价概念的阐释和对资料的分析整理，我们发现，尽管各国评价专家学者的哲学观、方法论和教育观都不同，但他们对教育评价的认识却有某些共同特点：（1）承认评价是一个过程；（2）价值判断是评价的本质特征；（3）以一定的教育价值观为依据；（4）采用一切可行的科学手段。

根据上述特点，我们把教育评价界定为：教育评价是根据一定的教育价值观或教育目标，运用可行的科学手段，通过系统地搜集信息、分析解释，对教育现象进行价值判断，从而为不断优化教育和教育决策提供依据的过程。

要理解这一概念，必须明确以下几点：

1. 教育评价的对象、范围和地位

随着时间的推移，教育评价逐渐扩大了应用的范围。早期教育评价以学生学习结果为对象，而现代教育评价以教育的全领域为对象，成为整个教育系统不可分割的有机组成部分。从宏观到中观、微观，各种教育现象都可以作为评价对象，而且不仅是教育结果，教育计划、教育活动和教育过程也可以作为教育评价的对象，这就意味着现代教育评价已经成为现代教育不可缺少的一部分。因此，必须正确认识教育评价在整个教育系统中的重要地位，必须明确每项评价的具体对象。

2. 教育评价的目的和作用

这涉及教育评价的指导思想和教育观等基本理论问题。教育评价是为了鉴定、考核，还是为了推动、改进；是为了选拔、淘汰，还是为了教育、发展？这是两种不同的教育观和评价观。过去传统的教育评价偏重于鉴定、筛选的功能，其目的是“选拔适合教育的儿童”，它是为“应试教育”服务的，而现代教育评价则强调评价的反馈、矫正功能，即调控功能，其目的是“创造适合儿童的教育”，即评价是为了诊断评价对象的现状，以便发现问题，使教育、教学工作不断改进、不断完善、不断适合教育对象的需要，为促进儿童个性全面发展和提高教育质量服务。

由此可见，教育评价的目的在于：为教育决策提供信息和依据，为改进教育服务的过程、提高教育质量服务。

3. 教育评价的依据

价值判断是教育评价的本质特征，是教育评价的核心。根据什么进行价值判断和如何进行判断是价值判断的实质和关键。必须有一个衡量和判断的客观依据和标准，也就是教育的价值目标和标准问题。它涉及什么是价值、教育价值、教育价值观的问题。我们应当根据马克思主义价值观和社会主义现代化建设的需要，根据人才成长发展的规律，确立我们的教育价值观和价值取向，确定教育评价的价值目标和标准。从这个意义上说，教育方针、政策和教育目标就是我们的教育价值观的集中体现，我们应当以教育方针和教育目标为依据确定教育评价的目标和标准。根据评价目标和指导思想，价值判断的内涵应包含获取多方面信息、分析解释和综合判断三个方面，从而得到判断结果。

4. 教育评价的手段

教育评价是运用科学的方法和手段，对教育现象及其效果进行测定的价值判断活动。教育评价的科学性在很大程度上取决于方法和手段的科学性。离开了科学的评价方法和手段，就不能称之为现代教育评价。常见的教育评价方法和手段有标准测验、教师自编测验、问卷法、观察法、访谈法、人物推定法等。

（五）教育评价与教育测量的关系

教育测量与教育评价有着非常密切的联系，历史上甚至一度将二者等同起来，因此有必要将二者的关系厘清，这样有助于理解教育评价的概念。

教育测量是借助一定的工具，给教育现象赋值，来获取评价对象数量的方法。教育测量不是教育评价，但它与教育评价有着密切的联系。教育测量是教育评价获得数据资料的重要手段。评价只有在测量的基础上才能做出正确的判断，通过测量做出的评价才可靠。测量也需要评价，测量的结果，只有通过评价的解释才能揭示其实际意义。测量是评价的依据，评价是测量的具体体现。教育测量与教育评价是两个不同的概念。教育测量关心的是数量的多少，教育评价关心的是价值的高低；教育测量是一种纯客观的过程，教育评价带有主观性，是主观估计与客观测量的统一；教育测量是一种单一的活动，教育评价则是一种综合的活动。

第二节　教育评价的功能和意义

教育评价究竟有哪些功能？什么是教育评价功能？功能与结构之间有什么关系？这是评价实践中提出的理论问题。

教育评价作为教育系统中的一个子系统，和其他系统一样，也有其系统的结构和功能。

一、教育评价系统的结构

从教育评价系统结构上分析，教育评价一般由以下几个要素构成：

（一）价值目标和标准

价值目标和标准是指根据社会政治经济的客观需要和人的发展规律的要求设计或制定的教育目标、培养目标和课程标准，以及根据这些目标设计的评价指标、标准等。具体来说，也就是实施教育评价所依据的评价标准体系。

（二）组织机构和人员

组织机构和人员是指实施评价的组织机构、领导人员和评价者。一定的评价任务要求设置与之相适应的组织机构和人员，或领导小组和负责评价的人员。目前我国普通教育评价的实施，还没有专门组织机构和负责评价的专业人员。从评价方针的需要看，建立评价制度和设置专门机构是必要的，但就学校内部而言，一般由有关教师、班主任、学生家长参加学校内部评价，同时也吸收被评价者以自我评价的形式参加。

（三）评价方法和技术

评价方法和技术是指实施教育评价的技术和方法、基本技能和能力。其中包括各种搜集评价信息的方法和技术、统计处理评价信息的方法和技术以及进行综合分析判断的方法和技术等。

（四）评价对象与评价人员的心理调控

评价对象与评价人员的心理调控是指参与教育评价的主体与客体双方在评价过程中所表现的动机、需要和人际关系等心理状态，它直接影响评价过程、评价程序的顺利进行，影响评价任务的完成，因此对评价主体与客体的心理调控具有重要的意义和作用。只有通过各种调控取得及时的有针对性的有效控制，才能保证评价的效果，达到评价的目的。

教育评价系统就是由上述四个要素构成的。这四个要素相互联系、相互制约，构成了教育评价系统的结构。

二、教育评价的功能

（一）导向功能

教育评价具有指引方向的功能。评价目标、指标体系、评价标准，就好像引导航行的“指航灯”，评价标准所肯定的内容，就成为有价值的、值得追求的东西；评价标准所否定的内容，则会成为人们所舍弃、回避的东西。所以，教育评价可以为学校指明办学方向，为教师与学生指明教与学的奋斗目标。

评价的导向功能是客观存在的，不以人的意志为转移，它对教育目的的实现和方针的贯彻有相当强的制约和保证作用。

（二）监督检查功能

教育评价还具有监督检查功能。社会各界要了解、考察教育的发展状况，教育行政领导部门要对学校工作进行指导与管理，学校本身要对师生的教学活动进行调节和控制，教师要对学生的学习进行监督和帮助，这些都需要一个具有检查监督功能的形式和手段，即教育评价。利用评价的监督检查功能，我们可以全面地掌握教育的各种情况，敏锐地发现问题并及时加以解决，对任务完成数量与质量进行控制，为提高教育活动的效率和效能提供科学的依据。

（三）激励功能

教育评价会激发被评者争先的欲望和情绪，从而创造出一种正式或非正式的竞争环境。在教育与教学管理中，根据工作的特点和活动的规律，我们可以有意识地利用评价来强化评价对象间的竞争情绪，这样，不仅能起到激励先进、鞭策后进的作用，还可以使评价者预先设定的行为目标得以实现。

（四）筛选择优功能

在教育的实际工作中，经常要对教育的对象进行筛选，这就需要根据一个标准来衡量和判断，也就是要对他们进行科学的教育评价。过去，我们往往凭经验或少数人的意见办事，结果是不准确的，甚至产生了一些失误，这对被评对象来说是不公平的。

（五）诊断改进功能

通过教育评价，可以发现教育、教学过程中存在的问题和不足，然后针对这些薄弱环节提出改进的措施，这就是教育评价的诊断与改进功能。对于一线教育工作者来说，这才是最有实际意义的。

三、教育评价的意义

一般认为教育评价有以下几种意义：

（一）教育评价是教育管理的重要组成部分

教育管理的各个环节都需要评价。没有评价的管理是一个不完整的管理系统，缺乏反馈机制，是一种不科学、不健全的管理。有评价的管理，能及时反馈信息，及时发现问题、解决问题，这是一种闭合回路的管理系统，是一种科学的管理。因此，可以说，没有评价就没有科学管理，缺少评价，任何管理都是不健全、不科学的。

（二）教育评价是深化教育改革的重要措施

要进行一项教育改革，首先要进行改革方案的可行性评价；在改革进程中，必须加强形成性评价；在某一改革告一段落时必须进行终结性评价。只有这样才能避免盲目性，确保教育改革沿着积极正确的轨道发展。

（三）教育评价是全面提高教育质量的重要手段

通过教育评价，可以及时了解学校各项教育教学工作的有效性及学生各方面发展的情况，获取反馈信息，及时总结成绩，纠正偏差，使教育教学工作持续、全面地保持良好状态，从而有效地促进学校教育和教学质量的提高。

（四）教育评价是教育科学研究的重要内容

现代教育科学研究被划分为三大领域：教育基础理论研究、教育发展理论研究和教育评价研究。可见，教育评价是教育科学研究的重要内容。

第三节　教育评价的种类

根据不同的分类标准，可将教育评价分成不同的种类。

一、根据评价的对象和范围不同来分

（一）宏观教育评价

宏观教育评价是以教育的全领域及宏观决策方面的教育现象、措施为对象的教育评

价，或对一个具有相当规模的地区的教育进行的评价。这类评价属于总体的、全局性的、高层次的评价。

（二）中观教育评价

中观教育评价是以学校为对象，对学校内部各方面的工作进行的评价。如学校办学质量评价、学校教学工作评价、学校德育工作评价等。

（三）微观教育评价

微观教育评价是以学生为对象的教育评价。如对学生的学业成绩、思想品德、智能发展等的评价。

二、根据评价的时间和作用不同来分

（一）诊断性评价

诊断性评价是指在教育、教学活动开始之前，为使计划更有效地实施而进行的预测性、摸底性评价。其目的是摸清评价对象的基础和情况，分析存在的问题，为解决问题搜集必要的资料，以找到解决问题的办法。

（二）形成性评价

形成性评价是指在教育、教学活动计划实施的过程中，对计划、方案的执行情况进行的评价。其目的是了解动态过程的效果，及时反馈信息，及时调节，使计划、方案不断得到完善，以顺利达到预期的目的。

（三）总结性评价

总结性评价是指某一教育、教学活动项目告一段落或完成以后进行的评价。其目的是了解这项活动达到预期目标的情况以及它的最终效果或效益。

三、根据评价的基准不同来分

（一）相对评价

相对评价是指在评价对象团体中确定一个基准，或以某一团体的评价状况为基准，对团体中的个体成员在这个团体中所处的相对位置进行评价。相对评价的特点为：一是评价基准是在评价对象团体内部确定的；二是参照的标准是对团体进行测量以后确定的；三是它关心的是团体成员在该团体中所处的相对位置。

（二）绝对评价

绝对评价是指以预先制定的目标为评价基准，评价每个对象达到目标或基准的程度，也称目标参照评价。绝对评价的特点为：一是评价基准是在评价对象团体以外确定的；二是参照的标准是在对团体进行测量以前确定的；三是它关心的是评价对象达标的程度。

四、根据评价的性质不同来分

（一）需要性评价

需要性评价是指根据某种需要，对新提出的教育目标、计划方案的必要性做出的价值判断。其目的是判断新提出的教育目标、计划方案或活动是否有必要进行或开展。需要性评价一般是在某种教育改革项目开始前或对教育活动整个过程进行总体反思时进行的。

（二）可行性评价

可行性评价是指对教育目标、计划、方案实现的条件、可行性的评价。其目的是了解实施教育目标、计划、方案的物质条件、技术条件和经济效益。

（三）配置性评价

配置性评价是指对教育目标、计划、方案所需要的资源条件、人员与业务技术条件的配置进行的价值判断。其目的是合理安排和利用人力、物力和财力。

五、根据评价的主客体不同来分

（一）自我评价

自我评价是指被评者按照一定的评价目的与要求，对自身的工作、学习、品德等方面的表现进行的价值判断。自我评价能充分发挥评价对象在评价中的积极性，激发被评价者的自尊心、自信心，使之自觉地、主动地接受评价。

（二）他人评价

他人评价是指被评者以外的人进行的评价，又叫外部评价。他人评价一般较严格、慎重，也比较客观，可信度较高，具有一定的权威性，自评只有经过他评后才能得到有关方面的认可。

第四节　现代教育评价的主要模式

教育评价模式就是教育评价基本理论与方法的总体概括，是某种教育评价类型的总构思。它包括评价的大体范围、基本程序、主要内容和一般方法①。

---

① 金娣，王刚．教育评价与测量．北京：教育科学出版社，2002：24.

从20世纪三四十年代泰勒的第一个教育评价模式诞生以来，已经出现了众多的教育评价模式，本节介绍其中比较主要的几种评价模式。

一、泰勒的目标达成模式

泰勒是现代教育评价的创始人，他于20世纪40年代提出的目标达成模式是教育评价理论历史发展中第一个较为完整的教育评价模式，也是影响最大的模式，至今仍是最为主要的教育评价模式。

泰勒模式要求先制定评价目标，再根据评价目标选择和组织学习经验，然后评价目标的达到程度。因此，泰勒模式是一个单向的封闭系统。

泰勒模式的工作流程相对比较简单，结构也比较紧凑，且逻辑严密、层次分明，故为大多数人所接受，运用范围较为广泛。

但泰勒模式也有其自身固有的局限性。比如，它只重视对结果的评价，忽视了对过程的评价，另外它也忽视了教育的价值问题。

二、CIPP模式

20世纪60年代有人对泰勒的目标达成模式进行了反思，产生了新的教育评价模式，CIPP模式就是其中之一。CIPP模式是1966年美国的斯塔弗尔比姆创立的，它是以背景评价（context evaluation）、投入评价（input evaluation）、过程评价（process evaluation）和成果评价（product evaluation）四种评价的头一个英文字母命名的。

CIPP模式是在泰勒模式的基础上直接衍生出来的。首先，它将评价目标本身纳入评价活动之中，目标本身的合理性受到评价，这使得目标更加全面、科学，体系更加完整。其次，CIPP模式对形成性评价比较重视，注重为决策提供信息。最后，CIPP模式把评价看成是教育活动的一部分，使评价成为改进工作、提高教育质量的工具。

CIPP模式过分注重评价的决策功能，导致其缺乏完全意义上的价值判断。同时，由于其要求各类信息源的配合、充裕的经费以及可靠的分析技术，所以在使用时受到很大的限制。

三、目标游离模式

目标游离模式是美国的斯克里文提出的。斯克里文在考察了教育活动的实际效果后认为，依据事先确定的目标进行评价往往使评价的范围受到限制，因为实际的教育效果除了预期效果的影响外，还会产生许多非预期的效果，这些非预期效果的影响有时甚至是至关重要的，而泰勒将评价仅限于衡量达到目标的程度显然是不全面的。

教育评价的预定目标主要反映评价者的意图，而评价方案实际上起到了什么作用却被忽视了。在任何一次教育评价的过程中，都可能存在目标偏离的情况，即出现目标游离。目标游离模式主张不把方案、计划制定者的预定活动的目的告诉评价者，以利于评价者收集有关方案的全部成果信息。

目标游离模式突破了目标的限制，认为评价的依据不是方案、计划制定者的预定目标，而是活动参与者的实际成效。当然，如果评价组织中的各个评价者具有不同的价值标准，就会给评价的操作带来很大的困难。

四、应答模式

应答模式是由美国的斯塔克（R. E. Stake）于 1973 年提出的。这一模式的主要特点是以问题特别是直接从事教育活动的决策者和实施者所提出的问题作为评价的先导，而不主张以预定的目标或假设为出发点。应答模式要求评价者同与评价有关的人员进行持续不断的对话，了解他们的愿望，对教育方案做出修改，对大多数人的愿望做出应答，以满足各种人的需要。斯塔克认为解决教育问题只有依靠那些直接接触问题的人，教育评价应该帮助被评价者更好地了解自己的优缺点，明确今后改进工作的方向。

应答模式强调在评价活动中使用非正式的观察、访谈和定性描述分析的自然主义的方法。应答模式在有效做出价值判断方面优于泰勒模式，但它在评价活动中耗费人力、物力，且时间较长、实施难度较大。

五、教育型目标调控模式

教育型目标调控模式是以形成性评价和自我评价为中心，充分发挥多种评价功能的一种评价模式。它是由我国北京市一些教育评价研究人员在教育评价实践基础上提炼而成的①。

该模式认为，现代教育评价不能仅仅为了选拔、鉴定，更重要的是要发挥评价的导向、改进和激励等方面的功能。教育型目标调控模式的指导思想是：着眼于教育，通过评价使评价对象受到教育，从而自觉地改进和完善自己的教与学活动，以达到预期的目标。目标是评价的基础，过程是评价的重点，自我评价和调控是进行评价的基本方法，反馈则是运行机制。

这种评价的特点在于，重视目标评价的同时，十分重视过程评价和结果评价；既重视评价目标的导向，又重视评价过程的反馈、调节，以及评价结果的判断和改进，特别强调形成性评价和自我评价的结合。

六、协同自评模式

协同自评模式是由我国上海市的研究人员在确立被评价者的主体地位和肯定其个性特征的基础上，以被评价者自我评价为主，在评价人员的协同下，共同完成从制定评价

① 宋伏秋，梅克．我国普通教育评价模式研究．北京：中国和平出版社，1995：181.

目标开始的一系列的评价模式①。

该模式认为，在任何评价活动中，只有当事人才能全过程地参与，才能全面、真实地收集资料，通常评价人员只能部分参与评价过程，所以，评价人员所做出的价值判断有时难免有失实之处。但完全由被评价者做自评，也未必符合评价的要求。如果能有评价人员的协同合作，则可弥补自评的不足。这就形成了以自我评价为主体、评价人员协同自评者进行评价活动的协同评价模式。在协同评价的过程中，协同是核心，自评者与协同者同心协力，经常协商，不断取得共识，一起完成从确立评价目标到制定评价方案、进行评价资料的收集、做出价值判断、撰写评价报告等一系列的评价活动。

协同自评模式的特点首先是自评，然后是自评与协同的有机结合。因此，在评价的过程中必须遵循两个基本原则：一是平等性原则，即评价过程中的所有人员都是平等的。二是共建性原则，即在评价的过程中要共同协商，取得共识，共同构建。

七、发展性目标评价模式

发展性目标评价模式②是由我国上海师范大学的研究人员提出的，它强调在注重评价的发展和改进功能的同时，还要重视对教育目标的评价，而目标本身也是发展变化的。

发展性目标评价模式的基本内容是：根据社会发展的需要和开展教育活动的现实条件确定和检验教育目标，使它作为设计评价方案的主要依据；再考虑评价对象和条件，与教育评价活动有关人员的愿望、需要和意图，以及现有的各种规章制度和科学理论等因素，设计出以评价标准为核心的评价方案；遵循评价方案，实施评价活动。在评价活动中，注重定量方法和定性方法的有机结合以及多种评价类型的结合，重视反对意见和非预期效果，有效运用计算机技术；完成和反馈评价报告；用评价制度控制和制约整个评价过程，以确保评价质量。

发展性目标评价模式有效地吸取了中外主要教育评价模式的长处，如对教育目标进行评价、重视与评价活动有关人员的需要和意图以及注重多种评价类型的结合等。另外，这种模式结构紧凑、程序规范、可操作性强、适应面较宽。

上述七种教育评价模式只是现代教育评价模式的一部分。它们也不是十全十美的，各有自身的优势和局限性，也各有自己不同的适用范围。充分了解和认识这些模式存在的问题，有助于我们选择最适合的教育评价模式，更重要的是有助于创造出适合我国国情的教育评价模式。

第五节　教育评价的发展阶段

教育评价作为科学概念，是 20 世纪 30 年代在美国进步主义教育联盟的新教育课程

---

① 金娣，王刚．教育评价与测量．北京：教育科学出版社，2002：29.

② 吴刚，张辉华．高校课堂教学评价的探索．江苏高教，2001（6）.

的改革实验“八年研究”中正式诞生的。正像任何新事物的诞生都有其历史渊源和孕育、发展、演变的过程一样，教育评价也不例外。具体地说，教育评价思想源于中国古代教育的考试，孕育于西方教育测量的批判，形成于“八年研究”的改革实践。

一、教育评价产生的历史渊源与社会背景

（一）我国古代教育考试制度

自人类社会形成，人类祖先为了生存、延续，自发地产生了原始生产经验和生活规范的传递，这种传递就是教育的萌芽。随着社会经济、政治和文化的发展，特别是由于古文字的出现，产生了专门的教育机构——学校。随后，各种教育机构相继形成了相应的教育内容，从而也产生了衡量教育结果的手段和规定。从我国教育史上看，早在西周时代，就已经形成了较完备的考试制度。如《学记》中记载的“比年入学，中年考校”，就是典型实例。历代封建王朝为选拔人才，建立了“开科纳士”“分科举人”的考试制度，历史上称为科举考试制度。如果说教育评价思想起源于考试，那正是指这种考试制度。

（二）西方教育测量运动的兴起

古代西方教育盛行以口头提问和实际操作来评定学生的学业，如古希腊哲学家授徒方式就是以评论、谈话为主，提倡辩论，注重思维训练。因此，考查学生能力偏重于口头提问和背诵。从中世纪到 19 世纪的学校，基本上以口试作为考查学生成绩的主要方法。进入资本主义发展时期以后，由于社会需要大量掌握读、写、算能力的人才，学校和学生激增，口试被笔试取代，但是笔试也有很多弊端。为追求测验、考试的客观性，受实验心理学、个别差异研究和智力测验的影响，20 世纪初，在美国，教育测量取代了传统的考试，并成为一种趋势和运动。20 世纪 20 年代末，由于新教育思潮的出现，教育测量已不能完全适应教育发展的需要，因而出现了对教育测量的批判。

（三）社会背景

20 世纪 20 年代末 30 年代初，美国爆发了一场空前的经济危机，许多工厂倒闭，工人失业，大批青年为了增强自身在劳动市场的竞争能力，重新进入中学学习，谋求新职业。但当时美国的中学所开设的课程是为学生升大学服务的，不适应整个社会与失业青年的需要，这就使学生与学校课程之间产生了尖锐的矛盾。在这种情况下，美国一些受杜威教育思想影响的教育家，组织了进步主义教育联盟（PEA），艾金（W. M. Aikin）是这个组织的负责人。他们提出，教育的目的在于生活、在于儿童，反对旧的传统的死记硬背的考试测验。他们以新教育理论为依据，以全面发展人的才能为主要目标，设计了一套新的课程，并在 7 所大学和 30 所中学进行了教育实验。为了达到实验目标，需要研究一套新的考查教育成就的方法。以泰勒教授为首的评价委员会从 1933 年到 1940 年进行了为期 8 年的课程设置和成绩测试的改革实验，史称“八年研究”。“八年研究”的

工作是极具创造性的。他们提出的教育评价思想、评价原则和方法是系统的、完整的，为教育评价理论方法的发展开辟了前进的道路。

二、现代教育评价的发展阶段

现代教育评价思想的酝酿和教育评价理论的诞生，是在批判教育测量运动中，在教育改革的实践中进行的。教育评价产生至今大致经历了三个发展阶段，在这三个阶段中教育评价方法论各有其不同的特点①。

（一）开创时期（1930—1957年）

“八年研究”是1933—1940年由美国进步主义教育联盟的一些教育家，以新教育理论为指导，以人的全面发展为目标，提出的一套新教育课程实验研究。泰勒教授承担并设计了教育实验的评价方案，并结合实验进行评价研究。实验结果证明，“八年研究”是成功的，教育评价的实施也是有效的。专门总结这次教育评价的报告《史密斯-泰勒报告》被誉为“划时代的教育评价宣言”。在这个报告里，泰勒系统地总结了教育评价思想体系，第一次提出了教育评价的科学概念，阐明了教育评价的指导思想、目的和原理。他明确提出实施教育评价首先必须明确教育应达到的目标，根据目标评价教育的效果，运用教育评价促进教育工作向理想的目标逼近。至此，现代教育评价正式诞生，终于取代了教育测量成为考查教育效果、促进教育改革的重要理论和手段。总之，教育评价源于考试测量，又高于考试测量，考试测量只是教育评价获取信息的重要手段，它并不等于教育评价。

泰勒的评价思想是他多年从事教育测量工作经验的总结，又在“八年研究”大规模的教育改革实验研究中得到了验证和完善。他认为，测验应以一定的教育目标为指导，根据课程内容用行为表述课程目标，再根据目标编制测试工具。他第一次将测验目的与课程目标和教学计划联系起来，并且认为测验不只是为了揭示个人差异，也是为了努力寻找造成差异的原因。这就是教育评价思想最早的表述。

在这个阶段中，教育评价方法论的实证化特点非常明显，这一特点主要体现在目标达成评价模式之中。首先，泰勒认为开展评价的依据是把所要评价的内容分成具体可见的、可操作的学生行为目标，以便在评价中能够围绕这些行为目标进行观察和测定。其次，泰勒在他的评价模式中非常强调对学习和教育结果进行客观的测量、统计。他曾提出过三种评价手段：（1）由评价专家组织测验，通过这些测验测得学生的行为变化情况；（2）把学生置于特定情境之中，对学生的特定行为进行有目的的观察；（3）用提问的形式使学生表达观点，借以引起学生做出能体现其知识和能力的回答。泰勒在运用这些手段时，提出三个重要准则：客观性、信度和效度。任何一种手段违背了这三条准则，都将是无效的手段。第二次世界大战以后，教育评价领域在维持泰勒模式基本思想的同时，又从标准化测验和教育目标分类学两个方面对评价手段做了进一步的发展。前者通过避

① 刘志军．关于教育评价方法论的思考．教育研究，1997（11）．

免人的因素对测验的干扰，使评价手段的客观化程度进一步加强；后者通过对行为目标的精细化研究，使评价手段的可操作性又向前迈进了一步，这进一步加强了评价手段和方法的实证化倾向。

（二）大发展时期（1958—1972 年）

在 20 世纪 50 年代以前相当长的一段时间里，许多美国人都认为，无论是美国的社会经济还是美国的科技与教育都是世界上最先进的。但是 1957 年苏联的人造卫星先于美国上了天。这沉重地打击了美国人的优越感并开始引发他们的反省。经过一番争论，美国的政府和公众都把科技落后的原因归咎于教育的落后，为了改变这种状况，1958 年美国联邦议会通过了《国防教育法》，提出了新的课程研制计划，要求政府拨巨款投资教育。在投入大量经费发展教育的同时，政府和公众要求对教育工作实行科学的评价。于是，教育评价很快就从过去仅是学术机构和民间的研究转而被纳入各级政府和各地方教育当局的议事日程。1963 年美国政府正式提出要对教育的效能和质量进行评价，并拨出大量专款用于教育评价理论、技术与方法的研究和专门的教育评价工作人员的培养。在这种情况下，教育评价理论、技术和方法得到了大发展。

1963 年，克龙巴赫发表了《通过评价改进教程》一书。他在书中指出，评价的内容不应仅仅是课程或教学目标及其被达到的程度，而应更关心教育决策及其所依据的准则。为决策提供信息更应是评价的中心。

1963 年，格拉泽发表文章，在指出相对评价的不足时，提出在今后学校教育中应着重进行绝对评价。他的观点受到大家的认可，并迅速被付诸实践。

1967 年，斯克里文发表了评价史上具有深远影响的《评价方法论》，指出过去的评价不仅在理论上而且在实践中都很不全面和完善。他第一次对形成性评价与终结性评价、专业性评价与业余性评价、对目标达到程度的评价与对目标本身价值的评价，以及比较性评价与非比较性评价做了明确的阐述和区分。他的评价理论提出后，经布卢姆（B. S. Bloom）等人的丰富和发展，已成为当今教育评价的重要内容。

1969 年，艾斯纳（Eisner）对泰勒的目标评价理论进行了抨击。他认为，对教育本质的不同理解，可以形成对目标的不同表述，泰勒的评价方法不一定适用于教育实际。因为它既没有提供评价目标本身的方法，也没有提出判断评价目标与结果之间差异的标准。从此，以目标为中心的评价模式不再是唯一，其他评价模式相继出现，目标的价值结构受到挑战，人们对评价的功能有了更广泛、更深刻的认识。

在这一段时间内，出现了 40 多种评价模式，它们适用于不同的范围。教育评价呈现出生机勃勃、迅速发展的趋势。

这个时期的教育评价，开始从作为专家学者的研究领域变成政府工作之一。评价的内容和范畴也从学生学习、课程与教学效果发展到教育决策和教育规划。评价的理论与方法技术也有了迅速发展。

在这个阶段中，教育评价方法论的主要特点是实证化倾向仍占主要地位，人文化倾向开始萌芽。在这一时期，由于社会条件的变化，对评价的需求迅速增加，在评价领域不断扩大的形势下，泰勒的目标达成评价模式已不能完全适应形势发展的需要，许多人从不同的需要、不同的观点出发，提出了许多不同的评价模式。

在这些评价模式中，有些是在泰勒的目标模式的基础上做进一步发展，有些是对泰勒的目标模式的改造，也有些是对泰勒模式的批判。其中实证化倾向最明显的是系统分析模式。这一模式的具体评价方法有两个重要特点：（1）强调科学实证的方法，要求在评价分析过程中所使用的材料必须是能被证实的。（2）强调使用定量的资料和数学技术，如线性规划、回归分析、计算机技术等。此模式的提出者认为："明确性是系统分析的最小公分母，在分析中使用的假设和判断准则必须是具体的，对于不可比和不确定的资料要仔细地加以清除。"①

（三）专业时期（1973 年至今）

在这一阶段，教育评价方法论的人文化倾向得到迅速发展，并有超过实证化倾向的势头。第二次世界大战后，随着美国经济的增长，公民权运动开始高涨，特别是 20 世纪 60 年代的社会动乱和社会变革，迫使人们在研究教育问题时，开始考虑人的需要和人与人之间的交互作用对教育的影响，在方法论上逐渐向人文主义哲学靠拢。教育评价也顺应这种潮流，出现了一系列新的教育评价模式。这些评价模式的共同特点就是在评价中不只是单纯从评价者的需要出发，而是考虑到所有参与者的需要，强调个体的经验、活动和主观认识的作用，不过分追求客观性，并试图摒弃数量特征，从人的角度出发，重视人文社会科学方法在评价中的运用。如应答评价模式的应答，就是让评价对象和其他与评价有关的人员提出他们关心的问题，并表达他们各自的意见。在评价过程中，评价者的职责就是把收集到的这些资料与众人讨论，并通过磋商的形式逐渐消除分歧，最后达成共同的、公认的、统一的观点。

在教育评价方法论的人文化倾向得到迅速发展的同时，实证化倾向并没有完全消失，而是在新的形势下得到了进一步的发展。

第六节 深化新时代教育评价改革的意义与要求

教育评价事关教育的发展方向，是树立正确办学导向的指挥棒，也是提高我们现代教育治理能力的关键点。长期以来，受多种因素影响，我国教育评价不同程度地存在导向不合理、方法不科学这样的问题，影响着教育事业的健康发展和学生的全面成长。我们以前的教育评价，大部分是采用了结果性评价，特别是用分数来评价。在特定的历史时期，分数的评价对于促进教育事业的发展，发挥了积极作用。当前，我国正处于"两个一百年"奋斗目标的历史交汇期和中华民族伟大复兴关键时期，加快推进教育现代化，为建成教育强国打下坚实基础，需要破解教育评价改革这个难题。

2020 年中共中央、国务院印发的《深化新时代教育评价改革总体方案》为构建符合中国实际、具有世界水平的评价体系指明了方向。深化新时代教育评价改革，使命光荣、

① 豪斯．作为评价基础的假设//瞿葆奎．教育学文集：第 16 卷．北京：人民教育出版社，1989：375.

责任重大，对于全面贯彻党的教育方针、加快推进教育现代化、建设教育强国、办好人民满意的教育具有重大意义。学校要坚持把立德树人成效作为根本标准，以破除“五唯”为导向，深化教育评价改革，全面提高办学水平和人才培养质量。

一、关于教育评价改革的论述

为什么改？习近平总书记强调，有什么样的评价指挥棒，就有什么样的办学导向；素质教育提出20多年了，取得了一定进展，但总的看各地区成效不够平衡，说到底是立德树人的要求没有完全落实到体制机制上；关于德育素质教育的应有地位和科学评价体系没有真正确立起来，这是一个必须解决的老大难问题；要健全立德树人落实机制，扭转不科学的教育评价导向；坚决克服唯分数、唯升学、唯文凭、唯论文、唯帽子的顽瘴痼疾，从根本上解决教育评价指挥棒问题，扭转教育功利化倾向。这是关于为什么改。

改什么？习近平总书记指出，现在教育最突出的问题是中小学生太苦太累，办学中的一些做法太短视、太功利，更严重的是大家都知道这种状况是不对的，但又在沿着这条路走，越陷越深，越深越陷！教育的指挥棒在中小学实际上是考试分数和升学率，在学校主要是科研论文；人才评价制度不合理，唯论文、唯职称、唯学历的现象仍然严重，要用好人才评价这个“指挥棒”，把科研人员创造性活动从不合理的经费管理、人才评价等体制中解放出来，营造有利于激发科技人才创新的生态系统。为落实习近平总书记的指示精神，2021年国务院专门出台了一个关于中央财政对于科研人员的支持政策，就是要把科研人员从填表等无意义事务性工作中解放出来。习近平总书记说，现在机关、企事业单位招人用人标准和导向过于单一，过分注重高学历高文凭，还要看本科是不是“985”“211”，这是一种现代版的“出身论”。

怎么改？习近平总书记反复强调，办好教育事业，家庭、学校、政府、社会都有责任，谁都不是旁观者，谁都不能置身事外；对学校、教师、学生、教育工作的评价体系要改，坚决改变简单以考分排名评老师、以考试成绩评学生、以升学率评学校的导向和做法，直接以升学率奖优罚劣的做法要改，把升学率与工程项目、经费分配、评优评先等挂钩的潜规则也要改；要改进人才评价机制，避免简单以学术头衔、人才称号确定薪酬待遇、配置学术资源的倾向，推动人才“帽子”、人才称号回归学术性、荣誉性本质；国家机关、事业单位、国有企业要率先破除唯名校、唯学历是举的导向，建立以品德和能力为导向的人才使用机制，给全社会带个好头，担起育人的社会责任。

二、深化新时代教育评价改革的基本定位

教育评价改革是一项世界性、历史性、实践性难题，涉及历史文化传统、经济社会发展水平、思想观念等多重因素，涉及不同主体，牵一发而动全身，必须以攻坚克难的勇气、久久为功的韧劲，进行系统设计、辨证施治、重点突破。

《深化新时代教育评价改革总体方案》的基本定位和考虑是：坚持以立德树人为主线，以破“五唯”为导向，以五类主体为抓手，着力做到政策系统集成、举措破立结合、

改革协同推进。

以立德树人为主线，就是着眼于全面贯彻党的教育方针，牢记为党育人、为国育才使命，把落实立德树人根本任务，培养德智体美劳全面发展的社会主义建设者和接班人作为主线，贯穿于教育评价改革各项任务始终，引导确立科学的育人目标，确保教育正确发展方向，坚定不移走中国特色社会主义教育发展道路。

以破“五唯”为导向，就是从党中央关心、群众关切、社会关注的问题入手，紧扣破除唯分数、唯升学、唯文凭、唯论文、唯帽子的顽瘴痼疾，立足基本国情，积极、稳慎、务实，改进结果评价，强化过程评价，探索增值评价，健全综合评价，既大力破除不科学、不合理的教育评价做法和导向，又着力建立科学的、符合时代要求的教育评价制度和机制。

以五类主体为抓手，就是立足全局，坚持整体谋划、系统推进，针对党委和政府、学校、教师、学生、社会不同主体，充分考虑基础教育、职业教育、高等教育不同教育领域和大中小幼不同学段特点，分类分层研究教育评价改革思路、提出改革措施、明确实施路径，增强改革的系统性、整体性、协同性。

新时代教育评价改革的重要意义体现在四个方面：第一，必将全面牵引育人方式、办学模式、管理体制、保障机制改革，为深化教育领域综合改革注入强大动力；第二，必将深刻影响学校如何办教育、政府如何管教育、社会如何评教育和教师如何教、学生如何学，全面提高教育治理能力和水平；第三，必将引导全党全社会树立科学的教育发展观、人才成长观、选人用人观，营造教育发展的良好生态；第四，必将推动构建高质量的服务全民终身学习的教育体系，培养担当民族复兴大任的时代新人，培养德智体美劳全面发展的社会主义建设者和接班人，加快推进教育现代化、建设教育强国、办好人民满意的教育。

三、深化新时代教育评价改革的任务要求

完善立德树人体制机制，提升办学成效。立德树人是办学的根本任务。《深化新时代教育评价改革总体方案》针对学校评价，提出坚持把立德树人成效作为根本标准，就是为了回答好培养什么人、怎样培养人、为谁培养人这个重大问题。学校的使命越多，越要突出人才培养的核心地位；评价学校的因素越复杂，越要聚焦在育人成效上。学校要始终牢记为党育人、为国育才的使命，始终坚持社会主义办学方向，持续加强党对教育工作的全面领导，把思想政治工作作为学校各项工作的生命线。坚持全员育人、全过程育人、全方位育人，把立德树人成效这一根本标准内化到学校建设和管理各领域、各方面、各环节，做到以树人为核心、以立德为根本，不断完善立德树人体制机制。

深化教师评价制度改革，突出师德师风第一标准。教师队伍素质决定着学校的办学能力和水平，师德师风是评价教师队伍素质的第一标准。习近平总书记指出：“教师不能只做传授书本知识的教书匠，而要成为塑造学生品格、品行、品味的‘大先生’。”教师是学生道德修养的镜子。教师的职业特性决定了教师必须是道德高尚的人，应该成为以德施教、以德立身的楷模。教书育人是教师的天职，学校要把教书育人的投入与成效作

为教师评价的重中之重，在职务晋升、工作考评中把师德师风、教育教学和人才培养情况作为评价的重要内容，进而推动师德师风建设常态化、长效化。此外，改进学校教师科研评价尤其要突出质量导向，坚持以能力、质量、贡献评价人才，正确把握教师学术评价中数量与质量的关系，强调学术水平和实际贡献，突出代表性成果在学术评价中的重要性。

健全学生评价制度，促进学生德智体美劳全面发展。学校是青年学生学习知识、增长才干、放飞梦想的地方，学校对学生的评价制度对于学生成长成才发挥着“指挥棒”作用。学校要坚持以德为先、能力为重、全面发展，强化对学生的综合评价。要引导学生自觉践行社会主义核心价值观，拥护党、拥护社会主义，服务祖国、服务人民。严格学业标准，完善各类学生的学业要求，完善过程性考核与结果性考核有机结合的学业考评制度，进一步完善学生学位评价制度，强化学位论文质量把控，培养学生学术志趣、科学精神和学术能力。坚持“育人至上，体魄与人格并重”，强化体育评价，帮助学生在体育锻炼中增强体质、健全人格、锤炼意志、享受乐趣。改进美育评价，探索大学美育新方案，创新开展美育的形式方法，着力提升学生的审美素养，激发学生创新创造活力。加强劳动教育评价，强化劳动教育和实践教育，鼓励学生在实践中受教育、长才干、做贡献①。

本章小结

评价是根据某种价值观对人或物进行的价值判断。教育评价则是根据一定的教育价值观对教育现象进行的价值判断。教育评价为教育决策提供依据。

教育评价具有多方面的功能和极其重要的意义，其功能主要表现在导向、监督检查、激励、筛选择优、诊断改进等方面，其意义主要表现在为教育管理服务以及为提高教育质量服务等方面。

根据不同的分类标准可以将教育评价分为不同的类型。根据评价的对象和范围不同，可分为宏观教育评价、中观教育评价和微观教育评价；根据评价的时间和作用不同，可分为诊断性评价、形成性评价和总结性评价；根据评价的基准不同，可分为相对评价和绝对评价；根据评价的性质不同，可分为需要性评价、可行性评价和配置性评价；根据评价的主客体不同，可分为自我评价和他人评价。

现代教育评价的模式有多种，本章介绍了其中主要的教育评价模式，它们分别是：泰勒的目标达成模式、CIPP 模式、目标游离模式、应答模式、教育型目标调控模式、协同自评模式以及发展性目标评价模式。教育评价的发展阶段可分为：开创时期、大发展时期和专业时期。

2020 年中共中央、国务院印发的《深化新时代教育评价改革总体方案》是党中央做出的一个重大的教育决策部署，对于全面贯彻党的教育方针、完善立德树人的体制机制、

① 陈旭．深化新时代教育评价改革．（2020－12－22）［2022－07－11］．http://theory.people.com.cn/n1/2020/1222/c40531－31974315.html.

破除“五唯”顽瘴痼疾、促进教育的高质量发展具有重要意义。

思考题

1. 教育评价的含义是什么？
2. 教育评价的功能和意义有哪些？
3. 简述几种主要的现代教育评价模式的优缺点。
4. 简述教育评价的历史。
5. 结合实际讨论如何改变以分数给学生贴标签的做法，以促进学生德智体美劳全面发展。

拓展阅读：

中共中央、国务院印发《深化新时代教育评价改革总体方案》.（2020-10-13）[2022-07-11]. http://www.moe.gov.cn/jyb_xxgk/moe_1777/moe_1778/202010/t20201013_494381.html.

第二章

教育评价方案的编制与实施

本章提要

本章主要介绍教育评价的基本原则、教育评价方案的制订以及教育评价的实施过程，重点是教育评价方案的制订。

教育评价的基本原则是在教育评价过程中必须遵守的基本要求，这些基本原则要落实到教育评价的全过程之中。教育评价方案则是教育评价的具体要求，是评价的总目的的具体体现，是保证评价效度的重要环节。教育评价的实施过程则是评价总目的的落实，是保证评价信度的重要环节。

第一节　教育评价的基本原则

一、导向性原则

教育评价具有指挥导向作用。在教育评价中，对一所学校的管理人员、教职工和学生提出一套评价指标和标准，实际上是给他们提出了具体的奋斗目标及要求。这套评价指标和标准在实践中时刻左右着办学方向和师生的努力方向，是教育和教学的“指挥棒”，给管理人员和师生的工作、学习指挥定向。贯彻这个原则应做到：

（1）制定教育评价指标时，要认真学习教育理论，掌握教育规律，学习上级有关文件，领会精神实质，掌握好方针政策，力求使评价指标和标准符合国家的有关要求，并且反映时代精神，具有先进性和超前性。

（2）确保教育评价活动有利于促进学生身心健康发展，符合我国教育目的的要求。

二、公平性原则

公平性原则是指在评价活动中，人人平等，应一视同仁；要秉公办事，不要有私心杂念；评价指标要体现公平性。贯彻这个原则应做到：

（1）在同一范围内，对同类评价对象必须用同一标准，不能使用不同的标准。

（2）在短期内，如果评价标准未做改动，对同类评价对象的评价标准应保持一致。

（3）评价指标、标准、权数和分值的确定要合理、合情，评定等级和打分时也要合理、合情。

（4）注意增加评价活动的透明度，在活动过程中坚持群众性和民主性。

三、客观性原则

客观性原则是指评价的过程和结果都应符合客观实际、尊重客观事实、实事求是。贯彻这个原则应做到：

（1）注重调查研究。要深入了解情况、广泛听取意见、全面搜集资料，确保评价信息来源的客观性。

（2）整理资料时，不随意夸大或缩小客观事实，鉴定要准确，评议要恰如其分。

（3）分析资料时，要努力排除个人主观偏见或个人情感因素的干扰，保持清醒和冷静的头脑，善于明察事实真相，洞察事件背景。要以客观事实为基础去分析问题。

（4）形成评价结论时，要防止用主观印象来代替客观测定。要以客观存在的事实为依据。

四、科学性原则

科学性原则是指教育评价过程（包括确定指标体系、编制和实施评价方案）的各个环节都要符合科学要求。贯彻这个原则应做到：

（1）遵循教育评价活动的客观规律。只有按照教育评价活动的客观规律去开展评价活动，才能形成科学的评价结论，因此要认真学习和研究教育评价的理论，总结教育评价的经验，探索教育评价的规律。

（2）构建一个科学合理的评价指标体系，设计出符合科学实施程序的教育评价方案，并正确、熟练地掌握科学的评价方法、手段和技术。

（3）端正评价态度。评价过程中的每一个细节，都要严肃认真地对待，必须有严谨的科学态度和不怕麻烦、一丝不苟的工作精神。

（4）将定性分析与定量分析结合起来。所谓定性分析，就是从性质上对教育过程和结果进行分析。所谓定量分析，就是从数量方面对教育过程和结果进行分析。要注意从评价对象的实际出发，尽可能地把定量评价和定性评价统一起来，不要从一个极端走向另一个极端。

（5）将静态评价和动态评价结合起来。静态评价，就是对评价对象已经达到的水平或已经具备的条件进行评价。它的特点是在评价时不考虑评价对象过去的情况和今后的发展趋势，只考虑评价对象在特定的时间和特定的空间中的现实状态。动态评价，就是对评价对象的发展状态的评价。其特点是进行纵向比较，注意评价对象的发展潜力和发展趋势。这个原则要求我们在进行教育评价时，要善于纵横比较，既要看评价对象的现状，又要用发展的眼光看待问题。

（6）将他评与自评结合起来。他评是指别人的评价，包括评价小组、与评价对象有直接关系的人和群众。这是评价活动的主要方面。自评是指被评价者做自我评价，自评结果可作为总评的参考。自评更重要的意义在于调动被评价者积极参与评价活动，发挥其主体作用，同时，通过自评达到自我教育的目的。自评的大前提是，自评者必须忠诚老实、公正客观。否则，自评的结果不能作为印证他评结果的依据。

（7）将终结性评价和过程性评价结合起来。终结性评价注重活动的效果，过程性评价则注重平时表现。将两者结合起来，可令评价结论更加全面和合理。

（8）坚持评价的整体性。整体性是指在进行教育评价时，要对组成教育评价对象的各个因素，进行不同侧面、不同水平的全方位的评价，不能以偏概全，以局部代整体。由于教育工作的复杂性和教育任务的多样性，教育质量往往从不同的侧面或不同的水平上反映出来，表现为一个由多因素组成的综合体。因此，要真实地反映教育的质量，必须进行多层面的考查和评定，分析教育评价对象各组成部分之间的关系，注意评价的整体性。

五、可行性原则

可行性原则是指评价方案在实施时行得通，评价指标和标准符合实际、具体可行，并能为被评价者理解和接受。贯彻这个原则应做到：

（1）方案的确定要考虑人力、物力、财力、时间、空间、技术等各种因素。方案实施前应进行可行性分析和估计，最好先在小范围内试行，然后逐步推广。

（2）评价指标体系不要过于烦琐，评价计算体系要简便易算。

（3）指标应具有直接可测性或可操作性。指标的直接可测性，就是指标作为具体的目标，它应该用操作性语言加以定义。例如，提高学生思想觉悟是学校管理工作的目标之一，但是，不能把学生的思想作为评价的指标，因为思想是人大脑的内部活动，它不具有直接可测性。因此，应把这一目标转化为可测量的指标要素，间接地测量，具体来说是把学生入党、入团的要求，在各项集体活动中的表现，在学习中的努力程度，对待自己和别人的态度等这些反映思想的行为作为评价思想状态的指标，因为这些指标才具有直接可测性。

（4）评价指标和标准不宜过高，评价结论要求也不宜过高，应是被评价者经过自己最大的努力可以达到的目标和评价者经过努力可以完成的任务。

六、发展性原则

发展性原则是指在进行教育评价时，不能为评价而评价，而要把评价和发展结合起来，不仅要让被评价者了解自己的优缺点，而且要为其以后的发展指明方向。贯彻这个原则应做到：

（1）发展建议必须在评价的基础上进行，不能离开评价随意建议，同时评价也要结合时代的要求与发展。

（2）建议要明确、抓住要害，切忌含糊其词，令人无所适从。

（3）建议时，要给建议对象留有思考和选择的余地，不能强迫命令。

第二节 教育评价方案的制订

一、教育评价指标体系的构建

指标体系是教育评价的依据，构建评价的指标体系是教育评价方案设计的中心环节，是难度最大的一道工序[①]。目前，人们已经意识到教育评价指标体系的重要性及构建之难，但对其结构与构建的研究尚不够。要构建科学合理的评价指标体系，首先要了解其结构。

（一）教育评价指标体系的结构

不管人们是否承认，当前教育评价指标体系实际上已成为教育工作的指挥棒。教育评价指标体系的结构不同，教育工作的路向就不同，即指标体系指向哪里，教育工作就转向哪里；指标体系偏重什么指标，实际工作就注重什么内容；如果指标体系遗漏了某项重要指标，则可能导致在实际工作中应该努力去做好的事情而实际工作者没有积极性去做的现象发生；评价标准不同，达标行为就有差异。可见，对教育评价指标体系结构的研究极为重要。

1. 框架

教育评价指标体系由反映评价对象内涵的指标集及其评价标准和量化符号构成，其主体框架是指标。“评价对象”与“指标”是相对而言的（见图 2－1）。

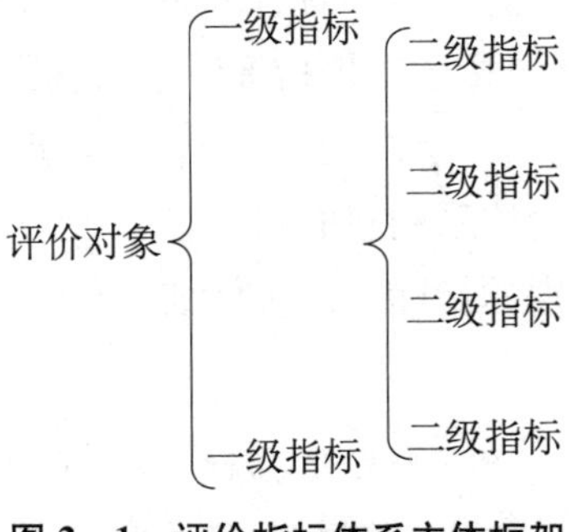

图 2－1 评价指标体系主体框架

图 2－1 的“一级指标”既可以看作说明“评价对象”的指标，也可以看作“二级指标”的评价对象；若将“二级指标”再行分解，则该“二级指标”又成为下一级指标（即三级指标）的评价对象。同时，若将图 2－1 看作一个更大指标体系中的子体系，那么图 2－1 的“评价对象”则转变为更大的指标体系中的一项指标。所以说，用来反映、说明或测量上一级项目的下一级项目为“指标”；被反映、说明或测量的上一级项目为

---

① 李方．论教育评价指标体系的构建．教育研究，1996（9）．

“评价对象”（图 2-1 由左至右表示由上一级项目到下一级项目）。在指标体系中，指标的级数越往上（越往左，级数越少），指标越抽象、概括；指标的级数越往下（越往右，级数越多），指标越具体、独特。

2. 模型

教育评价指标体系可分为一般模型和分类模型。一般模型是评价某一范围内一般现象的指标体系，它适用于该范围内所有被评价者的评价与比较。分类模型是评价某一范围内特殊现象的指标体系，它适用于某一类被评价者的评价与比较。在同一评价范围内，两种模型可以共存。譬如，所界定的评价范围是“一所中学的教师教学工作”。在这一范围内，我们可以分别构建“一般模型”和“分类模型”。一般模型是指中学教师教学工作评价指标体系。此模型适用于一所中学各科教师教学工作的评价与比较，即具有中学各科教学评价的共同性。分类模型是指（1）中学语文教学工作评价指标体系，（2）中学数学教学工作评价指标体系，（3）中学政治教学工作评价指标体系，（4）中学英语教学工作评价指标体系，等等。这些模型仅适用于某一学科教师教学工作的评价与比较，即具有中学某科教学评价的独特性。

如上例，中学教师教学工作评价指标体系在“中学教学工作”这一范围内，属于一般模型；若在“中学全面工作”这一范围内，则属于分类模型。因为“全面工作”比“教学工作”范围大，教学工作仅是全面工作中的一个类别，与教学工作并列的还有德育工作以及其他方面的工作。相对于全面工作而言，教学工作又显示其独特性。由此可见，当我们说某评价指标体系为一般模型时，是相对于它所界定的评价范围以内的各种特殊情况而言的；当我们说它为分类模型时，是相对于它所界定的评价范围以外的更大范围中的一般情况而言的。

两种模型之界说，厘清了教育评价指标体系的纵向关系（一般模型与分类模型之间的相对关系为纵向关系），拓展了构建评价指标体系的视野，使我们在构建教育评价指标体系时，能够既联想到一般情况，又注意到特殊情形，把一般与特殊结合起来，从宏观上、整体上去把握教育评价指标体系构建的路向。

两种模型内部均由不同类别的指标、评价标准、量化符号构成。

3. 指标

从达标水平去考查，有必达指标与期望指标。布卢姆等人曾把课程目标分为可能达到的目标和希望达到的目标两类[①]。美国管理学家凯普纳（C. H. Kepner）和特里戈（B. B. Tregoe）将决策目标分为必达目标和期望目标两类[②]。教育评价指标体系中的必达指标与期望指标，与上述两类课程目标及两类决策目标的含义相似。必达指标与期望指标的设置分两种情形。一种情形是：必达指标与期望指标是评价同一项指标的指标，必达指标是达标下限，而期望指标为达标上限，即达标的最低数值为必达指标，而达标的最高数值为期望指标。例如，对教师学历、学校设备等项目可设置必达指标和期望指标。

① 布卢姆，等．教育评价．上海：华东师范大学出版社，1987：10-12.
② 马超山，温善策．教育决策论．沈阳：辽宁教育出版社，1988：213-218.

另一种情形是：某些评价项目本身就是必达指标或期望指标。如对违法犯罪率的最低限度的规定，此为必达指标，达到最低限度规定者，可得若干分，否则扣除若干分；对各种获奖、受表彰、特殊贡献的加分，则属于期望指标。必达指标的设置要充分考虑教育方针政策上的要求和实际上的可能性；期望指标的设置应有超前意识，充分考虑其对评价对象所产生的激励和导向作用。

从指标内涵性质去考查，有稳定性指标和变动性指标。稳定性指标是指在相当长的一个时期内，在不同国家或地区，内涵保持不变以及在指标体系中仍然保留的指标。它反映教育的客观规律对教育工作提出的共同要求，不会因时间、地点的变化而更换或取消。比如，“教学方法”这一指标是以教育规律为评价依据的，在相当长的一个时期内，不同国家或地区，教学方法之含义以及评价教学方法的有效性的标准是不变的、一致的。评价教师的教学工作都必须设置“教学方法”这一指标。在教育评价指标体系中，由于存在着稳定性指标，令指标体系具有相对固定的内部结构。变动性指标是指在不同时期、不同国家或地区，可改变内涵（包括改变评价标准）或可更换的指标。它由一定时期一定社会的政治经济状况和生产力、文化、科技发展水平对教育工作提出的不同要求所决定。例如，“德育”这一指标，不同社会制度下，其内涵和评价标准是不同的。又如，“计算机辅助教学”这一指标，适用于经济发达、教育条件较好的地区的学校，而不一定适用于贫穷落后、教育设备条件较差的地区的学校。再如，“教学语言”这一指标，由于各国或不同地区、不同民族的传统和文化背景不同，“教学语言”这一评价指标的内涵也就不同。由于变动性指标的存在，教育评价指标体系具有一定程度的可塑性。设置变动性指标愈多，可塑性愈大。对变动性指标的研究使我们能用发展变化的眼光来看待评价指标，面向未来、面向世界，并从实际出发，创造性地构建教育评价指标体系。

从指标的精确度去考查，有硬指标和软指标。硬指标是指达标要求是固定的精确的指标，它强调评价时看“硬件”，包括实物、证件、统计数据、静态资料等。如“教学设备”“场地”“获奖情况”“教师学历”“学生考试成绩”“教师队伍年龄结构”等指标均属硬指标。对硬指标的评价比较客观。软指标是指达标要求伸缩性较大、不精确的指标。它强调评价时看“软件”，常采用定性分析评价，包括对事物的性质特点、变化过程、因果关系的分析评价。如“办学特色”“决策水平”“教学思想”“教改状态”等均属软指标。软指标具有较多的主观因素。但教育现象的复杂性和模糊现象颇多，导致教育评价不可避免地要使用软指标。硬指标与软指标结合使用是教育评价指标体系结构的普遍现象。

各类指标之间常出现交叠现象。如某些必达指标，可能同是稳定性指标或硬指标。对指标进行分类研究，目的不仅在于启发我们恰当地从各类指标中选择某些类型指标去合理地构建教育评价指标体系，而且还在于指导我们从不同的角度去考察同一项指标的内涵，以便加深对某一项指标性质特征的认识，从而有助于评价标准的确定。

4. 标准

评价标准是对评价教育实际达到指标的程度（或情形）的具体要求。达标程度可分为不同等级，不同等级有不同的评价标准。在教育评价指标体系中，末级指标必须明确规定评价标准。目前，评价标准也有不同分类法。

一般从评价内容上分类，可分为素质标准、职责标准和效能标准[①]。（1）素质标准。它是从承担各种职责或完成各项任务应具备的条件的角度提出的标准。例如，作为一名中学校长应具备哪些条件才算称职？当一个教师，应具备什么条件才符合要求？如此等等。（2）职责标准。它主要是从评价对象所应承担的责任和完成任务的角度进行评价。它主要是看评价对象的劳动过程、工作任务和态度，而不是看其工作效果。（3）效能标准。它包括效果标准和效率标准。效果标准是从工作效果的角度确定的评价标准。评价教育工作的优劣，主要看教育工作的效果。效率标准是把人力、物力和时间的投入与成果联系在一起进行考察。评价教育工作的优劣，主要看投入与成绩的比例。投入少，成果大，则为优；反之，则为劣。上述三类评价标准是互相联系的，在制定教育评价的标准时，三者应同时考虑，不可偏废。

除了内容标准外，还有参照标准，即从评价的参照点角度去分类，分为社会标准与科学标准。这是两类新的教育评价标准。社会标准是指以社会对教育的规范要求为依据来确定评价标准，它要求达标过程做到社会规范化。具体说来，评价标准是根据教育方针、政策、法规，以及政府有关部门对教育的统一要求而确定的。它强调价值判断标准的社会统一性和规范性。评价时考察应然现象。评价参照点是外部的、横向的，常与评价对象以外的社会现象做比较。对教育场地、教学设备、教师队伍结构、学生素质、师生比例等指标的评价，可采用社会标准。科学标准是指以科学上的客观规定和原则为依据来确定评价标准，它要求达标过程符合教育工作自身发展的客观规律，以教育工作过程、方法、措施、结果的科学水平来衡量其价值。评价时，从评价对象自身的实际出发，仔细考察和分析教育工作过程、方法、措施等是否符合科学要求，是否遵循评价对象自身发展的客观规律。强调实然现象，常以实践为标准来检验工作过程的科学性。将事物发展的结果与发展初期的事物做比较分析，参照点是内部的、纵向的，是自比而不是他比。譬如对“教改实验”这一项指标的评价，一般不宜采用社会标准做他评，而宜采用科学标准。以科学标准来评价实验设计和实验过程，包括评价实验变量、无关变量和测量工具的控制水平，评价实验假设的检验程度，评价实验结果的效度和信度等。除此之外，“学校领导决策”“教师工作效能”等指标亦可采用科学标准。

5. 量化符号

量化符号是教育评价指标体系结构中不可忽略的部分，一般有权数和分数两类。这两类数值是用来反映某一个体在整体中的相对地位的。

权数常用小数形式，一般把同一级指标群集视为一个整体，整体权数总值为 1。对于评价框架中各级指标的权重确定，有几种常用的方法。

（1）关键特征调查法。

关键特征调查法是先请被调查者从所提供的初拟指标中找出最关键、最有特征的指标，根据被调查者的选择进行排序，选出所需要的指标数，对这些留下的指标进行被选次数排序，求其被选的比率，将各指标被选比率做归一化（总和为 1）的处理，得到各指标的权重。

---

① 张玉田，等．学校教育评价．北京：中央民族学院出版社，1987：38－42.

（2）专家评判平均法。

专家评判平均法是对于已经确定的指标，请多位专家评判权重，然后以专家的评判结果的平均数作为各项指标的权重。

（3）两两比较法。

研究者本人如果要对各项指标的权重做一个较为科学、可靠的判断，可以采用两两比较法。两两比较法是对众多指标成对进行评比，重要者记 1 分，不重要者记 0 分；然后分别计算各项指标的得分总和，再除以所有指标得分之总和，得到各项指标的相对比率，即其权重。

（4）倍数比较法。

对已确定的指标，以每级指标中重要性程度最小的指标为基础，记为 1，然后将其他指标与它对比，做出重要程度是其多少倍的判断，再做归一化（总和为 1）处理，得到各项指标的权重。

分数包括指标赋分和等级赋分两种。同一级指标赋分，满分值为 100 分。等级赋分可使用达到度，如 A、B、C、D 四等的达到度分别为 0.95，0.85，0.75，0.65。在教育评价指标体系中，既可以单纯使用这两类数值的其中一类，也可以将这两类数值结合起来使用。

对指标、评价标准、量化符号等内部元素的分析，可以使我们厘清教育评价指标体系的横向关系（横向关系是指指标体系的同一级指标群集中，各类指标之间的关系；各项指标的权数或分数之间的关系；末级指标的各类评价标准之间的关系；各评价等级的分值之间的关系；各类量化符号之间的关系），加深对教育评价指标体系内部结构的认识，有利于从微观上、从个别特质上去掌握教育评价指标体系的构建方法。

（二）教育评价指标体系的构建

要构建教育评价的指标体系，首先要清楚评价的信度和效度的概念。

1. 信度和效度

构建教育评价指标体系首先要考虑的是信度和效度问题，因为信度和效度是教育评价指标体系实施的前提条件，是衡量教育评价指标体系构建质量的重要尺度。

关于教育评价指标体系的信度，可以从三个方面去定义：（1）同一评价者（指评估组或个人）运用同一教育评价指标体系去重复评价某一对象，考查所得结果的一致程度，可称为重评信度。如果使用同一个指标体系去评价同一对象，在相隔较短的时间内实施两次（或以上），两次（或以上）的评价结果越接近，则信度越高，相差越大，则信度越低。美国学者克林格（F. N. Kerlinger）关于信度问题曾举例：一个运动员欲比较新旧两支枪的稳定性，两支枪经固定位置后，由同一个人对着靶子射击。结果是，新枪弹着点集中，一致性较高；旧枪弹着点分散，一致性较低。这说明新枪比旧枪稳定，信度较高[①]。这里我们可以把评价指标体系比喻为枪。（2）不同评价者运用同一种教育评价指标体系在相隔较短的时间内去评价同一对象，考查不同评价者所评出的结果的一致程度，可称为评价者信度。（3）同一评价者，使用两种（或以上）教育评价指标体系，几乎同时评价

① F. N. Kerlinger. Foundations of behavioral research. New York：Holt，Rinehart and Winston，1973：404－405.

同一对象，考察两个（或以上）指标体系所得结果的真实程度，可称为事实信度。哪一个评价指标体系所得的结果能贴合实际、能评出真实情况，哪一个评价指标体系的信度就高，即被评的数据和资料的真实可靠性就强，评价结果虚假成分就少，信度就高；反之，被评的数据和资料与事实不符，评价结果有较多虚伪成分，不能令人信服，信度就低。

一般说来，如果评价指标内涵比较清晰，指标与指标之间相互独立、界限清楚，硬指标比例大，评价标准的规定明确，等级之间界限分明，那么评价的信度则会提高。如果软指标多，指标与指标之间、等级与等级之间界限模糊，评价者较难区分指标之间的差异，难以掌握评判准则，则会降低信度。此外，信度还受评价过程、方法以及评价者的价值观、理解能力、专业水平、评价工作的业务训练程度等因素的影响。

教育评价指标体系的效度是指评价指标、评价标准、评价的量化符号等元素设计的准确性和代表性。它要考察的是我们想要评什么（即预期目标）与评价指标体系可能评价到什么程度之间的关系，两者愈接近、愈吻合，说明评价指标体系的各种元素的设置愈准确、愈有代表性，使教育评价工作更有效，则效度高；相反，两者偏差大，指标体系缺乏应有的代表性，使教育评价工作成为无效的劳动，则效度低，甚至无效度可言。

在实际中，如果教育评价指标体系因缺乏某些指标而未能全面反映评价者所要评的目标，或指标体系中多设了某些项目，造成指标体系中没有应该设置的指标，反而出现了不应设置的指标，这样，不但不能有效地达到评价目的，而且有可能会误导教育工作。同时，指标权数分配或赋分不合理、评价标准确定不科学、等级赋分不恰当等因素，也会降低教育评价指标体系的效度。

教育评价指标体系效度的高低，与构建者对指标体系依据理解的准确程度、对指标内涵理解的透彻程度、对评价工作目的的明确程度、对实际情况的了解程度等因素的关系尤为密切。

2. 方法

20 世纪初学界对量表和调查问卷的研制，为我们构建教育评价指标体系积累了可参考的经验。泰勒关于教育目标以及目标达成教育评价模式的研究，波帕姆（J. Popham）、马杰（R. Mager）和格朗兰德（N. Gronlund）等人关于各种“行为目标”的研究①，布卢姆、加涅（R. M. Gagne）、梅里尔（M. D. Merrill）、达尼洛夫、叶希波夫、巴班斯基等人关于教育目标分类理论和方法的研究②，特别是布卢姆等人的《教育目标分类学》和《教育评价》，以及其他有关研究成果，值得我们借鉴。

近年来，我国学者也曾进行过有关探索，给我们以颇多启发。这里，我们在别人研究的基础上，就构建教育评价指标体系的方法问题提出几点意见。

（1）掌握构建教育评价指标体系的依据。

由于教育评价指标受社会因素及教育规律的制约，所以构建教育评价指标体系的主

---

① 泰勒，理查兹．课程研究导论．北京：春秋出版社，1989：49－50.

② 侯光文．教育测量与教学评价．济南：明天出版社，1991：79－83；李秉德．教学论．北京：人民教育出版社，1991：53－56.

要依据应包括：1）教育方针、政策、法规，2）教育理论和知识，3）教育规律，4）教育工作实际。前两条为主观依据，主要解决构建者的理念问题；后两条为客观依据，强调的是实证问题。构建指标体系时，构建者应认真查阅有关文献资料，全面掌握有关信息，明确指标体系的大方向；要深入研究教育科学理论知识，打好扎实的理论基础；与此同时，深入实际考察，总结经验与教训，并开展调查研究，掌握教育客观规律。

（2）掌握评价对象逐级分解的方法。

科学地逐级分解评价对象是提高评价指标体系效度之关键，但要科学而有效地逐级分解，并非易事。一般情况下，分解评价对象与理解评价对象的内涵有关。只有透彻理解评价对象的内涵，才不至于在分解时茫无头绪。对评价对象内涵的理解愈正确、深透，愈容易对其进行分解。诚然，对评价对象内涵理解的程度，不仅与构建者的智力水平密切关联，还与构建者的专业基础知识、专业理论功底息息相关，主要包括逻辑学、心理学和教育学方面的知识和理论①。例如，欲将“师德”这项评价对象分解为若干细项指标，以便构建一个师德方面的评价指标体系，为此，构建者务必对道德结构、教师修养、德育理论等有一定的了解和研究，才能对“师德”的内涵有正确而深刻的理解，这样，才能根据评价目的之需要及实际情况，将“师德”逐级分解。譬如将“师德”分解为：1）热爱教育事业，关心学生；2）对本职工作有高度责任感，精益求精；3）严于律己，以身作则，为人师表；4）处理好各种人际关系，有良好的协作共事精神。若将此四项指标再行分解，则需对此四项指标的内涵深入理解，然后再将每一项指标分解成若干更具体的指标，最后按一定逻辑顺序将这些指标组合起来。若再做进一步分解，方法类推。

然而，有时人们对评价对象内涵的理解是多方面的，可以这样理解，也可以那样理解。在这种情形下，应根据评价目的需要去选择分解的路向。若评价对象内涵相当丰富，一项评价对象可分解成许多细项指标，在这种情况下，则应根据评价目的需要来确定细项指标之取舍，从而选取最重要的指标。

但是，有时根据评价对象的内涵和评价目的的需要去选定指标不一定符合实际情况，因而不一定可行。故此，需要了解实施评价指标的可能性，包括主观可能条件和客观可能条件，根据实际可能去设置指标。对已经被实践证明行不通的指标，则应进行修改或更换。

逐级分解评价对象反映了思维的层次性和复杂性。在教育评价指标体系中，由于评价对象与指标的相对关系，我们的思维是多层次的，思维的层次性令我们在教育评价指标体系的纵向上思考得更深入、更具体；由于指标类别的多样性，我们的思维又是复杂的，思维的复杂性令我们在教育评价指标体系的横向上思考得更全面、更周到。

（3）掌握评价等级和标准的确定方法。

各项指标评分等级的确定要恰当，各等级评分标准要界定清楚且可操作性强。有的指标可分两级评价，有的则可分三级、四级进行评价，要从实际出发来确定。教育评价一般用2～5个等级，但究竟使用多少个等级为好？李方等人在从事广东省实验中学教育评价指标体系设计课题研究时，曾遇到过这一问题②。研究者认为，等级数应根据指标的

① 布卢姆．教育目标分类学：第1分册．上海：华东师范大学出版社，1986：7-9.
② 李方．现代教育管理技术．广州：华南理工大学出版社，1995：363-406.

类型和性质来确定。如：评价学校领导和教师是否“坚持四项基本原则”，用两个等级就比用四个等级好，即分为“合格”与“不合格”。因为评价校长和教师是否“坚持四项基本原则”，在实际要求上无法太精确，在具体评价时也无法太精确，这是由指标内涵的性质决定的。只分合格与不合格两级，这样既容易操作，又切合实际，若将其分为多等，操作时不但各等级的标准难以掌握，而且也无必要。

目前，有的教育评价指标体系采用四级分等、两级定标的办法，将评价划分为A、B、C、D四个等级，对A、C两个等级规定具体的评价标准，A为优等，C为中等，A级和C级之间为B等，C级以下为D等。这种办法设计简单，操作方便，有可取之处。

评价标准的确定，主要解决两个问题：1）标准类别的选择。要根据不同类型指标的不同特点，综合运用各类评价标准。例如，对“教改实验”这项指标的评价，在参照标准上，可先确定用科学标准，然后，在内容标准上，可确定使用状态标准和效果标准。这样就可以综合运用不同类型的标准。又如，对学生学习水平的评价，在参照标准上可采用社会标准，而在内容标准上则可采用效果标准；对教师队伍结构的评价，在参照标准上可采用社会标准，而在内容标准上则可采用素质标准。2）各等级评价标准的规定。各个等级所规定的评价标准，界限要清楚，要使评判者容易区别；应按各条标准的内在联系，由高到低顺次编排，显示出等级之间的递阶性。

（4）掌握指标和等级数值分配的方法。

如何科学地确定指标与等级的数值，是构建教育评价指标体系的难题之一。国内外的做法颇多。从人员上说，已从早期的凭个体经验来确定，发展到集体讨论或咨询法，越来越重视同行和专家的意见；从方式上说，已从主观随意确定，发展到注重调查研究，按一定科学程序进行规范化确定。目前，问题的关键是参与人员，因此要求他们：1）必须具备相应的知识经验、较强的判断能力和比较鉴别能力；2）必须明确赋值的依据，掌握好原则；3）要有认真的态度、严谨的作风和高度的责任感，严格按照科学程序进行指标和等级的数值分配。不要马虎应付，搞形式主义。这三点是令指标与等级的数值分配趋向合理、科学的重要因素。

二、教育评价方案的编写

教育评价方案的编写是以教育评价指标体系的撰写为核心的，此外，还包括前言、附录等部分的编写。

（一）前言部分的编写

前言部分包括：教育评价目的和指导思想的阐述、教育评价指标体系设计的说明、教育评价的方法和评价工具的说明、实施程序的说明等部分。表述要具体、准确、简练。

1. 教育评价目的和指导思想的阐述

这部分要说明开展教育评价的目的是什么，应阐明教育评价的意义，围绕着教育目的和方针政策来写。着重从检查和指导工作、深化改革、促进自我教育和发展等方面去阐述，还要提及开展教育评价的背景、依据和原则。目的和指导思想的撰写务必结合实际，且应具体明确，切忌“高、大、空”。

2. 教育评价指标体系设计的说明

这部分应说明，指标体系中的指标、评价标准和量化符号是怎样确定的，构造原理如何，如何操作，使用时应注意什么问题等。

3. 教育评价方法和评价工具的说明

这部分要简明概括地说明评价的方法和使用的工具。评价的方法和工具很多，最适合本方案使用的有哪些？这些方法和工具的性能如何？怎样使用？这些都要明确地指定。其中，评价方法还应包括计量方法的说明。

4. 实施程序的说明

这部分要说明本方案实施的过程和步骤。以提纲式行文，应简明扼要（实施中的具体要求将在下一节阐述，这里从略）。

（二）评价指标体系的编写

教育评价指标体系的编写，应根据上文关于教育评价指标体系构建的理论去构思和编制，这里不再重复。

就行文形式而言，评价标准的编写比评价指标的编写要困难一些，评价指标只是单纯的陈述式语句，而评价标准的表述形式则是多样化的。这里介绍几种评价标准的编写方法供参考①。

1. 期望评语式编写法

这种编写方法是指根据理想的要求，将评价指标体系的末级指标分为若干因素，又将每一个因素分为若干个等级，每个等级编制相应的期望评语（见表 2 - 1）。

表 2 - 1　期望评语式评价标准

末级指标	因素	评价标准（期望评语的形式）
学习态度	学习目的	正确认识学习的社会意义 正确认识学习对自己提出的要求 正确认识个人的学习方向要服从祖国的需要 正确认识克服学习困难的意义 正确认识学习中互相帮助的意义
	上课	专心听讲 勤于思考 遵守课堂纪律 积极回答老师提问 认真做笔记

① 周海华，等．教育评价及评价体系．南宁：广西教育出版社，1989：93 - 105.

续表

末级指标	因素	评价标准（期望评语的形式）
学习态度	作业	做作业前认真复习功课 作业能独立完成 作业能按时交 作业书写整齐 作业正确率高
	课外活动	活动前能做好准备工作 遵守活动纪律 活动时团结协作好 活动中能勇于创新 能做好活动收尾工作

2. 积分评语式编写法

积分评语式编写法是把末级指标分解为若干要素（以评语的形式来编写），给每个要素指派独立的分数。积分评语式编写法又分等分积分评语式编写法和累计积分评语式编写法两种。

（1）等分积分评语式编写法。

这种编写法的特点是指标分解成若干要素，每一个要素的标度都相等（见表 2-2）。

表 2-2　等分积分评语式评价标准

末级指标	分值	评价标准（要素）	计分
业务素养	5 分	对学生心理活动具有敏锐观察能力	1 分
		具有良好的思维方式和表达能力	1 分
		具有组织管理学生的能力	1 分
		掌握教育艺术，善于运用教育技巧	1 分
		具有坚强意志力，能控制自己情绪	1 分

（2）累计积分评语式编写法。

这种编写法的特点是指标分解成的每一个要素的标度不相等，按评价标准累计相加（见表 2-3）。

表 2-3　累计积分评语式评价标准

末级指标	分值	评价标准（要素）	计分
卫生工作	70 分	建立行之有效的卫生制度，搞好卫生室的建设	10 分
		学生每年进行一次身体检查	10 分
		建立学生健康档案	5 分
		做好眼保健操，控制近视眼、常见病、传染病的发生，使发病率逐年下降	15 分
		教室的采光、照明、通风等条件良好，桌椅配套	20 分
		保证学生每天有规定要求的睡眠时间	10 分

3. 隶属度式编写法

隶属度标准是用模糊数学中的隶属度函数为标度的一种评价标准。其特点是运用模糊集合概念来测量和评价人或事物的功能，使难以精确定量的要素得到较为客观合理的评价。隶属度式编写法可分为隶属度分段式编写法和隶属度全域式编写法两种。

（1）隶属度分段式编写法。

隶属度分段式编写法是将要素的各个等级分别规定属于隶属度的某个范围。一般说来，要素的等级若是递进关系，可采用这种隶属度分段式评价标准（见表 2-4）。

表 2-4　隶属度分段式评价标准

末级指标	因素	A	B	C	D
智力	记忆力	不能记住一些常用基础数据，教学时常丢三落四	教学有时尚需翻阅本专业常用基础数据	能较熟练掌握一般数据，记忆准确度较高	能较熟练掌握与本专业教学工作有关的基础数据，准确度高，而且记忆速度快
隶属度		0～0.25	0.25～0.5	0.5～0.75	0.75～1.0

（2）隶属度全域式编写法。

隶属度全域式编写法是指评价者对因素的每个等级（要素）都可选择隶属度 0 至 1 之间的任一实数。一般说来，因素的等级（要素）若是并列关系，可采用隶属度全域式评价标准（见表 2-5）。

表 2-5　隶属度全域式评价标准

末级指标	因素	评价标准（要素）	隶属度
学习态度	上课	专心听讲	0～1
		勤于思考	0～1
		遵守课堂纪律	0～1
		积极回答老师提问	0～1
		认真做笔记	0～1

4. 行为目标式编写法

行为目标式编写法是指通过观察分析，选择一例关键行为作为评价的一种标准。实际上是要求写出行为目标。这种编写法难度较大，要有一定的技巧（见表 2-6）。

表 2-6　行为目标式评价标准[a]

末级指标	因素	行为标准（行为目标）
能力	自学能力	始终坚持每节课预习
	劝说能力	自然、巧妙说服对方
	启迪能力	用生动有趣的知识启迪思想
	创造力	回答问题时，提出新见解和新方法

注：a. 三好学生行为目标评价标准示例。

另外，还有量表式编写法、量尺式编写法等，在此就不一一介绍了。

（三）附录部分的编写

这部分应包括各种评价工具用表。教育评价工具用表大致可分为两类：一类是调查表、问卷和测试样卷，是采集信息的工具；另一类是评价表，是评价信息的载体，应把采集到的信息，按指标分类做出评价后填入表内。

上述教育评价方案编写的三个部分并不存在一成不变的格式，每一部分的编制都应根据实际需要灵活确定其编写内容及程序。总的要求是符合教育评价的原则，特别是科学性和可行性原则，要条理清楚、思考周全、结构完整。

第三节　教育评价的实施

教育评价的实施，一般可分为三个基本步骤。

一、准备工作

准备工作主要有思想准备、材料和工具准备、组织准备三项。

（一）思想准备

任何评价活动的开展，都有其特定的目的和指导思想，因此，在开展教育评价时，首先要明确评价的目标和意义；其次要明确评价的对象；最后要充分考虑评价的各种因素，并估计可能出现的各种情况。特别要善于估计评价过程中可能出现的新问题，做好充分思想准备。同时，还要学习有关文件，掌握有关政策和原则。

（二）材料和工具准备

这方面的准备工作主要包括：教育评价方案的设计和制印，各种问卷和调查表格的设计和制印，制定工作指导文件和有关文字规定，撰写开展评价活动的宣传资料等。此外，应做好计算工具的准备工作。

（三）组织准备

组织准备包括确定评价活动的主要组织者，成立专门的领导机构，成立不同类型的评价小组，宣布评价工作有关组织纪律，做好有关评价人员的分工、有关知识的学习和培训等。要根据不同的评价目的、对象和内容，成立不同的组织机构来领导、实施教育评价工作。常见的评价组织机构有①：（1）管理部门与社会力量结合的评价组织机构，（2）地区和社会民间团体的评价组织机构，（3）同行评价的组织机构，（4）自我评价的组织机构。

借助社会力量开展评价，对提高评价质量、提高评价的客观性和准确性是有利的。（1）这些人员相对比较超脱，因而有利于提高评价的客观性；（2）有利于全面地收集关于教育效果的反馈信息，因而有助于提高评价的准确性；（3）组织社会各方力量参加评价，

---

① 陈玉琨．教育评估的理论与技术．广州：广东高等教育出版社，1987：58－71.

还有利于了解各方面对教育的要求，因而还有助于修改和完善指标体系，提高科学性。

组织社会力量参加评价活动的一般形式有：(1) 聘请他们组成或参加评价小组，(2) 征求与被评者有关的单位或学校对被评者的意见，(3) 对毕业生做调查。具体做法可采用实地会议评价和通信评价两种方法。

被评单位内部人员也是教育评价的重要力量。他们掌握着本单位的第一手资料，了解被评价者的历史与现状、优点与不足。组织他们参与评价活动的主要做法有：(1) 广泛宣传动员，令他们充分了解开展评价的意义，明确评价的一般步骤；(2) 组织他们讨论、座谈，了解情况和征求意见；(3) 成立一定形式的群众评价组织，如由师生结合的教学评价小组；(4) 建立定期的评价制度，如建立定期的教师互评与学生评教制度、师生评学制度、群众评领导制度等。

二、评价的实施

教育评价的实施可分两步进行：

(一) 自评

自评是指学校、班级或个人的自我评价。自评是重视评价对象的主体地位的重要表现。自评有利于全面收集情况、准确地形成判断。如果评价对象是个人，自评资料与他评资料可互相印证，为做出评价结论提供参考。如果评价对象是学校、班级或单位，自评可作为评价过程的预评阶段，通过自评，收集资料，做出初步判断，积累经验，为他评做准备，有利于减轻评价组织者的负担。无论是个人还是单位，通过自评自我诊断问题、找出差距，有利于自我教育，促进各方面工作的提高。

属于集体性质的自评，在开展自评时，要正确认识教育评价的目的意义，学习和掌握好评价标准和评价程序；应成立自评小组，制定自评计划，开展宣传工作，指定专人收集资料，组织自评会议。自评结束后，要及时写出自评报告。写自评报告应注意几个问题：

(1) 交代清楚自评的组织工作和时间安排。

(2) 按评价指标体系的指标排列顺序，对各项指标的达到程度进行评价，要逐项用数字和事实如实回答。

(3) 自评结论可按末级指标计算得分，逐级合成得出总分来说明。对于未得分或未得满分的末级指标，应逐一说明原因。

(二) 他评

他评是指由别人对被评者进行评价。评价者包括校内有关部门或人员、校外有关部门或人员。他评可避免自我掩饰现象，结论较客观、可靠、有权威性，易为大家所接受。他评一般是在自评的基础上进行的，是由别人进行的“再评”。在他评过程中要做好如下工作：

(1) 自评情况汇报作为评价依据，包括口头汇报和书面报告两方面。

(2) 提供资料作为评价依据，包括文字资料、数据资料。

(3) 提供证据或实物、现场参观，作为评价的依据。

（4）组织座谈会和访谈活动，作为评价依据。

（5）做好他评工作总结和评价结论，写出他评报告。他评报告一般包括：基本情况、他评组织领导及参与人员、被评者取得的成绩和存在的主要问题、不同看法的分析、指导意见或建议等部分。

做好他评的关键环节是被评者的合作，因而要求被评者实事求是、全面准确地提供各种资料和情况。评价者应想方设法杜绝各种弄虚作假行为的出现，还要做好被评者的心理调控工作，防止拒绝心理、畏惧心理、被审心理、迎合心理、敏感心理等心理偏差的发生①。同时，也要防止这些心理偏差对评判结果的干扰。

无论是自评还是他评，在评价的实施阶段都应做好以下几方面的工作：

（1）正确运用各种评价方法。要熟悉各种教育评价方法的规程，以一丝不苟的态度去运用各种方法，以确保评价资料的准确性和可靠性。

（2）做好资料的收集工作。要通过多种方式、多种渠道收集资料，注意资料的全面性。

（3）做好资料的整理和分析工作。对收集到的资料要认真审核，然后进行归类和建档。要充分利用现代化技术手段（如计算机）对资料进行整理、统计、分析。

三、评价结果的处理

这是教育评价活动的最后阶段，其主要任务是：（1）综合分析判断被评者达标程度；（2）做出综合评价结论（或意见）；（3）向有关方面反馈有关信息，以便指导和改进今后的工作。这一阶段主要应做好以下几项工作：

（一）评价结果的分析判断

根据预先制定的教育评价指标体系中的指标，对照自评与他评的资料，逐一分析判断达标的程度。要将自评与他评相结合，综合思考，但在形成结论时，主要应根据他评的资料和自评提供的实况综合分析，自评结果仅作参考。此外，还要做好评价结果的检验工作。评价结果的检验主要检查评价程序的每个步骤，检查其是否正确，还要检查评价结果是否可信。

（二）做出综合评价的结论

在分析判断的基础上，将分项评定的结果进行合成或汇总，并对整体的评价结果进行数量上的综合评价和文字上的综合描述，写出综合概括性的评语和意见。如果是办学评价，在做综合评价之前还应进行试判，待评价人员掌握了评价标准与判定原则和方法后再进行最后的判定和做出最后的结论。做结论时，注意评价对象内部的差异比较即校内各项工作之间的比较，发现问题，找出差距，指出其努力的方向，为其提供达标的有

① 文新华，曹家正，陈月珍，等．中小学幼儿园综合督导评价的理论与技术．上海：华东师范大学出版社，1990：65－73；王汉澜．教育评价学．开封：河南大学出版社，1995：79－81.

效方法。还要注意校际的比较，从单项和总体水平上找差异，发扬优点，克服缺点。评价的结论要以事实为依据，具有客观性、权威性和正确导向。

（三）评价结果的信息反馈

为了发挥教育评价的指导作用，评价活动结果的信息要及时反馈给有关各方。做法是：（1）向相关部门汇报评价活动的结果，为他们的教育决策提供参考；（2）在相关同行中公布评价结果和结论，令同行得以借鉴；（3）向被评者反馈意见①。在信息反馈过程中，对结论的解释要慎重，因为任何评价结论都不可能绝对客观和准确，但无论如何，不理想的评价结论总会给评价对象带来心理压力和思想波动，因此要及时加以引导和调控，耐心细致地做好思想政治工作。反馈信息时，应把重点放在指导今后的工作上。因此，要对评价的结果和评价的信息资料进行具体而明确的分析诊断，帮助被评者总结成功的经验，恰当地指出存在的问题及今后努力的方向。

（四）评价工作的总结

评价工作的总结是在本次评价活动的工作流程结束后进行的，主要对本次评价活动的质量和效果进行总结和评价。评价工作总结做完后，要注意保存本次评价的重要资料。

以上教育评价的实施步骤是环环相扣的，前者为后者服务，前者的工作质量影响着后者的工作进程和质量，后者又为前者的改进和完善提供反馈信息。整个实施进程均以评价目的为出发点和归宿。

本章小结

教育评价的原则包括导向性原则、公平性原则、客观性原则、科学性原则、可行性原则和发展性原则，其中导向性原则是根本，客观性原则和科学性原则是保障，公平性原则和发展性原则是目标，可行性原则是前提。

教育评价方案的制订是教育评价过程中最重要的一个环节，其中教育评价指标体系的构建是重中之重。编制指标体系最重要的是建构评价指标的“目的树”，即指标体系的逐步分解系统。同时，标准体系、权重体系以及等级体系的建构也非常重要。

教育评价的实施过程包括三个主要的环节，即准备阶段、实施阶段以及评价结果的处理阶段，其中评价的实施阶段是最容易失控的阶段，必须严格按照有关要求进行。

思考题

1. 各个教育评价原则的含义和要求是什么？
2. 试分析教育评价指标体系的结构。
3. 什么是评价指标体系的信度和效度？检验评价指标体系信度的方法有哪些？

---

① 王汉澜．教育评价学．开封：河南大学出版社，1995：75.

4. 如何构建教育评价指标体系？
5. 评价标准的编制方法有哪些？
6. 教育评价方案的编写包括哪些部分？
7. 简述教育评价实施的基本步骤。

拓展阅读：

梁文明．美国第三方评估机构“好学校”的高中学校综合性评价及其启示．当代教育科学，2021（3）.

第三章

教育评价心理及其调控

本章提要

认识教育评价心理在评价过程中的表现并对其进行必要的调控，是教育质量评价理论研究和实践工作的一个重要课题。本章主要包括三个方面的内容：一是教育评价心理的含义、分类及其意义；二是评价者的心理现象及其调控；三是被评价者的心理及其调控。

第一节　教育评价心理概述

评价心理是指评价者和被评价者对评价全过程的实践活动和评价过程的各种关系、交往等现实活动的反映。它既指评价者和被评价者反映评价现实的心理现象，又指其对评价现实做出反应的行为方式。评价者心理不仅对被评价者存在着影响，而且影响着评价的整个过程。在评价的准备过程、施评过程和结果处理过程中，评价者都存在着各种典型的心理现象，如角色心理、自尊心理、类群效应等。研究这些心理现象有利于从评价者的素质能力和管理上调控评价者的心理，还可以通过心理“换位”使评价者自觉进行调控。

被评价者的心理也会影响评价的过程，被评价者在自我评价过程、受评过程和结果反馈过程中也存在着各种复杂多样的心理现象，如自我认可疑惧心理、受审心理、应付心理、敏感心理等。提高被评价者对评价的认识、采取多种评价形态控制评价效应、保持评价者与被评价者的良好心理状态和注重结果反馈方式的多样性是调控被评价者心理的主要方式。

评价心理与心理评价的不同点有二：

（1）二者研究对象所在的范畴不同。

评价心理意在探索评价活动中相关主体如主要评价者和评价团体、被评价者和被评价团体以及评价过程中的各种心理变化的影响。归根到底，它研究的是心理学上的问题。

心理评价是指评价者对心理现象的价值判断，旨在对人的各种心理活动进行价值认识和价值判断。在这个层面上，它的研究对象就不是心理问题，而是转向了价值论问题。

（2）二者的实际功用不同。

评价心理的研究是为了能够控制评价活动中参评人员的态度、情感和意志等心理因素的影响，调节人的主观心态，从而保证评价尽可能地公正、客观。

心理评价是为了区分各种心理品质的优劣，以引导人们克服自卑、妒忌和偏见等不良心理品质，培养健康的、积极向上的心理品质。

教育评价过程是评价者依据某种标准对被评价者有关方面情况进行评判的过程。在此过程中，评价者的心理状态必定会影响评价结果；被评价者由于受到心理因素的影响，常常也会出现“失真”的情况，从而导致评价结果不准确，就如篮球场上的裁判，失衡的心理必然会对比赛过程中的评判和比赛结果造成影响。为了提高评价的信度，就必须考虑和分析评价者与被评价者的评价心理现象，注意进行与这些心理现象相应的、整个评价工作中必要的组织调控与思想教育。

一、评价心理的分类

心理是客观现实在人脑中的主观反映。评价心理是指评价者和被评价者对评价全过程的实践活动和评价过程的各种关系、交往等现实活动的反映。因此，评价心理既指评价者和被评价者反映评价现实的心理现象，又指其对评价现实做出反应的行为方式。

在评价过程中，评价者或被评价者产生的心理活动变化多端，显现的现象多种多样，表现的形式纷繁复杂。为了便于认识，必须讨论评价心理的分类。而根据不同的分类标准，评价心理可以概括为不同的种类。

（一）根据心理学范畴分类

根据心理学范畴，评价心理可分为评价的心理过程、心理状态、心理特征。

评价的心理过程是指在评价过程中即时产生的各种心理活动。它包括观察、社会知觉、记忆、比较、分析、综合、判断、推理、想象等心理活动。

评价的心理状态是指评价过程中较长时间的较为复杂的心理现象。它包括情感方面的情绪状态，如饱满或低沉、热情或冷淡等状态，注意方面的集中或分心等状态，意志方面的充满信心或沮丧等状态，思维等方面的疑难与质疑、定式与灵活等状态。

评价的心理特征是指评价者或被评价者比较稳定、恒常的心理品质。它包括个性的不同气质类型（胆汁质、多血质、黏液质、抑郁质）、性格的理智特征（如感知方面的记录型、描述型、解释型，思维方面的分析型、综合型）、情绪特征（如强度、稳定、久暂、主导心境）、意志特征（如自觉性与独断性、坚毅性与顽固性、果断性与武断或优柔寡断、自制力与任性怯懦等）。

（二）根据评价过程的阶段分类

根据评价过程的阶段，评价心理可分为组织过程心理、设计过程心理、实施过程心理、评价过程心理，以及被评价者的准备心理和自评心理、受评过程心理、结果反馈心理。

组织过程心理是指评价的组织者在组织评价工作全过程中的心理现象。它包括选择评价人员、机构建立、评价者与被评价者沟通、相互调控、内部关系处理、评价意见冲突处理、总结汇报等环节中发生的心理现象。如选择评价人员的熟悉、相似等心理。

设计过程心理是指评价人员设计评价方案，特别是评价标准时的心理现象，如新奇心理、角色心理、投机取巧心理、急躁畏难心理等。

实施过程心理是指实施实际评价过程中的心理现象，如首因效应、近因效应、晕轮效应、遵从心理、逆反心理、心理定式、疲劳效应、期待心理、同行宽容和冤家心理、时尚心理等。

评价过程心理是指对结果进行解释和应用时的心理现象，如亲疏心理、刻板归因、老好人心理、回避心理等，以及工作结束时的大功告成、草率等。

被评价者的准备心理和自评心理是指被评价者准备接受评价和自我评价时的心理现象，如焦虑、疑惧、应付心理等。

被评价者的受评过程心理是指被评价者接受评价、配合测评时的心理现象，如对抗、迎合、防卫、怯场心理等。

被评价者的结果反馈心理是指被评价者接到评价结果通知时的心理现象，如被动、护短、嫉妒、自我辩解、敏感问题心理等。

（三）根据评价者和被评价者的心理机制分类

根据评价者和被评价者的心理机制，评价心理可分为意识倾向性、情意心理、认知倾向、个性心理特征。

意识倾向性是指评价者的不同的情趣、爱好、动机、理想、需要、价值观等。

情意心理是指评价者的情感意志特征和情绪状态。例如，评价者情绪稳定、心情愉快、心境开朗时，对评价标准掌握较准、信息搜集细致而全面、分析评价较认真；评价者心境沉郁、情绪出现波动时，则易偏离标准的客观性、搜集信息急躁草率；评价者如果因被评对象而产生不良情绪，则易产生偏见甚至报复心理，使评价偏差更大。评价者意志方面的毅力、耐性、精力及发挥如何，直接影响评价的客观性。

认知倾向是指评价者已有的知识、经验、认知结构和价值观念、知觉模式、思维定式、形而上学或辩证思维对评价可靠性的影响。

个性心理特征是指气质、性格、能力等方面的差异对评价可靠性的影响，如因易受暗示的气质特征而出现“遵从心理”，且遵从程度较大、范围较广，等等。

从以上分类可以看出，不同的分类方法使评价心理具有不同的类型。鉴于普通心理学和其他有关心理学论著对心理影响评价的一般规律和影响评价的一般心理现象与行为方式已有所论及，这里只着重讨论评价过程中一些典型的、干扰较大的心理行为模式。

二、评价者和被评价者的一般心理影响

在评价活动中，参与评价的人员有评价者与被评价者两个方面。这两方面的心理活动是不相同的，但又相互渗透、相互作用。由于评价者参与活动的全过程，其评价心理占据主要地位，对评价的成败起着决定作用。相比而言，被评价者对评价活动的介入并不多，但其评价心理对评价工作也有一定的影响。因此，在评价心理中，对这两方面应分别给予考虑，而且应着重考察评价者的心理现象及其效应。

（一）评价者对被评价者的一般心理影响

评价工作是评价者对评价对象做出价值判断的过程。这种判断有肯定和否定两个方面；在肯定或否定的评价中，又有程度高低之别。这对于与评价对象有关的被评价者，必将产生多方面的影响。

1. 对自信心和自我概念、自我知觉的影响

被评价者如果得到好评，就容易从肯定的方面看待自己，增强信心；如果得到不好的评价，就容易从否定的方面看待自己，产生自卑感。

2. 对情绪稳定和不安的影响

被评价者得到好的评价时，就容易出现情绪稳定、不安程度下降的倾向；得到不好的评价时，就容易出现精神紧张、情绪不稳、不安程度加剧的倾向。

3. 对意志和动机的影响

被评价者得到好的评价时，意志增强、干劲足；得到不好的评价时，意志沮丧、干劲低。但是，有时得到好的评价，也会因骄傲自满、不思进取而干劲低落；反之，被评价者若得到不好的评价，只要给予其适当的指导，有时干劲反而会被激发得更高。

4. 对要求水平和到达目标的影响

被评价者得到好评后，能出现向着更远大目标前进的倾向；如果得到不好的评价，则会出现降低原定目标，转向更为容易实现的目标倾向。

5. 对评价者和被评价者之间关系的影响

被评价者得到好的评价时，会对评价者产生好感；得到不好的评价时，即使评价是有充分依据的，也会对评价者产生厌恶之感。

（二）评价者心理对评价过程的影响

1. 对制订评价方案的影响

在制订评价方案的过程中，评价者心理容易产生一系列的矛盾和冲突。如目标要求与学校实际的矛盾、需要与可能的矛盾、制订者的主观意愿与领导意图的矛盾、定性与定量的矛盾等。评价者的情绪状态、意志品质和性格气质，都可能对这些方面产生积极或消极的影响。

2. 对搜集和分析评价信息的影响

在搜集和分析评价信息的过程中，评价者与被评价者之间的心理矛盾和冲突，可能影响搜集到的信息的全与缺、真与伪、快与慢、纯与杂。如果被评价者提供的信息使评价者产生怀疑和不满，可能对信息的分析产生偏颇或失误。

3. 对测定与评价的影响

在测定与评价的过程中，存在着更为复杂的矛盾，也会产生复杂多变的心理矛盾与冲突。评价者的心理状态，可能影响信息材料的取舍与归属，也可能影响测定方式和评价的严肃性，造成评分高低、评语褒贬、权重分配、成绩效益认定、水平方向侧重等方面的偏差。

4. 对评价结果解释的影响

评价结果的解释是对评价对象做出的结论进行因果分析，较之其他评价活动，受主观心理影响更大。评价者的心理倾向，可能使评价结论产生全面或片面、夸张或缩小、文饰或客观、因果倒置、牵强附会等一系列偏差现象，给评价结果的综合分析带来困难。

三、评价心理调控的意义

评价心理调控是指用一定的手段和方法，对评价者和被评价者可能出现的心理行为进行调节、控制和利用，使评价工作顺利开展。如在评价前、评价中和评价结束时，参评人员可能出现种种心理效应，特别是消极的心理效应。有针对性地采取措施控制评价心理的消极效应，对搞好评价工作具有重要意义①。

（一）通过心理调控，可以使教育评价的准备更加合理充分

教育评价是一项复杂的系统工程，准备工作的质量直接关系着评价的成败，教育评价的准备工作要做的事情很多，其中最主要的就是方案准备和组织准备，这里均涉及诸多心理问题。

作为评价方案的准备主要是评价标准的编制，各种调查提纲、问卷以及试题的设计等。这时，设计者的个体经验、认识水平、气质性格、兴趣态度、意志品质、道德水准、情绪状态，特别是价值观等都会对上述各方面产生这样或那样的影响。事实上，制定评价标准就是评价主体对教育规律及其价值的能动反映，是客观见之于主观的产物。如果标准的制定者认为满足社会和个体发展需要的教育才是有价值的教育，那么评价标准的制定就会以此为出发点，立足于考察教育的政治价值、经济价值和文化价值，考察对人的自然适应性、社会适应性和创造性的促进，因而注意对学生的品德、知识、智能、体魄发展的评价；如果标准的制定者认为学校教育主要是为了传授知识，那么在编制指标体系或在命题时，将偏重于对学生知识记忆的考查。其他心理因素的影响也很明显，例如意志薄弱者易受暗示，往往把本来正确的设计内容轻率地修改掉，而有的则固执己见，明明意见不合理也不愿放弃。

对于评价的组织准备，从心理学的角度分析要特别注意人员组成的心理结构的合理性。诚然，评价人员的知识结构是重要的，但是思想品德、素质能力及其他心理状况也是不可忽视的方面。例如，如果某一评价小组是由一些容易顺从、主动性差、优柔寡断的人员所组成的，工作就会缺乏生气，从而影响评价活动的顺利开展。反之，倘若全部由独立性强、易急躁冲动、情绪不稳定的人员组成，也将难以互相配合、协调一致、踏踏实实做好工作。

---

① 李勇．心理调控在教育评价过程中的意义分析．教育研究，2004（8）．

（二）通过心理调控，可以保证教育评价活动得以顺利进行，更好地完成各环节的任务

评价者和被评价者的心理现象对评价的实施过程影响特别明显，因而实施过程中的心理调控十分重要。在信息搜集与分析的环节上，评价者和被评价者的心理现象都能直接影响信息资料搜集的真伪、全缺和快慢。倘若评价者对被评价者抱有成见，对被评价者分外挑剔，就会对其优点充耳不闻、视而不见，影响对信息的获取、分析与整理。如果被评价者对评价者缺乏信任和好感，那么他会处处设防，产生对抗情绪。在结果的解释和结论的确定上，评价者的心理倾向以及各种心理现象影响尤为突出，这是造成评价偏差的重要原因。例如，在教育评价活动中，不少情况是一种集体评价，此时评价者由多人组成，以求结论更加准确客观，但是倘若不注意心理现象的影响，就很容易出现评价偏差，这是由于集体评价往往是在同一时空条件下对同一评价对象发表意见，这时人际影响十分突出，其结果容易造成相符行为，也就是说，某些人的意见和行为，出于各种原因，与他人的行为、意志相符合。比方说，有的人根据集体中持某种评价意见人数的多少，做出符合大多数人意见的评价；有的则为了保持同行的融洽关系，表现出一定的从众行为；有的屈从于某些权威人士的意见；也有的因缺乏自信而遵从他人的评价结论。这种不负责任的人云亦云、随波逐流，影响了对问题的深入分析和探讨，不同的意见不能被充分地发表，不合理的结论得不到及时修正，自然会影响评价的准确性。可见，在评价的实施过程中，重视和加强心理调控是非常必要的，它有利于我们有效地克服各种不良因素的干扰，使评价更加合理。

（三）通过心理调控，可以使评价的功能得以全面发挥，圆满实现评价的目的

我们知道，教育评价不仅具有鉴定功能和为教育决策服务的功能，也具有评价成就、改进工作的功能。但是，能否有效地发挥这些功能，在很大程度上取决于评价活动中评价者或被评价者的心理状态。心理学认为，人的个体行为规律是：需要决定动机，动机支配行为，行为指向目标。在这里，动机具有十分重要的作用，它驱动和诱发人们的行为，规定行为的方向和力度，是产生行为的直接原因。一个人的工作成绩，不仅与他的能力有关，而且与其动机激发程度也有极密切的关系。因此，为了更好地使教育评价产生良好的效益，就要研究人的需要，研究激发动机的规律。很难相信一个对评价持有消极态度、认为评价不公正不合理的被评价者，会在评价之后，尊重评价结论，主动按照评价结论改进自己的工作。因此，在评价活动中，评价本身必须力求科学合理，同时还要注重心理调控这一环节，端正人们的评价态度，排除心理因素中的不良干扰，正确对待评价结论，圆满实现评价目的。

综上所述，不难看出，无论是评价前、评价中，还是评价后，评价者与被评价者心理状态和心理倾向对评价的影响是明显的，所以必须认真研究教育评价全过程的心理活动形式和规律，特别是要研究产生消极影响的心理现象及其形成和发生作用的规律，探讨心理调控的方法和措施，以求克服消极心理的不良影响，确保评价的客观性、准确性和有效性。

第二节　评价者心理与调控

一、评价者的心理现象

评价者在评价过程中居于主体地位。为保证评价的客观性和可靠性，必须充分认识评价者的心理现象，以便采取措施加以调节和控制。下面对评价过程中评价者的心理现象进行研究和分析。

（一）准备过程的心理现象

1. 角色心理

所谓角色心理是身份的自我意识及潜意识表现的一种心理现象，是特定的职业责任、道德规范、行为习惯、职业利益等的反映。参与准备工作的评价人员岗位不同，各具特色的角色心理，会在准备过程中反映出来。在设计评价方案时，容易从各自的角色心理出发，表现出不同的价值取向。如专家往往偏重方案的理论依据和科学性，实际工作者则倾向于方案的可行性。

2. 心理定式

所谓心理定式是指由一定的心理活动所形成的准备状态，影响或决定同类后继心理活动趋势的一种心理现象。它的积极方面，反映了心理活动的稳定性和一致性；消极方面，妨碍思维的灵活性。在准备工作中，各人往往按照各自的心理定式表达自己的见解，不太注意分析具体情况，会影响评价方案的客观性。

3. 新奇感

从各个岗位调来参加评价准备工作的人员，可能会由于以往从未担任过评价者的角色，而对评价工作以及自己将要担任的角色产生一种新奇感。新奇感是一种不定向情绪，延续时间不长。人们往往带着好奇心进入评价准备工作；当完成一些任务时，新奇感会转化为喜出望外的愉悦心情；遇到难题无法进展时，又往往会转化为怀疑或动摇情绪。

4. 时尚效应

时尚效应是指对新颖、时髦事物的向往和崇拜的一种心理现象。在追求时尚的狂热中，评价者往往停止独立思考，服从社会潮流，接受多数人所热衷的东西，来获得心理满足。在制订方案时，由于时尚效应，评价者可能去追求新颖时髦的东西，影响评价方向。如果所追求的“时尚”，符合教育方针和教育规律，就能发挥积极作用；反之，就会发挥消极作用。

5. 期望效应

在评价实施前，对评价的期望主要表现为三种形式：积极期望、消极期望和中性期望。

积极期望是指评价者对评价的期待积极肯定多于消极否定。人总是渴求满足一定的需要和达到一定的目标，这个目标反过来对于激发一个人的动机又具有一定的影响。

消极期望是与积极期望相反的一种心理期望。它是指对评价的期待消极否定多于积极肯定。由于消极期望的影响，评价者对评价的期望值不高，认为评来评去都是否定结果，不值得花费精力，因而工作没有积极性。

中性期望是介于积极期望和消极期望之间的心理期望。对评价对象的期待既不过分肯定，也不过分否定。由于期望值不高也不低，因而在评价工作中多采取不偏不倚的态度，对有些问题态度不明朗，既不赞成也不反对。

心理期望是自然产生的，无绝对好坏之分。但是为了使工作不受影响，评价者有必要在工作前反省一下自己的心理期望是属于哪一类型的，从而在工作中注意克服这种心理期望可能产生的不利影响，并及时控制自己的情绪，达到评价客观的目的。

（二）施评过程的心理现象

1. 自尊心理

自尊心理是指评价者在评价活动中，具有力求正确掌握评价标准、正确运用评价方法、正确执行评价程序、取得正确评价结果，以显示自己尊严的心理态势。这是绝大多数评价者的共同心态。评价者深知自己所承担的评价责任十分重大，能否高质量地完成评价任务、取得正确的评价结果，不仅关系到能否对评价对象做出正确评价，而且也是自己业务理论素养、工作能力水平、思想态度的具体表现，因此评价者总是用高标准要求自己，力求达到最高水平。自尊心理在评价活动中的表现是：

（1）坚持原则。以评价方案规定的原则为依据，开展评价工作，不以个人的好恶和兴趣对待评价活动和评价对象。

（2）实事求是。搜集评价信息，整理、测量评价信息坚持以事实为依据，以评价标准为准绳，对评价对象做结论，不偏听偏信，更不掺杂个人情感。

（3）敢于对评价活动中的不正确做法提出批评意见，坚持正确做法。

2. 首因效应

首因效应就是“先入为主”，它是指第一印象比较鲜明、深刻，持续时间较长，经久不忘、不易改变的心理效应。这种第一印象有印刻作用，带有烙印深刻、印象强烈等特点。不论是第一个好印象或第一个坏印象，都可能由于该效应而成为固定的刻板印象。甚至客观对象已经改变，其效应造成的印象却保持不变。有人做了一个实验，分别给两组学生看一个人的照片，并对甲组学生说，这是一个屡教不改的罪犯；而对乙组学生说，这是一位著名的学者。然后让学生根据这个人的外貌来分析这个人的性格特征。结果甲组的学生说，深陷的眼睛里隐藏着险恶，高耸的额头表明死不改悔的决心；乙组的学生说，深沉的目光表明他思想深邃，高耸的前额表明了科学探索的坚强意志。这一实验说明了第一印象对知觉的重要影响。

在中小学教育评价中，首因效应是由表面现象和偶然现象在评价者的头脑中产生的直观表象所形成的。其特点主要表现为：

（1）重视表面现象。如评价一所学校时，评价人员一走进学校，如果学校环境优美，到处张贴“热烈欢迎检查评价”的标语，校长介绍情况语言生动、流畅，就会给评价者以“这个学校很不错”的印象，这种印象可能会对评价人员评价这所学校产生一定的积极影响。

（2）重视偶然现象。如评价教师课堂教学时，看到教师组织教学差，讲课前言不搭后语，就会认为这位教师课堂教学水平很差。实际上这位教师可能课堂教学水平并不差，只是由于特殊原因而造成了这节课“水平很差”。这种偶然现象也可能对评价人员评价这位教师的课堂教学产生不良影响。

3. 近因效应

近因效应是指由近因形成的新印象所产生的效果。近因效应与第一印象在时间上相反，是指认知对象最后给人留下的印象，往往具有较强烈的影响。1957 年的卢钦斯实验研究表明，首因效应如果因插入其他活动而中断，则后来的信息所引起的新印象比原来的印象更强、更起作用。如果一个学生原来曾给人留下过不好的印象，让其变换一下环境，当他有了转变再回到原班级，他近来的表现所形成的新印象会使人们不再用老眼光看他，近因效应可减少人们对他的成见和偏见。近因效应取代首因效应的条件，是要插入其他活动使首因效应中断，需有一段足够的间歇时间。

4. 晕轮效应

晕轮效应又称为光环效应，是指在观察某个人时，由于对象的某些品质或特征看起来比较突出，使观察者对此产生了特别清晰和明显的知觉，从而掩盖了对其他特征、品质的知觉和评价。也就是说，这些突出的特征起着一种类似晕轮的作用，使观察者看不到他的其他品质，从而由某一点做出对这个人整个面貌的判断。这个效应在判断一个人的道德品质或性格特征时表现得最为明显。例如看到某人穿戴整洁，就认为他做事细心、有条理、肯负责任。反之，如果对某人的印象不好，往往也会忽略他的优点。

晕轮效应一般产生在掌握信息不充分和刺激强弱程度不等的情况下，而且因评价者个人的心理因素差异而不同。这种心理效应的危害是以点带面、以偏概全。

评价者要防止晕轮效应，全面细致地了解每个被评价者的优缺点，才能克服成见，准确地进行评价活动。

5. 参照效应

参照效应是指某些评价对象的“形象”影响着对另一些评价对象的印象和评价的一种心理现象。其效应意义是指在某个较高“形象”的参照下，其他评价对象便黯然失色；相反，在某个较低“形象”的参照下，会反衬其他评价对象熠熠生辉。如评定答卷时，对第一次出现的新颖解答，一般认为“有创见”，而后出现的解答与第一次相当，甚至稍有高明之处，也会产生“雷同”“不再新鲜”之感。结果同样的答案会获得不同的评分或评语。再比如，当主评者接触一系列水平一般的对象后，偶尔突现一个水平较高的对象，这个对象往往能获得高于其实际水平的评价。

6. 理想效应

理想效应是指对评价对象设想完美的先期印象影响实际评价的一种心理现象，这也叫作“求全效应”。其效应意义表现为，评价者在评价前存在一个理想化的评价对象，在评价时自觉不自觉地提高了期待要求和求全心理，以此衡量实际，便很容易产生不满意的体验。由于理想效应，评价者掌握的评价标准不是客观标准，而是以头脑中的理想模式为标准，由过高的期望导致过分失望，结果使得“好的”评成“较好”，“较好”评成“一般”，“合格”评成“不合格”。

7. 顺序效应

在教育评价中，顺序效应是指因评价的先后顺序不同，而对评价对象的评价结果产生干扰的一种心理态势。顺序效应有两种形式：

（1）先严心理。先严心理的表现是，开始评价时掌握标准偏严，导致评价结果偏低。产生这种现象的原因一方面是评价刚开始时，评价者对评价标准还不熟悉，“严格掌握评价标准”的要求还牢牢印在脑海中，认为要搞好评估，就要严格地掌握评价标准，甚至抱着“宁严毋宽”的思想进行评价工作，自然掌握标准就会偏严；另一方面是评价工作初期，评价者信心足、精力旺盛，往往工作细致，要求严格，标准掌握要严一些，到了后期，因精力、时间不济，或产生厌烦情绪，评价者往往放宽要求，草草结束。

（2）先宽心理。先宽心理的表现，与先严心理的表现相反，开始评价时，掌握标准偏低，评出的结果偏高。产生这种状况的原因，是刚开始评价时，评价者对评价标准还不熟悉，害怕标准掌握严了，评价结果低了，评价对象不接受，抱着“试试看”、别“自找麻烦”的思想进行评价，自然就会降低要求。

8. “趋中”心理

“趋中”心理是指评价者对评价对象既不愿给优者以太高的评价，也不愿给劣者以太低的评价，尽量缩小差距，向中间状态集中的一种心理现象。出现这种心理现象，或由于自己没有把握，进行“模糊”处理；或由于“好人主义”，怕得罪人；或由于嫉妒心理，不愿别人冒出来；或由于平均主义思想，不承认差别，对优者严，对劣者宽，填平补齐。这就使优劣程度难以区别出来。

9. 成见效应

成见效应是指对评价对象的既有看法和态度影响对评价对象做出正确判断的一种心理现象。成见效应表现在两个方面：一是牵制评价者的注意和认知，使其总是围绕着固有看法去搜集信息、整理资料。凡是符合自己固有看法的就认定为真；不符合自己固有看法的，则抱怀疑态度，甚至认定为假。二是在对材料进行分析时，从成见出发，进行因果分析和价值判断，对与自己成见相悖的因果关系或价值认定加以排斥，最后以自己的固有看法做出评价结论。

成见效应有两个方面：一是有利于评价对象的好感成见，二是不利于评价对象的恶感成见。两种成见都是主观主义的，都不能保证评价的客观性，因此必须加以克服。

10. 宽大效应

在评价活动中，有一种常见的倾向，表达积极肯定的评价往往多于消极否定的评价。心理学把这种现象称为宽大效应或积极性偏见。

一般来说，在对人的知觉中有一种积极肯定偏见，但在对物的知觉中是少有或没有的。这反映了在评价我们的人类伙伴中具有的一种特殊的宽大效应。

宽大效应使得人们在教育评价中有过分宽宏大量的倾向，使过多的被评价者得到相对过高的评定，从而缩小了被评价者之间的差异。

11. 附和权威心理

在评价过程中，有的评价者在对评价对象做评价结论时往往先了解领导或自己认为是“权威人士”的意见和态度，当了解到领导或“权威人士”的评价意见与自己的看法不一致时，哪怕明知领导或“权威人士”的意见并不十分正确，也要违心地使自己的结论与“权威人士”的意见一致起来。

12. 暗示心理

暗示心理是指评价者为了使其他评价者接受自己的想法或者使其按照自身所期望的方式进行评价活动而对他人进行暗示，影响他们的评价心理和行为的一种心理现象。暗示可以划分为直接暗示和间接暗示两种，教育评价过程中，通过直接的权威式语言命令方式来使评价者服从的情况很少，更主要的是通过表情、手势、行动等方式含蓄地间接暗示。

（三）结果处理过程的心理现象

1. 类群效应

类群效应是指评价者与被评价者的类群关系影响评价客观性的一种现象。“物以类聚，人以群分”，人们通常喜欢那些在各方面与自己存在着某种程度相似的人。评价者与被评价者之间总是存在着一种同行、同类、同专业、同地区等群属关系，这些关系具体到评价者与被评价者之间，又有亲疏、利害、远近的区别。这些关系使评价者在结果处理过程中会或多或少、或大或小地影响评价的客观性。

这种复杂的类群关系对评价的效应也是极其复杂的。如同行可能产生“冤家”心理效应——有意互相贬低评价，也可能产生“同病相怜”心理——互相褒扬评价；“避嫌”心理，也可能使评价严于亲而宽于疏；或对比自己“强”的可能因妒忌而有意压低其评价结果，对比自己“弱”的可能因同情而有意降低要求。这些错综复杂的关系形成错综复杂的评价心理，对评价过程会产生极大影响①。

2. 从众心理

从众心理是指个体因团体或个人真实的或臆想的压力所引起的行为、观点变化的一种心理现象。我们平常所讲的“随大流”，就是一种从众行为。当一个团体成员的意见和行为与群体不一致时，他就会产生一种心理紧张，促使他趋向一致。造成从众心理的原因有两个：一是规范压力的作用。社会或团体舆论一般以大多数人的意见为规范。个人如果不愿被人认为“越轨”“不合群”“离经叛道”“出风头”，就必须与群体意见保持一致。二是信息压力的作用。个人行动时除依赖个人储备的知识外，还需要借助外界信息，因而往往相信作为信息来源的个人或群众，在个人缺乏做出决定所依据的参考框架的情况下，更容易产生从众心理。

---

① 汪语希，赵本华．论教育主评者的心理及其调控．当代教育论坛，2006（6）．

从众心理的积极意义在于：容易形成一致意见，减少无谓争端。消极作用在于：不利于形成民主氛围以充分发表各种不同意见，从而可能使由其他各种心理和原因引起的偏见、成见或失误难以得到纠正，少数人的真理也不易得到肯定。

3. 逆反心理

逆反心理是指在某种特定条件下，某些人的言行跟当事人的主观愿望相反，产生一种与常态性质相反的逆向反应。逆反心理产生的心理基础在于：一是好奇心和求知欲，二是好胜心理。这种现象在日常生活中是常见的。例如某篇文艺作品，不太引人注意，但一经批评，反而会引起人们的极大兴趣。逆反心理是一种不健康和背离客观的反常心理。利用逆反心理的目的，是为了消除这种心理的影响。在评价过程中，由逆反心理引起的专唱对台戏的心理现象有利于形成民主氛围，充分讨论，减少评价失误。但是无原则的逆反心理则流于“捣乱”一类。

4. 本位心理

本位心理是指评价者在评价中坚持反映自己“大我”价值观的一种心理现象。其效应意义表现为在评价中坚持反映自身的利益要求及价值观。如用人部门的代表一般要求偏重评价毕业生的动手、实践、交际等方面的实际能力以及相应的实践性教学环节。在评价过程中，要注意克服本位心理，否则，可能会影响评价集体内部的人际合作关系，从而影响评价工作的顺利开展。

5. 模式效应

模式效应是指以过去的有限经验和固定模式去解释评价结果的一种心理现象。若评价者头脑中储存着多种固有模式，则会离开评价标准，错误地把评价对象纳入主观固有的某种类型或模式之中；或者不细致分析评价对象的实际情况和差异，把自己主观认定的某种特征归属于评价对象。例如遇到一些学校升学率高，就归因于“片面追求升学率”；一些重点学校的办学水平高，就归因于基础条件好，而不做细致的调查、分析。

二、评价者心理的调控

事实上，评价过程中的心理现象并不是由孤立的心理过程、心理状态、心理特征等心理因素所致，而是与评价者的思想觉悟、道德水平、世界观、方法论、能力素质、知识经验有密切联系。因此，对评价者的心理调控不仅要有技术性措施调控，而且要进行思想教育、纪律教育和技术培训。

（一）评价者素质能力的调控

1. 把好选拔关

把好选拔关是对评价者的基本素质进行把关以保证评价的客观性。选拔评价者时，要注意考核他们的思想品德、工作能力、知识结构和实践经验，看他们是否经过专门训练等；组织评价者时，要注意保证评价者有一定的数量，并使他们具有广泛的代表性；

组织内部整体结构要合理，要包括各方面的代表，也要有各种能胜任评价专业工作的人员，如统计计算、速记人员等。如有可能，还应进行人格测量，对那些情绪特别不稳定、性格孤僻、敏感、多疑、嫉妒和暗示性强的人，应重点教育和采取措施控制，或者另选他人。

2. 评价技能培训

评价技能培训是从人员能力的角度去保证评价的可靠性。技能培训主要是从评价知识和评价技术两个方面进行。其具体内容包括评价原理、评价方案设计、评分方法、数据处理、结果解释、评价的心理等。还有领导怎样做出评价决策、怎样组织评价队伍、如何选拔人员、如何组织评价工作、如何调控评价心理等方面的教育。

3. 思想品德教育

思想品德教育是从思想、觉悟、道德的角度保证评价的准确性。这一工作是在培训活动中进行的。教育内容包括两个方面：一是学习有关文件，包括对评价指导思想、评价标准等文件的学习，以掌握评价思想，也包括进行教育科学理论和各种教育政策文件、评价经验总结等方面的学习，以掌握教育规律、办学规律、教育目标、办学方向等知识。二是思想觉悟、政策水平、道德品质和纪律法制教育，包括进行组织原则、规章制度、保密条例以及公道、认真、负责、坚持原则、虚怀若谷、联系群众等内容的教育。

（二）管理上的调控

管理上的调控是指通过对评价工作的组织管理，采取有针对性的措施进行预防，检查、监督某些心理现象的发生或控制某些心理效应的影响。作为评价的组织领导者，应掌握评价心理活动的基本规律，时常观察、了解评价者的心理动态，或采取措施加以预防，或在出现苗头时及时纠正。在评价进行时，应时常提醒并检查评价者对标准的掌握，强调根据全部信息做判断，而不要只看一时一刻。在信息采集的时间安排上应精心设计，采用顺序换位、交换评判，多次或多人评定等组织措施，以调控“趋中”、晕轮、首因、近因等效应。在人员安排上要全面考虑，进行角色交换，多层次多类别评判，强调比较对照，以防止本位、类群、理想、成见效应。对那些明显干扰评价可靠性的心理行为，应及时组织评价人员进行评议，以明辨是非正误。对严重者可要求其立即停止工作、调换岗位，以确保评价工作顺利进行。

（三）通过心理“换位”使评价者自觉进行调控

在评价活动中，应提倡评价者扮演两种角色，既扮演评价者，又扮演评价对象，既要站在评价者立场，客观公正地进行评价，又要站在评价对象的立场，设身处地地思考评价问题，要认真考虑评价的哪些方面合理，哪些方面不够合理，哪些问题可以接受，哪些问题难以接受。实践表明，这种心理“换位”的方法，可以把评价者个人对评价对象的亲疏、好恶抛在一边，从而正确地实施评价。

（四）通过完善规章制度加以调控

建立和健全评价规章制度，严格执行规范化的评价制度，一切按制度办事，对于违反评价纪律者，要严肃处理，必要时根据具体情况停止个别人员的工作，调换岗位，避免干扰，这也是防止不良心理现象干扰评价活动正常进行的有效措施之一。

第三节　被评价者心理与调控

一、被评价者的心理现象

辩证地看，被评价者是动态角色，可以是下级人员，可以是同级人员，也可以是上级人员。由于评价的目的不同，不同层次的人员既可以处于评价者的位置，也可以处于被评价者的地位。

（一）自我评价心理现象

自我评价心理现象是在准备接受评价的阶段发生的心理现象，包括自我评价和准备接受评价的心理状态与倾向。

1. 自我认可疑惧心理

自我评价对现代评价来说是任何外部评价的基础，其意义有两点：一是自我认识（诊断或总结），二是作为外部评价的基础。自我评价的这种特征，使得自评者必然产生一种疑惧心理——怀疑自己的评价与将来的外部评价是否相符。这是这一阶段多数自评者必然会产生的心理现象。自评认可与否的疑惧心理可能对自我评价产生一些消极的影响。

（1）过低自我评价。唯恐自评高于外部评价，以影响“人格形象”，于是以较低水平评价自己。

（2）模糊自我评价。为避免自我评价与外部评价正面矛盾冲突，于是采用概括化的定性描述，运用含含糊糊的词语给出判断。

（3）过高自我评价。认为自评是基础，外部评价是走过场，因而企图以自我评价基点来抬高外部评价基点。

2. 被审心理

被评价者在接受外部评价之前，往往产生被动接受审查评价的心理，特别是那些资历较浅的被评价者更是如此。被审心理是一种被动心理，它对评价的影响也是消极的。表现为以下几种形式：

（1）自我评价草率，等待外部评价一锤定音。

（2）对评价要求领会不全面，材料准备不充分或者杂乱无章。

（3）忙于准备表面工作，以求形式上给评价者留下“好印象”。

（4）评价过程中小心谨慎，畏首畏尾。

（二）受评过程心理现象

1. 应付心理

应付心理是被评价者在评价过程中的一种消极心理现象。它的表现多种多样，如自我评价马虎草率，图形式、走过场；评价动员不力，敷衍了事；提供材料支离破碎、残缺不全；日程安排计划不周，时受冲击；评价组织机构不健全，人员滥竽充数；对评价者所提要求推三阻四，拖拉搪塞；等等。

2. 迎合心理

迎合心理是指被评者在接受他评的过程中，为了获得不合实际的好评而表现出的反常的积极配合的心理状态①。这是一种与应付心理相反的“积极”心理状态。它对评价会产生如下消极影响：

（1）腐蚀软化作用。被评者对主评者在接待规格上颇高或者形式上热闹、阿谀奉承，使主评者“拿了手短、吃了嘴软”，心理麻醉、失去防卫，原则瓦解，标准崩溃，评价偏离方向。

（2）线索诱导作用。工作上有求必应，或者交往态度上曲意逢迎，言辞上奉承讨好，营造形式上的“积极”状态和态度上的“认真”气氛，使评价者受到情绪感染发生移情，心境上染上愉悦、理解、同情的色彩，被诱导进入正面肯定的心理状态，从而导致偏向性的肯定。

3. 自卫心理

心理学研究认为，人在生活中处理自己与现实关系的心理现象有两种，一为适应，一为自卫（或防卫）。在评价过程中，自卫心理一般表现为以下几种思想和情绪：

（1）疑虑-紧张-厌烦（怯场）连续心理。对评价的意义、要求认识不清，容易产生疑虑心理，怀疑评价是否有损于自身，也可能怀疑评价的科学性、可能性，评价是否能客观准确地反映自身情况，评价结果是否公正。由疑而虑，便进入紧张状态，担忧评价影响个人（单位、群体）的名誉、领导印象、晋级提薪等。由紧张又产生两种心理状态：一是厌烦，不愿参与评价过程，或者牢骚满腹，散布对评价的不信任感，影响舆论，以图使评价走过场，或为不佳的评价结果起掩饰作用。二是怯场，表现为参加考核的个人，因过度紧张而无法控制支配自己的精神潜力，不能充分发挥自己的体力智力。

（2）回避-旁观-磨抗连续心理。在前述心理支配下，有的采取回避态度，如请假、出差，借此脱离评价现场；回避不了的则采取旁观态度，如表面上不露声色，形式上积极参加，但是，一言不发，冷眼旁观，态度暧昧，以此冲淡评价气氛，获得内心平衡。旁观不了的，便采取磨抗态度，或者把缺点、问题、弱点掩盖起来，不暴露可能导致否定评价的材料信息；或者对不得不暴露的问题，采取大事化小、小事化了的手段；或者采取大帽子底下开小差，以抽象肯定、具体否定的手段文过饰非。

---

① 尚钢，方维．论教育评价中被评价者的心理偏差及其调控．黄冈师范学院学报，2004（4）．

（3）显示-夸耀-比闹连续心理。自卫心理的另一种表现是以进为退的策略，即一反躲躲闪闪、含糊其词的姿态，转而积极参加、四处活动；或是宣扬自己的长处、优点、贡献、绩效，以图“取长补短”，冲淡人们对短处的注意；或是挑剔别人的短处和问题，转移评价者视线；或是以攻为守，揪评价者的“小辫子”、钻空子，以图混淆视听，使评价者自顾不暇，从而自身从容脱避。

（三）结果反馈心理现象

无论是哪种类型的评价，都必须把评价结果反馈给被评价者、被评单位或决策者，即评价报告的接受者，通过教育决策、自觉改进工作或造成社会舆论，促进被评单位或被评个人改进工作。只有这样，评价工作才能起到作用。在反馈评价结果过程中，会出现许多心理现象，其中有的是消极的，为此，必须予以注意和调控。

1. 敏感心理

敏感心理主要表现在以下几个方面：

（1）分数敏感。结果反馈时，人们对评价结果的累计总分最为敏感，对与此相应的评价结果曲线图、侧面图、位置名次排序等同样敏感。

（2）利害因素敏感。结果反馈时，人们总是更为关心与自身有利害关系的那些指标和要素。一般情况下，人们对素质和能力等指标较为敏感，因为这涉及被评对象的使用价值和发展价值。特定情况下，人们则关心与评价目的有关的要素指标，如对评定模范教师，工作绩效更为敏感；当评价目的在于确定重点扶持对象时，办学水平和潜在力量的指标便更为人关心。

（3）公正敏感。结果反馈不为被评价者满意时，被评价者便转而关注起评价是否公正的问题。无论是外部评价与自我评价相矛盾，还是位置名次落后、分数较低，或是自我感觉应被肯定的未被肯定，都会引起被评价者对评价的不满，进而怀疑评价的公正性，并从各个方面挑剔评价的缺点或问题，企图否定评价。

2. 护短心理

护短又称为文饰，又叫理由化的适应，是指被评价者为掩饰自己的缺点和短处，寻找各种理由来为自己辩护。也就是，一个人为了掩饰不符合社会价值标准、明显不合理的行为或不能达到个人追求目标时，往往在自己身上或周围环境中找一些理由来为自己说明。如把考试成绩不好归咎于身体不好，或出题不公正。

护短心理有多种表现形式：一是把自己的思想行为和态度投射到他人身上，用他人的类似行为为自己开脱。二是把问题的原因归于客观偶然因素。三是自我解嘲，即采用酸葡萄法，贬低自己未能达到的评价目标价值，对自己的过失装出不屑一顾的模样；或采用甜柠檬法，尽力美化自己的不足，抬高自己所获评价结果的价值，使自己心理上得到安慰和平衡。

护短心理作为自我防御机制有一定的积极意义，但如果护短心理太强，所产生的自欺欺人言行会影响评价结果解释的合理性，即使是可靠的评价信息，被评者也难以从评价活动中汲取教益，从而使评价的功能难以实现。

3. 嫉妒心理

嫉妒心理一般是在得知自己的评价结论不高时产生的一种心理现象。被评价者得知自己的评价结果后希望人人都得到类似评价，对评价结论好的对象心怀不满，故意找碴儿。表现出收集对方材料，联合同病相怜者告状，贬低他人成绩，夸大他人缺点，甚至当面非难、责备别人。

4. 对评价进行评价心理

被评价者在了解评价结果时，也会产生对评价评头论足的心理。严格说来，对评价进行评价是一种正常反馈，评价者应予鼓励重视，但是动机不纯或缺乏自知之明者，也可能借此方式刁难以致否定评价。其否定方式有以下几种：

（1）以自我评价或自我感觉否定外部评价。

（2）挑剔评价过程的细节，寻找缺点、问题、失误以否定评价结果。

（3）以非正式评价否定正式评价。

（4）以局部评价否定全面、系统、综合的评价。

（5）以自身纵向比较和与他人横向比较的评价否定客观评价。

（6）以历史的评价否定现实评价。

除了以上列举的否定评价的极端心理倾向外，还会产生责备评价不公正，指责评价不注重成绩而重视缺点，怀疑评价不科学等心理。

二、被评价者心理的调控

被评价者在评价过程中发生的心理现象是由对评价的认识和评价活动本身引起的，其心理内容集中地表现为怎样对待评价的问题，因此，被评价者心理的调控，主要解决思想认识问题和控制评价的方式与活动①。

（一）提高对评价的认识

第一，搞好评价动员。评价动员应开诚布公地宣讲评价的目的、意义和积极作用，使被评价者认识到评价对他们是有利的，是一种肯定人的价值和工作价值的重要手段，使他们更新教育评价观念，消除对评价未知的疑惧心理，以良好的心态迎接评价。

第二，征求群众对评价方案的意见，采纳合理的建议；组织指导自我评价，推行评价结果与本人见面，打破评价的神秘主义。

第三，讲明评价的计划和日程安排，使被评价者心中有数，能够积极主动地配合工作。

第四，建立和健全评价制度，公布评价纪律，把自我评价与接待配合外部评价的态度、工作效果作为有关考核内容之一。

第五，被评单位的领导和骨干要为群众做出榜样，以正确的态度积极投入评价工作。

---

① 张玉田，等．学校教育评价．北京：中央民族大学出版社，1998.

第六，采取评价公开制度，要及时将评价的流程和结果公示，并吸收被评价者有益的意见和建议，使评价方案更加完善。

（二）采用多种评价形态，控制评价效应

所谓评价效应，具体地说，就是指通过评价者的目的、动机、需要、价值观等构成的评价心理机制及倾向性，与不同的评价方式结合，作用于被评价者时所引起的被评价者的自我意识、情绪状态、意志动机、需要和成就目标、与评价者人际关系的变化等。

评价态度体系与评价方式的结合可以分为几种评价类型：以评价的肯定与否定为界限划分，可分为正评价和负评价；以评价的态度划分，有期望型、激励型、公正型、偏见型、偏激型；以评价主体划分，有外部评价、自我评价；等等。在以上评价类型中显然要摒弃偏见型和偏激型。其他评价类型各有利弊，应予合理安排，以免产生不良的评价效应。

（三）保持评价者和被评价者良好的心理交往状态

有以下四种基本状态：

第一种，评价者情绪好与被评价者情绪好相结合。评价者情绪好，容易看到被评价者的长处，热情帮助对方，能对被评价者的情绪进行疏导。被评价者情绪好，能积极投入评价活动，主动配合。这是最佳状态，评价容易获得成功。

第二种，评价者情绪好，被评价者情绪不好。评价者热情、积极、认真，被评价者淡漠、厌烦或烦躁，评价者与被评价者之间会产生隔膜。遇到这种情况，评价者能平等、宽容、克制、因势利导、见机行事、不激化矛盾，可能改变被评价者的情绪，评价有成功的可能。

第三种，评价者情绪不好，被评价者情绪好。评价者对评价工作信心不足，情绪低落，对被评价者态度淡漠，不愿理解对方。在这种情况下，被评价者即使情绪高涨、态度积极，也会如冷水浇头。由于难以捉摸评价者的心绪，往往从对自己不利的方面估计，情绪会由高变低，可能导致评价失败。

第四种，评价者与被评价者情绪都不好。评价者与被评价者由于种种原因，发生冲突或对立，双方情绪处于低落状态，心理上的距离很大，以致形成僵局。结果会不欢而散，导致评价失败。

从以上四种状态不难看出，无论在什么情况下，评价者的情绪和态度都是至关重要的。有素养的评价者，应该始终保持良好的情绪，使双方心理交流处于良好状态，才有可能采取主动，对被评价者的心理实施调控；而被评价者也要对评价者给予多一点理解与支持，信任他们的工作，主动去调适自己的心理，端正自身的态度，构建起双方联系的纽带，使评价工作得以顺利进行，使评价的效率和质量得以提高。

（四）结果反馈方式要灵活多样①

对于被评价者心理的调控，要注意结果反馈的方式方法，以避免被评价者产生挫折

---

① 陈琳．成人高等学校教学评价中教师的防御心理及其调控．成都大学学报（社科版），2003（3）．

感，产生焦虑，引起心理冲突。为此，我们不妨考虑以下方式方法：启发式反馈要求启发其客观认识自我，使其有自知之明；讨论式反馈方式可以转移过分关心分数的注意力；模糊性反馈要求不讲优缺点，只做一分为二的定性解释，或者只告诉等级，或相对等级分数的百分比。同时注意以下几点：反馈的态度要平等相待、给予被评价者信心或希望；反馈范围应有适当限制，如个别方式、回避他人，以防扩散否定性评价结果；针对不同评价对象的特点、需要和敏感因素采取不同方式，如老年人不在乎素质评价，可直接反馈，而青年人对素质评价较敏感，则需曲线反馈。

（五）建立双向评价考核机制

良好的评价考核机制运行不是由单方面来决定的，评价者与被评价者都有各自的情感、爱好和价值倾向，特别是评价者，容易以个人的主观意志来判断事物，从而造成评价结果的偏差。为了让评价过程和评价结果更加合理与公正，需要建立一个双向评价考核机制即不仅仅有评价者对被评价者打分，与此同时，被评价者也要对评价过程和评价者的能力、素质等进行打分，根据得分调整评价行为以形成一个动态平衡机制，使整个评价考核过程更加科学与完善。

本章小结

评价心理是指评价者和被评价者对评价全过程的实践活动和评价过程的各种关系、交往等现实活动的反映。根据心理学范畴不同、评价过程的不同阶段及评价者和被评价者的心理机制的不同，可把评价心理分为不同的种类。

在评价活动中，评价者参与活动的始终，其评价心理不但会影响被评价者而且也会影响评价过程。评价者的心理现象主要是：(1) 准备过程的心理现象，包括角色心理、心理定式、新奇感、时尚效应和期望效应等；(2) 施评过程的心理现象，包括自尊心理、首因效应、近因效应、晕轮效应、参照效应、理想效应、顺序效应、“趋中”心理、成见效应、宽大效应、附和权威心理和暗示心理等；(3) 结果处理过程的心理现象，主要包括类群效应、从众心理、逆反心理、本位心理和模式效应等。

对评价者心理的调控，可以采取一些技术性措施：(1) 评价者素质能力的调控，主要方法包括把好选拔关、评价技能培训和思想品德教育；(2) 管理上的调控，通过对评价工作的组织管理，采取有针对性的措施进行预防，检查、监督某些心理现象的发生或控制某些心理效应的影响；(3) 通过心理“换位”使评价者自觉进行调控，提倡评价者扮演两种角色，既扮演评价者，又扮演评价对象，设身处地地思考评价问题，从而正确地实施评价；(4) 通过完善规章制度加以调控。

被评价者对评价活动的介入并不多，但其评价心理对评价工作也有一定的影响。被评价者的心理现象主要是：(1) 自我评价心理现象，主要包括自我认可疑惧心理和被审心理；(2) 受评过程心理现象，主要包括应付心理、迎合心理和自卫心理等；(3) 结果反馈心理现象，主要包括敏感心理、护短心理、嫉妒心理及对评价进行评价心理等。

被评价者心理的调控，主要包括提高被评价者对评价的认识、采用多种评价形态以控制评价效应、保持评价者和被评价者良好的心理交往状态并注意结果反馈方式的灵活多样。

思考题

1. 简述教育评价心理的分类。
2. 评价者对被评价者的一般心理影响有哪些?
3. 评价者心理对评价过程有何影响?
4. 调控评价心理有何意义?
5. 被评价者在受评过程中有何心理现象?
6. 被评价者在结果反馈中有何心理现象?

拓展阅读：

刘霞．幼儿园教育质量评价中评价人员的心理偏差及其调控．上海教育评估研究，2017（4）．

第二篇

教育评价方法

第四章

教育评价的基本方法

本章提要

教育评价的基本方法大致可以分为绝对评价法、相对评价法与个体内差异评价法，定性分析评价法与定性综合评价法，行为目标评价法与临床督导评价法，指标评分法与等级换分法，加权平均法、模糊综合评判法与集体综合评价法等多种类型。本章主要介绍教育评价的上述几种基本方法，以及如何收集和处理教育评价信息。

第一节　教育评价方法

教育评价的方法有很多，按照不同的分类标准可以分成不同的类型。我们大体上把评价的方法归纳为五类。

一、绝对评价法、相对评价法与个体内差异评价法

（一）绝对评价法

绝对评价法是指在评价对象的集合之外确定一个标准，评价时对评价对象与客观标准进行比较。例如，教学评价的标准，一般是课程标准和教学计划，以及由此确立的具体评定指标。再如，我国推行的高中毕业会考制度以及大学英语四、六级考试制度，都采用的是非常典型的绝对评价法，考生达到相应的标准就行了，不注重考生之间的比较。

绝对评价法的优点是：其标准比较客观，如果评价是准确的，那么评价之后，每个被评价者都可以明确自己与客观标准的差距，有利于发扬优点，克服缺点。同时，运用绝对评价法，可直接鉴别各教育目标完成情况，明确今后工作的重点。而其缺点是，其客观标准很难做到客观，在制定和掌握评价标准时，容易受到评价者的教育价值取向和经验的影响。

（二）相对评价法

相对评价法是指在评价对象的集合中选取一个或若干个作为基准，然后把各个评价对象与基准进行比较。例如，对某校统考成绩的评价，通常是以该校所在市（县）统考的平均水平作为评价的基准，以该校成绩在一个市（县）中所处的地位来判断。

这种评价方法的优点是：适用面广，不受整体水平的限制，即无论集体的整体水平如何，可比较出优与劣、先进与落后。其缺点是：评价基准会随总体的不同而发生变化，因而容易降低或提高客观标准。

（三）个体内差异评价法

这种方法既不是在被评价集体内确立评价标准，也不是在集体外确立评价标准，而是把被评价者的过去和现在比较，或将评价对象的不同方面进行比较。例如，把某中学的过去和现在进行比较评价，或者把该中学的思想政治教育工作、教学工作、文娱体育工作、总务后勤工作等各方面工作进行比较评价，从而找出它们之间的差异。

这种方法照顾了个体差异，但由于被评价者不与他校（或他人）相比较，这就难以找出自己与他校（或他人）的真正差距，而且个体内具体的判据，往往不容易选择。故应把个体内差异评价法与相对评价法及绝对评价法结合起来使用。

二、定性分析评价法与定性综合评价法

（一）定性分析评价法

定性分析评价法是预先根据评价的观点，把评价内容分解为几个项目分别进行评价。例如，评价教师的一堂课，可分别评价教学目的、教学内容、教学方法、教学组织、教态和教学语言等几个项目，评价时，可按照这些项目的具体要求进行具体的分析评判。

（二）定性综合评价法

定性综合评价法是对评价对象的整体进行综合性的评价。要求评价者有丰富的经验。如评价学生的一篇文章、评价一位校领导、评价一所学校，评价者应有一个总体印象，根据总体印象，可对被评价对象的总体进行评价。定性综合评价法具有较多的主观因素，有时误差比较大。尽管如此，在教育评价中，定性综合评价法仍然是不可缺少的。

三、行为目标评价法与临床督导评价法

（一）行为目标评价法

所谓行为目标评价法就是采用可观测的行为目标作为评价的依据的一种评价方法。这种方法的理论基础是行为主义心理学。其提倡者认为，传统的教育评价的目标（或标准）是含糊不清的，人们只是根据主观的期望和想象制定目标，而并不考虑这些目标在

指导行为和评价实施过程中的具体作用。例如，传统的目标规定，学生“必须积极参加公益劳动”。但是，学生是怎样劳动的？是否应该经常劳动？究竟达到怎样的程度才能断定学生已经实现了这一目标？在传统的目标中，这些问题都是没有答案的，教师所能得到的只是一堆空洞、抽象的原则，因此，难以对学生进行科学的评价。所以就有必要把明确表述的、可观测的行为化为成就目标，来代替抽象的目标。

确立行为目标应注意两点：（1）应设立可以观察行动的场合；（2）应容易表示出行动的程度或阶段。比如，以上所述的“积极参加公益劳动”，是抽象的评价目标，因而要将它转换成具体的行为目标，即转换为一系列行为术语表达的问题：（1）学生通过何种方式参加公益劳动？（2）学生用多少时间开展公益劳动？（3）学生劳动是出于自愿还是为了完成教师布置的任务？

由此可见，行为目标评价法的实质在于评价内容的具体化以及标准的客观化。这种方法结合评语法使用，可改善一般评语描述的概念化、单一化和空洞无物。

（二）临床督导评价法

这种方法与行为目标评价法的区别在于，行为目标评价法是评价中较为正规的方法，而后者则具有更多的非正规性。“临床”一词意味着细致的观察、评价者与被评价者之间的直接交往以及他们之间亲密和睦的关系。临床督导评价的意义不仅在于评价，更主要的在于帮助和提高。可见所谓的临床督导评价法，就是对被评价者的实际行为进行直接的现场观察和记录，然后把观察结果和评价意见反馈给被评价者，并和被评者一起讨论改进措施的一种评价方法。这种方法与评价的终极目的即教育目的最为接近，而且简单易行，不用抽出专门的时间开展评价活动，完全可以在日常的教育、教学活动中进行。

四、指标评分法与等级换分法

（一）指标评分法

这种方法是以 100 分为满分，把学生的行为表现划分为若干个指标，赋予每个指标一定的分值，评价时对每个指标分别打分，最后累计出总分。例如，假设将班级日常管理作为一个指标，占 10 分，评价者可根据实际情况给该项指标评出 10 分之内的一个具体分值，如 3 分、2 分或 9 分、7 分，等等。

此法增大了可比性和精确性，并且量化指标明确，容易操作。但各项指标分值的确定缺少科学依据，评价者评出的具体分数也有随意性，受评价者主观因素的影响较大。

（二）等级换分法

这种方法就是把具体项目的等级评定换算成分数，然后将各项分数相加，满分是 100 分。具体做法为：（1）首先规定若干大项目的分数，各大项目分数之和为 100 分。（2）在各个大项目下，分列具体项目，并规定满分分数。（3）将各具体项目分为若干个等级进行评定。有的项目可分为两个等级，如合格、不合格；有的项目可分为三个等级，如优、中、劣；有的项目可分为四个等级，如优、良、中、差。每一等级需确定具体的评价标准。（4）将各等级折算成分数，如某一项目的满分值为11分，可定为优——11分、良——9分、中——7分、差——5分。（5）将各项目得分相加，即为评价对象总体的评价分数。

由于评价分数是根据客观的等级标准转换的，所以该法比指标评分法更为精确。

五、加权平均法、模糊综合评判法与集体综合评价法

（一）加权平均法

这种方法是通过自评、专家组评、社会群众评等不同方面的评价，或学生、教师、领导等不同阶层的评价者的评价来综合评定被评者的分数。做法是：先分别确定各方面或各阶层评价者的权重，然后用加权平均法，计算出综合值。如假设自评权重为0.2，专家组评价权重为0.7，社会群众评价权重为0.1，那么，被评者的综合评定分数＝自评分×0.2＋专家组评分×0.7＋社会群众评分×0.1。一般而言，对学校办学水平的评价常用自评、专家组评、社会群众评三者综合评定的方法来确定。对教师课堂教学质量的评价常用学生评、同行教师评、单位领导评三者综合评定的方法来确定。对学生的思想品德的评价常用学生自评、学生干部评、教师（班主任）评三者综合评定的方法来确定。加权平均法的优点在于其分数的合成来自多方面，从而避免了单方面评价的片面性。

此法在组织实施过程中，可根据实际情况对评价人员进行调整。如评价小学生的思想品德，可适当加入家长的评价，从而使评价结果更加全面。

（二）模糊综合评判法

模糊综合评判法是目前我国学校教育评价中广泛使用的一种评价方法，具体实施方式多种多样（详见本章第三节）。

这种方法的优点是：有明确的目标和标准；综合评分时，计入了各项目的权重；将定性判断与定量分析结合起来，比较科学；评价结果有一个精确值，便于比较。这种方法尤其适宜于学校工作、教师和学生的思想品德与行为表现、学校管理和办学条件等方面的评价。但在运用这种方法时，项目的确定必须合理，等级不宜过多，权重的设定要有充分依据，科学性才有保证，而这些都是不容易做到的，其计算也比较烦琐。

（三）集体综合评价法

苏联心理学家研究学生的个性品质问题时，曾经运用集体综合评价法①。这种方法除了要求被试对自己品质进行评价外，还要求被试的同班同学对他进行综合评价。我们可以将这种方法运用于我国的教育评价，主要可运用于学生的思想品德评价。结合我国德育评价的实践，这种方法的实施可以采取如下步骤：

---

① 李方．德育研究法概观．教育研究，1990（6）．

（1）确定德育评价的具体项目。德育评价项目的确定是关键的一环，必须符合我国德育总目标的基本精神，同时，还要与本校、本班对德育的具体要求结合起来。

（2）每一个德育评价项目均给予一个满分值（如 100 分），要求被评价者根据每一个德育评价项目，实事求是地自我评分；同时，也要求全班其他同学根据每一个德育评价项目对评价对象打分。

（3）用如下公式计算集体综合评价分数。

公式 1：

$$S=\frac{r_1+r_2+\cdots+r_N}{N}$$

式中，S 为评价对象对自己思想品德的总评价，r 为对每一种德育项目的自我评价分数，N 为所评价的德育项目的总数。

公式 2：

$$F_i=\frac{\sum L_i-S_i}{R-1}$$

式中，F_i 表示对学生思想品德的集体综合评价，L_i 表示集体中每个成员对评价对象做出的评价（对各种德育项目评价得分的平均数），S_i 表示评价对象对自己思想品德的总评价，R 表示评价者的人数。

从上述公式可见，F_i 值的大小，主要取决于全班每一个同学对评价对象评分的高低和自我评分的高低。其他同学评分高，自我评分低，则集体综合评分高；反之，则低。同时，R 值越小，S_i 值对 F_i 值的影响就越大。当 R 值为 2、每一个思想品德评价项目的满分值都是 100 分时，随着 S_i 值的变化，F_i 值的变幅可在 1～100 分之间。当 R 值为 10 以上时，随着 S_i 值的变化，F_i 值的变幅一般不超过 10 分。当 R 值为 50 以上时，随着 S_i 值的变化，F_i 值的变幅不超过 2 分。因此，如果学生自我评价能力很差，自我评分的随意性大（如小学低年级学生），那么，参加评价者人数多一些（10 人以上），就能适当降低自我评分的随意性对集体综合评分的影响。

为了考查学生自我评价与别人对他的评价是否一致，可以采用如下公式计算不一致性系数：

公式 3：

$$K=F/S$$

式中，K 表示不一致性系数，F 表示集体综合评价分数，S 表示学生对自己思想品德的评价分数。

K 值为 1 时，说明学生的自我评价与班中别的同学对他的评价完全一致。

集体综合评价法评分精确，有利于集体成员之间的相互比较，实施也不难。缺点是评价项目的确定难以科学、合理，计算也比较烦琐。

以上从不同的角度、不同的方面或不同的层次考察了教育评价的方法。例如，第一类方法主要是从评价的参照点去看评价方法和技术；第二类方法主要是从思维方法的角度去看评价方法和技术；第三类方法主要是从行为的角度看评价的方法和技术；第四类方法主要是从单项指标评分的方式方法上看评价的方法和技术；第五类方法主要是从综合评价的方式方法上看教育评价的方法和技术。上述各类评价方法之间，难免存在交叠之处。此外，我们还可以从组织形式，活动方式，搜集资料，整理、分析、处理资料等角度去考察教育评价方法。如从这些角度去考察，则教育评价方法还有观察法、听汇报、调查访问、座谈会、收集文字资料、发问卷、测试等评价信息的收集方法和各种处理评价信息的方法。这些方法详见本章第二节和第三节。

第二节　收集教育评价信息的方法

一、评价信息的收集标准

评价信息有时是很广泛的，在采集时，掌握一定的标准，可令方向更加明确，采集到的内容更有效、更可信，从而提高评价信息的质量。评价信息的收集标准主要有准确性、可靠性和时限性三个。

（一）准确性

评价信息的准确性是指采集到的资料与评价目标一致，采集到的评价资料是评价目标真正需要的资料。评价资料与评价目标越一致，说明评价信息的准确性越高，采集到的评价资料越有效。提高评价信息的准确性，要注意几点要求：

(1) 在收集资料前，要熟悉评价指标体系的结构，记住各项指标，并透彻地理解指标的内涵。如果评价指标体系较庞大，全部记住指标很困难，则可按一级指标分类收集评价信息，从而可减少记忆指标的困难，也便于准确地采集评价资料。

(2) 按评价指标体系的项目设计问卷和调查表的题目，以及调查提纲、访谈提纲、测试题目、观察提纲、搜集文献的提纲，令指标体系的项目与收集资料的各种纲目相一致。要严格按设计的各种纲目去收集资料。

(3) 注意评价资料的全面性、完整性和充分性。就整体而言，评价指标体系中的各项指标都应有资料去说明，不应有遗漏，既要抓重点指标的资料收集，也要照顾到一般指标的资料收集，要善于从各方面、多层次去考虑问题，令收集到的该项资料尽可能完整无缺，并尽可能充分地说明该项指标。

（二）可靠性

评价信息的可靠性是指收集到的资料真实可靠，用以说明评价指标的资料是信得过的资料，这些资料所反映的情况完全符合客观实际。提高评价信息的可靠性应做到：

(1) 采集评价信息的方法手段要多样，以便于收集到的信息能互相验证。例如，访谈法得到的信息往往能与问卷法得到的信息相互验证，查阅文献资料得到的信息往往能与测验法或座谈法得到的信息相互验证。当然，各种方法手段采集到的各种资料之间不一定可以完全得到验证，大多数情况是部分验证或个别验证。

（2）注意改进收集资料的工具，并讲究收集资料的技巧。在许多情况下，收集工具的不科学会造成收集到的评价信息失真。如由于问卷设计不科学，而产生随意填答或假答现象；由于测试题目设计水平低，而产生答题者猜答、乱答等现象，从而影响评价信息的信度。有时，资料收集者观察的片面性、查阅文献资料的方法不当、座谈引导的方式不妥、访谈问题欠艺术、施测的指导语欠佳，也会导致收集到的评价信息不可靠。

（3）信息整理时要注意去伪存真。无论采用什么方法，采集到的评价信息都难免存在着虚假成分。因此，要对最后收集到的评价信息进行认真的审核，可用分析判断和比较鉴别的方法剔除谬误。如果发现收集到的各种资料之间互相矛盾，收集到的文字资料与观察到、了解到的实际情况不符，或者发现收集的资料所反映的情况和数据违反日常生活准则和一般事理，那么，就表明收集的资料缺乏可靠性，于是就要进行剔除谬误的工作。

（三）时限性

评价信息的时限性是指严格按评价工作所规定的时限采集评价信息。如果在某些单位或个人所采集到的评价信息是此一时限，而在另一些单位和个人所采集到的评价信息则是彼一时限，这就没有什么可比性了。就一个单位或个人而言，不按规定的时限采集评价信息，也会影响评价结果的确切性，不能达到评价的目的。总之，不按照规定的时限收集资料，所收集到的资料是不符合评价工作要求的无效资料。

收集资料的时限一般分起时和止时，时间精确到日。在起止时限内收集到的评价资料均为有效资料。资料有静态资料和动态资料两种。这里说的静态资料是指在规定的时限内不会变动的资料，动态资料是指在任何时候都有可能变动的资料。静态资料的采集可选用评价时限内任何一个时日，而动态资料的采集则应选择较接近终止时日为好，因为这样可以更好地反映被评者的现状。

二、评价信息的收集方法

收集评价信息的方法多种多样，要根据指标内涵的性质和要求选用收集资料的方法。例如，静态资料的收集常以查阅文献法为主，兼用其他方法；而动态资料的收集常以观察法、测量法为主，辅以其他方法。定性资料的采集，常以访谈法、观察法、座谈法为主，兼有其他方法；而定量资料的采集，常以测量法、问卷法为主，辅以其他方法。但许多方法既可以采集静态资料又可以采集动态资料，或既可以采集定性资料又可以采集定量资料。较常用的采集评价信息的方法有观察法、听汇报、调查访问、座谈会、收集文字资料、发问卷、测试这七种。

（一）观察法

观察法是根据评价指标的要求，在自然状态下，通过参观和考察获取评价信息的一种方法。观察法作为目前比较常用的一种收集资料的方法，不仅有广义和狭义之分，更可分为直接观察和间接观察。观察法具有目的性、直接性、情感性、可重复性等特征，优点是简便易行，获得的资料可靠，而缺点是容易受外部条件的限制，难以控制部分不相关的影响因素，主观性强。但中外许多学者都曾用观察法搜集资料，如费孝通的《禄村农田》和《江村经济》，李景汉的《定县社会概况调查》等书的写作都是正确地运用观察法收集资料的先例。我国著名教育家陈鹤琴曾以长达三年的时间，用跟踪观察的方法收集自己孩子成长的资料。瑞士著名哲学家、心理学家皮亚杰在探索认识发生、发展的研究中，也曾采用“临床”观察法收集资料。

1. 观察法实施的原则

（1）必须尊重被观察对象，不影响和干扰其正常活动；

（2）必须有计划、有组织，有一定的准备期；

（3）必须要注意其准确性和时效性，注重记录的系统性。

2. 观察的途径

（1）实地参观考察。如开展办学评价时，务必亲自到现场参观校舍、学生活动场地、设备、校内外环境等，还要巡视校园管理、课外活动。

（2）听课。听课的目的是收集教师课堂教学的资料，了解学生上课的活动情况等。通过听课，也可以在一定程度上了解到教师的备课情况。

（3）参与有关活动。如参加学校的各种集体活动，“身临其境”，考察师生在活动中的表现，了解校风、学风的情况。

3. 观察记录的方法

（1）连续行为记录法。这种记录方法也称为现象描述法，是对评价的有关现象或行为，从开始到结束都做全面的观察和记录，把认为重要的现象和表现进行具体的描述，认为不重要的则可忽略。日记法和个案跟踪观察记录法均属这种观察记录法。

（2）时间取样记录法。这种记录法是以时间为样本的记录方法，在预定的一段时间内，对特殊而明确的现象或行为进行观察和记录。如每天安排 1 小时观察并即时记录、每周观察一天并即时记录或相隔 3 小时就观察 10 分钟并即时记录。

（3）事件取样记录法[①]。这种记录法的对象是某一事件或某一具体的活动，从活动开始到结束做全面观察和记录，不受时间限制。如对学生某项课外活动做观察记录，对学校进行的某一重大事件进行观察记录。这种观察记录是对事先就有目的有计划安排的“事件”观察记录，而不是事件发生过后才去调查了解（做事后记录）。

4. 观察的辅助工具

（1）记录装置。

1）影像记录。如拍照片或录像。

2）声音记录。如录音。

（2）记录表格。记录表格可根据观察的目的设计，以简明实用为宜。在记录表格上做记录一般有四种形式：

---

① 沈庆华，马以念．幼儿教育科学研究方法．兰州：甘肃科学技术出版社，1990：28－31.

1）等级式。在观察记录表的等级中选定一个等级，写上“√”。

2）是非式。在表格相应的项目中，写上“√”或“×”，以此表明观察者的判断。

3）次数式。可在表格相应的项目中，记录观察到的某种行为出现的次数。如某种行为若出现 5 次，可记录为“正”。

4）文字式。在表格中用文字表述观察到的情况。

（二）听汇报

听汇报的目的是通过听取被评者的工作汇报和情况反映来收集评价信息。这种方法简便易行，可以在较短的时间内获得较多的信息。

运用这种方法收集信息应注意几个问题：

（1）在听汇报前，应将听汇报的目的、内容和要求通知汇报者，并要求做好汇报内容的充分准备，以免汇报时想到什么说什么。

（2）汇报时，要营造融洽的谈话气氛，令汇报者畅所欲言，言无不尽。

（3）善于引导。有的人，喜欢报喜不报忧，并在报喜材料中浮夸，若发现这种情况，要及时加以引导，令其客观地汇报情况。

（4）做好笔记。尽可能将汇报的主要内容记录下来，运用录像设备配合更好。

（三）调查访问

调查访问是指以调查的方式访问有关人员或找有关人员谈话，了解情况，从而收集评价信息。调查访问包括校内调查访问和校外调查访问两种类型。调查访问可了解到真实情况，获得较深入和具体的资料。运用这种方法的要求是：

（1）要制订好访问计划和提纲，并按计划和提纲去开展调查访问工作。

（2）选择好访谈的对象、场所和时间。访谈对象应是与调查内容有关并熟悉情况的人；访谈的场所应安静舒适，不受周围环境的干扰和影响；访谈的时间要适当，应在被访问者精神状态最好的时间内访问，并且时间安排要足够。

（3）围绕着调查提纲去提问。所有话题均与调查目的有关，必要时可围绕提纲追问。

（4）注意访谈态度。要亲切、自然、冷静，令被访者消除顾虑，不使被访者产生不安的感觉。

（5）做好记录工作。

（四）座谈会

座谈会是指约请少数有关人员聚集在一起交谈，从而获取评价的信息。这种方法可以集思广益，获得较全面的评价信息。

1. 座谈会的种类

（1）学生座谈会。

（2）教师座谈会。

（3）领导和管理人员座谈会。

（4）师生座谈会。

（5）领导、管理人员和教师座谈会。

（6）上述人员不同组合的座谈会，如学生干部、班主任座谈会等。

（7）校外有关人员座谈会（包括学生家长座谈会）。

2. 召开座谈会的基本要求

（1）根据评价内容的要求和实际情况选择座谈会的种类。一次评价活动，座谈会可选用几种，每种座谈会也不限于只召开一次。应注意座谈会人员的代表性。

（2）做好准备工作。包括事先准备好会议的调查提纲、议程；安排好开会的时间、地点；确定参加会议人员并将座谈会的内容、时间、地点、参加者、会议要求等事项通知他们。

（3）座谈会上，以自由发言的形式为宜，但主持人要善于围绕评价内容引导讨论。

（4）指定专人做记录工作。

（五）收集文字资料

这是非常重要的收集评价信息的方法。这里说的文字材料包括两部分：一部分是由被评价者提供的评价材料；另一部分则是由有关方面提供的与被评价者有关的评价材料。大体可分为如下七类：

（1）计划类资料。如各种工作计划、各种学习和进修计划等。

（2）制度类资料。如各种规章制度、教学规范文件、德育工作文件、各种奖惩条例、各种会议记录等。

（3）业务工作类资料。如工作日记、大事记、听课记录、教案、课程计划表、学生成绩登记表、业务档案、班主任工作手册、运动会记录、体育达标记录、卫生保健资料、学生的作业和试卷等。

（4）奖惩类资料。如师生好人好事荣誉手册，各种奖状、奖旗、纪念物，各级获奖证书，惩治记录等。

（5）总结类资料。如各种工作总结、专题总结、自评报告、自查报告、书面汇报、经验交流材料等。

（6）外来资料。如家长来信，群众的表扬信、揭发问题信，报刊有关被评者的报道，外单位对被评者的评价意见以及其他方面提供的关于被评者的评价材料。

（7）基本情况的统计报表。如各类人数比例统计，教学工作统计，成绩、成果及获奖统计，体育卫生达标统计，升学就业统计，校舍设备场地达标统计，财务收支统计等。

查阅和收集文字材料要尽量齐全，并注意去伪存真，还要针对评价指标进行分类整理，令各类材料与相应的评价指标对口。

（六）发问卷

问卷是收集评价信息的问题表格。问卷的类型可分为：自填式与访问式，封闭式、半封闭式和开放式，而其形式主要有是否式、类别式、条件式、排序式、线段式、表格式、问答式等①。利用问卷可有效地收集到基本情况资料、行为资料和态度意见资料。

问卷设计时，一般应先确定要调查的评价指标，然后将每一项指标，由陈述句形式改写或演绎成问卷题目（一项指标可设计一个问卷题目，也可以设计多个问卷题目），这样才能提高问卷的效度。在设计问卷题目时，要注意以下原则：合理性原则、可能性原则、适度性原则、逻辑性原则和非诱导性原则等，还要注意行文技巧，这样才能令问卷题目收集到的资料是真实可靠的，从而提高问卷的信度。

发问卷时，既可以将一份问卷只发给一种对象填答，也可以将相同的问卷发给多种对象填答。

（七）测试

测试是通过书面测验和考核、实践操作、口头询问、活动考验等形式收集评价信息的方法，它包括各种各样的测验和考试。

（八）其他方法

1. 教育测量法

教育测量法是指根据相应的目标要求对被测试对象进行实际测定并且收集数据资料的方法。其具有较明确的目的性、非直接性和不确定性等特点。教育测量的基本要素有单位、参照点和量表等。教育测量是根据测量学的相关原理和方法对教育现象及其属性进行数量化研究的过程②。如学生成绩等内容可以通过量化得出来，因此教育测量法也可以作为教育研究者收集评价信息的一种方法。

2. 档案袋评价法

档案袋评价法是发展性评价的一种，又可称为档案评价、记录袋评价等。最早用于学生评价，后面逐渐用于教师评价及其他类型评价。成长记录袋是档案袋评价的一种方式，可分为学生的成长记录袋、教师专业成长记录袋等③。此方法可以通过对学生或教师的一系列资料、记录、作品等进行分析来得到结果，但在运用的过程中应注意其目的和目标应该是明确的，否则就会失去收集的价值。

综观上述评价信息的收集方法，大体上可归为两大类：一是调查法，包括观察、听汇报、调查访问、座谈会、收集文字资料、发问卷等方法。运用调查法，可取得大量的文字描述性资料，获得直接的认知，因而更有利于定性分析。二是测量法，即测试法和教育测量法。

测量是评价的基础，测量能为教育评价提供大量信息，主要提供数据资料，因而更有利于定量分析。当然，这两大类方法均可获得文字资料和数据资料。在收集教育评价信息时，应将上述方法结合起来运用。

---

① 李方．现代教育科学研究方法．广州：广东高等教育出版社，1989：128－134.

② 胡中锋．教育测量与评价．2版．广州：广东高等教育出版社，2006：6.

③ 蔡敏．美国中小学教师评价及典型案例．北京：北京大学出版社，2009：7.

第三节　处理教育评价信息的方法和工具

一、教育评价信息的定性分析描述法

定性分析描述法有等级评定法、评语鉴定法和写实分析法三种。

（一）等级评定法

目前，等级评定法主要有以下几种形式：(1) 五等级法：优秀、良好、中等、及格、不及格。(2) 四等级法：高级、一级、二级、三级。(3) 三等级法：上、中、下。(4) 二等级法：合格、不合格。

等级评定法常用于学生评价、教师评价、学校整体水平的评价或办学质量的评价。学生等级评价的实施过程是：(1) 制定评分等级及其评定标准；(2) 学生根据评定标准进行自我评估，自报等级，然后由学生民主评议；(3) 班主任和教师最后评定学生的等级。我国许多中小学采用此法评定学生等级，包括操行等级、能力等级等。我国对中小学教师的职称评定采用等级评定法，有“高级教师”“一级教师”“二级教师”“三级教师”等称号。这种方法简便易行，但不够精确。同一等级者很多，他们之间的差距仍很大，但无法加以区别。

（二）评语鉴定法

评语鉴定法就是用简明的评语来表述评价结果的方法。对学生的作文、技能，对教师的教态、教学语言等方面的评价，常使用评语法。对教师业务职称的评定、对干部业务的考核，也常用评语法。评语法的做法多种多样，譬如，对一所学校办学水平的评定，常以评语做鉴定。有专家组评语法（由校外的有经验的专家组成一个小组进行评价），有社会各方面评语法（由教育系统以外的人员对学校进行评价），还有领导小组评语法（由上级领导组成的领导小组进行评价）。如果是对一个学生的思想品德的评定，则要求在学期结束或学生升学、升级、毕业或就业时，以班主任为主，依据一定的评价指标，对学生在这一时期的思想品德和行为以文字的形式进行简短的述评。对中小学生的操行评定，一般有班主任单方面评语法，以及教师、学生、家长共同评定的评语法两种。

评语鉴定法的优点是：简便易行，结论一目了然，而且能对教育中的许多模糊现象进行描述和鉴定，解决了一些定量评价所不能解决的问题。其缺点是：由于这种方法只注意定性描述而不重视定量分析，因而不够精确，对评价对象不能逐一排出优劣次序，有时也难以进行具体的比较分析。评语容易掺杂个人偏见或主观因素，难以做到客观、准确，信度和效度较低。

（三）写实分析法

写实分析法是根据一定的评价目标和要求，对评价对象的情况进行较为详细的描述，并在此基础上做出恰当的评价。做法是：

（1）搜集事实材料。内容包括：有关评价对象一般情况的事实材料；有关评价对象典型事例的事实材料；学校领导、班主任、各科教师、团队辅导员、学生家长、社会群体等对评价对象的评价的事实材料；评价者亲自考察得来的事实材料，如现场观察学生活动的表现，与教师谈话了解情况，听取学校领导的情况汇报等。要十分重视第一手材料的收集，重视现实表现的材料。此外，有关评价对象的现实文献资料和历史档案资料也应给予注意。

（2）对搜集到的资料进行整理和描述。整理包括核实、分类和汇编等工作。描述多采取“写实”手法，一般先概括地描述一般情况，然后描述典型事例。

（3）分析评价，即对所描述的事实材料做总体上的分析评价。分析评价要中肯，简明扼要。运用此法要注意的问题是：搜集的资料要真实可靠，整理和描述事实材料要有系统性，分析评价要抓住主要问题或本质问题。这种方法与评语鉴定法的主要区别在于，评语鉴定法主要是“评”，书面上很少反映事实依据。虽然正确的评语对于评价对象和评价者都是可以理解和接受的，但写给别人看往往有欠缺事实依据之嫌。写实分析法最大的特点是能比较详细地描绘客观事实，其评价、结论是以所描绘的事实为依据的，能以充分的依据呈现在读者面前，信度较高。缺点是要全面地收集资料十分困难，做起来花费时间较长，尤其是在样本数目很大的情况下，此法就更难实施。

二、教育评价信息的定量分析评判法

教育评价信息的定量分析评判法可分为统计分析评判法和模糊综合评判法两种。

（一）统计分析评判法

教育评价中应用较多的统计分析是平均数、标准差、标准分数、T 分数、参数估计和统计检验。

1. 平均数

平均数又称均数或均值，英文为 mean，故以 M 表示。如果 M 是由变量 X 计算得来的就记为 $\overline{X}$。算术平均数是由各个变量相加求和再除以变量的总次数，其计算公式是：

$$\overline{X}=\frac{X_1+X_2+\cdots+X_N}{N}$$

式中，X_1，X_2，…，X_N代表各个变量的观察值，N 为观察的总次数。

在教育评价中，平均数有着广泛的用途：（1）利用平均数可以对各个样本或总体进行比较。如可以利用各班学生的某科成绩的平均数进行比较与分析。（2）利用平均数来描述和代表评价对象的一般水平。如要了解一个班的学生某科成绩，我们可把分数的总和除以学生人数，得出平均数，这样就能明白地反映这个班级某科成绩的一般水平。（3）利用平均数可以分析教育现象之间的依存关系。如根据全班学生某科平均成绩的高低，可以看出学生的某科成绩与该科教师的教学水平有密切关系。（4）利用平均数可以研究样本或总体的一般水平在时间上的变化。如比较某个年级学生在不同时期某科平均成绩的提高，可以看出该年级学生某科成绩不断提高的过程。

2. 加权平均数

在教育评价中，有时要将各方面的测量结果合并求平均数，但由于各方面的评价结果的重要程度是不同的，若将它们等量齐观，像求算术平均数那样计算，显然不合理。正确的方法是：考虑来自各方面测量结果的重要程度，给予它们一定的权数，然后代入如下公式计算：

$$\overline{X}_w = \frac{\sum W_i X_i}{\sum W_i}$$

式中，$\overline{X}_w$为加权平均数，W_i为权数，$\sum W_i X_i$ 为加权总分。

例如，某生语文的平时成绩为 80 分，期末考试成绩是 90 分，学校规定平时成绩占 40%，期末考试成绩占 60%，那么，该生的总评成绩应该是：(80×0.4+90×0.6)/(0.4+0.6)=86（分）。

3. 标准差

标准差是各观察值与其算术平均数之差数之平方的平均数的平方根。常以 S 或 σ 表示。计算公式见第五章。

4. 标准分数

（见本书第五章。）

5. *T* 分数

T 分数是一种接近百分制的导出分数，其公式为：

$$T = 10Z + 50$$

式中，Z 为标准分数。

上述常用的几种统计分析评判法属于描述统计法，此外，还有推断统计中的参数估计和统计检验，也常用于教育评价的定量分析。限于篇幅，这里不做介绍。

（二）模糊综合评判法

模糊综合评判法是将模糊数学应用于教育评价，以解决在多因素前提下对模糊数据进行综合的问题。模糊综合评判法的基本步骤是：

1. 确定评判的因素集

评判的因素集可根据评价指标体系的末级指标的性质特征和需要来确定，如末级指标是“课堂教学质量”，那么，可将“课堂教学质量”分解为“教学组织、教学内容、教学方法、教学手段、教学效果”这五个因素。这五个因素就构成一个评判课堂教学质量的因素集 U。

2. 确定因素权数

当因素集确定后，就要给每个因素分派一个权数。权数的分派法可采用经验法、德尔菲法、讨论法、运算法等。如上面提到的课堂教学质量评价，可将五个因素的权数分派为0.2，0.3，0.2，0.1，0.2。

3. 确定评价等级

评价等级的划分应充分考虑指标的性质特点，如上面提到的课堂教学质量的评价等级的划分不宜过细，一般以四等或五等为适中，但在教育评价实践中，我们发现，若分为五等级，则容易出现选项集中到中等的现象，因此，定四等级为宜。这四等级是：很好、较好、一般、不好。

4. 建立因素集的模糊矩阵

在线性代数中，矩阵就是如下形式的数表：

$$\begin{pmatrix} a_{11} & a_{12} & \cdots & a_{1n} \\ a_{21} & a_{22} & \cdots & a_{2n} \\ \vdots & \vdots & & \vdots \\ a_{m1} & a_{m2} & \cdots & a_{mn} \end{pmatrix}$$

其中，a_{11}，a_{12}，…，a_{1n}；a_{21}，a_{22}，…，a_{2n}；…；a_{m1}，a_{m2}，…，a_{mn}为矩阵的行。a_{11}，a_{21}，…，a_{m1}；a_{12}，a_{22}，…，a_{m2}；…；a_{1n}，a_{2n}，…，a_{mn}为矩阵的列。这个矩阵叫$m \times n$阶矩阵。在模糊数学中，把矩阵的每一行叫作一个模糊子集，而每一行表示一个评价因素的每个等级的隶属度。将各个模糊子集组合起来，从而构成模糊矩阵。

在教育评价中，有的现象的外延是模糊的、不清晰的，如“教学组织好”就不是非此即彼的现象，而是一个模糊的概念。模糊的现象只能用不精确的方法来加以描述。隶属度就是模糊数学中用来度量事物对集合的隶属程度的，它可以把模糊的教育现象数量化。

5. 选择评判模型

模糊数学中最常用的评判模型有如下几个①：

模型1　M（∧，∨）：

$$b_j = \vee (a_i \wedge r_{ij})$$

模型2　M（·，∨）：

$$b_j = \vee (a_i \cdot r_{ij})$$

式中，b_j为每个指标的综合评判值；（∧，∨）为扎德算符，∨为取大运算符号，∧为取小运算符号，如$5 \vee 3 = 5$，$6 \wedge 4 = 4$；·为相乘运算符号；·为合成符号。

应根据实际对评价的要求选用上述模型。

6. 计算综合评判值

现以例题来说明综合评判值的运算过程。

例如，50位评价者对某位教师的课堂教学质量进行综合评分。方法如下：

设：因素集

U＝{教学组织，教学内容，教学方法，教学手段，教学效果}

---

① 王汉澜．教育评价学．开封：河南大学出版社，1995：122.

教学组织、教学内容、教学方法、教学手段、教学效果这五个因素的权数分配为0.2，0.3，0.2，0.1，0.2。

对每个因素的评价分为四个等级，构成V：

$V=\{$很好，较好，一般，不好$\}$

据此，编制出课堂教学质量问卷等级表（见表4-1）。

表4-1　课堂教学质量问卷等级表

因素	很好	较好	一般	不好
教学组织（0.2）				
教学内容（0.3）				
教学方法（0.2）				
教学手段（0.1）				
教学效果（0.2）				

假定50位评价者的评价、看法不一致。设对这位教师的“教学组织”这一因素的评价，选“很好”等级者有20人，占40%，选“较好”等级者有25人，占50%，选“一般”等级者有5人，占10%，没有人选“不好”等级。于是，可得到一个数列：0.4，0.5，0.1，0。

类似地，假定对“教学内容”这个因素的评价，得到的数列是：0.6，0.3，0.1，0。

对“教学方法”这个因素的评价，得到的数列是：0.1，0.2，0.6，0.1。

对“教学手段”这个因素的评价，得到的数列是：0.1，0.2，0.5，0.2。

对“教学效果”这个因素的评价，得到的数列是：0.3，0.3，0.2，0.2。

这样，可得到一个矩阵R：

$$R=\begin{pmatrix} 0.4 & 0.5 & 0.1 & 0 \\ 0.6 & 0.3 & 0.1 & 0 \\ 0.1 & 0.2 & 0.6 & 0.1 \\ 0.1 & 0.2 & 0.5 & 0.2 \\ 0.3 & 0.3 & 0.2 & 0.2 \end{pmatrix}$$

在权集设计里，已经对上面五个因素分别赋予了权数，得到的权重向量为：

$W=(0.2,0.3,0.2,0.1,0.2)$

假如选用模型1　M（∧，∨），则按下列方法做出模糊综合评判：

$$B=W\cdot R=(0.2,0.3,0.2,0.1,0.2)\cdot\begin{pmatrix} 0.4 & 0.5 & 0.1 & 0 \\ 0.6 & 0.3 & 0.1 & 0 \\ 0.1 & 0.2 & 0.6 & 0.1 \\ 0.1 & 0.2 & 0.5 & 0.2 \\ 0.3 & 0.3 & 0.2 & 0.2 \end{pmatrix}$$

式中，符号“·”表示对W和R合成；扎德算符（∧，∨），表示“最小—最大”，即两两先取小，然后在所得结果中保留最大的一个。

上述综合评判结果B共有四个因素，分别为：

$$b_1=(0.2\wedge 0.4)\vee(0.3\wedge 0.6)\vee(0.2\wedge 0.1)\vee(0.1\wedge 0.1)\vee(0.2\wedge 0.3)$$
$$=0.2\vee 0.3\vee 0.1\vee 0.1\vee 0.2$$
$$=0.3$$
$$b_2=(0.2\wedge 0.5)\vee(0.3\wedge 0.3)\vee(0.2\wedge 0.2)\vee(0.1\wedge 0.2)\vee(0.2\wedge 0.3)$$
$$=0.2\vee 0.3\vee 0.2\vee 0.1\vee 0.2$$
$$=0.3$$
$$b_3=(0.2\wedge 0.1)\vee(0.3\wedge 0.1)\vee(0.2\wedge 0.6)\vee(0.1\wedge 0.5)\vee(0.2\wedge 0.2)$$
$$=0.1\vee 0.1\vee 0.2\vee 0.1\vee 0.2$$
$$=0.2$$
$$b_4=(0.2\wedge 0)\vee(0.3\wedge 0)\vee(0.2\wedge 0.1)\vee(0.1\wedge 0.2)\vee(0.2\wedge 0.2)$$
$$=0\vee 0\vee 0.1\vee 0.1\vee 0.2$$
$$=0.2$$

故 B 表示为：

$$B=W\cdot R=(0.3,0.3,0.2,0.2)$$

这一结果表示：50 位评价者对某教师课堂教学质量的综合评判是：30%的评价者认为“很好”，30%的评价者认为“较好”，20%的评价者认为“一般”，20%的评价者认为“不好”。如果按“最大隶属原则”，既可以评判为“很好”，又可以评判为“较好”，无法得出肯定的评判结论。这种现象称为扎德算符（∧，∨）的“二义性失效”。此外，采用模型 1　M（∧，∨），有时还可能出现在综合评判结果中全部隶属度相同的现象，造成扎德算符（∧，∨）的“全同失效”。

其他的运算过程在步骤上与模型 1　M（∧，∨）基本相同。不同之处是，其在模糊矩阵的合成时，运算规则不同①。

三、教育评价结果的合成方法

评价结果的合成可分为三种情况：

（一）单纯普通数据的合成方法

这里说的“普通数据”是相对于模糊数据而言的，多属“硬指标”。如某项指标得 70 分，某人达到某项指标的程度为 0.9。这些就被称为普通数据。普通数据是教育评价指标体系普遍存在的一种数据。对于这类数据的合成方法用“加权平均法”，逐级向上施行同一算法，直到所有的普通数据在一级指标上归并为一个合成的分值为止。

（二）单纯模糊数据的合成方法

模糊数据多属“软指标”。末级软指标常用模糊综合法评判结果，从而得出模糊数据。但如何将各个模糊数据合成和汇总呢？下面阐述两种方法供参考。

---

① 章岩．教师工作评价的理论与技术．武汉：华中师范大学出版社，1991：165－169.

1. 多级模糊综合评判法

模糊数据的合成问题可用多级模糊综合评判法去解决。现以两级教育评价指标体系模糊数据的合成为例加以说明，步骤是：

（1）对末级（二级）指标进行第一次综合评判（将对末级指标评判所形成的模糊矩阵与末级指标自身权重向量合成），获得二级指标对一级指标形成的第一次综合评判结果；

（2）将二级指标对一级指标所形成的若干综合评判结果（第一次综合评判结果）组成一个新的模糊矩阵；

（3）将新组成的模糊矩阵与一级指标自身权重向量合成，形成第二次模糊综合评判，并计算综合评判结果（这是第二次综合评判结果）。

如果评价指标体系的指标有三级以上，可用此方法逐级合成，由末级指标开始，直到合成到一级指标为止。

2. 二维加权综合合成法

二维加权包括纵向加权和横向加权。纵向加权是指不同信息源间的加权，横向加权是指对同一级各因素间的加权。二维加权综合合成的做法是：

首先，纵向加权综合。

现以对“课堂教学状态 B_{22}”的评价为例说明纵向加权合成法①（此例中，W 为指标权数，R 为模糊矩阵，英文字母下标的数据为序号）：

B_{22}的末级指标：教学组织 C_{221}，教学方法 C_{222}，教学素质 C_{223}。

某校组织了三个评价组对某教师的课堂教学进行单项评定，这三个评价信息源的纵向权集如表 4－2 所示。

表 4－2 教师课堂教学评价纵向权集

组别	W_{221}教学组织	W_{222}教学方法	W_{223}教学素质
学生组（S）	0.3	0.4	0.2
同行老师组（T）	0.4	0.4	0.4
领导组（L）	0.3	0.2	0.4

三个评价组对某教师课堂教学状态做单项评定后，得到表 4－3。

表 4－3 对某教师课堂教学状态的评定结果

指标	组别	优	良	中	差
教学组织 C_{221}	学生组（S）	0.6	0.4	0	0
	同行老师组（T）	0.5	0.4	0.1	0
	领导组（L）	0.4	0.3	0.2	0.1
教学方法 C_{222}	学生组（S）	0.5	0.3	0.2	0
	同行老师组（T）	0.6	0.4	0	0
	领导组（L）	0.4	0.3	0.2	0.1

① 章岩．教师工作评价的理论与技术．武汉：华中师范大学出版社，1991：181－182.

续表

指标	组别	优	良	中	差
教学素质 C_{223}	学生组（S）	0.3	0.2	0.3	0.2
	同行老师组（T）	0.5	0.4	0.1	0
	领导组（L）	0.6	0.4	0	0

三个评价组对“教学组织”这个指标的综合评判是：

$$B_{221}=W_{221}\cdot R_{221}=(0.3,0.4,0.3)\cdot\begin{pmatrix}0.6 & 0.4 & 0 & 0\\ 0.5 & 0.4 & 0.1 & 0\\ 0.4 & 0.3 & 0.2 & 0.1\end{pmatrix}$$

$$=(0.4,0.4,0.2,0.1)$$

同理，三个评价组对“教学方法”这一指标的综合评判是：

$$B_{222}=W_{222}\cdot R_{222}=(0.4,0.4,0.2,0.1)$$

三个评价组对“教学素质”这一指标的综合评判是：

$$B_{223}=W_{223}\cdot R_{223}=(0.4,0.4,0.2,0.2)$$

将 B_{221}，B_{222}，B_{223}这三组数据归一化后，组成模糊矩阵：

$$R_{22}=\begin{pmatrix}0.4 & 0.4 & 0.2 & 0.1\\ 0.4 & 0.4 & 0.2 & 0.1\\ 0.4 & 0.4 & 0.2 & 0.2\end{pmatrix}$$

然后，横向加权综合。

将纵向加权综合形成的新的模糊矩阵 R_{22}与C级指标自身权重向量合成，进行横向加权综合，即进行多级模糊综合评判。

（三）混合数据的合成方法

混合数据是指一个指标按逻辑隶属关系分解出若干个下一级指标，在这些下一级指标中既有模糊数据，也有普通数据，这两种不同质的数据混合在一起。

这种混合数据，若按逻辑隶属关系向上一级指标汇总时，必须进行同质化处理。同质化处理可用转换的方法。

1. 普通数据转换成模糊数据的方法

这种方法是把普通数据的测量分值转换为模糊矩阵中的一个元素的方法。根据集合论的原理，对于普通子集，论域中的每一元素对子集的隶属程度或者为1（属于子集），或者为0（不属于子集）；而模糊子集的隶属函数若只取0、1两个数时，就转化为普通集合的特征函数。换言之，普通集合是模糊集合的特殊形态。这是把普通数据通过特征函数转化为隶属函数。

设某末级指标测量分值为 S，划分区间的尺度为：

当 $S\in(0.8,\ 1)$ 时，对“很好”的隶属度为1。

当 $S\in(0.6,\ 0.8)$ 时，对“较好”的隶属度为1。

当 $S\in(0.4,\ 0.6)$ 时，对“一般”的隶属度为1。

当 $S\in(0,\ 0.4)$ 时，对“不好”的隶属度为1。

上述尺度除规定的隶属度为 1 的等级外，对其余等级的隶属度均为 0。现假设某末级指标测量分数为 72 分，转化为小数是 0.72。按上述划分区间的尺度，可转换成：

$$B=(0,1,0,0)$$

2. 模糊数据转换成普通数据的方法

这种方法是把模糊隶属度转化为分值。例如，设某末级指标的单因素评价结论为：

$$B=(0.4,0.3,0.3,0)$$

设“很好”是 100 分，“较好”是 80 分，“一般”是 60 分，“不好”是 40 分，得矩阵 R：

$$R=\begin{pmatrix}100\\80\\60\\40\end{pmatrix}$$

设模糊数据转换成普通数据，分值为 S，则

$$\begin{aligned}S&=(0.4,0.3,0.3,0)\begin{pmatrix}100\\80\\60\\40\end{pmatrix}\\&=0.4\times100+0.3\times80+0.3\times60+0\times40\\&=82\text{（分）}\end{aligned}$$

四、教育评价信息的处理工具

（一）Excel

Excel 作为一种数据表格软件，并不算是严格意义上的统计软件，它包含数据处理、制表等基本功能，与 SPSS、SAS 等软件相比，操作相对简单，可进行基本的数据资料统计分析。但随着数据统计分析的深入，Excel 无法满足其要求，因此需要借助一些专门的统计软件来处理。

（二）SPSS

SPSS 作为世界上最早的统计分析软件，功能齐全、操作便捷，目前被广泛用于多个领域进行数据分析和统计，其主要是针对社会科学研究领域而开发的，因此很适用于教育研究工作的开展。

其特点包括：第一，统计功能齐全，包括了常规的集中量数和差异量数、回归分析、相关分析、方差分析、t 检验、卡方检验和非参数检验等；同时也包括因子分析、多元回归分析等多元统计技术。第二，SPSS 集资料编辑、数据录入、统计分析、图形绘制等功能于一体。其主要运行窗口（SPSS25 中文版本）如下所示：

1. 数据编辑窗口

数据显示区由两张工作表组成，即数据视图（见图 4－1）和变量视图，可以通过点选左下方的视图标签进行视窗的切换，也可以通过菜单项文件→数据/变量进行切换。

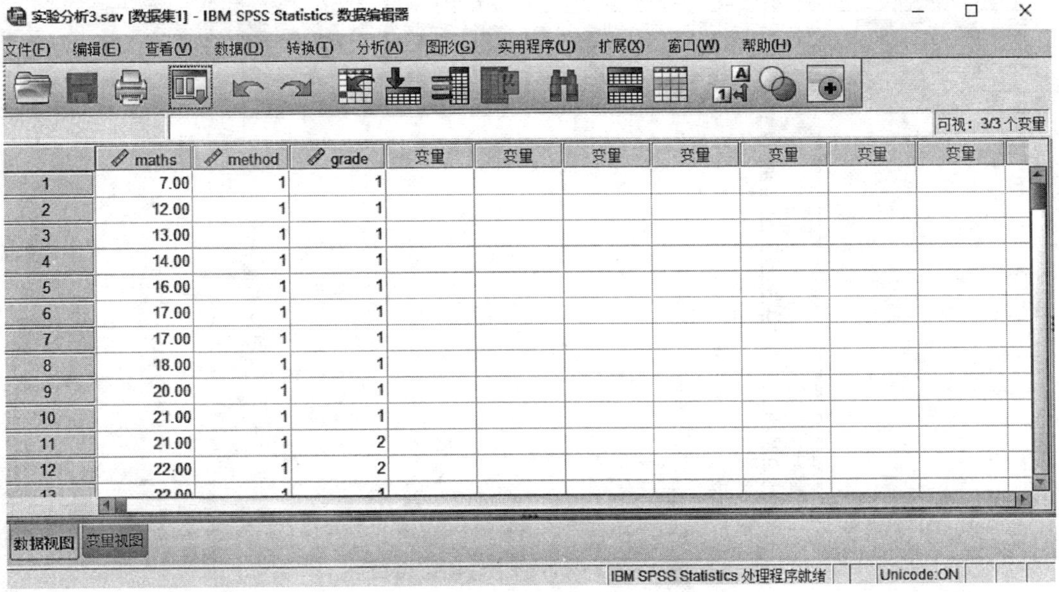

图 4－1　SPSS 数据编辑的数据视图窗口

2. 结果输出窗口

结果输出窗口主要用于分析结果和系统信息（见图 4－2）。

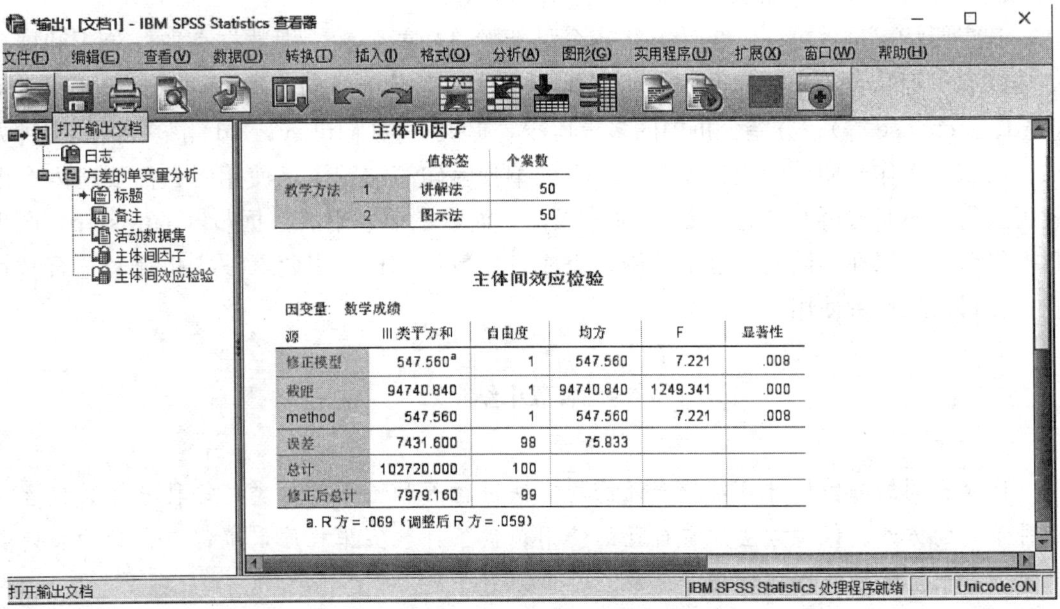

图 4－2　SPSS 的结果输出窗口

3. 语法编辑窗口

语法编辑窗口主要用来输入和编辑用 SPSS 命令语言编写的程序（见图 4－3）。

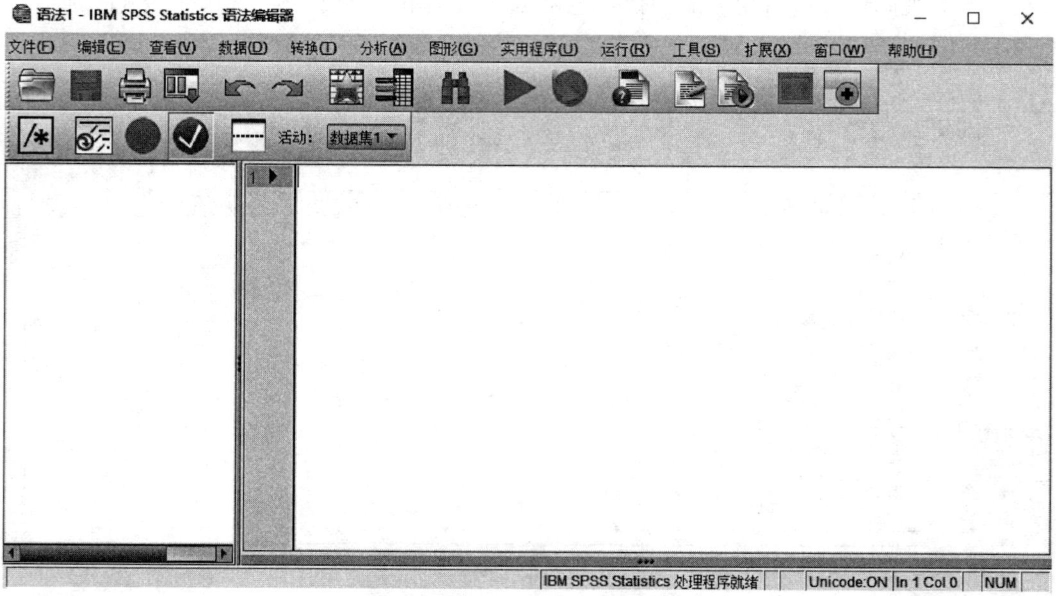

图 4－3　SPSS 的语法编辑窗口

（三）SAS

SAS 是数据管理和软件分析包，被誉为标准的统计分析软件，主要采用模块式设计，能完成各类统计分析，如统计、绘图、矩阵运算等。

其主要特点是：第一，统计方法齐全且新颖，功能强大，把数据存取、分析和展现等功能有机地结合起来。如回归分析提供了多种自变量选择的方法（如 forword、backward、stepwise 等）；方差分析中的多重比较，提供了包括 tukey、lsd 测验在内的多种方法。第二，操作简便，使用较灵活。SAS 的编程语句简洁明了，使用者只需要输入命令就可执行，不必告诉其“怎么做”，非常灵活，而以一个通用的数据步（data step）产生数据集后，可以在不同的过程中调用来完成各种数据分析。因此，SAS 也比较适合教育及各类科研工作者使用。

本章小结

按照不同的分类标准可对教育评价的方法进行五种不同的分类，每种分类又包含了数种不同的方法。每种方法都有自己的使用前提条件和实施程序，也都有自身的长处和局限性，很好地了解这些方法是正确使用的前提。

收集教育评价信息的标准主要有准确性、可靠性和时限性。收集教育评价信息的方法主要有观察法、听汇报、调查访问、座谈会、收集文字资料、发问卷、测试、教育测量等。

处理教育评价信息的方法包括定性分析描述法和定量分析评判法两大类，每类中又包含若干种方法，而其运用到的主要工具有 Excel、SPSS 和 SAS 等。

思考题

1. 概述五类教育评价方法。
2. 教育评价信息的收集有哪些标准?
3. 简述各种教育评价信息的收集方法。
4. 教育评价有哪些定性分析描述方法?
5. 简述各种统计分析评判法和模糊综合评判法。
6. 简述教育评价结果的合成方法。
7. 教育评价信息的处理工具有哪些? 其特点是什么?

拓展阅读：

“2021 年上海市教育评价改革优秀案例” 哪家强? 宝山学校做法提供新思路……. (2022-03-07) [2022-07-11]. https: //www. shbsq. gov. cn/shbs/bsdt/20220307/334315. html.

第五章

量化评价法

本章提要

本章主要介绍了测验法、问卷法、实验法和准实验法等。为了满足现代教育评价的新需要，除了这些传统的量化方法之外，有许多新的量化评价方法涌现。在运用不同的量化方法时，除了基本的设计步骤之外，要注意不同量化方法之间的差异，只有充分了解这些差异，才能更恰当地达到评价者预期的评价目的。本章主要从量的角度来介绍评价方法。

第一节　量化评价法概述

如果说教育测量（measurement）是一种追求客观、科学的方法和技术，那么教育评价就是试图要弥补单纯的数字分析和僵化的操作，而且评价本身就是一种主观的价值判断。但是我们不能只将评价停留在主观判断之上，因为价值是多元的，所以还必须有其相对固定的实施方法与途径，这实质上就是评价的范式问题。如果依据的是科学主义范式，那么就往往要将分析的对象分割为许多变量，结合自然科学的研究设计和分析方法，期望在系统、客观、量化的研究中做出更加接近事实的评价以及可能的预测性的评价；如果依据人文主义范式，评价的形成与发展并不只受知识内在规则的限制或是单纯由理性推论而来，它需要主体意识的参与，运用质的研究方法，对处于自然情境中的现象进行解读和诠释。所以，评价者具体运用何种途径和方法来进行评价，首先取决于评价者所认同的评价范式。在现实的评价情境中，为了避免单用某种范式的缺陷与不足，评价者大多将量化评价与质性评价结合起来，取长补短。

一、量化评价的方法论来源

实证主义哲学由社会哲学家孔德首创，后继者发展成了马赫主义和逻辑实证主义。实证主义把自己的理论看成是统摄一切科学的“科学哲学”，主张用实证方法取代抽象思辨，认为可观察的事实是唯一不证自明的知识，实证科学是科学发展的最高阶段，科学研究必须遵循六条原则[①]：(1) 经验证实原则。强调任何概念和理论都必须以可观察的事实为基础，并能为经验所验证，超出经验范围的任何概念和理论都是非科学的。(2) 客观主义原则。强调认识过程中主体与客体的分离，主张主体的知识应该绝对反映客观事物的特点，不掺杂个人的态度和情感、信念和价值等主观因素，否则就不是科学的知识。(3) 方法中心原则。实证方法是知识科学性的唯一可靠保证，必须放在第一位。(4) 元素分析原则。将观察到的东西分析为最小的元素。(5) 还原论。在不同程度上表现出生理还原论、物理（化学）还原论、生物还原论和机械还原论。(6) 描述性与数量化。在科学研究的过程中，科学家必须是中立的观察者，不带偏见地观察和记录外在的事件、状态和过程，以客观的语言描述事实，为了保证描述的准确性和精确性，必须采用数量化描述方法。

19 世纪末 20 世纪初，实证主义作为一种时代精神孕育于即将诞生的教育评价之中，并从方法论层面深刻地影响了教育评价的产生和发展，促成了教育评价研究中科学主义价值取向的形成。在人们的意识中，科学必须是精确的，科学研究必须使用测量、实验、观察等自然科学方法。当时的社会科学家们普遍要求以科学的态度研究人和现象，建立合理客观的评价系统，以准确地分析和测试人们的社会行为。反映在心理和教育领域，实证主义促成了德国实验心理学的发展、英国对个别差异的研究以及法国对不适应者的临床关心，这三种研究取向催生了心理测验，进而形成了 1900—1930 年轰轰烈烈的教育测量运动——教育评价的“测量”时代[②]。

随着教育测量运动的不断发展，人们逐渐认识到，教育测量尽管能使考试客观化、标准化，并能把人的能力换算成数字，甚至也可以度量个别差异的程度，但测验毕竟不能测得人的全部。如社会态度、实际技术、创造力、兴趣、鉴赏力等，因难以数量化，教育测验便不能充分把握，往往被教育者冷落。因此，人们开始对教育测验提出批评意见[③]。

二、量化评价法

量化评价法可以定义为通过将评价内容化为可以量化的数量，经过测量这些相关数据，并以量化统计方法来分析结果数据，最终达到评价目的的一种方法。

量化统计法可以分为一般量化方法——频数、中位数、众数、百分比等，这些统计分析方式只是对数据进行初步分析，要进一步分析数据则通常可以运用方差分析、假设检验、因素分析、相关分析、回归分析等，此外还有很多更加高级的分析方法，如结构方程模型方法，以及系统科学方法、模糊数学方法和灰色数学方法等。选取何种方法进行量化分析主要取决于评价内容和评价目的。

---

① 叶浩生．西方心理学研究新进展．北京：人民教育出版社，2004：31－35．

② 余文森．论美国教育评价的历史发展．福建师范大学学报（哲学社会科学版），1995（4）．

③ 张其志．教育评价的科学观及其方法论的演变．中国高等教育评估，2006（2）．

第二节 测验法

评价指的是对事物进行价值分析和判断。教育测量是教育评价的基础，测量的结果是教育评价的依据，评价是对测量结果的解释过程，如果不依据测量结果进行价值分析和判断，测量结果就会失去意义。测量的工具主要包括教育、心理测验等量表，也可以根据评价者所要评价的内容和评价对象的特点来编制相关的测验。测验法具有效率高、资料便于做定量处理等优点，可获得信息的种类也较为广泛，测验结果往往比较客观可靠。但测验是根据被试对测验项目所做出的反应来推断其发展状况，不具有直接性，在实施测验时对施测者要求也较高，使用不够灵活，也难以进行定性分析。根据内容，测验分为智力测验、能力倾向测验、人格测验、学业成就测试等；根据回答方法，测验分为书面测验和非书面测验；根据编制的规范性，测验可以分为标准化测验和教师自编测验等。

一、与教学、考试性质有关的测验类型

（一）诊断性测验

这类测验是在测量学生掌握某一部分教育内容的情况时使用的，是一种具有诊断性质的测验。通过这种测验可及时看到学生的学习情况，直接获得教学的反馈信息，调整教学的进度和教学的方式、方法。

诊断性测验的主要特点在于：第一，诊断性测验一般注重于与诊断相关的目标。第二，测验题目依据对成功学习特殊技巧的详细分析以及常见的学习错误的分析研究。第三，题目难度一般较低，重在确定学生所犯学习错误的类型以及学习困难根源所在。第四，诊断性测验一般限于课程教学中有限的部分内容，且通常按若干部分的测验分数与测验记录来分析，很少用于测验全部内容。

（二）成绩测验

学生在一定的时间段内，完成了某一教学大纲或教材的学习，为了解他们的学习成绩，往往对其进行成绩测验。测验内容为所考查的阶段内的教学内容，试题的设置可根据所考核的教学内容进行抽样。命题时应把握住基本的和重点的内容，而且在设问上也应考虑不同的层次要求，使测验结果能较好地反映学生对所学内容的掌握程度。

（三）学能（学习能力）测验

这类测验旨在测量考生完成某项任务的能力倾向。这些能力倾向在很大程度上带有潜在性，即在测验时，考生不一定已具备这些能力，而只是具备发展这些能力的基础和倾向。这类测验并不完全依据以往的教学内容来命题，而主要依据对学能结构的分析，

选用那些可作为学能基础的内容作为命题的取材，在要求上也不一定局限于教学要求这个层次。

各类入学测验，其实质都可作为学能测验来对待，成绩测验与学能测验的基本区别在于：前者注重的是现时所达到的水平，后者注重的是未来的发展倾向与趋势。

二、测验的信度与效度

评价测验是否有价值，就必须考察测验的质量，包括它的稳定性、可靠性（在同样条件下重复测量，其结果的一致性——信度）和有效性（测量结果中包含欲测特质的信息量的程度——效度）。如果说一个测验的信度高，就是指一个考生的成绩经反复测验都保持一致；对一组考生来说就是指这组考生的成绩排序在多次测验中都大致相同。在实际运用中，不同的测验有不同的可接受的信度标准。对信度系数要注意三点：(1) 一个测验可能不止一个信度系数，因为在不同的情况下，对不同样本采用不同方法会得到不同的信度系数。(2) 信度系数只是对测量分数不一致程度的估计，故无法指出不一致的原因。(3) 高信度系数并不是测量所追求的最终目标，而是使测验有效的一个必要条件。信度系数究竟以多大为好，没有明确的标准，要看测验的目的和类型。对于学科测验，信度系数要求达到 0.9 以上，智力测验要求达到 0.8 以上，品德测验能达到 0.6 以上就算不错了。又如一份好的英语测验，试卷中的词汇、结构和阅读的题目信度系数一般应该在 0.90 到 0.99 之间，而阅读理解部分的信度系数则要在 0.80 到 0.89 之间，口试题目的信度系数一般在 0.70 到 0.79 之间①。

（一）测验的信度

根据经典测验理论（classical test theory），在真分数模型的假设中，学生作为评价对象，在测验中的实得分数是：

$$X = T + E$$

式中，X 为实得分数，T 为真分数，E 为随机误差。由公式可以发现，在测验中，信度受到随机误差的影响。当随机误差越小时，测量分数越稳定和一致，测量的信度越高；反之，随机误差越大，信度也就越低。

被评价的学生的真分数是实际分数的期望值。在这个真分数模型的假设下，信度就是真分数方差与实得分数方差之比：

$$r_{信} = \sigma_T^2 / \sigma_X^2$$

式中，σ_T^2 为真分数方差，σ_X^2 为实得分数方差。

由于实际测验中，真分数方差只是一个理论构想，并不能求出来，所以一般是通过对相同的评价对象总体重复施行同一测验，以两次测验结果之间的相关作为测验的信度，即“平行测验”的假设，其信度公式为：

$$r_{信} = r_{X_1 X_2}$$

① 席爱玲，王玉环，修旭东．论语言测试的信度与效度．郑州工业大学学报，2000 (6).

式中，$r_{X_1X_2}$ 为两个测验的实得分数之间的相关系数。信度系数不仅可以用来解释个人分数的意义，也可以用来比较不同测验分数的差异。两个平行测验评价的是相同的特质，具有相同的测量内容，采用一致的题型，并且测量同一个总体样本；同时对于每一个学生，两次测验的真分数相同，即 $T1=T2$，而且有相同的误差方差，即$\sigma_{E_1}^2=\sigma_{E_2}^2$。通常，有以下几种估计信度的方法：

1. 分半（split-half）信度

在一种测验只能施测一次或没有复本的情况下，通常采用分半法估计信度。分半信度是将测验编写成两个尽量平行的子测验，组成一个完整的测验，可以采用随机分半或奇偶题分半。例如将奇数部分的题目和偶数部分的题目分别记实得分数为 X_1 和 X_2，假设两部分测验符合平行测验的条件，即真分数等值模型的假定，于是可以计算出 X_1 和 X_2之间的相关系数 r_{12}，最后整个测验的信度为：

$$r_{S-B}=\frac{2r_{12}}{1+r_{12}}$$

这个信度公式叫斯皮尔曼-布朗（Spearman-Brown）公式。

弗拉南根提出的估计信度的方法则不需要计算分半测验分数的相关，也不需要进行校正，其计算公式是：

$$r_U=2\left(1-\frac{\sigma_a^2+\sigma_b^2}{\sigma_t^2}\right)$$

式中，σ_a^2和σ_b^2 分别为两半测验分数的方差，σ_t^2为整个测验分数的方差。

值得注意的是，首先，分半法在不需要做两次测验的情况下得出相应信度，但是必须满足分成两半的测验是等值的，就是有相同的平均数和标准差；其次，将测验题目进行分半的可能性很多，如：按题号的奇偶性分半、按题目的难度分半、按题目的内容分半等，但是必须考虑测验的内容和对象等因素，例如，一般来说，由于时间和被评价的学生心理等影响，用前后分半是不恰当的。

2. 内部一致性（α 系数）

内部一致性信度也叫同质性信度，它可以分析测验中所有项目的一致性程度。由克龙巴赫提出的 α 系数，对二值记分测验和多重记分测验都适用，是最常用的信度系数之一，其计算公式是：

$$\alpha=\frac{n}{n-1}\frac{S_X^2-\sum S_{Xg}^2}{S_X^2}$$

式中，n 为测验的题目总数，S_{Xg}^2为各个学生在测验中的总分的方差，S_X^2为测验总分的方差。α 系数的算法就是利用此公式来计算各题目间的同质性，得出信度系数①。

而对于二值记分测验，也常用库德-理查逊（Kurder-Richardson）公式来求 α 系数，这与上面公式的计算结果相等：

$$r_{K-R20}=\frac{n}{n-1}\left[1-\frac{\sum p_i(1-p_i)}{S_X^2}\right]$$

① E. G. Camines，R. A. Zeller. Reliability and validity assessment. Newbury Park：Sage Publications，1979.

式中，n 为测验的题目总数，p_i 为第 i 题正确回答的人数比例，S_X^2 为各学生正确回答题数的样本方差。

相对于分半系数来说，α 系数法虽然克服了其部分局限性，但是也可能出现低估问卷的内部一致性的问题①。为了得到更加准确的估计值，也可以选择 θ 系数的计算方法。其具体计算步骤是，先求出问卷得分的相关矩阵，用最大特征值来构造的统计量为 θ 系数，其计算公式为：

$$\theta=\frac{n}{n-1}\left(1-\frac{1}{\lambda}\right)$$

式中，n 为测验的题目总数，λ 为最大特征值。

在使用内部一致性系数时，需要注意以下两点：首先，应确定量表的各题项是同质的，对于可能存在的异质性的题项要尽量排除。其次，在使用克龙巴赫 α 系数时，要分别计算测验中各领域、知识板块，以保证题项的同质性。

3. 重测信度

重测信度是指对评价对象学生进行重复测验，通过计算两次测验得分之间的一致性程度来衡量信度。一般采用皮尔逊的积差相关公式来计算：

$$r_{X_1X_2}=\frac{\dfrac{\sum X_1X_2}{N}-\overline{X}_1\overline{X}_2}{S_1S_2}$$

式中，X_1、X_2 为同一组被评价的学生在两次测验中的分数，$\overline{X}_1$、$\overline{X}_2$ 为两次测验的平均分数，S_1、S_2 为两次测验结果的标准差，N 为参加测验的人数。

重测信度能提供有关测验结果是否随时间而改变的资料，可作为预测被试将来行为表现的依据。其缺点在于容易受到练习和记忆的影响，前后两次施测间隔的长短务必适宜。影响重测信度的因素很多，包括两次测验的时间间隔、学生对评价测验所形成的练习效应以及被评价者当时的精神状态和外界环境的影响等。一般来说，学校标准化考试很少用重测法来估计测验的信度，重测信度用在速度测试或人格测验方面则较多。鉴于可能造成误差的因素复杂而繁多，重测的前后两组测验分数间的相关性不一定能反映测验真正的准确性和可靠性，所以一般运用重测信度进行检验的测验内容都是比较稳定的，以尽量减少误差因素的干扰。

4. 复本信度（alternate-form reliability）

复本就是根据平行测验理论，设计与原测验各指标相近或等值的平行测验，在此基础上，计算学生在两个测验上所得分数的相关系数。复本测验之间必须在项目内容、数量、形式、难度、区分度、指导语、时间限制等方面相同或相似，才能称为复本测验。在关于逻辑推理、创造力、难度的测验上，一般不宜使用相同的测题，这时需要对复本信度进行计算。复本计算的方法是：先实施测验复本 A，然后在一定时间间隔后实施测验复本 B，利用皮尔逊积差相关公式来计算两次测验分数之间的相关系数②。

---

① C. F. Waltz, et al., Measurement in nursing research. Philadelphia: F. A. Davis Company, 1991.

② 张洪秀．教育测量与评价方法．长春：吉林大学出版社，2014：51-52.

复本测验和重复测验不同，因为复本测验所施测的内容不同，因而可以进行连续测验，从而降低重复测验因为两次测验相隔一段时间而带来的误差和干扰因素的影响。复本信度有优于重测信度的地方，但其自身也存在一些局限：建立两份完全等值的“复本”是很难实现的，即使是经验充足的测验编制者，也只能编制出基本等值的测验；复本法只能减少但无法排除练习、记忆等的影响，被试的某些解题思路和技巧可能会产生迁移效应。因此，在使用复本信度时，需要注意两次测试的等值问题，注意被试的情绪、动机的变化以及测试情况的变化。

5. 评分者信度（scorer reliability）

在教育测量中，通常对一些包含主观性试题的测验无法进行完全客观计分，这时评分者之间的差异便成了误差的重要来源之一。因此，有必要考察评分者之间评分的一致性程度，即评分者信度。具体考察的方法是，随机抽取相当份数的测验，由两名评分者按标准分别评分，然后根据每份测验卷的两组分数计算其皮尔逊积差相关系数，即为评分者信度。若评分者之间平均一致性达到 0.90 以上，那么可将评分视为是客观的。

若由多个评分者评多个对象，并以等级法计分时，还可以采用肯德尔和谐系数作为评分者信度指标。其计算公式为：

$$W=\frac{\sum R_i^2-\frac{\left(\sum R_i\right)^2}{N}}{\frac{1}{12}K^2(N^3-N)}$$

式中，K 为评分者人数，N 为被评者人数，R_i为第 i 个被评者等级的总和。

当评分者 K 为 3～20 人、被评对象 N 为 3～7 人的小样本时，可用肯德尔和谐系数来考验 W 是否达到显著水平，若 W 在统计上显著，则说明评分较为一致。当 N 大于 7 时，可计算 x^2 值，将所求得的 W 代入以下公式：$x^2=K(N\times 1)W$，然后查 $df=N-1$ 时的 x^2 值表，若 x^2 达到显著水平，则 W 也达到显著水平。

6. 影响信度的因素

影响信度的因素主要有：

（1）测验本身所引起的误差。第一，从测验题目的格式来看，如判断题，猜测的可能性很大，这就引起测验的不稳定性。第二，题目的难易程度也会影响测验的信度。一方面，如果测题的难度过大，以致每个被试大量猜测，则所有的被试的总分接近于随机分布，其变差大部分为误差变差。如果在任何测验中，猜测已成特征，则测题越难，其信度越低。另一方面，测验越易，分数离差越小，而信度也就越低。规定时限可以鼓励人们加速做出反应，但常常会引起不稳定的测验分数。第三，测题的用词模棱两可也会引起不稳定的测验分数。又如测验本身的长度也会影响信度，一般说来，测题愈多，测验愈可靠。第四，如果测验是要测量单一特性，那么这个测验中的每一个测题都应该测量它，而不应该测量其他的东西。但是实际上，有些测题能测量多种心理特性，因此，在一个测验中所包含的特定测题的抽选就变成了误差的一个可能来源。

（2）测验的实施所引起的误差。首先，对实施指导语的错误理解、对答案的错画、时间记录的错误以及一些不能预见的干扰等，都会产生误差。其次，对一组被试实施测验不是同一个主试，而是有很多主试，以及主试本身在安排测验上有较多的余地，这些也会引起误差。再次，计分也会产生误差，如论文式的测验和其他自由反应的测题格式，计分就很难做到完全客观，从而产生误差。最后，测验实施的外在因素也可能影响信度，比如：测试时间、环境，测试的组织，考场纪律，集体舞弊，等等。

（3）被试自身因素所引起的误差。包括被试的学习及考试的动机的作用，被试的学习、发展和教育等方面素质的影响，被试对于测验的经验，被试对测验的焦虑，以及被试自身的生理因素等。

（4）被试样本的代表性。影响信度系数的一个重要因素是被试团体的性质，包括被试团体的异质性、平均水平等。成员特质分布的范围越广（越异质），信度系数越大。对于不同水平的团体，题目具有不同的难度，每个题目在难度上的微小差异累积起来会影响信度。

（5）两次施测的时间间隔。在以重测法或复本法求信度时，两次测验间隔时间越短，其信度越高；间隔时间越长，受外界影响也越多，信度也就越低。

7. 提高信度的方法

（1）适当增加测验的长度。测验的题目数量越多，题目的代表性就越大。但是题目太多会对后续结果的统计和评估造成困难，既不可行也不现实，所以也不能毫无限制地增加题目的数量，只能适当增加以提高测验信度。

（2）测验的内容尽量同质。测验内容的同质性是信度系数的重要要求，由同质的题目构成的测验比异质的题目构成的测验信度高。因为如果测验内容过于庞杂，势必要求受测者具有不同的能力、知识或技能，必然导致测验信度降低。

（3）测验的过程保持统一。测验的过程是否符合标准化的安排，直接关系到信度的高低。测验的统一过程包括指导语、题目数量、回答方式、分发及回收试卷的办法、测验的时间等。

（4）测验的难度保持适中。太难或太简单的测验都难以准确反映一个人的真实成绩，无法保障信度，唯有测验的难度适中，才能使测验的信度达到最高。

（5）评分方法保持一致。评分作为测验的重要方面，一旦过于草率或者受到其他因素的影响，都容易对信度系数造成影响。因此，评分要尽量做到客观，减少评分误差[①]。

（二）测验的效度（validity）

测验结果中所包含欲测特质的信息量的程度和对所要测验的特质准确测量的程度，就是测验的有效性和准确性，即效度。具体来看，效度是针对测验结果而言的，即测验的效度是“测验结果”的有效程度。同时，效度也是一个相对的概念，表现在两个方面：第一，它是相对于一定的测量目的而言的，不具有普遍性；第二，效度是对于测量有效性的一个估计，只有程度上的差异，而不是“全”或“无”的差别。

根据经典测验理论，效度是潜在真分数的方差与实得分数的方差之比，效度和潜在

---

① 张洪秀．教育测量与评价方法．长春：吉林大学出版社，2014：58－59．

真分数的方差与实得分数方差的关系是：

$$r_{效} = \sigma_{T潜}^2 / \sigma_X^2$$

$$\sigma_X^2 = \sigma_{T潜}^2 + \sigma_{E系}^2 + \sigma_{E随}^2$$

式中，$\sigma_{T潜}^2$为潜在真分数的方差，$\sigma_{E系}^2$为系统误差的方差，$\sigma_{E随}^2$为随机误差的方差，σ_X^2为实得分数的方差。从潜在真分数的方差与实得分数方差的关系式可以看到，测验的效度同时受到系统误差和随机误差的影响。

以上效度的计算公式也是理论上的公式，以实际操作的方法来测量测验的效度，可以从以下几方面进行：

1. 内容效度（content validity）

内容效度指的是预定和假设要评价的内容与实际评价所得到的内容之间的一致性，也就是测验内容对于期望的目标的代表性程度。例如，要对初中一年级的学生对数学学习的掌握程度进行评价，如果测验内容涉及初二或初三年级的数学内容，那么这种对于学生的数学成就的评价就显然缺乏代表性。

在具体的评价测验中，由于评价的目的不同，评价的内容也会有所不同。所评价的内容有边界性，要确保测验题目对所要评价的内容范围的清晰划分和代表性。如果测验内容超出了评价的范围，该测验的内容效度就不高，所以可以通过将评价内容进行明确的结构化来避免遗漏某些重要的内容。对于这种将评价内容结构化的方法，重要的是对评价所包括的内容建构目标树，在一级指标下还必须分出二级指标，尽量梳理出评价内容的结构框架，而不只是停留在对评价内容的概念描述上。在确定了评价内容的目标树以后，还要分析其中的每个指标由哪些具体的项目或题目来进行测验，而且，根据各个指标在评价体系中的重要性和影响性，决定和分配该项目在整个测验中所占的比例。除了这样建立在研究者"主观"经验上的效度评估，为了确定一个测验是否具有内容效度，最常用的方法之一是请专家对测验题目进行判断。同样是要看测验题目是否能表达所要研究的内容。题目的代表性越强，就说明题目的内容效度越高。这种专家评估的方法实质上是对题目进行逻辑分析的过程，专家的个体思维差异使各人的评价也不同，所以为了使评估更接近真实，可以根据具体的测验目的编制评定量表，提供给专家作为评估依据。

从统计分析的方法来测定测验的内容效度，可以采取类似于复本信度系数的计算方法，求出被试在两个复本上得分的相关系数。相关系数越高，一般就认为测验的内容效度越高。另外，也可以采用类似于重测信度的评定方法。具体方法是先选取一定数量的被试进行测验，而且这些被试对测验所包含内容的知识认识较少，然后让这些被试学习与测验相关的内容，再用原测验题目来测试被试。如果测验成绩显著高于学习测验内容之前的成绩，说明该测验的内容效度比较高，当然在被试的学习过程中应尽量排除其他的与测验内容相关的知识信息的影响与干扰。

内容效度不仅适用于评价教育成就测验和职业选拔测验，也是编制任何测验都要加以考虑的方面。但不足在于，缺乏理想的测量指标，容易妨碍信息交流和各测验间的相互比较。

2. 效标关联效度（criterion-related validity）

评价一个测验的效度，除了从内容的角度来分析，还需要由客观事实和结果来检验。而测验的结果是评价的依据和开始，所以测验结果本身可以起预测作用，即对处于特定情景中的学生行为和心理特质等进行预测。效标关联效度强调的是效标行为，不仅测验的内容是次要的，而且测验题目也不要求和效标有关联，因为人们更关注测验分数是否能预测一些外在行为，所以测验分数能在事实上预测效标行为才是最重要的①。

效标关联效度可以分为同时效度和预测效度：

同时效度（concurrent validity）强调效标的同时性，是指一个测验结果与另一个同时获得的测验结果（效标）之间的一致性程度。通常这种效标都具有权威性、稳定性和普遍性，已经经过多次的检验和相关研究的修正。但是评价主体对学生进行的具体评价不一定与已有的评价所用测验完全相同，新的评价所用的测验更具有情景性和特殊性。为了提高评价的效度，可以与已有的公认的效标进行比较，如果两者的一致性关联度高，就意味着新的评价具有较高的效标关联效度，否则就说明该评价的效标关联效度较低。

预测效度（predictive validity）是指测验结果对未来的行为或某种评价特质（效标）能够准确预测的程度，而被预测的行为同时也是检验测验的效度的标准，即效标。所以这种预测性的效标被用于选拔或筛选的程序。常用的效标如学生的学业成绩。学业成就测验、学习策略测验或学习能力测验等测验的效标可以是学生的学科考试成绩、学生学习的平时表现、学生的创作作品、教师对学生行为表现的评价与总结等。具体的评价目的是不同的，所以必须根据所要预测的内容来选择恰当的效标。

效标关联效度的测量方法有相关法和 t 检验法。

相关法是建立效标关联度的常用方法，是求测验分数和效标测量之间的相关程度。对于预测效度，可以用预测的测验分数和后来实际的效标成绩之间的相关系数来表示。

也可以采用 t 检验法来检验两个效标组在测验分数上的差异水平，因为如果测验是有效的，则测得不同分数的学生在效标上的表现也不同。t 检验的公式是：

$$t=\frac{\overline{X}_1-\overline{X}_2}{\sqrt{\frac{S_1^2}{N_1}+\frac{S_2^2}{N_2}}}$$

式中，$\overline{X}_1$、$\overline{X}_2$分别为两个效标组在测验中的平均分，S_1^2、S_2^2 分别为两个效标组测验分数的方差；N_1、N_2 分别为两个效标组的被测的学生人数。最后还要检验 t 值的显著性水平，如果达到显著性水平，说明测验可以有效区分不同效标成绩的群体，否则说明该测验无效。

效标关联效度可用于人员的选拔、分类和安置。在预测被试的效标分数时，我们可以采用建立线性回归方程求出被试的效标分数平均值，以最大限度地降低预测偏差。同时，在进行人员选拔时，由于工作本身的复杂性，效标中往往包含有关个人心理特质的多方面信息，即多元心理特质的综合，因此对效标的合理预测只能依靠测量多种特质的多个测验才能奏效，这就要对多种测验信息进行综合。

---

① 张力为．效度的正用与误用．北京体育大学学报，2002（25）．

3. 结构效度（construct validity）

结构效度是指测验能够测量到理论上结构或特质的程度，也就是该测验所要测量的概念能显示科学意义并符合理论上的设想。确定结构效度的常用指标有以下几种：

（1）因子分析。用因子分析法来评价测验的结构效度被认为是一种比较理想的效度分析方法，其原理是先假定测验是按照一定结构设计的，通过因子分析来考察测量结果的结构是否与其相符，从而验证假设是否成立①。因子分析的主要目的是找出事物的特质，找出影响变量的更本质的因子，即共性因子；因而它是找出最适合于结构效度的因子的研究。因子分析可分为探索性因子分析和验证性因子分析。前者分析测验结果的数据中影响测验题目之间的共同因子；后者则从理论出发检验影响测验题目之间的因子，而且其依据的理论模型可分为结构模型和测量模型，所以这也是一种对结构效度比较有力的检验。

（2）相容效度（congruent validity）。结构效度除了用因子分析方法来检验外，还可以通过对标准化测验的相关分析来检验。一般来说，测量相同特质的测验之间应该有较高的相关性。所以，一个新的测验如果与之前的比较成熟的测验之间存在较高的相关系数，就可以将之作为评估新测验的结构效度的指标。但是每个测验也会因为测验目的或测验对象的差异而有所不同，也就是说新旧测验是个相对的概念，新测验可以是对具体对象或特定目的进行的测验，也可以是对原有测验的完善与补充，所以通过与标准化测验的相关分析来检验新测验的结构效度是个参考的指标。

（3）聚合效度与区分效度。坎贝尔（Campbell）与菲斯克（Fiske）就曾经提出，要确定一个测验的结构效度，该测验不仅应与测量相同特质或结构等理论上相同的变量有显著相关——聚合效度（convergent validity），也应与测量不同特质或结构等理论上相同的变量不存在相关性——区分效度（discriminate validity）。

（4）内部区分度。有三种方法测量内部一致性：第一种是考虑总分数较高和较低两者在题目上通过率的大小，例如每个题目总分最高的27%与总分最低的27%的被试进行比较，如果前者在该题目上的通过率大于后者，则认为该题目是有效的，否则就应被淘汰或修改。第二种方法是计算题目得分与总分的相关，未达到显著性水平的题目就淘汰。第三种方法是求分测验得分与总分的相关，未达到显著水平的题目同样被删除。后两种方法是属于同质性的测量②。

（5）线性结构模型（linear structural relationship model）。这种统计技术综合吸取了因子分析、多元相关、多元回归等多元统计技术的优点，能处理潜变量即不可观测变量之间的相互关系，并能通过观察初始模型的系数来调整所研究的内容的结构模型。可以说以线性结构模型来分析测验的结构效度是一种比较有效的方法。

结构效度的优点在于将测验的效度研究与一定的理论假设联系起来，而不是仅仅停留在经验性的证据上，使测验编制与发展理论相互统一，一定程度上克服了其他效度研究的局限性。但同时，结构效度也存在不足，如结构含义模糊、不能用统一的标准评定

---

① 柯惠新，黄京华，沈浩．调查研究中的统计分析法．北京：北京广播学院出版社，1992：65.

② 王海军，徐克静．问卷调查中的信度和效度问题．中国健康教育，1994（10）.

测验的效度、进行效度验证时主观性较强等。

4. 影响效度的因素

影响效度的因素主要有：

（1）测验组成方面。测题是构成测验的要素，而测题的性能是影响测验效度的因素之一。例如，测验的取材、长度，测题的鉴别力、难度及其编排方式等都和效度有关。如果测验材料经审慎选择，测验的长度恰当，测题具有相当的鉴别力且难度分布适当，并对测题做出合理的安排，就能提高测验的效度。

（2）测验实施方面。一个测验的效度要得到保证，主试应当适当控制测验情境，遵照测验守则的各项规定实施。例如场地的布置、材料的准备、回答方式的说明、时间的限制等。若不遵照标准化的程序进行，则必然使效度降低。

（3）被试主观状态方面。被试的兴趣、动机、情绪、态度和身体健康状况以及是否充分合作与尽力而为等，都能影响测验结果的可靠性和正确性。无论是能力测验或人格测验，只有借助被试真实的反应，才能正确地推断其心理特性和适应状况。

（4）估计效度所依循的效标。选择适当的效标是统计效度的先决条件。若因所选的效标不当，以致测验的效度不能显现出来，则测验的价值可能被淹没。

（5）样本方面。效度确认所依据的样本，必须确能代表某一测验所拟应用的全体对象。

总之，为了提高测验的效度，必须要求测验编制和实施程序的标准化，注意被试在测验情境中的行为反应，并顾及适当样本和效标的选择，以建立符合测验目的和功能的效度。

5. 提高效度的方法

提高效度的方法主要有：

（1）控制系统误差。效度的高低主要受到系统误差的影响。例如，仪器没有校准、题目和指导语有暗示性、答案有明显的组型（如选择题的答案都是第二个）等原因都会影响测验的效度。因此，必须控制这些因素。

（2）精心编制量表。首先，测验内容要确实能适应测验目的；其次，题目表述必须清楚、简明，所用字、词、句能为被试理解，内容应能引起被试的兴趣，排列由易到难，但前面的题目不应暗示后面的答案；再次，题目难度合适，有足够的区分度；最后，试卷印制清楚，无错误和遗漏，并力求精美。

（3）妥善组织测验。严格按照测验手册进行，不做超出规定的解释，掌握好时间。评分时务必遵循评分标准，仔细登记，避免错误。

（4）扩充样本的容量和代表性。加大样本容量，可以增加样本对总体的代表性，而且使随机误差相互抵消，使测量更可靠。同时，样本大了，被试差异也就加大了，潜在真分数的方差随着增大，效度也就提高了。

（5）合理处理效度和信度的关系。信度是效度的必要条件。虽然信度高的测验效度不一定高，但效度高的测验，信度却一定比较高。在处理信度与效度的关系问题上，首先要保证高的效度。

（6）适当增加测验的长度。增加测验的长度可以提高信度，而效度的最大值又与信度有关，所以，也有可能提高效度。因此，适当增加测验题目的数量既可以提高信度，又有可能提高效度。

三、测验的项目分析——难度与区分度

测验的项目分析包括项目难度分析和区分度分析。通过分析两者对项目进行筛选，发现和淘汰劣质的和不合适的项目，尽量保证所选项目的科学性，提高测验的可靠性和有效性。

（一）项目的难度

1. 难度的概念

难度是指测验试题的难易程度。对试题的难度要求适中，不能过大或过小，否则该试题便不具有真实的鉴别力，不能把学业水平不同的学生以考试分数区别开。一般要求试题的难度以 0.50 左右为适宜，但根据考试的目的不同，对难度的具体要求也不同。对于选拔人才性质的考试，如高考应以择优录取的人数比例为依据，若确定录取人数为应试人数的 30%，那么适宜的难度应是 $P=1-0.30=0.70$ 左右。

2. 难度的计算

（1）客观题难度的计算。

在教育测量中，客观题的难度一般用正确回答试题的人数与参加测验的总人数的比值来表示：

$$P=\frac{R}{N}$$

式中，P 表示试题的难度，R 为正确回答客观题目的人数，N 为参加测验的总人数。

（2）主观题难度的计算。

主观题的难度等于该题考生所得分数的平均值与该题应得的满分的比值。以 P_i 表示试题的难度，其计算公式是：

$$P_i=\overline{X}_i/f_i \quad (i=1,2,\cdots,Q)$$

式中，$\overline{X}_i$ 为各题考试分数的平均值，f_i 为各题的满分值，Q 为试题个数。

3. 难度对测验的影响

（1）测验难度影响测验分数的分布形态。

难度值过大或过小，都会造成测验分数的偏态分布。难度值越接近 0，测验的难度就越大，正确回答试题的人数就越少，测验分数就越是集中在低分段，其分数分布呈正偏态；相反，难度值越接近 1，其难度就越小，正确回答试题的人数就越多，测验分数集中在高分段，分数分布呈现负偏态。

（2）测验难度影响测验分数的离散程度。

测验难度直接影响测验分数的离散程度，因为难度过大或过小，测验分数的分布都呈偏态分布，亦即测验分数都分布在高分段或低分段，这样，测验分数的离散程度就变

小了。而这不一定符合考生的实际情况，因为考生的差异是客观存在的。只有难度适中的测验，其分数的分布范围才有可能达到最大。

（3）测验难度影响测验的鉴别能力。

这里实际上谈的是难度对区分度的影响。适中的难度可使试题的区分度达到最大。

4. 测验的适宜难度

从以上难度值的计算公式，我们可以得出难度值 P 的取值范围为：$0 \leqslant P \leqslant 1$，当 $P=0$ 时，试题的实际困难程度最大（所有的考生都得 0 分），当 $P=1$ 时，试题的实际难度最小（所有的考生都全对）。

在常模参照性测验中要求试题难度适中，即大多数题目的难度在 0.3～0.7 之间，少数题目可在这一范围之两边且题数（或题分）大体相当，使整个试卷的平均难度为 0.5 左右（0.45～0.55 之间）。只有适中的题目难度，才能使试题产生区分不同程度考生的最大效果，也才能使考生得分呈正态分布。而对全部考生都能做或都不会做的题目则应予以删去。

对于其他类型的测验，目的不同对难度的要求也不同。比如，选拔奥林匹克数学竞赛的学生，难度值就得偏小；而选择补习功课的学生，难度值就得偏大。

5. 影响题目难度的主要因素

一般说来，影响题目难度的主要因素有：（1）考查知识点的多少；（2）考查能力的复杂程度或层次的高低；（3）考生对题目的熟悉程度（如本来较易的题目会因考生均未注意而变得很难，或本来较难的题目会因为考生普遍练习过而变得较容易）；（4）命题的技巧性（如同一个问题，可以出得容易，也可以出得较难）。

（二）项目的区分度

1. 区分度的概念

区分度是指测验对考生实际水平的区分程度，用符号 D 表示。具有良好区分度的测验，实际水平高的应该得高分，实际水平低的应该得低分。所以，区分度又叫鉴别力。它是评价试题质量、筛选试题的主要指标与依据。

区分度的计算方法有三种：

（1）将学生按其考试总分排序，取高分之 27%定为高分组，取低分之 27%定为低分组，然后分别计算高分组和低分组考试分数的平均值，按以下公式计算各题的区分度：

$$d_i = \frac{\overline{X}_{hi} - \overline{X}_{li}}{f_i} \quad (i = 1,2,\cdots,Q)$$

式中，d_i 为第 i 题的区分度，$\overline{X}_{hi}$ 为第 i 题高分组的平均分值，$\overline{X}_{li}$ 为第 i 题低分组平均分值，f_i 为第 i 题的满分，Q 为题目数。

设高分组最低成绩理论值为 y_0，平均成绩为 $\bar{y}_h$，且假设成绩服从 $N(\mu,\sigma^2)$，则 $\bar{y}_h$ 的数学期望为：

$$E(\bar{y}_h) = \frac{1}{0.27}\int_{y_0}^{+\infty} y \frac{1}{\sqrt{2\pi}\sigma} e^{-\frac{(y-\mu)^2}{2\sigma^2}} \mathrm{d}y$$

$$= \frac{1}{0.27}\int_{0.61}^{+\infty}(\sigma t+\mu)\frac{1}{\sqrt{2\pi}}e^{-\frac{t^2}{2}}\mathrm{d}t$$

$$= 1.227\sigma+\mu$$

式中，0.61 为 $\alpha=0.27$ 时的标准正态分布的临界值。同理可得低分组平均成绩的数学期望为 $E(\bar{y}_l)=\mu-1.227\sigma$。于是全卷区分度 D 的期望值为：

$$E(D) = E\left[\frac{\bar{y}_h-\bar{y}_l}{100}\right]-\frac{1}{100}[E(\bar{y}_h)-E(\bar{y}_l)]$$

$$\approx 0.0245\sigma$$

所以，区分度与标准差 σ 成正比，要使区分度达到 0.3 以上的良好水平，成绩标准差应大于 12 分，这样会使不及格的人数增多，因此，一般考试成绩标准差最好能控制在 10 分左右，平均区分度以 0.25 为适宜①。

（2）采用相关计算方法，计算学生各题得分与考试总分的相关系数 r。区分度系数一般情况为（$0\leqslant r\leqslant 1$）：r 越趋向于 1，说明学业水平高的学生考试成绩也高，学业水平低的学生考试成绩也低，即所谓正区分；r 越趋向于 0，说明学业水平不一的学生考试成绩没有差异即所谓零区分。区分度系数有时会出现负相关，$r<0$，说明学业水平高的学生反而考试成绩低，学业水平低的学生反而考试成绩高，即负区分。

（3）方差法。方差表示一组数据的离散程度，方差大，数据分散，表示该项目的鉴别力大。

2. 区分度与测验信度、难度的关系

（1）区分度与信度的关系。

信度随区分度的提高而增长，且信度增长的速度较区分度增长为快。若想要达到理想的测验信度，提高区分度是一个好方法。

（2）区分度与难度的关系。

难度与区分度相关联，测试题目难度过高或过低都会导致测验无法鉴别出学生的真实水平，从而导致区分度较低；只有试题的难度适中，区分度才有可能达到最大。一般认为难度越接近 0.5，区分度就越高。

3. 提高区分度的方法

第一，使题目的难度适中，使整个考试难度适中。不过需要注意，在实际编制测验时不要所有题目的难度都保持一致。在一套测验卷里，题目的难度分布要有一定的广度和梯度，使整个测验的难度呈正态分布，且平均水平保持在适中的难度上，这样才能有效地将各种水平的人区别开来。第二，要着重考查复杂的学习结果。尽量考查复杂的学习结果，使高水平的学生能得高分或最高分，低水平的学生得低分甚至最低分，使所有分数尽量分布在整个分数量尺上。第三，注重对测验的选项进行分析。在教育测量中，测验题目一般包括客观题和主观题两类，客观题的典型代表就是选择题，如果选择题的选项出现正确选项上高分组选择人数少于低分组、错误答案的选择人数太多等现象，我

---

① 赵天玉，陈圣陶．考试成绩与试卷质量的分析研究．江汉石油学院学报，2003（6）.

们就需要对题目和选项进行分析，或修正或删除，以保证测验选项的区分度①。

第三节 问卷法

通过问卷（questionnaire）进行调查的研究方法，在心理学、社会学、人类学等领域都被广泛运用，因为这种方法能够在比较短的时间内收集到尽可能多的被试样本的资料和内容，可以说在量上有比较大的优势。运用问卷法对中小学生进行各方面的评价和运用它收集其他领域中的信息，其实只是在内容与具体目标上不一致，而所用的方法与技术则是有互通之处的。

同样是通过数字来收集信息，测验法更倾向于以分数本身来说明问题，目的性强，学生在该测验中的分数很大程度上就是测验所要测量的指标上的特质表现；而调查法或问卷法所得到的结果可能只是阶段性的，前一个调查只是为了满足后面的调查进行调整的需要，或者调查法所收集的信息可能是开放性的，而并不一定局限于某些指标上，这种开放性的特点也许能为教师在研究评价系统时提供更灵活的工具。例如，不同的学生，或者同一学生在不同的年龄，其学习方式都会有差异，所能接受的教师和教学方法自然也就不同，所以有必要对学生之间的个体差异进行相应的评估和评价。在做评估和评价之前就要利用一些研究工具，例如问卷法，来找出具体的因变量、自变量和调节变量等，或者是分析学生的心理特质与各种教学方法的交互作用等。

一、问卷设计

（一）明确评价目的

要设计问卷对学生进行评价，必须首先明确具体的评价目的，包括评价对象（目标群体）、评价内容、相关的专家对该评价提出的好想法，就是说问卷的设计与编制是建立在已有的资料和相关研究的基础上的，不是评价者突发奇想想出来的。即使评价者在日常的教育实践中萌发了某些评价的构想，也必须将自己的主观的、未成熟的想法与现实的研究和成果相对照，并不断梳理与调整，从而对所要评价的目的和具体的内容有更加清晰、条理化和结构化的认识。因为问卷的设计必须紧密围绕所要评价的问题，既不要疏忽遗漏必要的评价内容，也不要包含不相关或无效的内容。这种整理已有资料和重构主观想法的程序直接影响问卷的有效性。

在明确了评价的目的和问卷的目的后，就要将问卷的内容整理成一个比较详细的纲要，也就是在一级指标之下的更加具体的二级指标，还有每个指标下的题目类型与数目。

（二）问题的类型

问卷中问题类型的设置可以分为开放式、封闭式和半封闭半开放式三类。根据具体

---

① 张洪秀．教育测量与评价方法．长春：吉林大学出版社，2014：84.

评价的内容选择具体的问题的类型。

开放式问题不向受测者提供具体的答案，受测者根据问题以自己的语言和陈述方式自由回答。填空、讨论或简答都是开放式的问题。开放式问题可以独立作为一个题目，例如："当你在课堂上听不明白老师所教授的知识，你会怎么办?"开放式问题也可以包含在某个题目的一个答案中，就是在编制简答或填空题目时，采用一种不完整的表述，为受测者留下空白，可以继续对问题做补充。例如：

当你在课堂上听不明白老师所教授的知识，你会________。（请选出你的回答或做补充）

A. 直接问老师　　B. 向同学指教　　C. 自己找书看

D. 忽略此内容　　E. 其他

（请写出 E 选项中的你的处理方式）____________________

开放式问题能收集更多信息，尽量减少潜在的遗漏之处，而这种方法也有利于对未知问题的继续探索，正如上文所述，问卷设计的过程也是对评价的问题的探索与研究的过程。但是开放式问卷也有其缺陷：第一，受测者的随意性。因为通常完成问卷的时间都有所限制，所以受测者很可能为求快速完成而随便地填写，甚至不填写，结果本想得到更多信息的开放式问题就被废置了。第二，对受测者的表述理解不一。不同人对文字的内涵与外延的表达和理解都不尽相同，特别是受文化影响的一些方言等，所以作为研究者也很难做出客观的解读与分析。第三，正由于以上的问题，难以对开放式问题的回答信息进行明确的分类和编码，在统计数据时就更加令人头疼，如果不能加以统计，问卷信息的统计意义就失去了。所以在运用开放式题目时必须认真权衡其优点和缺点的影响，或者说要根据具体的评价目的来使用。

封闭式问题就是在提出的问题后面附有相应的答案，供受测者选择。心理学和教育学领域认为封闭式题目就是客观题，包括选择、排序、列表、匹配、等级评定等。封闭式问题相对开放式问题耗费受测者更少的精力，所以能在更短的时间内收集更多受测的信息，即更有效率，尽管不一定是更充分的信息。由于封闭式问题是以具体的题目和答案来引导受测者的，所以在题目和答案的文字和内容表达上就要清晰而明确，有歧义或语法太复杂就会妨碍受测者对题目的理解，影响问卷的信度。既然要从限定的选项中选择，就要求选项尽量包括所有可能的回答，例如包括"不知道"或"没有出现题目中的情况"这样的选项。另外，当选项是李克特量表时，要令选项保持平衡，即设计平衡量表；选项数目尽量设置偶数个，以避免趋中效应的产生。

一般而言，从整个问卷来看，都会将比较容易回答的题目放在问卷的前面部分，而开放式问题常常安排在问卷的末尾，以消除受测者的时间压迫感。但是也正因为时间压迫感或疲倦感的产生，需要仔细考虑的开放式题目如放在最后，往往就更容易被忽视或草草填写。所以全卷题目数量的控制，以及根据题目的重要性来安排先后顺序都要考虑清楚。

（三）问卷的用语

汉语是世界公认最难学的语言之一，其中的原因当然是因为汉语的词汇丰富、语法复杂、成语或谚语使用巧妙等，所以问卷中的用语问题可以说在某种程度上对问卷的有效性和可信度都有影响。第一，问卷的指导语要清晰、简洁，以简短的话语说明问卷的目的、作答方式以及所需要的时间。一般都避免直接标明“问卷”或“调查表”这样的字样，而且对于一些消极的词语也应转换为中性的表达方式或回避不谈。例如，要调查学生的暴力欺负行为，在问卷的指导语中就肯定不能出现“暴力”或“欺负”等消极词语，而专用诸如“行为特点”等表述，从而尽量避免指导语对受测者产生消极的暗示作用。第二，问卷用语尽量本土化。特别是当评价的对象是中小学生，在问卷中当然不能出现太多专业的名词、复杂烦冗的表达或者可能出现理解歧义的词语，否则会使学生不仅不能读懂题目，还会产生厌恶和拒绝的心理。所以根据受测对象所处的特定的语言文化环境，适当使用本土化的用语，或用本土化言语来代替、解释某些专业名词，以通俗、熟悉的语言来提问，有利于提高受测者对问卷的接受度。第三，在问卷题目中要避免情绪性词语、负载性问题、引导性问题、一题多问以及假设性问题①。如上文所述，情绪性的词语容易使受测者产生情绪反应，相关的刺激和联想会使回答产生偏差。负载性问题包括引导性问题，我们知道反义疑问句就是表示肯定的意思，如“你难道认为……是好习惯吗?”或“你不同意……的想法吗?”等，这种方式提问具有指引性意味，也容易误导受测者的选择。一题多问是指在一个问题中包括多个问题，这样不利于受测者对问题的集中注意及思考。而假设性问题要求受测者对某种特定情境的想象做出推理，如果受测者没有在生活中经历过这种假设情境，那么受测者答案的可信度也不高，毕竟文字描述与真实情境是有很大差异的。

二、问卷数据的收集

在问卷正式使用于大量的调查之前，首先要根据调查目的、内容等确定调查对象的范围，并采取等距抽样、分层抽样等适当的抽样方法来确保所抽取的样本具有代表性。其次需要对问卷进行小样本的测验，包括对问卷用语的规范性、通俗性、明确性的检验以及结合统计分析对问卷题目的设计做相关的信度和效度的检验等，都是确保调查能在更大程度上达到评价者的目的，也使评价者能够做出更科学合理的评价。具体来说，利用问卷来收集数据的方法可以分为以下几种：

（一）现场问卷法

如果条件允许，采用现场问卷法收集问卷信息是最好的办法，即被试集中在同一个地方，在主试的指导语下，同时完成问卷，当场回收问卷。这样就能保证被试在独立、不受干扰的情况下迅速完成问卷，也能够大大提高问卷的回收率，而且一般一两个主试就可以主持上百个被试同时完成问卷，所以从效率的角度看，也十分可观。但采用现场问卷法所要求的条件也很高：问卷内容必须是十分通俗易懂的，保证几乎所有被试在没有个别指导的情况下也能自如完成。组织所有或是大量被试在同一地点完成问卷，要保

① Lewis R. Aiken. 心理问卷与调查表：民意调查与人格评估．北京：中国轻工业出版社，2002：42.

证该地点的安静、干净、宽敞、明亮，尽量提供安全舒适的环境，减少被试因外界环境而产生的任何消极情绪，以免影响问卷填答的质量；更要制止那些先完成问卷的被试大声喧哗，干扰其他被试，应在尽快检查其确实完成了全部题目后请其离开现场；在大部分人都完成问卷后，应尽快按顺序回收问卷，维持现场纪律，留意不要让被试携带问卷离场。

（二）电话访谈法

要及时找到被试，可能难以做到。例如，评价者要获取来自家长的相关信息时，就只能通过电话访谈的方式。由于电话访谈也需要一段不短的时间，所以最好先与被试约定一个比较适当的时间才正式开始问卷访谈。而在征得被试同意的情况下，可将谈话内容用录音器材录下来，以便在电话访谈之后再整理相关的记录。电话访谈法比较省时，简单易行，对于问卷内容比较简单的调查是很适合的。但是与面谈问卷法相比，由于不能直接观察被试的表情、动作与反应，所以主试对访谈过程的意外情形的控制力就较弱。

（三）面谈问卷法

受到现实条件与问卷本身内容的限制，很少情况下能运用现场法在短时间内回收所有问卷。有时，因为评价内容的复杂性，确实不能简单地用简洁的语言表述，或者题目的背景与提问比较特别，或者问卷填写时还要附带实物或某些场景的呈现，于是就只能采用面谈式的问卷。一般情况下，一个主试只能带领五个以下的被试，因为如果人数太多，主试就难以应对被试同时提出的问题，而被试问题太多不仅对被试个人及他人造成影响，还会干扰问卷完成的程序与时间。面谈问卷法比电话访谈法在操作上更简便，因为面谈问卷中调查的内容基本上依据问卷本身，被试能明确看到所要回答的问题及相关的内容，而主试也是以问卷为本，在完成问卷的过程中所做的解释与补充只是为了被试能更清楚、更快捷地理解题目的信息以便正确作答，双方谈话与交流的内容都围绕问卷本身，不超过问卷的范围。

面谈问卷法的程序一般都包括以下部分：首先组织被试进入指定地点，面对主试就座，并人手持一份问卷。然后被试读出问卷的导语、完成问卷所需的时间及相关资料的保密性质，正式开始填写问卷。主试可根据题目的难易程度与复杂程度，适当统一被试的填写速度，即在确定被试都明确题目意思的前提下，当所有被试都完成某个部分问卷后，才继续开始下一部分的填写。在此过程中，主试必须认真观察被试在填写问卷时的反应，发现其可能有不理解之处，必须马上做出相应阐述。但是这种解释是客观中立的，不能随意添加主试自己对题目的情感与态度，以中立词语做解释，排除问卷之外的指导。

也有一些面谈问卷法，是直接由主试读出题目与选择答案，被试只需以口头回答即可，而回答内容则由主试来填写和记录，这种情况一般是一名主试面对一位被试时才能采用。

（四）邮件问卷法

现代网络发达，纸面形式的问卷也可数字化，以电子邮件的方式发送到被试的电子邮箱中，被试可随时下载问卷，并直接在问卷上做出回答，完成问卷后再通过电子邮箱发送到寄出问卷的邮箱即可。这样，不仅方便被试，也方便主试，因为主试不需要拿着问卷到处奔波，只要打开自己的电子邮箱就可以收集到问卷的信息，方便快捷，也节省纸张。但这和传统的邮寄问卷一样，都存在难以保证回收率的问题。所以最好在发出电子邮件之后，再用电话或直接通知来确保被试接受问卷并合作完成。

在实际操作中，收集问卷信息的方法也不固定，一般综合利用。

在回收问卷后，对于不符合要求的无用问卷予以剔除，并统计有效问卷的回收率。不同调查对象有不同的回收率，若调查对象为专业人群，问卷回收率一般要求在70%以上。若调查对象为一般公众，回收率则相对较低。如果发现回收率明显偏低，则需要再发问卷进行追踪调查。

例如，通过问卷法研究了学生综合素质发展的状况与目前教师课堂教学的现状①，主要包括两份问卷。一个是中小学生综合素质发展评价问卷（见表5-1）。该问卷一是了解小学生综合素质评价的七个维度，含道德品质与公民素养、学习能力、实践能力、审美与表现能力、运动与健康状况、自我认知与学校支持、心理状态；二是通过学生答卷选择的信息，分析学生综合素质发展的需求、存在的问题、产生问题的原因；三是侧面了解学校为学生综合素质发展提供了哪些帮助、是否关注了学生素质发展的需求。另一个是小学教师课堂教学表现评价问卷（见表5-2）。其研究目的一是了解教师在课堂教学中的教学行为表现、教学观念与策略、教学监控及评价、师生关系、课堂组织与调控的能力；二是诊断教师是否有效教学（或有意识的教学）；三是观察学校对教师课堂教学的领导、执行、管理状况。

问卷中除了设置以上封闭式题目外，还可以有开放式问题，如："客观地描述一下自己的优点和不足。""你有什么问题或困难，需要学校与老师提供帮助？""我认为老师在课堂表现上需要改进的是什么？"其目的在于使学生更好地对问题选项进行补充、陈述，使评价组成员更客观地剖析学生心理、学习需求，满足他们的发展需求，反思我们自身的教育管理、研究、服务、支持职能，为下阶段建立学生学业质量监控常模打下坚实的基础。

表5-1　中小学生综合素质发展评价问卷

评价维度	关键表现	完全符合	比较符合	一般	不符合
道德品质与公民素养	1. 我积极参加社会公益活动，具有社会责任感，维护集体荣誉，热爱我们的学校。				
	2. 我维护社会公德，遵守交通规则，诚实守信，爱护环境，积极参与环保活动，具有环保常识。				

① 熊文君．由两份问卷调查引发的思考：反思学校教育教学管理．教育评价研究，2007（3）．

续表

评价维度	关键表现	完全符合	比较符合	一般	不符合
学习能力	3. 我学习积极努力，有进取心，能克服困难，自觉完成学习任务。				
	4. 我有自己的学习方法，喜欢与同学交流合作，善于倾听同学的意见，不断改进学习方法。				
	5. 我喜欢运用所学的知识与经验来解决学习中的问题，并对书本上的知识提出疑问，喜欢看课外书，喜欢上网搜集资料。				
实践能力	6. 我喜欢动手实验与探究，喜欢做手工，在科学课程、校本课程与综合实践活动课程里，我表现很活跃。				
审美与表现能力	7. 我经常参加艺术活动（也包括学校与社区、社会组织的表演、竞赛等），我热爱生活与自然中美的事物。				
运动与健康状况	8. 我热爱体育运动，积极参加学校的体育竞赛活动，心理健康，活泼开朗。				
	9. 学校经常开展各种体育、艺术、学科竞赛活动，我有很多展示自己才能的机会。				
自我认知与学校支持	10. 在学校学习生活很快乐，我很轻松、自信，学校有学生的心理辅导（咨询或交流）室与心理疏导老师。				
心理状态	11. 我有特长与爱好，我的综合素质比较高，我热爱生活，生存能力强。				

表 5-2 小学教师课堂教学表现评价问卷

评价项目	非常赞成	赞成	不赞成
1. 老师上课很认真，准备了图片、课件。			
2. 老师讲课能激发我们的兴趣，我们很爱学。			
3. 老师常用举例方式讲解，我们听得很明白。			
4. 老师能随时和我们讨论问题，并尊重我们的发言。			
5. 老师没有任何体罚或歧视我们的行为。			
6. 老师对我们比较真诚、热情。			
7. 老师布置作业不多、批改及时，我们是满意的。			
8. 听老师每一堂课我都有收获。			
9. 老师经常研究与教育教学有关的问题。			
10. 老师上课无迟到、早退、拖堂或无故缺课现象。			
11. 我欢迎老师继续给我们上课。			

三、问卷数据的统计分析

（一）集中量数

集中量数是表示数据集中趋势或典型水平的量数。常用的有算术平均数、中数、众数等。

（二）差异量数

差异量数是表示数据差异程度或分散程度、离散程度的量数。常用的有方差、标准差、平均差等。最常用的是方差与标准差。方差等于离差平方的算术平均数，可用 S^2 或 σ^2 表示。标准差等于方差的平方根，可用 S 或 σ 表示。

设有 n 个数据 x_1，x_2，…，x_n，则方差的计算公式为：

$$S^2 = \frac{1}{n}\sum_{i=1}^{n}(x_i - \overline{x})^2$$

$$= \frac{(x_1 - \overline{x})^2 + (x_2 - \overline{x})^2 + \cdots + (x_n - \overline{x})^2}{n}$$

式中，S^2 为这 n 个数据的方差，$\overline{x}$ 为 n 个数据的算术平均数。

方差主要用来衡量一组数据波动的大小，即数据偏离平均分数的大小。当数据平均分数一定时，S^2 越大，说明这组数据波动越大，即这组数越分散或称离散程度越大，反之亦然。

由于 S^2 的单位是原数据单位的平方，故常用方差的算术平方根：$S=\sqrt{S^2}$ 为标准差，S 与原数据单位一致，用 S 来刻画数据的离散程度比 S^2 更方便。

（三）标准分数

标准分数等于离差除以标准差之商。用 Z 表示。

$$Z = \frac{X - \overline{X}}{S}$$

标准分数是不带单位的相对位置量数，它表示其原始分数在团体中的相对位置。

（四）相关量数

1. 相关的含义

两个随机变量之间不精确、不稳定的变化关系称为相关关系。它与函数关系的区别就在于两个变量值不是一一对应那样精确、稳定。

从变化方向来看，有三种相关：（1）正相关，即两个变量的变化方向相同；（2）负相关，即两个变量的变化方向相反；（3）零相关，即两个变量之间没有联系。

从密切程度来看，有三种情况：（1）强相关或高度相关；（2）中度相关；（3）弱相关或低度相关。

2. 相关系数

用来描述两个变量之间变化方向及密切程度的数字特征量称为相关系数，用 r 表示。相关系数的取值范围为 $[-1, 1]$。相关系数的值仅仅是一个比值，不能加减乘除。相关系数只能描述两个变量之间的变化方向及密切程度，并不能揭示二者之间的内在本质联系。相关关系也并不一定是因果关系。

3. 积差相关

（1）积差相关的概念。

当两个变量都是正态连续变量，而且两者之间呈线性关系，则两个变量之间的这种相关称为积差相关。

（2）积差相关的使用条件。

1）两个变量都是由测量获得的连续性数据。

2）两个变量的总体都呈正态分布。

3）必须是成对的数据，而且每对数据之间是相互独立的。

4）两个变量之间呈线性关系。可由相关散布图的形状来决定。

5）要排除共变因素的影响。

6）样本容量 $n \geqslant 30$，计算出的积差相关系数才具有有效意义。

（3）积差相关系数的定义公式及计算：

$$r = \frac{\sum (X-\bar{X})(Y-\bar{Y})}{N\sigma_X\sigma_Y}。$$

（五）均值比较与检验

统计分析常常采用抽样研究的方法，即从总体中随机抽取一定数量的样本进行研究来推论总体的特征，例如教育者为了评价学生在学习新课程的内容之后的学习效果，除了学业成绩能比较容易地在大范围内收集之外，还有许多其他的评价指标，所以一般就只能通过对来自部分学校的学生的相关数据进行统计分析而得到对总体学生的评价结论。由于总体中的每个个体之间都存在差异，即使严格遵循随机抽样原则也会因为各种干扰因素而出现统计量与总体参数之间的差异。所以，均值不相等的两个样本不一定来自均值不等的总体。于是，为了解决能否用样本均值来估计总体均值，以及两个变量均值接近的样本是否来自均值相同的总体等方面的问题，就要进行均值比较。

对来自正态总体的两个样本常使用 t 检验的方法来进行均值比较。而两个样本的方差相等和不相等时，计算 t 值用不同的公式。如果用 x_1、x_2 表示两个样本的均值，n_1、n_2 分别为两个样本的观测值数量，v_1、v_2 为两个样本的方差，方差齐性（$v_1=v_2$）时与方差不齐性（$v_1 \neq v_2$）时计算的公式分别为：

方差齐性时：

$$t = \frac{x_1 - x_2}{S\sqrt{\frac{1}{n_1}+\frac{1}{n_2}}}$$

其中：

$$S^2 = \frac{(n_1-1)\ v_1 + (n_2-1)\ v_2}{n_1+n_2-2}$$

方差不齐性时：

$$t = \frac{x_1 - x_2}{\frac{v_1}{n_1}+\frac{v_2}{n_2}}$$

进行方差齐性检验使用 F 检验。F 值计算公式为：

$$F=\frac{\mathrm{Max}(v_1,v_2)}{\mathrm{Min}(v_1,v_2)}$$

针对所要分析的目的，可以进行以下三种 t 检验：

1. 单一样本 t 检验

检验单个变量的均值是否与给定的常数之间存在差异。样本均数与总体均数之间的差异显著性检验属于单一样本 t 检验。

2. 独立样本 t 检验

独立样本 t 检验用于检验两个不相关的样本是否来自具有相同均值的总体。例如想知道城市初一学生的平均数学成绩与乡镇初一学生的平均数学成绩是否相同，可以使用独立样本 t 检验的数据分析方法。而使用这种检验方法的前提条件是样本数据是来自两组不相关的、相互独立的观测量，其均值必须包括所要计算的所有变量的综合测度。

3. 配对样本 t 检验

配对样本 t 检验是用于检验两个相关的样本是否来自具有相同均值的总体。例如教师想评价学生在使用了新的学习材料之后，学业成绩是否有所提高。学生在使用新学习材料之前和之后的成绩就是配对样本，因为两者之间被认为是可能相关的。所以，在很多情况下，这种相关的或配对的样本常出现在被观测对象在实验前后都被观测到的实验中。

（六）方差分析

方差分析用于检验两个或多个样本平均数之间是否存在差异。它与 t 检验直接比较两个样本的平均数做法不同，方差分析是将“平均数之间差异是否显著”的问题转化为“变异是否显著”的问题，即通过“组间变异”与“组内变异”的对比，进行 F 检验。方差分析还可以解决两组或两组以上样本的均值的比较问题，并分析各组之间的交互作用。

1. 方差分析的原理

方差分析的基本原理认为不同处理组之间的平均数差异主要有两个原因：第一是随机误差，例如测量误差造成的差异，称为组内误差。随机误差用变量在各组的平均值与该组内变量值之偏差平方和的总和来表示，也称为效应平方和。第二是实验条件，即对数据的不同处理方式而造成的误差，称为组间误差，或残差平方和，用变量在各组的平均值与总平均值的偏差平方和来表示。

将效应平方和与误差平方和分别除以各自的自由度，就得到组间均方和组内均方，分别为：

$$MS_A=\frac{SS_A}{df_A},\ MS_E=\frac{SS_E}{df_E}$$

式中，MS_A为组间均方，MS_E为组内均方，SS_A为效应平方和，SS_E为残差平方和，df_A和df_E为分别的自由度。

2. 方差分析的假设检验

假设有 m 个样本，如果原假设 H_0：样本均值相等，即 $\mu_1=\mu_2=\mu_3=\cdots=\mu_m=\mu$，$m$ 个样本有共同的方差 σ^2，则 m 个样本来自具有相同的方差 σ^2 和相同的均数 μ 的总体。要检验研究中的因素的显著性，可以通过比较组间均方与组内均方来实现。统计检验量是：

$$F=\frac{MS_A}{MS_E}$$

假如该因素的效应不显著，则组间均方与组内均方将比较接近，F 值将接近于 1；相反，如果该因素的效应显著，则组间均方将远大于组内均方，F 值将远大于 1。

（七）回归分析

当学生评价涉及变量 X、Y，希望弄清楚 X 的变化对 Y 产生怎样的影响，或者想通过 X 的值去预测 Y 的值，这样 X 被称为自变量（independent variable）或预测变量，Y 称为因变量（dependent variable）。回归分析的基本内容包括：

第一，建立回归方程。我们先假设回归方程的数学形式是已知的，但是其中还包含某些未知数，在回归方程中将使用“最小二乘”的方法来处理观测到的数据，由此来对未知参数做出估计，得出回归方程。

第二，检验和评价所得的回归方程。只要得到观测的数据就能逐步求出回归方程，但是问题是所建立的回归方程究竟在多大程度上反映了变量之间的真实关系呢？这就需要对回归方程进行检验和评价。

第三，利用回归方程进行预测。这也正是建立回归方程的目的所在，即通过揭示变量之间的关系，对因变量进行预测与估计①。

根据变量的数量，如果是单个自变量与因变量的关系，可以相应建立一元线性回归方程，而如果是求多个自变量和因变量之间的关系，就用多元线性回归方程。根据自变量和因变量之间的函数关系表达式来划分，可以分为线性回归和曲线估计。

（1）一元线性回归。

直线回归方程的任务就是根据若干个观测（x_i，y_i），$i=1$，2，…，n，找出描述 x、y 两个变量之间的关系的直线回归方程 $\hat{y}=a+bx$。其中 $\hat{y}$ 是变量 y 的估计值。求直线回归方程 $\hat{y}=a+bx$，实际上是用回归直线拟合散点图中的各观测点。常用的方法是最小二乘法，就是使该直线与各点的纵向垂直距离最小，使实测值 y 与回归直线之间的平方和 $\sum(y-\hat{y})^2$ 最小。因此求回归方程 $\hat{y}=a+bx$ 的问题，实际上就是求当 $\sum(y-\hat{y})^2$ 的值最小时，a 和 b 的值，其中 a 称为截距，b 为回归直线的斜率，也称回归系数②。

（2）多元线性回归。

根据多个变量的最优组合建立回归方程来预测因变量的回归分析称为多元回归分析。多元回归分析的模型是：$\hat{y}=b_0+b_1x_1+b_2x_2+b_3x_3+\cdots+b_nx_n$。其中 $\hat{y}$ 是根据所有自变量 x 计算出来的估计值，b_0 为常数项，b_1，b_2，…，b_n 为 y 对应于 x_1，x_2，…，x_n 的偏回归

① 温忠麟，邢最智．现代教育与心理统计技术．南京：江苏教育出版社，1990：102－103.

② 卢纹岱．SPSS for Windows 统计分析．北京：电子工业出版社，2000：284－285.

系数。偏回归系数表示假设在其他所有变量不变的情况下，某一个自变量变化引起因变量变化的比率。

（3）曲线估计。

线性回归可以满足许多的数据分析，但是不能解决所有问题。有时候因变量与自变量之间是通过一个已知或未知的非线性函数关系相联系的，如果对数据认识模糊不清，不能辨别变量之间的准确关系，可以首先将观测所得数据绘制成散点图，观察数据在散点图中的分布情况，并根据数据所具有的不同的函数特性和图形分布特点来确定所采用的模型。

第四节 实验法

一、实验法

（一）实验法的特点和类型

实验法是研究者在主动控制条件下对事物的观察，它能对所观察的事物进行因果说明。此法的特点是：第一，带有特定的目的；第二，设置条件，做好充分准备；第三，可重复；第四，可以确定因果关系。实验过程中一般包括三种变量，即自变量、因变量和无关变量。实验者可以有效地控制实验变量，有效地控制内在无效来源和外在无关因素的影响，在随机化原则基础上选择和分配被试，从而使实验结果能更加客观地反映实验处理的作用。它主要包括以下几种设计类型：完全随机化设计（随机实验控制组前测后测设计、随机实验控制组后测设计、随机多组后测设计），多因素实验设计（主要有完全随机析因设计、完全随机双因素析因设计），随机化区组设计（主要有随机化区组单因素设计、随机化区组多因素设计）。

（二）实验法的设计和程序

实验法的设计，第一是实验研究的目的、假设和预测；第二是实验情景、实验材料和被试等的可操作性，并将所有准备条件进行合理安排；第三是实验设计，包括该研究的变量数目和关系，以及具体量表和实验基本要求的设计；第四是具体的实验程序，很多的实验研究都包括了几个分实验，而且各个分实验在实施的时候也是分阶段、分步骤的，所以都必须详细而明确地说明实验的程序和步骤，包括所用的不同的材料和对被试施加的不同实验影响等。

（三）举例分析

教师对学生学习行为及其结果的评价，往往透露出教师对学生的期望，而教师的期望对激发学生的学习动机有重要作用，所以我们应该重视对教师的评价。评价有很多种形式，最常见的是表扬和批评两种评价形式。已有的研究表明，一次批评和一次表扬，对加强学生学习动机同样有效，但是如果继续使用更多的批评和表扬，则后者的效果会优于前者[①]。赫洛克（E. B. Hurlock）的实验就证明了此结论。他把 106 名数学程度相同的被试分为四个组，然后在四种不同的评价情境下进行加法练习。第一组是表扬组，老师对成绩好的学生予以表扬，对成绩差的不加评价；第二组是批评组，老师对成绩差的学生予以批评，对成绩好的不加评价；第三组是忽视组，教师对成绩好的和差的学生都不加评价，而是将他们安排在上两组教师的旁边，让他们间接感受表扬和批评；第四组是控制组，将学生安排在一个隔绝的地方，不让其知道上述三组学生的任何情况。实验的结果是：第一、第二组学生的成绩大约提高 35%～40%，有显著进步；第三组的学生虽然都有进步但是进步幅度只有第一、第二组的一半。之后实验继续进行一段时间，再测量学生的成绩，结果发现第一组的成绩提高到 79%；第二、第三组学生的成绩出现下降的情况；第四组学生的成绩只有一些小进步（见图 5－1）。

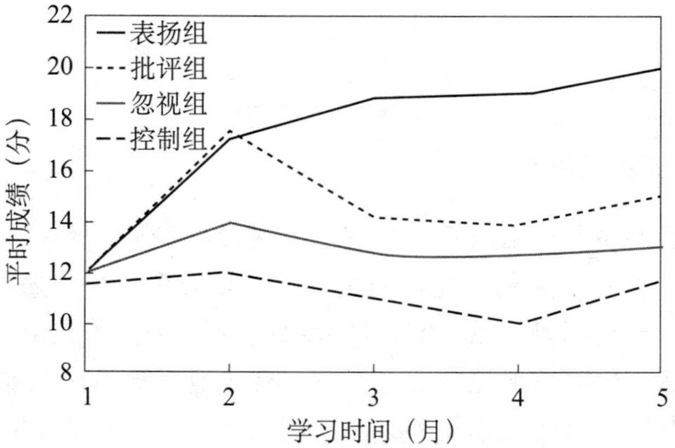

图 5－1　不同评价形式对学生学习成绩的影响

在这个实验之外，我们还可以提出很多有关评价的问题，究竟男女学生受不同形式的评价的影响是否有差异，内向和外向的学生又更容易被什么形式的评价激发，又或者在怎样的教学难度之下要求教师应予以怎样的评价所达到的效果更好？

除了评价形式的研究，还有对教师评价内容的探讨，主要是指教师对学生的评语，总的来说，评语中所蕴含的教师的期望能起到激励学生的作用。美国心理学家佩奇（E. B. Page）曾经对 74 个班的中学生共 2 000 人做了一项大规模实验研究[②]。他把每班学生分为三等组，分别给予不同的评价。第一组中，教师只是给甲、乙、丙、丁的等级，没有评语；第二组教师不仅给予等级，还给出顺应的评语，就是按照学生的具体答案的特点给予恰当的纠正或相称的评语；第三组的教师给予学生特殊的评语，如给甲等的，评以“优秀，保持下去”；凡得乙等的就给出“良好，继续前进”的评语；所有得丙的，就给予“试试看，再提高点吧”的评语。实验中伴随评语的施行，分别测量三组学生的开学考试成绩、期中考试成绩和期末考试成绩，结果发现三组得到不同评语的学生在学习上受到的影响具有差异性，其中，得到顺应评价的学生的成绩提高率最大（见图 5－2）。

---

① 李伯黍，燕国材．教育心理学．上海：华东师范大学出版社，2001：231.

② 张德琇．教育心理研究．北京：教育科学出版社，1981：55－56.

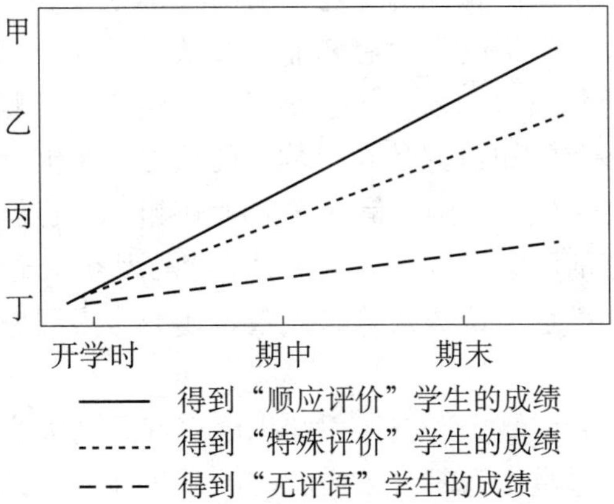

图 5－2 教师评语的效应

二、准实验研究

（一）准实验研究的特点

准实验研究是介于真实验研究和非实验研究之间的研究，对无关变量的控制比非实验研究严格，但是不如真实验研究严格；通常没有对被试随机抽样；可以设计控制组，但是实验组和控制组的背景条件不能保证相同。朱滢在《心理实验研究基础》中指出，在现场进行实验研究（例如比较不同班级的学生或不同学校）中，被试不可能随机地分配到实验条件中，这种把被试以非随机方式分配到实验处理上的设计，就是准实验设计。它主要包括的实验设计形式有单组准实验设计（时间序列设计、相等时间样本设计）和多组准实验设计（不相等实验组控制组前测后测设计、不相等实验组控制组前测后测序列设计、平衡设计）。

准实验研究的设计和程序与实验研究十分相近，只是由于具体的实验条件的限制，使研究者不能重复实现所有符合进行真实验的要求，所以只能更加倾向于以方便和可得性的原则去进行实验，例如在取样上往往难以真正做到随机。

讨论准实验会涉及实验的内部（internal）和外部（external）效度的概念。一个具有内部效度的实验能证明自变量与因变量之间的因果关系的联系，而且能排除其他与实验不相关却会形成干扰影响的因素；而实验的外部效度是指一个实验的结果可以推广并普遍适用于其他被试和其他情境。

（二）举例分析

影响试题难度的因素很多，例如：各因素的量化及其难度分值的权重分配、难度预测公式的选定等。王希年在难度设计理论基础上，以实验的方法验证难度预测与实测之间的拟合性，从而判断预测技术①。

---

① 王希年．中学数学学习能力测验难度设计的理论与实践．西安：陕西师范大学，2004.

该实验设计主要包括两次测验，测验卷一为高三学生摸底考试卷，该卷侧重考查学生对高中知识的掌握水平、学生的数学感知能力及数学长时记忆能力。在编写摸底考试卷时，考虑到测验的大部分知识均未进入总复习，因此让试卷侧重检测学生对基本知识和基本技能的掌握，所涉及的知识都是高中数学的重点，是能力形成的生长点，这样就控制了内容效度，也保证了较高的测验信度。难度预测时，充分考虑了学生的具体学情，在分析试题绝对难度因素的同时，又分析了相对难度的因素。比如，在计算难度分值时，会适当多算运算步骤数、推理结论数及障碍点数，还会考虑因考生对知识方法的生疏而增算试题的新鲜度。

测验卷二为高考模拟卷，侧重考查运用知识解决问题的能力。两次测验都是考查学生的学习潜能。在编写高考模拟卷时，因为此时的学生在一年的总复习时间里，经过了大量的解题训练，常见的题目已考查不出他们能力的高低，因此试题的新颖性、应用性、综合性必须加大。在计算难度因素的时候，量化标准要定得高些。比如：在试题中，对于难度较小的运算或推理，在计算难度因素的时候不算或少算；条件之间关联程度较高，能为大部分学生识破的试题，它的思考量设为零，关联较隐蔽，只有成绩优秀生才能识破的试题才计算障碍点数；如果试题情景新颖或知识方法的组合巧妙独到，则计算该题的新鲜度，否则不予计算。

针对不同学段的考生对高中数学的掌握水平，计算难度分值时侧重点各有不同，这将使预测更加切合实际，更加精确。

由预测公式计算出各试题的难度指数后，模拟考生答题，想象考生答题时思维会在哪几处受阻，会在哪几处因考虑不周而失分，会在哪几处因思维混乱而致错，估计考生的答题时间，尽量编写好试题的指导语，使考生不因语句晦涩而费时。

根据难度设计理论调配好整卷，使整卷难度指数控制在 0.55 左右，标准差控制在 25 分左右。

实验结论是：

第一，测题难度因素的量化基本符合解题规律。该实验在对试题难度进行预测时，做到了从学生的认知结构和思维模式出发，对测题的难度因素进行了动态的量化。研究了解题过程的各个环节（审题、寻找解题途径、写出解答过程）所隐含的难度因素，从而使难度预测具有较高的效能。

第二，整卷试题的难度预测值序列与实测值序列拟合线性相关。线性回归方程为 $y=1.072x-0.036$。如果允许 ± 0.05 的误差，作图可以发现，点 (x_i, y_i) 全部在直线 $y=x+0.05$ 与直线 $y=x-0.05$ 之间。该实验中的难度预测方案具有可行性和有效性。

第五节　其他量化评价方法

一、运用评价量规进行学生评价

评价量规（rubric）是一种评分工具，包含了对某项任务的评价标准，通过对各标准的评分对教学进行评价。评价量规中不仅包括各项评价指标，而且每个指标都有其特定的权重，之后再对具体的指标设计几个等级，如“优秀”“良好”“一般”“仍需努力”等不同等级。可见，运用评价量规进行学生评价是一种典型的量化评价方法，通过对数量信息的收集和分析来达到评价的目的。而且由于评价量规的格式和基本组成要素也比较简明，所以在具体实践运用时也是十分容易的。评价量规的设计者可以是教师，也可以是学生自己，但如果能逐步地让学生自己制定评价量规，就更能提升学生自我评价的能力。另外，量规表的使用使评价内容丰富和灵活化。使用量规表评价的内容通常要涉及参与研究活动的态度、在研究活动中所获得的体验情况、学习和研究的方法、技能掌握情况、学生创新精神和实践能力的发展情况等方面。

从学生学习来说，评价量规中列出了明确的行为目标、对掌握重要知识和技能的程度的预期等，使学生在开始学习阶段就能明确目标和任务，抓住难点和重点，也便于设计适合自己的学习计划。同时在学习中期借助评价量规学生也能得到之前的学习效果的反馈信息，使其能及时调整，采取相应的措施改进后期学习[①]。

(一) 评价量规的设计

设计评价量规虽然没有一个严格和标准化的模式，但是基本包括以下步骤：

(1) 根据教学目标、内容和学生水平确定评价内容。

(2) 根据评价内容归纳出评价的指标。

(3) 根据该评价指标所代表的内容在整体教学目标和内容中的重要程度来确定其权重。

(4) 在每个指标之后划分适当的等级，等级划分的方式必须与该指标的评价内容相匹配，而且等级区分的标准也必须用具体清晰且可操作的语言描述出来。

(5) 整个评价量规最好以清晰分明的表格呈现出来，也要方便评价信息的填写。

(6) 初始设计出的评价量规要根据反馈信息进行调整、修改。

(二) 评价量规的使用及案例

以下是一个评价学生信息技术能力的评价量规，其内容包括了评价内容和评价等级，其特点在于对评价内容的提出是从概括化指标细化到每个具体的实践操作要求的，这对学生的理解和掌握来说，无疑是更加有利的（见表 5-3）。

表 5-3 小学生信息技术能力评价量规

	基本描述	评价细则	优	良	中	差
操作系统	基本理解操作系统的属性，能使用操作系统	1. 打印				
		2. 文件管理，保存、移动、删除文件，建立文件夹				
		3. 添加/删除程序				
		4. 会使用剪贴板				
		5. 能对桌面进行操作，清楚外围设备的位置，会使用屏幕保护程序				

① 张颖之，李秀菊，刘恩山．评价量规：主动学习的评价工具．生物学通报，2007 (3).

续表

	基本描述	评价细则	优	良	中	差
文档编辑	● 能完成基本的文字处理 ● 能够使用画图工具创作图片并阐明自己的观点	1. 格式化文本（字体、大小和对齐方式）				
		2. 能够使用标尺和制表符排列文本				
		3. 能够进行拼写检查				
		4. 能复制、粘贴和编辑文本				
		5. 能够使用画图工具画线、画图形和图案				
搜集资料	● 使用电子媒体搜集信息 ● 了解地区网络法规	1. 从只读光盘里搜集信息				
		2. 利用搜索引擎做一般性的搜索				
		3. 在图书馆里使用在线分类卡				
组织和数据分析	● 能使用已有数据库组织和分析数据 ● 能使用已有的电子制表软件组织和分析数据	1. 根据提供的数据，会建立电子表格				
		2. 从已存在的数据库或电子制表软件分类和过滤数据				
		3. 会查看和打印数据库里已存在的报告				
		4. 会把外部文本导入已有的数据库或电子制表软件里				
作品介绍或成果展	能够使用模板或向导建立作品介绍	1. 输入、编辑、格式化文本				
		2. 选择和使用作品介绍模板				
		3. 能向观众展示自己的作品介绍				
		4. 会改变背景颜色				
		5. 向自己的作品介绍中添加图片				

我们在进行研究性学习时，首先要根据学生的年龄特点、学习特点、情感特点等多方面的特点制作一种能够在研究活动中使用的量规表，让每一名学生使用量规表对自己的研究行为进行评价与测量。表 5－4 就是对研究性学习的活动过程进行评价时运用的评价量规①。

表 5－4　研究性学习的活动评价表

评价内容		自我评价（对照项目评价）	协作者评价（判断评价是否正确）	教师评价（判断评价是否正确）	加分（教师审核）
提出研究主题	研究主题有新颖性、创新性。（2 分）特别新颖的主题，教师决定是否加 2 分。	2	2	2	2
	为提出主题查阅资料，有比较多的资料。（2 分）长时间搜集到很多资料，并提供给同学加 2 分。	2	2	—	2
	找到合适的协作者。（2 分）（不同班加 1 分，不同年级加 2 分）	2	—	—	2
	确立主题前与协作者充分协商。	2	2	—	—
	设计了初步研究计划。（2 分）有详细的计划，教师决定是否再加 2 分。	2	2	—	2

① 武健．在研究性学习中使用“量规表”进行评价．教学仪器与实验，2002（x2）．

续表

评价内容		自我评价（对照项目评价）	协作者评价（判断评价是否正确）	教师评价（判断评价是否正确）	加分（教师审核）
完成研究主题	收集相关资料，使用手段的多样性。（2分）其中使用了网络、图书、电视等三种以上手段再加2分。	2	2	2	2
	是否较多地、有效地了解相关资料。（2分）	2	2	—	—
	是否针对主题进行反复研讨。（2分）留有研讨记录再加2分。	2	2	—	2
	是否根据研讨内容对研究方向进行合理修改。（2分）	2	2	—	—
	形成了研究成果或新观点。（2分）	2	2	2	—
	与协作者分工合理，承担主要任务，合作愉快。（2分）如有承担与完成任务的记录再加2分。	2	2	—	2
	能否根据实情合理地修订研究计划。（2分）	2	2	—	—
主题成果交流	完成了对主题研究成果的交流活动。（2分）	2	2	2	—
	在媒体板报、校报发表与展示。（2分）利用网络或者在校外发表再加2分。	2	2	2	2
	有继续研究的计划。（2分）	2	2	2	—
总计		30分	28分	12分	16分
其中72～86分的评价为超级优秀，55～71分的评价为优，38～54分的评价为良，38分以下为尚需努力。					

注：每一栏中不符合为0分，部分符合为1分，完全符合为2分。

二、基于案例推理的智能学生评价方法

随着人工智能领域案例推理（case based reasoning，CBR）方法的发展，学生评价方法也因此得益，产生了一种相对于过去常规的主观评价方法更加客观的智能化的学生评价方法，希望能使评价手段更加真实地反映出学生的实际水平。

（一）案例推理理论

山克（Roger Schank）和他的合作者首先提出了案例推理理论，它是人工智能领域的一种推理方法，其解决问题的主要流程如图5-3所示，主要部分为：案例匹配、方案复用、方案调整、新案例学习。从流程图可以看到，从问题案例出发，四个要素除了它们之间的联系外，还都分别与案例库直接关联，两两之间相互沟通。具体来说，案例匹配就是要从库存历史案例中检索与问题案例相似的案例集合，这种匹配需要应用遗传算法、灰色关联度、模糊理论等来构建案例匹配模型，而且案例的检索与匹配是案例推理

的基础部分[①]。

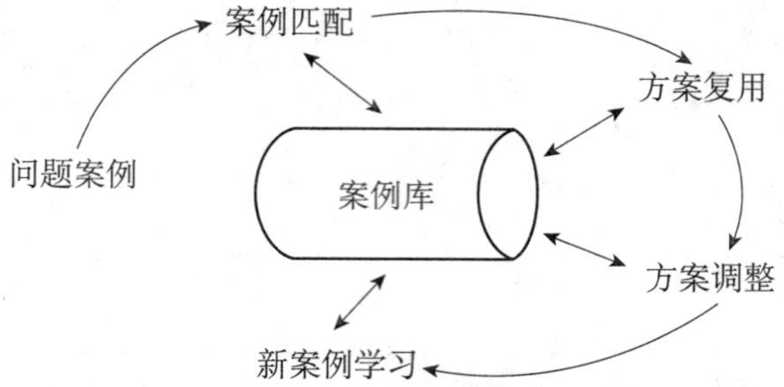

图 5-3 案例推理基本流程

（二）学生评价模型

智能学生评价模型建立在与案例推理理论中案例匹配相关的研究结论上，它的主要内容包括学生特征因素描述、定性特征因素隶属度量化与标准化、标杆确定以及学生特征因素与标杆相似性的度量等。

第一，学生特征因素描述。假设所要评价的学生总人数为 m，组成评价对象学生的集合为 C；同时评价的特征因素包括 n 个定量特征因素和 t 个定性特征因素，而定量特征因素可以是指学生各科目考试的成绩，定性特征因素可以包括学生的问题解决能力和创新能力等，但是为了有效进行排序，定性特征因素也必须量化。

第二，定性特征因素隶属度量化。根据心理学家米勒（G. A. Miller）的实验，将定性特征因素的决策空间确定为｛AA，A，BB，B，CC，C｝。所以将定性特征因素的隶属度量化时，定性决策空间与定量决策空间有其对应关系（见表 5-5）。

表 5-5 定性决策空间与定量决策空间的对应关系

定性	AA	A	BB	B	CC	C
量化	100	90	80	75	70	60

第三，标准化。为了增强各评价指标之间的可比性，减少特征因素不同数量级的影响，就必须对原始隶属度进行规范化处理形成相对隶属度。具体来说就是采用学生评价各特征中因素隶属度的最大值作为基数，各列的特征因素隶属度同时除以本列的最大值从而进行标准化处理。

第四，标杆确定。这种基于案例推理方法的智能学生评价模型中的标杆是一个虚拟的最优学生，其各特征因素相对隶属度为所要评价的对象学生特征因素隶属度的最优值，标杆就是由 $n+t$ 个数值组成的向量。

第五，相似性度量。被评价的学生与标杆越相似表示该学生越优秀。根据灰色关联定义计算标杆与每个待评价的学生、各评价指标相对隶属度的灰色关联度，从而用灰色隶属度表示每个待评价学生、各评价指标相对隶属度与标杆之间的相似关系。按照最终相似度的值排序就是被评价学生的优劣顺序。

---

① 艾文国，李辉，李瑛．基于案例推理的智能学生评价方法研究．黑龙江高教研究，2005（9）．

三、可拓评价方法

对学生进行评价，往往会考虑到从学生的综合素质来分析，这也是对学生某个方面的能力或素质的评价的必要补充。但是如果这种综合评价掺入了太多的人为因素，缺乏量化、科学和更合理的分析，就必然大大降低评价本身的价值。根据物元分析理论（matter element analysis theory）和可拓集合理论（extension group theory），利用可拓评价方法（extension judgement method），将影响学生综合素质的主要特征因子进行量化处理，并以之作为衡量被评价对象综合能力优劣的标准，使评价更加具有科学性、合理性。

（一）可拓评价方法

对事物、方法、策略等进行优劣评价是可拓评价方法的一种主要作用，它是一种基于可拓原理的物元评价方法。可拓评价方法可以把评价中的定性和定量指标相结合，建立多指标性能参数的评价模型，并能以定量的数值表示评价结果。关联函数概念也被引入到此方法中，主要通过由关联函数来确定待评对象相对各等级的关联度，从而获得评价结果。其评价步骤与过程如图 5-4 所示[①]。

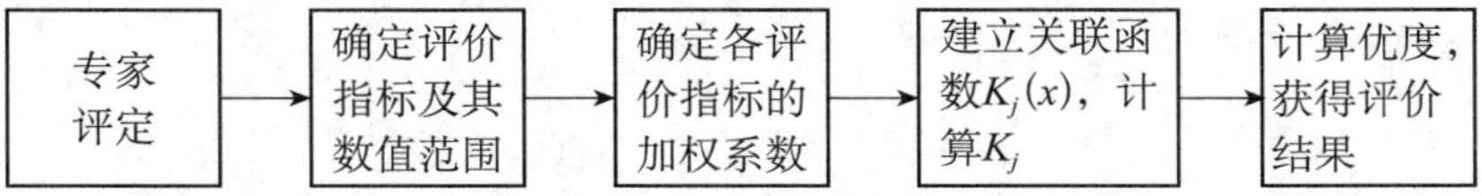

图 5-4　评价步骤与过程

（二）可拓评价方法在学生学业综合素质评价中的应用

根据学生学业综合素质评价中的主旨，我们可以将评价学生学业综合素质的特征因素分为以下八个：思想品德（f_1）、学习成绩（f_2）、学习态度（f_3）、作业质量（f_4）、课堂表现（f_5）、创造能力（f_6）、艺术能力（f_7）和体育素质（f_8）。然后建立评价条件集合（评价物元）$M=\{M_1, M_2, \cdots, M_8\}$，$M_i=(f_i v_i)$，$i=1, 2, \cdots, 8$，其中 v_i 为影响因子 f_i（$i=1, 2, \cdots, 8$）的量化值，用一个区间 $x_{oi}=(a, b)$ 表示。

同时，我们假定学生学业素质评价分为优、良、中、差四个等级，由专家、教师及教研员等组成的评价小组来确定各等级的数值范围，再将评价指标数据代入各等级的集合中进行多指标评价。各评价因子的数值一般由专家根据实际情况来确定，而且各项因子的权重系数也因具体评价的内容不同、评价对象的不同而有所差异和进行相应调整。评价结果要按照各评价指标的数值与各等级集合的关联度大小进行比较，关联度越大，两者的符合程度就越高。具体运用可拓评价方法来进行评价的过程如图 5-4 所示，包括确定评价等级的集合、确定待评物元关于各等级的关联度以及确定待评物元所属等级。

1. 确定评价等级的集合

确定了评价指标、评价等级，接着就要在此基础上确定各等级的数值范围和各指标

---

① 蔡文，杨春燕．可拓工程方法．北京：科学出版社，2000.

的取值范围，在物元理论中，称为经典域和节域[①]，分别用R_o和R_p表示。

（1）确定各等级的经典域。

$$R_{o_1}=\begin{pmatrix} 优, & f_1, & x_{o11} \\ & f_2, & x_{o12} \\ & \vdots & \vdots \\ & f_8, & x_{o18} \end{pmatrix}=\begin{pmatrix} 优, & f_1, & (85\%,95\%) \\ & f_2, & (2,4) \\ & \vdots & \vdots \\ & f_8, & (0.8,1) \end{pmatrix}$$

$$R_{o_2}=\begin{pmatrix} 良, & f_1, & x_{o21} \\ & f_2, & x_{o22} \\ & \vdots & \vdots \\ & f_8, & x_{o28} \end{pmatrix}=\begin{pmatrix} 良, & f_1, & (75\%,85\%) \\ & f_2, & (1,2) \\ & \vdots & \vdots \\ & f_8, & (0.6,0.8) \end{pmatrix}$$

$$R_{o_3}=\begin{pmatrix} 中, & f_1, & x_{o31} \\ & f_2, & x_{o32} \\ & \vdots & \vdots \\ & f_8, & x_{o38} \end{pmatrix}=\begin{pmatrix} 中, & f_1, & (60\%,75\%) \\ & f_2, & (0.6,1) \\ & \vdots & \vdots \\ & f_8, & (0.3,0.6) \end{pmatrix}$$

$$R_{o_4}=\begin{pmatrix} 差, & f_1, & x_{o41} \\ & f_2, & x_{o42} \\ & \vdots & \vdots \\ & f_8, & x_{o48} \end{pmatrix}=\begin{pmatrix} 差, & f_1, & (40\%,60\%) \\ & f_2, & (0.1,0.6) \\ & \vdots & \vdots \\ & f_8, & (0,0.3) \end{pmatrix}$$

（2）确定各等级的节域。

$R_p=\{$等级，$f_i<a_i{}^{\min}b_i{}^{\max}\}$，其中$i=1$，2，…，8，假设定义如下：

$$R_p=\begin{pmatrix} 等级, & f_1, & x_{p1} \\ & f_2, & x_{p2} \\ & \vdots & \vdots \\ & f_8, & x_{p8} \end{pmatrix}=\begin{pmatrix} 等级, & f_1, & (40\%,95\%) \\ & f_2, & (0.1,4) \\ & \vdots & \vdots \\ & f_8, & (0,1) \end{pmatrix}$$

（3）确定待评物元。

按照评价指标体系，把某一待评对象得到的各个评价因子项的数据用物元来表示。假设一个学生X的各项指标得分情况为：

$(v_1,v_2,v_3,v_4,v_5,v_6,v_7,v_8)=(0.9,1.9,0,0.86,2,3.5,2.5,0.1)$，根据此结果用关联矩阵表示为：

$$X=\begin{pmatrix} 等级, & f_1, & x_1 \\ & f_2, & x_2 \\ & \vdots & \vdots \\ & f_8, & x_8 \end{pmatrix}=\begin{pmatrix} 等级, & f_1, & 90\% \\ & f_2, & 1.9 \\ & \vdots & \vdots \\ & f_8, & 0.1 \end{pmatrix}$$

2. 确定待评物元关于各等级的关联度

根据物元理论，各评价因子相对各等级的关联函数可表示为以下式子：

---

① 蔡文．物元模型及其应用．北京：科学技术文献出版社，1998.

$$K_j(x)=-p(x,x_{oi})/|x_{oi}| \quad (i=1,2,\cdots,8;\ j=1,\cdots,4)$$

式中，i 为 8 个评价指标，j 为 4 个评价等级。$p(x,x_{oi})$称为距，表示点 x 与区间$x_{oi}(a,b)$的距离，$p(x,x_{oi})=|x-(a+b)/2|-(b-a)/2$。计算结果见表 5-6。

按照指标体系给定的每一个评价因子项目的权重系数，计算各等级的关联度。假设权重系数分配矩阵 $\alpha=(0.1,0.05,0.1,0.2,0.1,0.2,0.2,0.05)$，并根据此数据计算各等级关联度。

关联度的计算公式为：

$$K_j(p_0)=\sum_{i=1}^{8}\alpha K_j(x_i)$$

式中，α 为权重系数。

计算结果为：$K_1(p_0)=-0.757\,5$，$K_2(p_0)=-0.34$，$K_3(p_0)=-0.692$，$K_4(p_0)=-1.223\,5$。

表 5-6 各等级的关联函数表

等级	评价因子									
			f_1	f_2	f_3	f_4	f_5	f_6	f_7	f_8
优	A_1	经典域	0.85	2	2	0.85	3	4	4	0.8
	B_1		0.95	4	3	0.95	4	6	2	1
	K_1	关联度	0.5	−0.05	−2	0.1	−1	−0.25	−1.5	−3.5
	A_2		0.75	1	1	0.75	2	2	3	0.6
良	B_2		0.85	2	2	0.85	3	4	4	0.8
	K_2		−0.5	0.1	−1	−0.1	0	0.25	−0.5	−2.5
	A_3		0.6	0.6	0.5	0.6	1	1	2	0.3
中	B_3		0.75	1	1	0.75	2	2	3	0.6
	K_3		−1	−2.25	−1	−0.73	0	−1.5	0.5	−0.67
差	A_4		0.4	0.1	0	0.4	0	0	1	0
	B_4		0.6	0.6	0.5	0.6	1	1	2	0.3
	K_4		−1.5	−2.6	0	−1.3	−1	−2.5	−0.5	0.33

3. 确定待评物元所属等级

根据待评对象四个等级的关联度来确定待评物元所属的等级，关联度越大，它与相应等级的符合程度就越高。由于 $K_2>K_3>K_1>K_4$，所以该学生的学业综合素质评价等级为“良”。

可拓评价方法是一个多功能指标体系的评价方法，由于关联函数的值可能是正数也可能是负数，因此可拓评价方法可以反映某个评价方案的优劣程度；同时，可拓评价方法可以把量化结果转化为更加简明的等级评价结论。

本章小结

测验法是教育测量的主要方法。教育测量是教育评价的基础，测量的结果是教育评价的依据，如果不依据测量结果进行价值分析和判断，测量结果就会失去意义。测量的工具主要包括教育、心理测验等量表，也可以根据评价者所要评价的内容和评价对象的特点来编制相关的测验。测验是否能实现良好的评价目的主要通过考察其信度与效度，以及测验项目中的难度与区分度。

问卷法是一种常用而且比较容易实施的量化评价方法，主要分为现场问卷法、电话访谈法、面谈问卷法和邮件问卷法等。在设计问卷时必须注意所设计的问卷题目与所要评价的内容和评价目的紧密联系，而问卷用语要清晰、简洁、准确，最后在问卷数据处理上可以结合一些教育统计软件进行相关的描述性统计、相关分析、差异性分析以及回归分析等。

实验法是研究者在主动控制条件下对事物的观察，它能对所观察的事物进行因果说明。实验过程中一般包括三种变量，即自变量、因变量和无关变量。实验研究主要包括以下几种设计类型：完全随机化设计（随机实验控制组前测后测设计、随机实验控制组后测设计、随机多组后测设计），多因素实验设计（主要有完全随机析因设计、完全随机双因素析因设计），随机化区组设计（主要有随机化区组单因素设计、随机化区组多因素设计）。

准实验研究是介于真实验研究和非实验研究之间的研究。它主要包括的实验设计形式有：单组准实验设计（时间序列设计、相等时间样本设计），多组准实验设计（不相等实验组控制组前测后测设计、不相等实验组控制组前测后测序列设计、平衡设计）。

其他的评价方法还有案例推理理论、学生评价模型和可拓评价方法等。

思考题

1. 信度和效度分别指什么？如何检验测验的信度与效度？
2. 如何进行测验的项目分析？
3. 设计问卷时需要注意的问题有哪些？应如何解决？
4. 运用实验法进行评价时，如何理解自变量、因变量和无关变量？三者的关系如何？
5. 简述常用的数据分析与统计方法。
6. 为实现更优化的评价，如何综合应用多种量化评价方法？

拓展阅读：

吴易雄，王虎邦，贾昆蕙．人力资本与社会资本理论下教育扶贫政策评估及效能优化：基于对598份有效问卷的深度分析．中国电化教育，2020（11）.

第六章
质性评价法

本章提要

质性评价是质的研究方法在教育评价领域中的渗透和发展。质性评价法主要包括档案袋评价法和苏格拉底研讨评定法。

档案袋一方面是学生学习成果的汇集，另一方面是合作的过程、收集检查和使用信息的过程、反思和促进教学的过程。

苏格拉底研讨评定法是苏格拉底的“产婆术”教学法在教育评价领域中的应用，是美国芝加哥大学哲学研究所所长莫蒂默·阿德勒在对苏格拉底“产婆术”教学法认真研究的基础上提出来的。本章主要对质性评价方法做简单介绍。

第一节　什么是质性评价法

质性评价是相对量化评价而言的，是对量化评价的一种反思、批判和革新。质性评价是以人文主义认识论为基础的，力图通过描述性的评价手段，在真实情境中进行动态评价，注重评价主体与客体之间的互动与理解，评价的目的是发现每个学生的潜力、特点，提供更加适合儿童的教育，把生命导向卓越。

一、质性评价法的概念

质性评价与量化评价是教育评价的两种基本范式。质性评价是相对量化评价而言的，质性评价是指以人文主义认识论为基础，通过文字、图片等描述性手段，对评价对象的各种特质进行全面充分的揭示，以彰显其中的意义，促进理解的教育评价活动①。质性评价法主要包括档案袋评价法、苏格拉底研讨评定法、表现性评价法、真实性评价法等。

质性评价的主要目的不是甄别和选拔，而是彰显评价结果的意义，促进评价主客体之间的理解。质性评价注重细致而深刻地挖掘那些能够显现评价对象的内在规定性的具

① 李雁冰．课程评价论．上海：上海教育出版社，2002：17.

体特征，其出发点在于把握评价内容质的深刻性，通过对研究对象进行广泛细致的评价，深刻地理解研究对象，进一步从当事人的角度来描述问题，促进理解。

二、质性评价法的产生背景

20世纪中叶，随着生产力和科学技术的发展，特别是随着以生物工程、航天技术和电子计算机为标志的新技术革命的发展，人们越来越体验到科学技术强大的生命力，源于对科学技术的崇拜，人们执着地追求教育评价手段的科学化、数量化、形式化和精确化。以教育测量为基础、强调数据收集整理与分析的量化评价，以其客观性强、标准性强、精确度高和容易操作从而在教育研究评价领域备受青睐。量化评价，确实在一定程度上满足了以选拔、甄别为主要目的的教育需求。可是，量化评价常常只关心可以量化的性质及行为，只注重强调共性、稳定性与统一性而忽视个性和灵活性，而且它常忽略一些难以量化的重要品质与行为，忽视个性发展与多元标准，将评价对象丰富的个性心理发展与行为表现简单化为抽象的冷冰冰的分数，因此，到了20世纪60年代，西方的部分研究者开始对量化评价进行反思、批判和革新，他们认为量化评价在将复杂多变的教育现象形式地、凝固地、简约地和静态地处理为一个个冰冷的分数时，损害了教育现象本身的整体性、意义性和动态性，未能在微观层面对教育现象进行全面而深入的评价。质性研究法正好弥补了量化评价法的这些不足，质性评价法逐渐受到越来越多研究者的重视和关注。

三、质性评价法的理论基础

质性评价是质的研究方法在教育评价领域的渗透和发展。

第一，从质的研究的起源与发展可以看出，质性评价是吸取了人种方法论和文化概念论等理论的研究成果，强调研究者要了解人们的行为，就要努力地进入当事人的经验世界，去了解人们是如何观看、理解和解释他们生活世界中的秩序，并设法将当事人潜在的或者说是暗含的社会文化转化为明显可见的特质。当事人的经验世界是丰富的、生活秩序是多彩的、价值取向是多元的，因此，质性评价强调评价标准的多元性和评价过程的动态性。

第二，解释学也是质性评价的基础理论之一。解释学发源于象征互动主义和现象学①。与实证主义相反，解释学认为价值和理论中立是不可能的，社会是人创造的，各种社会现象的产生与发展受人类心智的影响。在对各种社会现象进行研究的过程中，研究者个人的认知特点、个性特点和研究者个人的生活经历，以及研究时的情感、情绪状态等都会不可避免地影响着研究的进程。所以，解释学不承认研究过程中主体与客体的截然分开，认为研究者与研究对象之间是相互依存、互为主体的，通过主体反映出来的客体，其实是主体眼里的客体，是主体对客体的一种解释。因此，质性评价认为，绝对价

---

① 陈向明．社会科学中的定性研究方法．中国社会科学，1996（6）．

值中立的教育评价是不存在的，质性评价承认价值涉入，注重人文关怀。

第三，质性评价充分吸取了建构主义的理论精髓。建构主义强调，知识不是通过教师的传授而得到的，而是学习者在一定的情境即社会背景下，借助其他人（包括教师和学习伙伴）的帮助，利用必要的学习资料，通过建构意义的方式获得的。学习知识的过程是一个积极的建构过程，是学习者利用现有的知识积极地建构新知识；建构主义也强调对意义的建构、对内容的深层理解的演示、学生的参与，以及共享知识的深度和广度；建构主义还强调思维过程中反思的重要性；等等。因此，质性评价认为，评价的过程实质上是在主体与客体相互作用的过程中，主体对客体的一种意义建构。

第四，现代心理学和现代社会学为质性评价提供了坚实的理论基础。从现代心理学的角度来说，美国哈佛大学的加德纳提出了多元智能理论，他认为，每个人的智能是由多种因素组成的，而不同的人的组成因素不一样，这些众多的因素除了传统的智能因素以外，还包括动作技能因素、音乐因素、美术技能因素、反省因素等。而美国耶鲁大学的斯腾伯格还提出了成功智力的概念，他认为，每个达到自己预定目标的人就是成功者，就具有成功智力。这些理论都要求评价不能只注重结果而忽略过程，只注重评价传统的智能因素而忽视其他方面的能力。这些理论也是质性评价的基础。从现代社会学的角度来说，自由、民主、平等、多元已成为当今社会的主旋律，这自然也会反映到教育的各个领域，教育评价也不例外。

四、质性评价法的特点

质性评价并不是对量化评价的简单否定，也不是对量化评价的完全取代。作为教育评价的一种崭新范式，质性评价是对量化评价的一种反思、批判和革新。质性评价本质上并不排斥量化评价，它与量化评价相互补充、相互包容、相互整合，从而组成了丰富多元的教育评价体系。与量化评价相比较，质性评价的特点主要表现在以下几个方面：

（一）评价的情境是自然的

质性评价强调在自然、真实的评价情境中进行评价，其原因主要在于两个方面：第一，任何事件都不能脱离一定的社会环境而存在，因此，教育评价也要在丰富、复杂、流动的自然情景中进行。在生活情境中对被评价者进行评价时，不仅要评价这个事件本身，而且还要在自然情境中探索、反思教育事件发生和发展时的教育环境以及其他相关事件对该事件的影响。第二，教育的真正意义在于引导学生解决真实生活的真实问题，因此，质性评价强调在自然、真实的或者接近真实的情境中进行教育评价，激发学生最真实的行为反应，同时了解学生真实行为背后的社会文化生活。

（二）评价的手段是描述性的

描述是质性评价的主要手段。在研究的手段上，质性评价搜集到的文字、图片、文献资料往往是描述性的；在表述评价的结果时也是利用描述性的文字或图片，而不是一个简单的分数。

质性评价追求对那些能够显现评价对象的内在规定性的具体特征进行细致而深刻的挖掘，通过参与观察、深入访谈、情境测验、代表作分析等途径搜集评价信息，收集大量的事实材料并把它们组合之后，对被研究对象在研究现场中言语、行为、情绪等方面的特点进行分析，通过一种动态的、自下而上的归纳建构过程，抽象概括出对评价对象的解释和判断。

（三）评价的标准是多元的

传统评价模式中所追求的统一性、客观性和机械性，在很大程度上扼杀了学生的创新能力。质性评价认为，教育评价的根本目的是促进学生的发展，而不是给学生贴标签、定等级。现代社会的文化是多元的，现代社会迫切地需要创新型人才，教育作为培养人的活动，就应该采用多元的评价标准，顺应学生多元的文化背景，尊重和张扬学生的个性差异。

（四）注重评价主客体之间的互动与理解

质性评价主张评价者在评价的过程中不断地开展行动研究和反思，及时利用评价信息，针对自身教育教学工作中存在的问题及时调整自己的工作方式甚至工作理念；同时，被评价者也要在评价的过程中及时了解自己的发展状况，并有针对性地对自身的学习、生活状况进行反思和调整。质性评价主张消除传统评价中评价者与被评价者之间的隔阂与对立，强调评价者与被评价者之间的互动与理解，实现评价主客体之间的双赢。

（五）评价的目的

评价目的是发现每个学生的潜力、特点，提供更加适合儿童的教育，把生命导向卓越。传统的教育评价模式“只见书本不见人、只见课堂不见人、只见知识不见人”。德国社会学家齐美尔有一个著名的比喻，叫作“桥与门”。“每个人在一生当中都在寻找着什么，发现着什么，这是‘门’，它寄托着人的理想和激情。要找到这扇‘门’，推‘门’而入，进入理想世界，就必须先找到通往‘门’的‘桥’，‘桥’的尽头即是‘门’。许多人找到了甚至建造了这座‘桥’，却坐在‘桥’上歇息，迷恋于、陶醉于‘桥’本身的舒适和美丽，不知不觉中，便把这座‘桥’当做了那扇‘门’，把一生的光阴都耗费在了‘桥’上。”[①] 这里所谓的“门”就是人追求的终极目标，“桥”则是实现目标的手段和方式。对于教育评价活动而言，教育评价的“门”正是发现每个学生的潜力、特点，提供更加适合儿童的教育，把生命导向卓越的目标；教育评价中的“桥”则是各种评价的技术、方法和手段。“为评价而评价，生命被忽视、被遗忘，把手段当做目标来追求、把目标降格为手段来对待”正是现行教育评价的悲哀。质性评价认为，“教育评价应该关怀生命，在每一个儿童面前，甚至在最平庸的、智力发展最感困难的儿童面前，都向他打开他的精神发展的领域，并使他能在这个领域里达到一个高处，显示自己，宣告大写的‘我’的存在，从人的自尊感的源泉中吸取力量，感到自己并不低人一等而是一个精神丰富的人”[②]。

---

① 李政涛．教育评价中的“桥”与“门”．中小学管理，2004（6）．

② 师玉生，隆占玺．回归生命之途的教育评价．河西学院学报，2006（4）．

五、质性评价常用的方法[①]

（一）收集资料的方法

通常来说，质性评价的资料收集方法有访谈法、观察法以及实物收集法等。访谈法适合收集有关人的观念、态度与生活经历的资料，观察法适合收集有关人的行为及其规律的资料，实物收集法适合收集相关的文本、音像、影像等资料。

此外，收集资料的方法按照主体进行划分，可以有以下三种方式：

1. 评价对象提供法

这种方法是评价对象直接将评价者所需要的、跟自己有关的文本、音像、影像等资料全部提交给评价者，此外评价对象也可以随时对评价工作发布自己的意见和看法作为对资料的补充。

2. 评价者收集法

这种方法是评价者间接从评价对象处收集资料。主要有以下几种途径：第一种是评价者作为中立者，不直接对评价对象所处的情境进行干涉，只是对评价对象的语言、行为等资料进行记录；第二种是评价者将自己置身于评价对象的情境中，直接参与评价对象的活动，与评价对象进行互动，并把自己和评价对象的所有资料进行记录；第三种是评价者自己去查阅相关资料，收集与评价对象相关的资料。

3. 评价对象与评价者共同收集法

这种方法是在评价工作开始之前，评价对象已经将跟自己有关的资料交给评价者，评价者通过梳理和分析资料发现新的价值点，并初步得出价值框架。在这个基础上，再向评价对象进行二次资料的收集，以完善和补充自己的发现，同时评价者也可对自己的结论进行验证。

（二）资料分析的方法

资料分析是对所收集到的资料进行整理、归类和概括，从混乱无序的资料中发现一定的规律和价值关系。常用的资料分析的方法有类属分析法和情境分析法。前者是指在资料中寻找频率高的现象和解释这些现象的重要价值概念，后者是将所收集资料放置于评价对象所处的自然情境中，按照资料生成的时序，对评价对象所提供的资料进行分析。

六、关于质性评价法的常见错误[②]

（一）质性评价排斥数字技术

这里要澄清的是质性评价并不排斥数字技术，相反二者可以结合以达到更好的目的。

---

① 徐红．教育测量与评价．武汉：华中师范大学出版社，2016；杨立华，何元增．公共管理定性研究的基本路径．中国行政管理，2013（11）．

② 徐红．教育测量与评价．武汉：华中师范大学出版社，2016.

数字技术往往可以帮助质性评价者有针对性地收集资料，提高资料的可利用性。比如，质性评价与抽样技术相结合，这种抽样技术强调按研究目的和假设的过程抽样，关注问题的深度和灵活性（包括小样本），不考虑概率分布，数学中发展出非参数统计和数量化技术来解决这些数据处理问题。

（二）质性评价法是纯主观的

在有些人看来，由于质性评价的过程主要是对评价资料进行分析，没有具体的评价标准，因此就认为质性评价可能会导致评价客体的价值更多地受到评价主体本身主观因素的影响。故，所得到的评价结论主观性强而客观性不足。

这虽然指出质性评价法可能存在的一个问题，但质性评价法也有隐含的客观性的一面。首先，质性评价法使用的资料是第一手资料，这些资料本身是客观的。而且质性评价结论失真的根本原因在于所收集的评价资料失真，而不是取决于评价者的评价。其次，质性评价的价值观体现了价值活动的本质。无论是作为价值主体的个人生命体，还是作为价值客体或价值客体构成要素的个人生命体，他们对价值的理解是一致的，价值活动的本质就是主体对象化和客体主体化的统一。在质性评价中，如果说评价者的价值观对质性评价产生影响的话，那么评价结果最终也要体现评价者价值观和评价对象价值观的统一。

七、质性评价法中的伦理性准则①

（一）质性评价之前

在评价开始之前要保证评价对象的知情权，告知评价对象有关基本信息，征得他们的同意，让他们知道自己在干什么。否则，质性评价将难以有效进行。

（二）资料收集阶段

在资料收集的时候应注意保护和尊重评价对象的隐私。质性评价提倡评价对象自愿参与评价，以礼貌的方式对待研究对象，反对使用强迫手段迫使评价对象接受评价。此外，遵循诚信原则，与评价对象坦诚相待，以得到评价对象的充分理解和支持。

（三）撰写报告阶段

公正性原则，即用严谨、客观的态度对待评价资料，对评价对象的描述持客观公正的态度，保证评价资料与描述是真实可信的。

（四）评价结果阶段

对评价的结果要合理使用，保证评价结果被用于正当目的；并把评价结果反馈给评

---

① 杨立华，何元增．公共管理定性研究的基本路径．中国行政管理，2013（11）.

价对象，以帮助评价对象改进和提升。

档案袋评价[①]是指以档案袋为主要评价手段的质性评价。档案袋评价法在西方国家的兴起也才不过 20 多年时间，但由于我国新课程标准明确提出要“改革评价考试偏重知识记忆，强调选拔与甄别功能的倾向，建立评价指标多元、评价方式多样，既关注结果，更加重视过程的评价体系”，使档案袋评价在我国新一轮的课程改革中一跃成为当前课程评价改革的主流。

第二节　档案袋评价法

一、档案袋评价法中心的“档案袋”

档案袋（又称“成长记录袋”）的英文名称是“portfolio”，portfolio 有“代表性辑作”之意，最初使用这种形式的是画家以及后来的摄影家，他们为了特定的目的把自己有代表性的作品汇集起来，向预期的委托人展示。虽然档案袋的英文名称只有一个，但其含义却多种多样，现在国外的专家学者对档案袋的概念及内涵有种种不同的描述。

阿特等人认为，档案袋评价是将学生作品有目的地汇集，以反映学生在特定领域的努力、进步或成就。档案袋的内容主要包括档案袋内容选择过程中的学生参与情况，选择档案袋作品的标准，判断作品质量的标准以及学生反思的证据。

珀特等人认为，档案袋是学习者学习成果的汇集，主要包括学生作品及作品反思。作品反思不仅能够帮助学习者理解、扩展所学知识，并且可以使读者对学习者及其学习情况有一个深入的了解。

佛格特和西蒙则认为，档案袋是指“由学生自己、教师或同学选择并作出评论的相关材料的不断汇集，以此评价学生在能力发展过程中的进步情况”[②]。

在所有这些界定中，舍拉的观点比较全面，她认为档案袋具有两个层面的含义：一是从实体层面的理解，二是从哲学层面的理解。从实体层面来看，档案袋包括三个方面的描述：（1）有目的的收集；（2）学生作品和记录；（3）一段时间内的进步。很多定义就停留于此了，在类似的理解中，档案袋是作为一个名词（noun）使用的。而舍拉认为，档案袋还有哲学层面的理解，也就是可以作为一个动词（verb）来使用。这种理解也包含三个方面：（1）合作的过程；（2）收集检查和使用信息的过程；（3）反思和促进教学的过程。根据舍拉的观点，我们认为，档案袋是指对学生作品、学生进步记录和学生反思的有目的的收集，是使用者收集检查信息、使用信息以促进教学的合作过程。

舍拉还用一个表对档案袋“是什么”以及“不是什么”进行了总结（见表 6－1）[③]。

---

① 胡中锋，李群．学生档案袋评价之反思．课程·教材·教法，2006（10）．

② 江彬，邱立中．科学认识档案袋评价．上海教育科研，2003（11）．

③ Sheila W. Valencia. Literacy portfolios in action. Boulder：Harcourt Brace College Publishers，1998：22－25.

表 6－1 档案袋：一个总结

档案袋是什么	档案袋不是什么
一种经过周密思考的目标、任务和标准的结构	一个所有事物或任何事物的存放处
一个使用更多变化的、真实的、基于表现的学生能力的标识机会	一个储存间接的、过时的读写任务的地方
一个连续的带有指导的评估过程	一个一年一次的、课堂之外的、为其他的人需要的评估结果
一个开放的、共享的、可达到的存放学生作品与进步记录的地方	一个记录分数、等级和儿童不能接近的秘密信息的文件夹
一个积极地思考、赋予价值和评价教与学的过程	一个收集学生作品的样本的地方
一个对标准参照测验或标准考试的补充	一个避免学生标准的判断

尽管不同的学者对档案袋的见解不完全相同，但以下几点是已经达成共识的：

（1）档案袋里的主要内容是学生的成果。主要包括测验卷、作业、学习心得、反思材料、小组评价、教师建议等。其表现形式可以是文字，也可以是图像，甚至是实物材料。

（2）档案袋里的内容是经过选择的。不是学生的任何东西都可以放进档案袋之中。档案袋要重视收集体现学生发展的作品样本、成绩的证据，即发生过的事实、体现学生进步的标志性的事实，以展示学生进步的状况。其中要以学生进步的事实为主。

（3）档案袋具有反思的功能。收集材料的过程必然伴随学生的反思，它也是反思的过程。在这一过程中收集资料的活动转化为有意义的学习经历，为学生的成长提供了重要契机。

（4）档案袋的内容要有真实性，即提交的内容必须是真实的，不能弄虚作假，伪造事实证据。这也是采用档案袋这种评价方式的基本前提和保证。

（5）档案袋的内容要有个性。档案袋的内容不能千篇一律，是提交者经过反思之后选择的最能代表其水平与进步过程的内容，是提交者的个性特长的展示。档案袋的实质在于“教与学”的整合，过去我们将教与学截然分开了，“教师教，学生学”成了口头禅，而实际上二者是一个整体。

二、档案袋评价法中档案袋的类型

由于使用档案袋的目的、使用者、参与者以及结构的不同，档案袋的类型也是不同的。了解这些不同的类型有助于我们选择运用，为我们的决策服务。档案袋的类型多种多样，主要有以下五种类型：

（一）展示型档案袋

展示型档案袋完全由学生负责选择自己最好的或最喜欢的作品，主要包括学生个人在家里或学校制作的作品①。学生选择作品的原因多种多样，因此，每个学生的展示型档

① J. Hansen. Literacy portfolios，windows on potential//S. W. Hiebert，P. P. Afflerbach. Authentic reading assessment：practices and possibilities. Newark：International Reading Association，1994.

案袋里面的内容和其他学生是不同的。由于教师对展示型档案袋里的内容控制较少，加上学生选择内容的原因各异，因此，展示型档案袋可能无法提供教师需要的关于学生在教学要求方面的进步的信息，也不一定与教师关注的教学重点相一致。展示型档案袋的主要使用者是学生自己，其主要目的是学生对自己作品的反思，让教师以一种新的视角来探寻学生对作品的反思以及他们学习的方法。

（二）文件型档案袋

文件型档案袋最早来源于幼儿教育，它包括系统的、正在进行的记录和学生进步的样本。其目的是记载学生一段时间内的学习情况，采用的方法是教师观察、逸事记录、访谈以及学生活动，材料往往是教师放进档案袋的[①]。文件型档案袋极少用于评估，它主要是描述学生一段时间内的进步以及教师的期望，许多教师往往保留这些文件很多年，作为其记录系统的一部分，它也是教师与家长联系的一个工具。教师和家长是文件型档案袋的主要使用者，他们通过这些信息了解学生成长的更全面的信息，以帮助学生设定今后的目标，制订教学以及家庭支持的计划。

（三）评价型档案袋

评价型档案袋和上面两种类型的档案袋完全不同，这种档案袋的主要目的是收集事实以系统地评价学生的学习，并将结果报告给其他人，这些档案袋要按照特定的目的或学习者的结果进行评分或赋予等级[②]。评价型档案袋的动力往往来自一个地区所进行的大规模的评价活动，有时是替代或补充基于标准化考试的评估；评价型档案袋的使用者主要是课堂之外对学生的学习感兴趣的人们；重要的是，评价型档案袋应该能够进行可靠的评分。自然，当档案袋里面的内容不同时评分往往是非常复杂的，因此，评价型档案袋试图通过简化评价任务、统一评价要求以及指导档案袋里面应该放什么材料来保证评分过程的高信度，有的甚至把特定的评分表也放入其中。评价型档案袋并非经常使用，往往是一年一次或在需要划分等级水平的时候使用，这和标准化考试类似，但评价型档案袋的内容主要是教师选择的，以反映学生学习结果及对结果的反思方面的内容。评价型档案袋的评分者大多是教师，教师在评分的过程中需要遵循一定的标准，清楚哪些对学生是重要的，这对提高教师的教学水平、制定有效的教学策略以及阐明对学生表现的期望都是很有帮助的。

（四）过程型档案袋

过程型档案袋包括对作品本身产生过程的记载以及对作品的反思两个方面。第一方面，过程型档案袋包括作品从萌芽到最终定型的过程。比如，对于学生发表一篇小说的记载，就包括提纲、初稿、教师和其他人的反馈意见、编辑的修改意见和批示等，每个

---

① E. Chittenden，R. Courtney. Assessment of young children's reading：documentation as an alternative to testing//D. S. Strictland，L. M. Morrow. Emergent literacy：young children learn to read and write. Newark：International Reading Association，1989：107－120.

② T. Salinger，E. Chittenden. Analysis of an early literacy portfolio：consequences for instruction. Language arts，1994，71（6）.

片段都包括作者的写作过程以及使用的各种写作技巧和策略。第二方面，过程型档案袋还必须包括学生对作品的反思过程。在完成作品的每个阶段，都要预留一定的时间给学生进行反思，包括评价他们自己的工作，了解自己在一段时间内的成长或进步。使用过程中对作品的反思比最终选择作品更为重要，这更能培养学生的思维能力。尽管也有一些内在的评价过程型档案袋的标准，但过程型档案袋极少进行评分或评等级。过程型档案袋的使用者更多的是在课堂之内使用它，不像其他的档案袋类型呈现最好的或最终的作品，过程型档案袋更关注学习的过程。

（五）复合型档案袋

复合型档案袋是对上述几种档案袋的综合，它包括三个方面的内容：(1) 学生选择的作品；(2) 教师选择的作品；(3) 通用的工具。这三个方面组成了一个档案袋和档案袋文化，这种文化用来构建学生的作品及自我反思、学生在一段时间内的成长，评价学生在重要学习结果上的表现，获悉课堂教学的进程并报告给其他人。学生选择的作品不仅包括作品本身，还包括对作品的反思，以及为何选择这些作品。学生通过选择，使自己更善于思考问题，以及学会如何评判作品。这是非常有利于培养学生自我反思和自我评价能力的一个过程。

教师选择作品也包括作品本身以及选择的原因。通常教师需要根据教学的目标以及学生作品的独创性或新的视角来选择作品，也要考虑每个学生的具体情况，这就要求教师必须了解每个学生以及学生完成作品的过程。教师选择的作品也可以和学生选择的作品进行比较。

档案袋还是教师与家长联系的重要工具。通用工具在以下两种情况下使用：一是对特定的评价任务；二是评价特定学生的学习结果。通用工具是由教师编制的，来源于课堂教学以满足评价的需要。教师编制通用工具的过程实际上也是教师的反思过程，即要求学生学习什么，以及如何判断学生的进步。

最后，我们用一个表格对上述五种档案袋类型做个小结（见表 6－2）。

表 6－2　档案袋类型

	展示型	文件型	评价型	过程型	复合型
目的	聚合学生最好和最有意义的作品；学生反思	成长的记录；教学过程表现及成果	评价成就；呈现给其他人；一些学生的自我反思	记载创造产品的过程；学生的自我反思；学生在教学过程中的成长	学生评价表现、成就；学生自我反思；学生在教学过程中的成长
使用者	教师、学生及其父母	教师及学生父母	管理者	教师、学生及其父母	教师、管理者、学生及其父母
主要参与者	学生	教师	教师与学生	学生	教师与学生
结构	松散的	适中的	紧密的	变化的	适中的

总之，每种档案袋类型都有各自的长处和局限性，也都有各自的适用目的及范围。我们希望，把建立学生档案袋的过程作为一个共享的经历，所有参与者在这一过程中都能有所收获。

三、档案袋评价法的功能[①]

（一）调节功能

档案袋将学生的学习轨迹记录了下来，不仅有利于教师动态掌握学生的学习过程，对学生的学习行为进行有效督导、调节，而且学生自己也可以通过档案袋里面的记录反思自己、察觉问题，有利于学生实现自我监管、自我调控。

（二）诊断功能

在档案袋评价中，档案袋汇集了学生的学习情况。教师可以通过这些情况发现学生在学习中存在的问题，并予以针对性的“诊疗”。学生也可以对档案袋里面的资料进行分析，对自己进行诊断，发现问题与不足，加以改进，不仅可以改善学业，也可以提高自己的省察和自我评价能力。

（三）激励功能

档案袋直观、生动地记录了学生成长发展的各方面情况，展现了学生的成长和进步。教师通过档案袋评价，更多的是给予学生肯定、赞扬和鼓励，使学生品尝到成功的喜悦，增强学生的学习信心，激发并保持学生的学习热情。

（四）发展功能

档案袋评价的目的是促进学生的成长和发展。档案袋把学生的学习发展情况客观地记录下来，它不是一成不变的，而是随着学生的发展变化而实时更新，体现了动态性和发展性。因此，档案袋评价也是一种动态、发展的评价，它不仅展现了学生的成长过程、进步幅度、努力程度，而且有利于培养学生的自我反思、自我评价能力，促进学生在反思中成长，在原有基础上不断提高。

四、档案袋评价法的原则[②]

为了更好地发挥档案袋评价的作用，我们需要注意以下几个原则：

首先，档案袋评价必须与教学相结合。档案袋要记录和体现学生的学习发展情况，必须要与教学相结合。

其次，档案袋评价应与其他评价方法结合使用。任何一种方法都不是完美无缺的，应该和其他方法相互配合使用，以取长补短、相互弥补。

再次，档案袋评价应遵循循序渐进的原则。学生的发展是渐进的、螺旋式向前的，并不是一蹴而就、直线前进的。因此，作为教师要有耐心，宽容理解学生，要看到学生发展的渐进性和曲折性，要慢慢引导学生，促进学生成长成才。

---

① 徐红．教育测量与评价．武汉：华中师范大学出版社，2016.

② 黄光扬．教育测量与评价．上海：华东师范大学出版社，2002.

最后，档案袋评价应多次、阶段性实施。档案袋评价并不是只用上一次就可以一劳永逸，档案袋的记录应该持续进行，档案袋评价可以阶段性进行。教师可以每隔一段时间就帮助学生利用档案袋进行反思。

五、档案袋评价法的基本操作程序

档案袋评价法的实施方式是多种多样的，一般来说，程序主要包括两个阶段：第一个阶段是“计划与组织”，这一阶段包括五个基本环节；第二阶段是“执行过程”，此阶段包括四个基本环节（见图 6－1）[①]。

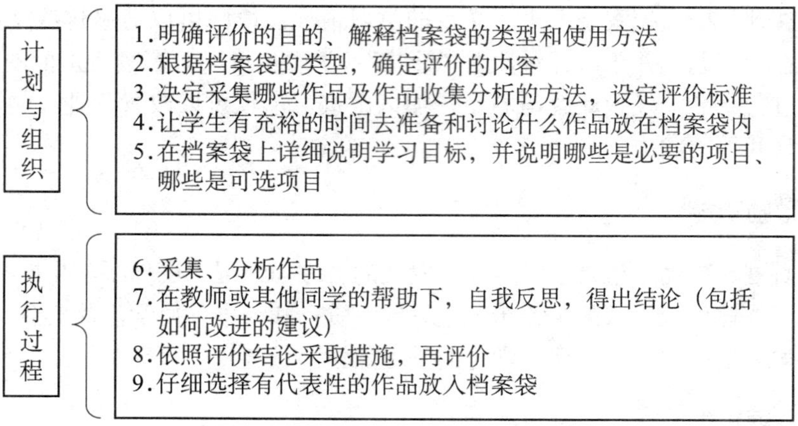

图 6－1　档案袋评价法的实施程序

六、档案袋评价法的优势

与传统的评价方法相比，档案袋评价法具有传统评价方法无法比拟的优势，主要包括以下几方面：

第一，评价内容的丰富性。传统的评价内容是单一的，主要是知识和技能方面的因素。档案袋评价则不仅包括知识、技能方面的内容，还包括非智力方面的因素以及学生的学习过程、学习方法等多方面的内容。凡是能体现学生学习成果和学习过程以及个性发展等方面的内容都可以放进档案袋。

第二，评价主体的多元性。传统的评价主体是单一的，主要是教师对学生的评价。而档案袋评价的主体则不仅包括教师，还包括学生自己、学生家长、管理者以及同学，甚至社会人士也可以作为评价的主体。更重要的是所有的评价主体不是相互孤立的，而是相互作用的一个评价整体；学生在评价的过程之中实际上也受到了教育，提高了自己的反思能力以及人际交往水平。

第三，评价过程的开放性。传统的评价过程是封闭的，而档案袋评价的过程则是开

---

① 黄海滨．“真实性评估”在信息技术课教学评估中的实现与应用．广东广播电视大学学报，2007（1）．

放的。在这一过程中，要充分体现评价的公正、公平和公开的原则，使评价结果保持较高的信度和效度。

第四，评价结果的形成性。传统的评价结果往往是终结性的，往往只提供评价的结果，而档案袋评价则非常注重评价的过程，它是一种动态的、发展的评价，对学生在每一个学习过程中的表现及进步进行全面的评价。

总之，档案袋评价是与传统的评价完全不同的一种评价方式，档案袋评价有多方面的先进的理论基础，是现代教育评价的必然要求，符合时代特征，也顺应了历史发展的潮流。

七、档案袋评价在实施过程中面临的困境

教育部颁布的《教育部关于积极推进中小学评价与考试制度改革的通知》中明确指出要“建立每个学生的成长记录”，并且要求各地在初中升高中的考试与招生中，改变以升学考试分数简单相加作为唯一录取标准的做法，可以参照学生成长记录袋等其他资料，综合评价进行录取。这就使档案袋评价不能仅仅停留在理论探索的层面，必须付诸实践。这些年来，国内外在档案袋评价的实施过程中，都出现了一些值得注意的问题，也面临很多困境，需要寻找相应的对策。

（一）档案袋评价加重教师和学生负担的问题

档案袋评价使本已十分忙碌的教师和学生付出更多的时间和精力，这是一个不容忽视的重要问题。国外有学者调查研究发现，应用档案袋的最大障碍就是时间问题。档案袋内容的收集、编排、保存等工作可以由学生在教师指导下完成，档案袋会议则必须由教师亲自主持。一般来说，档案袋会议的内容主要是对学生的作业进行回顾与反思，教师要强调学生对自己的作品进行自我评价，并在必要时帮助自我反思能力比较薄弱的学生发展相应的能力，这样每次会议需要15～20分钟的时间。让教师为每个学生每月召开一次正规的档案袋会议，即使是在班额较小的美国，也需要花费教师大量的时间[①]。

采用档案袋评价必然加重教师的负担，这种评价方式明显比传统的纸笔测验方式更耗时、耗力。也正因如此，有的教师虽已认识到档案袋的潜在优势，但仍然驻足观望，没有主动将其应用于评价实践之中；有的教师虽已创建了档案袋，但对收集起来的一大堆东西却没有时间去整理和分析，使得本来十分有价值的东西变成了难以处理的“垃圾”；有的教师做得比较深入，已经尝试与学生一起回顾和反思所收集的作品，但由于时间仓促，效果也不是十分理想。

产生这些问题的原因，既有档案袋本身固有的局限，也有使用不当的因素。比如，有的教师将档案袋应用于整个学科，涉及领域过广；没能充分发挥学生的主动性，没能调动学生参与到档案袋的设计、收集和评价活动中；为收集而收集，将教学与评价割裂开来；在实践中走形式，如让学生、同伴、家长和教师把多主体的评价意见全都用笔写下来；等等。

---

① 徐芬，赵德成．档案袋评价在中小学教育中的应用．中小学教育，2002（2）．

如何解决这些问题？我们认为，教师在使用档案袋时应该做到与教学阶段的具体目标相结合，选择合适的档案袋类型，把教学与评价有机地结合起来，做好时间与内容上的管理，使档案袋评价作为教学过程的一个部分，由此提高工作效率。当然，如果档案袋评价能得到教育管理部门的支持，并对教育系统做出相应的调整，如增加教师编制、限制班额、减少教师其他方面不必要的负担等，教师负担问题就能得到更好的解决。

（二）档案袋评价针对不同学科的适用度问题

档案袋评价的效果取决于评价的学科、项目的性质、评价的目的、教师的工作安排和学生的精力等方面的因素。对不同的学科，档案袋评价的适用度是不同的。比如，一般认为，在艺术类学科学生中采用档案袋评价比较合适；在开放性的评价中采用档案袋评价比较合适；对非选拔性评价目的的评价采用档案袋评价比较合适；小学低年级和大学高年级采用档案袋评价比较合适；学生学习压力相对较轻的阶段采用档案袋评价比较合适。总的来说，不能一概而论、统一要求，而要具体问题具体分析。

（三）档案袋评价的信度和效度问题

信度和效度是传统评价中衡量评价质量的最重要的两个指标，但对档案袋评价却很难像传统评价一样判断其信度和效度。但这一问题又不能回避，于是有学者认为需要重新界定档案袋评价的信度和效度的概念。综合有关观点，我们认为，档案袋评价的信度主要应从两个方面来考虑：一是档案袋里材料的真实性，因为材料如果不真实，则一切评价都失去了意义。要特别强调的是，在中国特定的文化背景下，确实很难保证档案袋内容的真实性，除非明确这一评价结果与学生将来的前途无关。二是评价者之间对档案袋评分的一致性程度。

档案袋的效度则主要是指学生的作品对其能力或思维结构的表征程度。在某一学生档案袋中的作业样本可能并不能代表他实际上知道些什么和能做些什么，也就是说档案袋评价的效度很难保证。和效度问题相关的一个重要问题就是评价标准的制定，它很难做到清晰、一致和准确。

国外有学者对档案袋评价所得分数与在同一领域中所做的其他评价所得分数进行了相关分析，发现学生的档案袋分数与标准化分数之间，基本上是或然关系。这种效度上的缺陷，很可能使家长或其他有关人员（如学生换班后的新教师）对学生的能力与成就形成不正确的认识，从而影响他们对待学生的态度和行为。要想保证和提高档案袋评价的效度，必须注意三个问题：收集学生作品样本的代表性、评价标准的说明和档案袋的适用范围。

（四）档案袋评价与大规模、高利害评价的关系问题

档案袋评价与大规模、高利害评价的关系问题也是人们普遍关心的重要问题，在大规模的评价中采用档案袋评价的做法在美国和西方其他国家的学术界还存在争议，还处在实验和探索阶段，主要原因是评价的信度和效度都有待提高。比如，佛蒙特州在档案袋评价应用实践过程中得出两个主要的结论：首先，从积极的方面来说，档案袋评价的

使用对课堂教学有积极的作用，相关研究报告与独立观察的结果都支持这一结论。教师之间在评分方面进行合作，并对什么作品可以作为范例进行交流，通过这个过程，教师得到专业上的提升与发展，这也是档案袋评价应用的一个主要优点。但是，从消极的方面来说，在档案袋评价集中评分的过程中，评分者之间的一致性信度相对较低。

我们以为，在大规模、高利害评价的过程中使用档案袋评价的方式，需要注意以下问题：(1) 明确规定评价的内容；(2) 明确制定评价的标准，并对评分者进行培训；(3) 确保档案袋内容的真实性。另外，也要在大规模、高利害评价的过程中结合档案袋评价的方法或思想。比如，我国的高考，能否出一些开放式的题目，能否增加一些反映学生思维过程的题目。

第三节　苏格拉底研讨评定法

除了档案袋评价法之外，苏格拉底研讨评定法也是质性评价的一种主要形式。苏格拉底研讨评定法是由美国芝加哥大学哲学研究所所长莫蒂默·阿德勒在对苏格拉底的“产婆术”教学法认真研究的基础上提出来的。

一、苏格拉底与“产婆术”教学法

苏格拉底（公元前469—前399）是古希腊著名的哲学家、教育家，西方启发式教学的创立者。苏格拉底出生于雅典奴隶主民主政治兴盛的伯里克利时期，而他主要的活动则处在雅典奴隶主民主政治的衰落时期。苏格拉底本人没有留下任何文化著作，有关他的教育思想和活动的记载是从他的弟子柏拉图、色诺芬等人的记录中得到的。这些记录绝大部分是以苏格拉底作为主要角色写成的对话形式，而在这些对话中充分体现了苏格拉底的教育方法，史称“苏格拉底法”，又称“产婆术”——形象地喻指思想之接生，意指教育者只能如助产士帮助产妇生子那样去启发和引导学生发现真理与获得知识，绝不能代替学生学习和思考。这一教学方法对西方国家的教学活动产生了深远的影响，对我们的教学实践也有着重要的现实意义①。

作为教育家的苏格拉底更是一位杰出的论辩大师，他可以借助任何一个自然现象与对方辩论，并总能让对方从辩论之中明白一个深奥的道理。“产婆术”是他的教学方法在实践中的具体运用，苏格拉底认为教育的目的在于通过认识自己获得知识，最终使受教育者成为有智慧和有完善道德品质的人。苏格拉底的教学方法实际上是一种师生平等的辩论方法，是通过与学生的问答、交谈、讨论甚至争辩来向学生传播自己的观点和思想；他从不给学生现成的答案，而是让学生通过自己的探索和理解得到结论——他首先提出问题，如果学生回答错了，他并不直接指出错在哪里和为什么错，而是通过暗示的语言引导学生认识到自己的错误，最后得到苏格拉底认为正确的答案。这也就是著名的“苏

① 李红．用“苏格拉底课堂研讨评定法”激活语文课堂教学．江苏技术师范学院学报，2003（9）．

格拉底法”或“产婆术”实质之所在。

例如：

> 有一天，苏格拉底听到他的大儿子朗普洛克莱对他的母亲发脾气。他就对儿子说：“我儿，告诉我，你知道有些被叫作忘恩负义的人吗？”
>
> “当然。”少年人回答道。
>
> “你知道他们因为做了什么事才获得这种恶名吗？”
>
> “我知道，”朗普洛克莱回答道，“‘忘恩负义’，这个名字是人们加给那些受了恩惠，自己有力报答，而却不报答的人的。”
>
> “那么，你以为，忘恩负义的人算是不义的人了？”
>
> “是的，我以为如此。”朗普洛克莱回答说。
>
> “那么，你考虑过没有，由于奴役朋友被认为是不义的，而奴役敌人则被认为是义的；是不是对于朋友忘恩负义就是不义的，而对于敌人忘恩负义就是义的呢？”
>
> “我的确考虑过，而且我认为不管从朋友来的也好，是从敌人来的也好，受人之惠而不知感恩图报，总是不义的。”
>
> “既然如此，岂不是就必须把忘恩负义认为是不折不扣的绝对不义的事了吗？”
>
> 朗普洛克莱对这表示同意。
>
> “我们看到有谁，”苏格拉底问道，“从别人处所受的恩惠有比子女从父母处所受的恩惠多呢……”

显然，这是关于子女与父母关系问题的一段对话。儿子对母亲发火，苏格拉底要教育儿子，苏格拉底从忘恩负义这个论题入手，引发儿子的一系列思考。这段经典的论辩体现出这样一些特点：

第一，苏格拉底的教育目标非常明确，他就是要让儿子知道对自己的母亲发脾气是错误的。

第二，苏格拉底不是硬性地让儿子接受自己的观点，而是通过启发和诱导，让儿子自己去认识问题的实质。苏格拉底从忘恩负义的含义入手，引出忘恩负义对于朋友与对于敌人的不同理解，再把敌人与母亲做对比，让儿子真正认识到对母亲发脾气就是一种忘恩负义的表现。

第三，苏格拉底选取的对话切入点非常恰当，即忘恩负义的人应该被认为是不义的。

从上述分析我们可以看出，苏格拉底注重理性认识，注重让对方从论辩中认识新的哲理，这也正是苏氏论辩术被称为“产婆术”的原因。

苏格拉底认为，教育是通过认识自己以达到获得知识的目的，最终成为有智慧、有完善道德的人；教育者的任务不是臆造和传播真理，而是做新思想的“产婆”，去引导、帮助受教育者发现真理[①]。为此，他在教学中奉行“内发”的教育理念，采用问答方式来引导学生思考以达到教育的目的。

“产婆术”本质上是一种师生平等辩论，是一种揭露矛盾，克服矛盾，最终获得知识

---

① 王天一，夏之莲，朱美玉．外国教育史：上册．修订本．北京：北京师范大学出版社，1993：40－41．

并发展能力的教学方法，也是一种帮助学生纠正错误观念并产生新思想的艺术①。这一方法包括四个步骤：

（1）反诘。从所讨论的论题出发，苏格拉底针对学生的回答不断地提出反问，即使学生答错也不会立刻纠正，而是接着提出补充问题加以引导，使之发现自己认识上的矛盾，承认自己的无知，否定自己所肯定过的错误意见和观点。

（2）助产。苏格拉底认为自己在这一环节的任务是充当智慧的“产婆”，以暗示性的语言和做相关示例的方式进一步启发和引导学生积极思考，让其主动发现新知识并走上正确认识的道路，进而得出结论和获得知识。

（3）归纳。通过对讨论所涉及的具体现象、具体事物进行比较分析，找出它们的共性、本质，即由特殊上升到一般。

（4）定义。将所讨论的具体现象、具体事物归入一般概念，得到关于它们的普遍性认识并清晰地表达出来。

“产婆术”教学法有三个必须遵循的实施原则：

（1）准确设问。苏格拉底对任何论题的讨论都有自己明确的教学目标和需要达到的教学要求，讨论的论题时代性很强，多是当时学生们关心或困惑的问题，提出的问题也都有鲜明的针对性。

（2）适时提问。在讨论过程中，苏格拉底常常根据学生的现实水平和回答问题的实际状况，恰到好处地提出起始问题与后续问题，以使学生及时得到启示并跟随自己的思路将讨论持续下去，保证讨论紧扣论题。

（3）渐次推进。苏格拉底极为重视对讨论内容递进性的把握，在整个讨论过程中采取由浅入深-由表及里-最后接触问题核心的方式来推进讨论内容，以此活跃学生的思维，调动学生的主动性，引导他们进行积极的思考和探索②。

二、苏格拉底研讨评定法的具体内容

苏格拉底研讨评定法是指以苏格拉底“产婆术”教学法为基础，通过苏格拉底式的提问法和积极参与研讨，实现思想和价值理解扩展的质性评价活动③。

阿德勒分别在《全面教育建议》和《全面教育问题与可能》两书中提出，教育必须坚持三个目标：“知识的获得”、“智力技能（学习技能）的发展”和“思想与价值理解的扩展”。阿德勒认为：第一个目标可以通过说教性教学、教科书的使用以及具有“覆盖性”的内容领域来实现；第二个目标可以通过阅读、写作、演说、听、计算、问题解决等技能方面的训练、练习和指导下的练习来达到；最后一个目标则要通过“苏格拉底式的提问法和积极参与”，使用书本（而非教科书）和其他的一些艺术作品以及通过“从事艺术活动”完成。学校教学的终极目标是：要教会所有学生在第三个目标领域内有所成就。

---

① 张树栋．古希腊著名哲学家苏格拉底．北京：商务印书馆，1986：3.

② 杜永红．试析苏格拉底“产婆术”教学法及其实践价值．现代教育科学，2005（5）.

③ 李红．用“苏格拉底课堂研讨评定法”激活语文课堂教学．江苏技术师范学院学报，2003（9）.

苏格拉底研讨评定法主要包括五个步骤：

（1）明确教育结果。苏格拉底重视教育的结果，每一次辩论，他总能在开始时就清醒地意识到辩论的结果，这个结果可能是让对手否定自己的观点，也可能是让对手认识事物的另一个侧面。因此，教师与学生谈话，不管谈论什么话题，都应有明确的出发点和针对性，有自己所要达到的教育目标和要求。

（2）选定并剪裁研讨的文本。苏格拉底研讨法允许教师对文本进行大胆的剪裁以满足“有效听说”这一目标的实现，并收到一些其他高级思维技能教育的效果。这也就意味着教师有很大的自主权。可以根据实际需要对文本进行选择剪裁。可以选择文本的一个细节、一段对话或者与文本有关的其他文本，最终达到促进学生学习的目标。

（3）设计一个具有引发力的起始问题。美国学者格雷认为，起始问题确实起因于引领者（教师）的好奇心；它们没有单一或“最合适”的答案，它们可以产生对话，从而引起学生对文本中思想观念更深入的理解；它们也可以启发学生借助文本的参考资料对问题做出最好的回答。

（4）选择记录研讨过程的方式。教师与学生可以协商并确定记录的方式：录音、录像、笔录等。当然，记录材料是为了分析对比，进而对研讨做出判断。

（5）以多种方式完成课堂研讨评价。学生可以借助记录材料对自己的表现做出评价，也可以对别人的表现做出评价，教师也可以就此发表评论。

苏格拉底研讨评定法作为一种有效的评定方法，它更能给广大教育工作者提供一种课堂教学改革的思路。因此，这种评定方法具有广泛应用的实践价值。

每一种教育评价方法都有自己的优势与不足，苏格拉底研讨评定法也不例外。

苏格拉底研讨评定法有利于建立平等的师生关系。它是一种师生双方处在平等地位上的教育评价方法，其平等性主要体现在：在评价过程中，师与生都是讨论的平等参与者，教师的真正作用是使讨论能沿着一定的线索有效地进行下去，融教学与评价为一体；教师和学生之间真诚相待，积极地参与到知识的产生与发展的过程中去，共同构建一个平等辩论和相互学习的互动平台。

苏格拉底研讨评定法有利于开发学生的潜能。苏格拉底认为，真理存在于每个人的心灵中，教师的任务是唤醒学生的潜在能力，促使学生从内部产生一种精神力量，使学生在主动的探索中寻求自我、发展自我。

苏格拉底研讨评定法的不足之处主要在于对教师和学生的素质要求较高，特别是要求教师要有渊博的知识和高超的教育技能，要求学生具有强烈的探索真理的愿望与热情，还要求学生具有一定的知识积累能力和认识能力，否则，就有可能“越辩越混乱”，而不是“越辩越清晰”。

总之，不同的评价目的决定了不同评价方法的采用以及具体评价内容的确定。质性评价也不是万能的，尤其在我国，使用时要十分慎重，总的来说，质性评价与量化评价的有机结合才是我国当前教育评价的正确道路。

三、苏格拉底研讨评定法的现实意义

苏格拉底研讨评定法作为一种灵活的、新型的质性评价方法，对我国当前的基础教育课程改革具有一定的现实意义。

（一）课程评价主体的多元化

教师与学生是课程评价的两大主体，二者应在尊重、平等、互信的基础上，结合平时课堂研讨情况和学业测试的结果积极展开自我评价、教师评价和学生互评，在师生良性互动中共同进步。

（二）坚持以形成性评价为主

苏格拉底研讨评定法注重的是形成性评价，即对学生平时学习过程的评价，通过动态记录学生的平时学习情况，发现和了解学生成长过程中各方面能力的发展变化。在这里，课程评价隐退其甄别、选拔的功能，突出其激励、改进的功能，在全方位分析学生学业方面存在的问题后，为学生提供建设性建议。因此，它强调对学生的评价应以形成性评价为主，辅以终结性评价。

（三）坚持全面评价学生的发展

苏格拉底研讨评定法旨在从不同侧面、真实全面地反映学生在情感、态度、需要、兴趣、创新能力、合作能力、实践能力等方面的发展。它要求教师以发展的眼光看待学生，不仅了解学生目前发展的现状，还要看到学生的潜力，将学生的现实发展与潜在发展结合起来，综合发掘学生的优点和长处，全面评价学生，让学生感受到自己的成长并体验自身成长的快乐。

（四）强调评价的开放性

苏格拉底研讨评定法注重在课堂活动中通过师生互动、围绕具体问题展开研讨，对问题研讨的答案是开放性的、探索性的，主张答案的多样性。在研讨问题的过程中，学生依据自己的背景知识、经验水平，从不同思维角度做出不同的分析与回答。教师对学生的观点进行点评和总结，鼓励学生按照自己的理解发表观点，对合理性的一面要予以肯定，鼓励学生大胆思考、勇于发表自己的见解。除此之外，学生在记录自己的观点的同时，也记录其他学生的观点，并与自己的观点相对照以进行反思和评价。

第四节 表现性评价法

一、表现性评价[①]的定义

表现性评价目前还没有一个公认的定义。美国国会技术评价办公室 1992 年提出了一

---

① 王小明．表现性评价：一种高级学习的评价方法．全球教育展望，2013（11）．

个描述性的定义：要求学生创造出答案或产品以展示其知识或技能的测验。它强调：

（1）表现性评价是对内在能力或倾向的行为表现进行评价。通过行为表现，可以推论出所习得的能力或倾向。奥斯特霍夫（A. Oosterhof）主张区分学生的能力与表现，"能力是学生的知识，我们想评价但不能直接评价，因为我们看不到另一个人知道什么或在想什么。我们应当确定出一种提供了学生知识迹象的表现"。明确了能力与行为表现的关系，就不难理解表现性评价主要是对能力或倾向的行为表现进行系统的评价。

（2）表现性评价是对能力（倾向）表现的直接评价，这主要是相对于传统的纸笔测验而言的。传统的纸笔测验在评价人的能力（倾向）表现时，采用的是间接的方式，即通过受测者在纸笔测验上的表现，来预测他未来的工作或学习表现，从而间接地对其能力（倾向）表现做出评价。例如，通过多项选择、完形填空等形式的纸笔式测验，可以间接地对一个人使用外语的能力做出评价。正如林（R. L. Linn）等人指出的，纸笔测验、多项选择测验的价值，主要在于它是作为其他有价值表现的征兆或相关因素。与传统的纸笔测验相反，表现性评价则绕过了中间的作为预测或征兆的纸笔测验，直接对能力（倾向）的行为表现进行评价。

（3）表现性评价与真实性评价、非传统评价相似。表现性评价有时又叫非传统评价（alternative assessment）或真实性评价（authentic assessment）。这些术语含义相近，但各有侧重。非传统评价是指与标准化成就测验及多项选择题（正误判断、匹配题等）相对立的一种评价。真实性评价则强调呈现给学生的任务要有直接的意义。在真实性评价中往往强调学生运用知识，强调使用现实性的问题。在笼统地指称表现性评价时，这三个术语可以相互替代，但在强调表现性评价的某一方面或某一特性时，这三个术语又不能相互替代。

二、表现性评价出现的背景

表现性评价并不是一种全新的评价方式。在工业及组织心理学和职业技术教育领域，表现性评价都有很长的应用历史，而且发展得很好。此外，在学校教育领域，教师也进行过一些表现性评价，如论文测验、写作样本等。表现性评价在今天之所以受到如此重视，主要源自教育理论与实践的迫切需要。

现代学习理论，尤其是建构主义学习理论和情境认知理论，特别关注高级的学习结果（如推理和思维技能），关注基于"现实世界"问题的解决。而在不同的课程中，又确实存在一些重要的高级学习结果需要对其进行测量与评价。如在科学课程中，要评价解决问题和实验的技能；在数学课程中要评价各类实际问题的解决技能；在外语课程中要评价实际的交流技能，不管是理论上还是实践上，都提出了对复杂的、高级的学习结果进行评价的问题。

现行的客观测验（典型形式是多项选择测验）所测量与评价的内容主要集中于低级的、互不联系的基础知识和基本技能，而且企图通过对这些片段知识技能的评价来预测评价对象未来的学习与工作表现。由于这一特点与局限，它不能胜任对复杂学习的直接评价，于是呼唤一种能直接对评价对象学习与工作表现进行评价的方法就成为必然。

三、表现性评价的形式

（一）演示

演示是一种按要求做出的能力表现，学生借此展示他能够使用知识与技能来完成一件定义良好的复杂任务。构成演示的任务通常是定义良好的，而且学生和评价者通常也知道完成演示的正确或最佳方式。

在学校中，学生可以演示他们使用仪器设备的技能，如烘烤设备和实验仪器；演示在图书馆或互联网上查找信息；在体育课上演示怎样爬绳。对大多数演示来说，演示集中于学生运用其技能的程度有多好，而不是集中于学生解释自己的思维或说出现象背后的原理的情况如何。

（二）实验与调查

实验与调查也是一种按要求做出的能力表现，学生从中计划、实施及解释经验研究的结果。研究集中于回答具体的问题（如这所学校的大多数学生支持本地的法律吗?）或调查具体的研究假设（色彩鲜艳的广告被记住的时间长）。

实验与调查可以评价学生是否运用了适当的探究技能与方法，还可以评价学生是否形成了适当的观念框架及对所调查现象是否形成一种理论性的、基于学科知识的解释。为评价这些能力，应要求学生在开始收集数据前做出估计与预测，而后收集、分析数据，展示分析的结果。接下来在所收集证据的基础上得出结论并进行论证。此外还要陈述其假设并能识别其方法或数据中可能的错误源。最后要能有效地交流实验或调查的结果。

（三）科研项目

这是指让学生或学生群体完成一项科研项目，从而对其综合运用知识的能力做出评价。在实际运用时，主要有两种形式：个体项目与群体项目。

（1）个体项目。这是一种持续时间较长的学生活动，最终产出如下产品：模型、有一定功能的物体、实质性的报告或收集物。精心编制的研究项目，要求学生应用和整合广泛的知识与能力。例如，当学生写一篇图书馆研究论文时，必须运用查找并使用参考文献的技能，列纲要、组织、构思报告，用书面语言、文字处理器等呈现方式进行交流。此外学生还要进行批判性思维、创造性思维及解决问题。

（2）群体项目。作为评价技术的群体项目，其主要目的是评价学生能否以合作性的及适当的方式一起工作，来创造出一个高质量的产品。群体项目的学习目标取决于学科内容及所评价学生的水平。例如，群体项目可集中于：行动定向的学习目标（出版一份通讯）；学生兴趣定向的学习目标（对感兴趣的问题写一篇论文）；学科内容定向的学习目标（理解河流是如何形成的），或学科间的学习目标（设计一个理想的城市）。

（四）口头描述与戏剧表演

口头描述可允许学生说出他们的知识，并以会谈、演讲的方式使用其口语技能。例如，在语言及语言艺术课程中，许多学习目标集中于语言的流利及交流技能的方式上，而不是内容的正确上。争论是一种特殊类型的口头表现。这是让一个学生与另一个学生对立起来，有理有据地争论问题。评价集中于论证与辩驳的逻辑与说服的质量上。戏剧表演将言语化、口头与演讲技能及运动能力表现结合在一起。例如，学生可以将他们对虚构人物或历史人物的理解，通过扮演角色表现出来。

四、表现性评价的编制

编制表现性评价，主要有下述三步：

（一）确定所要评价的能力（倾向）

编制表现性评价最基本的一步是明确所评价的能力（倾向）是什么。确定出这种能力（倾向），有助于我们确定应当观察与评价的行为类型以及观察的范围，以此来控制表现性评价的内容。心理学家加涅提出的学习结果分类对此很有帮助。加涅将学生的学习结果（他称为后天习得的性能）分为五类，每类都有相应的动词来表示这种性能的行为表现（见表 6－3）。

表 6－3 学习结果的行为表现

性能	性能动词	例子
		智慧技能
辨别	区分	通过比较来区分法语 u 和 ou 的发音
具体概念	识别	通过说出代表性植物各部分的名称来识别根、茎、叶
定义性概念	分类	运用一个定义将概念族系分类
规则	演示	通过解答口头陈述的例子来演示正负数加法
高级规则	生成	通过综合可应用的规则，生成一段描述一个人处于害怕情境下行为的文章
认知策略	采用	采用想象美国地图的策略，用列表的形式回忆各州州名
言语信息	陈述	口头陈述 1932 年美国总统竞选的主要事件
动作技能	执行	通过将一辆小轿车倒入行车道来执行一项任务
态度	选择	选择打高尔夫球作为一项休闲活动

奥斯特霍夫也列出了不同的能力类型及习得的行为表现：（1）信息。询问学生知道什么。（2）概念。要求学生将多种多样的、以前没有使用过的例证分成概念的正例或反例。（3）规则。给学生提供一个相关但以前没有使用过的例证，要求他们应用规则。（4）复杂技能。对以前未使用过的、需要运用复杂技能的问题，要求学生生成解决的办法。可以看出，奥斯特霍夫的分类是对加涅分类的简化。

（二）确定表现性任务

表现性任务是学生能力（倾向）的外在表现，是表现性评价的对象。这种任务可以是让学生生成书面或口头的答案，或者是参与群体活动，或者是创造出具体的产品。在确定表现性任务时，要注意下面几个问题：

（1）要选择有意义的任务。要选择一些根植于学生的现实世界经验的情境或任务，当然也不要把任务弄得很奇怪或很难，以免学生退缩。

（2）要明确表现性任务的过程与结果。在很多情况下，过程与结果都是表现的重要方面。例如，找出并排除电视机故障的技能就包括遵循一种系统的程序（而不是使用尝试错误）及最后修好的电视机。通常，在学习的早期阶段强调的是过程，在掌握程序步骤后就强调结果。例如，在评价打字技能时，会在教学开始时评价指法，但后来的评价就集中于所打出的材料的整洁与准确及打字的速度上。当然，在教学后期，也会对过程做出评价，但这是为了检测出导致不良表现的错误程序。

（3）要确定用于评价的表现性任务的数目。任务数目的确定主要取决于下述几种因素：1）决策的重要性。如果有关学生的决定无关紧要，那就可以比重要的决定使用更少的任务。2）评价的范围。评价范围越广，所需任务越多。3）学习目标的复杂性。复杂的学习目标需要整合多种技能与能力，需较长时间才能完成，因而就限制了这类任务的数目。4）完成每项任务所需时间。用一节课的时间除以学生完成每项任务的时间，就得到了可能任务的最大数。5）可利用的人力资源。如果有助手或父母帮忙实施或计分，或者教会学生自己计分，也可以增加任务的数目。

（4）要让学生明确所要完成的任务在编制表。呈现任务时，要保证学生理解你想让他们做什么。对学习目标、评价表现的标准、完成任务的指导语要做出解释，还要明确完成任务的时间限制与条件。

（三）确定评分的方法

表现性评价有自己的评分方法，这种方法又可以分为整体评分和分析性评分两类。

（1）整体评分。整体评分建立在对表现或产品的整体印象上，而不是对个别成分的考虑上。在进行整体评价时，迅速检查一下表现或结果，然后指派一个与其一般印象相匹配的数字。例如，在写作评价中，读者会迅速阅读每篇作文以便获得一个整体的印象，然后将其放在从 1 到 4 的样本堆中。整体评分要在计分规则（scoring rubric）的指导下进行。

计分规则阐明了每种质量水平应当是什么样的。这些对每种水平的描述并不提供对结果或表现的分析，而只是列出标准，在做出全面判断时能够记住并运用。阐明产品质量水平的另一种方式是使用结果量表。这是由一系列结果的样品所构成，它们代表了质量的各种水平。当结果的质量难以定义（如艺术、创造性写作）时，结果量表特别有用。下面就是一个评价作文的计分规则。

你对这篇文章的总体印象是：

A. 全篇内容充实有趣，行文流畅，过渡自然，中心突出，组织良好，能熟练遣词造句。

B. 大部分内容充实有趣，行文较流畅，个别过渡不太自然。全文有一定结构，但存在个别缺陷，有少量文字错误。

C. 因中心不突出而使内容不充实。因许多不自然的过渡而使文章不大流畅。组织不好，游离主题，有一些严重的文字错误。

D. 中心不突出，漫无目的，过渡突然，组织很差，在遣词造句上出现很多错误。

（2）分析性评分。分析性评分是对产品或过程的各个部分或特点进行评分，有时再将这些部分的分数相加得到一个总分。例如，在评价写作技能时，像组织、词汇、文体、思想、写作手法等可以独立评价。

分析性评分有两种具体的形式：核查清单（cheek list）与评分量表（rating scales）。

核查清单由一系列具体的行为、特点或活动及检查每项是否出现的空位构成。核查清单可以用来评价过程，也可用来评价结果。评价过程时，所遵循的步骤应按顺序排列在表上；观察者只需核查一下是否采取了某种行为即可。评价结果或产品时，核查清单包括一系列刻画良好产品的维度（大小、颜色、形状等）以及核查一下每种预想的特点是否出现的位置。下面是一个评价实验技术的核查清单。

如果执行了某一步，就在旁边的空位上打“√”。

1. 在报告的开头提出问题。
2. 陈述假设。
3. 确定控制变量的值。
4. 对因变量的每个值至少测量两次。
5. 以图表的形式呈现数据。
6. 得出与图表中数据相一致的结论。

评分量表提供了一次对每种成分质量的优劣程度进行评分的机会，而不是使用简单的“出现—未出现”的判断。评分量表由诸如 0 到 3 或 1 到 4 之类的数字构成，数字与质量水平相对应，如 4 代表最佳水平，3 代表次佳水平等，以此来反映行为表现的质量水平。有时评分量表不是由数字构成，而是由执行某种行为的频率（如总是、有时、从未）、表现的一般特性（如出色、稍好、中等、稍差）或一套表明表现可接受程度的描述性短语（如迅速完成任务、缓慢完成任务、没有帮助就不能完成任务）所构成。下面就是一个评价演讲时体态技能的评分量表，分别是由数字和词语构成。

数字量表：确定学生在演讲时是否经常表现出下述行为。对每种行为，1 表示总是表现出，2 表示经常表现出，3 表示极少表现出，4 表示从未表现出。判断后在相应的数字上画圈。

五、对表现性评价的评价

（一）表现性评价的优点

（1）有助于阐明学习目标。真实的表现任务与复杂的学习目标匹配的程度比较高。当把这一任务呈现给学生或者告知学生家长时，就通过实际的例子而使学习目标更为清晰。

（2）可以评价学生“做”的能力。学校教育的一个重要结果是学生运用知识与技能解决问题以及引导一种有用生活的能力，而不是只回答关于如何做的答案的问题。

表现性评价将学生置于真实的任务情境中，要求其执行一定过程或创造出产品，这就可以对这种“做”的能力做出评价。

(3) 注重知识技能的整合与综合运用。复杂的任务，特别是那些持续时间比较长的任务，通常要求学生使用许多不同的技能与能力。表现性评价往往要求学生运用几个不同学科领域的知识及许多不同的能力。

(4) 与教学活动有密切联系。一些表现性评价的提倡者认为，理想的表现测验其实是很好的教学活动。从这一观点看，编制得好的表现测验，既可以作为评价工具，又可以作为教学活动。

(二) 表现性评价的缺点

(1) 高质量的表现任务与评分办法难以编制。好的表现性评价与复杂的学习目标相对应，编制高质量的任务，需要学习许多知识技能。在评价复杂的推理能力或有多种正确答案的任务时，很难确定高质量的评分办法。

(2) 表现性评价的实施比较困难，学生完成表现性任务要花费许多时间，而且，教师对表现性任务进行分析评价也要花许多时间，此外，对表现性任务的评分信度往往也较低。

(3) 难以评价学生在其他表现性任务上的迁移能力。这就是说，学生在一小部分评价任务上的表现，难以概括到一大类表现性任务上去。

(4) 不能评价所有类型的学习目标。对于集中于记忆和回忆信息、规则、原理及理论的学习目标，客观形式的测验项目（简答、多项选择、匹配、正误判断）是更好的选择。

当评价逻辑思维、理解概念、言语推理时，客观形式的测验仍比表现性评价优越，因为前者可以在更短的时间内评价更广泛的内容。此外，客观形式的测验更易于评分，得出的结果更可信。在实际应用时，最好两种评价方法结合起来使用，这样可以相互弥补，更全面地对学生做出评价。

六、深入推进表现性评价的建议①

为了在未来进一步推广表现性评价，提供以下参考建议：

(一) 在课程标准中加强对表现性评价的重视

表现性评价强调创设真实情境，以考查学生知识与技能的掌握程度，问题解决、交流合作和批判性思考等多种复杂能力。它克服了传统标准化测验的弊端，成为影响和推动教学实践的重要评价方式。正因为表现性评价对深入推进我国新课程改革具有重要的意义和价值，以及在课程实践中具有广泛的学科适用性。因此，各学科课程标准都应加强对表现性评价的重视，以切实促进课程评价以及学生学习方式的变革。

(二) 加强教师培训，促使教师掌握相应实践技能

教师是课程实践的主体，教师是否掌握表现性评价的相关原理、程序及要求，以及

① 赵德成．表现性评价：历史、实践及未来．课程·教材·教法，2013，33 (2).

是否能在实践中积极、有效地应用表现性评价，是影响评价改革，乃至整个课程改革向纵深发展的关键。国外将课程评价作为一门重要课程，教师必须掌握包括表现性评价在内的各种基本评价技能。不仅让教师学会教学，还要让教师学会评价，二者结合，共同促进学生的发展。相比较而言，我国教师教育工作者一直对评价技能没有足够的重视，以致出现了一些问题。为了使表现性评价得到良好的实践效果，必须分层次加强教师培训。比如，课程专家和教研员培训先行，在职教师培训采用边培训边实践的思路，对师范生加强包括表现性评价在内的各种实践技能的教育。

（三）改革中高考命题，在命题中引入表现性评价

由于中高考对基础教育具有强有力的导向作用，我们可以通过改革中高考命题，在命题中尝试引入表现性评价。通过改革中高考命题的尝试，积极发挥对基础教育教学与评价改革的导向作用，引导教师关注表现性评价，改进教学效果和促进学生全面发展。

目前，国外如美国、日本等在高利害考试和学习质量监控项目命题中非常注重表现性评价。因此，我国可以借鉴相关经验，在中高考命题中引入表现性评价。在中高考指挥棒的影响下，中小学教育工作者就会在实践中更加重视表现性评价，这势必会推动表现性评价在实践中的应用，并最终促进教与学方式的深刻变革，有助于新课程理念落地。

本章小结

质性评价是相对量化评价而言的，是对量化评价的一种反思、批判和革新。

质性评价主要以人种方法论、文化概念论和解释学等理论为基础，同时也充分吸取了建构主义的理论精髓，现代心理学和现代社会学也为质性评价提供了坚实的理论基础。

质性评价的主要特点是：(1) 评价的情境是自然的。(2) 评价的手段是描述性的。(3) 评价的标准是多元的。(4) 注重评价主客体之间的互动与理解。(5) 评价的目的是发现每个学生的潜力、特点，提供更加适合学生的教育，把生命导向卓越。

档案袋是指对学生作品、学生进步记录和学生反思的有目的的收集，是使用者收集检查信息、使用信息以促进教学的合作过程。档案袋主要包括展示型、文件型、评价型、过程型和复合型等类型。档案袋评价法的基本操作程序主要包括“计划与组织”和“执行过程”两个阶段。档案袋的优势主要体现在评价内容丰富、评价主体多元、评价过程开放和注重评价结果的形成性等方面。但档案袋在实施的过程中也面临着一些困境，如明显地加重了教师和学生的负担等。

苏格拉底研讨评定法是美国芝加哥大学哲学研究所所长莫蒂默·阿德勒在对苏格拉底“产婆术”教学法认真研究的基础上提出来的。他认为，“苏格拉底式的提问法和积极参与”是实现“思想与价值理解的扩展”的主要途径。阿德勒认为苏格拉底研讨评定法主要包括五个步骤：(1) 明确教育结果。(2) 选定并剪裁研讨的文本。(3) 设计一个具有引发力的起始问题。(4) 选择记录研讨过程的方式。(5) 以多种方式完成课堂研讨评价。

关于表现性评价法，目前还没有一个公认的定义，一般以 1992 年美国国会技术评价办公室的定义为准：要求学生创造出答案或产品以展示其知识或技能的测验。它强调：

（1）表现性评价是对内在能力或倾向的行为表现进行评价；（2）表现性评价是对能力（倾向）表现的直接评价；（3）表现性评价与真实性评价、非传统评价相似，但各有侧重。

思考题

1. 试述质性评价法的主要特点。
2. 关于档案袋的理解，在哪些方面是已经达成共识的？
3. 请结合你在实践工作中的体会，谈谈档案袋评价的优势与不足。
4. 苏格拉底研讨评定法包括哪些基本的步骤？
5. 表现性评价与现代学习理论有何关联？

拓展阅读：

戴杰思，谢萍．多层混合法研究设计：挑战与优势．教育研究，2021，42（2）.

第三篇

各类基础教育评价

第七章

教学工作评价

本章提要

本章重点介绍了教学工作评价的概念、特点、基本理念、目标、意义与功能，阐述了教学工作评价的依据与原则、教学工作评价与教学质量管理的关系，以及教学工作评价的层次界定、内容、程序与评价指标体系构建。其中教学工作评价的内容涉及教学工作评价系统的构建、教学工作评价者的选择及教学工作评价的具体内容；并通过介绍教学工作评价的程序与评价指标体系的构建，进一步明确了教学工作评价的实施步骤与需要重视的评价指标构建方面的核心问题。教学工作评价对于加强教师队伍建设、加强教学常规管理以及深化教育改革等有重大的推进作用。

第一节　教学工作评价概述

一、教学工作评价的概念与特点

在加快教育现代化、落实立德树人根本任务的要求下，中小学教育指向学生核心素养，力求培养出德智体美劳全面发展的优秀人才，一方面向高等教育阶段输送可塑之材，另一方面为社会培养合格的普通人力资源。

这两个目标的实现有赖于中小学教育不断地与时俱进，只有通过“转变教育思想观念、提升教育管理水平、提高教学工作质量”的三部曲过程，才能保质保量地完成祖国与人民交付的重任。其中教育思想观念转变是先导，社会发展进步了，教育者的思想观念必须随之发展变化，而这种转变又必然是一个连续变化、不断变革、及时更新、渐进发展的过程。

教育思想观念的转变必定包含教育管理、教学质量观念的更新，而当代社会所要求的、科学先进的教育管理和教学质量理念，其核心是应该确立系统管理与质量管理相结合、规模化教育与个性化教育相结合的思想，并集中体现在：(1) 将人才培养作为一项系统工程，坚持以核心素养和全面发展为中心，形成整体优化的人才培养方案、全面推进的教学改革思路、科学有效的教学管理范式，将学生的知识获取、技能掌握和素质提高、道德提升的教育目标综合实现。（2）将教育管理作为一个系统，将教育研究与教学改革、课程建设与教师队伍建设、教学管理与工作激励等方面结合起来，以研究为基础，以改革为手段，以建设为途径，向管理要效益。（3）以教学工作为核心，推动学校的全面工作；以教学改革为策略，带动学校的综合发展；以教学管理为重点，提升学校的整体管理；通过科学、公正、有效的教学工作评价来促进课程体系建设、教学内容组织、教学方法变化和教学手段改革。

对于学校而言，教学工作永远是学校的基本功能与中心工作。由于教育与教学的特殊性，教学工作具备以下特点：（1）社会性。教学工作是教书育人的具体实践，是在一定的社会大环境下，综合各种教育因素，以鲜活、具体的"人"为教育对象，将科学知识、生活理念、价值思想等传授给受教育者，使其社会化的实践过程。（2）创造性。教师在整个教学过程中要处理好诸多因素之间的关系，要根据具体的教学目的、教学任务，针对不同的教学对象，结合教师本人的教学思想、个性特点、知识积累、教学能力水平等情况，创造性地进行教学过程组织。（3）复杂性。教学工作的主体是鲜活的人，教师、学生都是以知识建构者的身份参与教学过程的，不同的老师有不同的知识储备、价值判断、讲授风格、人格特点、情绪状态，再加之学生并非头脑空空，这样，"教与学"成为一个由多变量决定的过程，具有高度的复杂性。

与教学工作相伴共生的"教学工作评价"作为对教学效果测评的重要工作，成为广义的"教学工作"的一个部分、一个环节。

（一）教学工作评价的概念

美国学者格朗兰德在 1971 年对"评价"表述如下：

评价＝测量（量的记述）或非测量（质的记述）＋价值判断

也就是认为"评价是在量（或质）的记述的基础上进行价值判断的活动"，推之而言，教学工作评价是对教学工作的过程和结果进行测定、分析、比较，进行量（或质）的记述，并给予价值判断的过程。

从过程的角度来看，教学工作评价是依据一定的教学目的和教学要求，通过多种方式，系统地搜集各种信息，并利用多种评价方法和手段，对教学工作及其所达到的效果给予科学的价值判断的过程。

教学工作评价主要围绕构成教学过程的诸要素和形成教学工作的基本环节来进行，"对教学效果做出价值判断"是其目标之一，更主要的是为了对教学工作进行必要调整，促进教学工作质量的提升。所以，在教育实践中，教学工作评价既是学校提高办学水平的重要途径，又是教育主管部门实现宏观管理、监控和指导的有效措施。

（二）教学工作评价的特点

从学校管理的宏观角度而言，教育评价是包含教学工作评价的大概念，是对教育的实施条件、进程和结果的综合性评价，教学工作评价是教育评价的一个部分。

虽然教学工作评价的内容范畴小一些，但也是一项综合评价，它涉及学校教学工作的方方面面，具有以下特点：

1. 复杂性

教学工作评价涉及学校中教学工作的方方面面，是学校的一项经常性工作。由于教学工作本身就具备复杂性的特点，是一系列连续的活动过程，所以教学工作评价必然包含了对教学工作过程的一系列的步骤和方法的考评，而不是单一性的活动。

2. 目标性

教学工作评价必须从所要实现的教育目标出发，把握教学现状，并做出科学的判断。它既以教育目标为出发点，又以教育目标为归宿。教学工作的考评就是以量与质的记述来描述教育目标的实现程度，教育目标就是教学工作评价的标准。

3. 探究性

教学工作评价注重对教学工作的效果进行分析与判断，一是分析导致较差教学效果的原因，对教学工作中所存在的问题进行诊断，有针对性地采取补救措施；二是分析促成优良教学效果的原因，对教学效果与教学因素之间的关系进行解释，进一步发挥这些因素的作用。

4. 参与性

教学工作评价涉及多个层次、多个群体，从不同层面来看，学校、教师、学生既是被评价者，又是评价者，所以都应参与评价，将他评与自评相结合，使得评价者与被评价者双方都能对教与学的效果进行评价，促使其真正了解自己的现状和水平，有助于调动“学校管理、教师教学及学生学习”的主动性和积极性。

二、教学工作评价的基本理念

（一）布卢姆的教学工作评价理论

教学工作评价的理念是跟随时代的进步而发展变化的。美国心理学家、教育学家布卢姆在其《教育评价法手册》一书中，在“以教育目标分类体系”的基础上，提出了以形成性评价为中心的教育评估理论。该教育评估理论将教育评估、教学工作评价分为以下三大类：

（1）诊断性评价。

诊断性评价往往用于决策前，是指在某项教育、教学活动进行之前，为使其计划更有效地实施而进行的预测性、测定性评价，或对评价对象的现状和存在的问题做出鉴定。其主要目的是预测，通过了解被评价对象的情况，判断其是否具备进行教育、教学工作的条件和资格。

（2）形成性评价。

形成性评价则是在教学过程中开展，以反馈调控和改进完善为主要目的，即在教育、教学活动进行的过程中评价活动的效果，用以调节活动过程，保证教育目标实现而进行的价值判断。形成性评价通过诊断教育方案或计划、教育过程与活动中存在的问题，为正在进行的教育活动提供反馈信息，以提高实践中正在进行的教育、教学活动质量。它不以区分评价对象的优良程度为目的，不重视对被评对象进行成绩分等的鉴定，不是进行预测，而是为了了解工作过程中的情况，以便及时调整工作的状态。

（3）终结性评价。

终结性评价是对评估对象在一定时期内的状况进行价值判断，也称总结性评价。它是指在某项教育、教学活动发生后，对最终的教育、教学效果做出价值判断。它是以预先设定的教育目标为基准，对评价对象达成目标的程度，即最终取得的成就或成绩进行分等鉴定的评价，为各级决策人员做出关于受教育者和教育者个体及教育资源分配等方面的决策提供参考依据。学生的毕业考试、教师的教学考核、学校的教学水平鉴定都是典型的总结性评价。

目前不少中小学所进行的教师教学工作评价都是以奖惩、排序为目的，面向过去、只注重结果的一种终结性评价，这种评价存在一些突出的弊端。

1）评价没有发挥激励作用。以广州市某小学为例，被评为优秀者只比普通教师在年终多得200元奖金，奖励面与奖励金额极为有限，而评价过程烦琐，不少教师对评价产生反感或疲乏感，评价未能实现激励作用。

2）教师的参与积极性不高。教师只是被评价者，普遍担心评价结果会对工作前途有影响，思想重压下产生的焦虑也易导致人际关系的紧张，束缚了教师的才智发挥。

3）评价的诊断作用不足。过度强调评价定量化，忽视定性因素，强调评价的鉴定功能，忽视诊断、教育功能，难以促进教师发展。

4）教学评价标准存在偏差。学校以学生应试成绩作为教学效果评价标准，使得教师热衷积累考试资料、教导学生应试技巧，而学生的综合素质与创新能力的培养得不到关注，教师的教学能力也难以提高。

5）师生教与学的真实动机未能调动。教师“勤奋”工作为的是提高自己的考评分数及相应实惠，学生“勤奋”学习为的是获得高的考试分数，看“分”不认“人”扼杀了师生“乐教爱学”的真实动机。

6）师生关系变态扭曲。教师千方百计提高学生的成绩和升学率，将学生看成取得考评分数的“工具”，迎合学生，不敢严格教育，学生将教师视为以教书为职业的谋生者，尊师重教的风气日渐淡薄，形成功利性的师生关系。

（二）发展性教学工作评价

随着社会的发展与进步，教育理念也在变化，基于“人的全面培养”的观念，发展性教学工作评价得到了教育界的认可与推崇。发展性教学工作评价是形成性教学工作评价的深化和发展，是针对以分等、奖惩为目的的终结性评价的弊端而提出来的，它主张面向未来、面向评价对象的发展，既注重结果又注重过程地进行评价，强调对评价对象人格的尊重。其突出的特点有：

（1）有利于教师潜能的实现。发展性教学评价以教师的成长和发展为其根本的价值导向，注重尊重教师的人格和尊严，注重评价与教师成长和发展阶段的适宜性和切合性，能够促进教师自我发展、自我实现。

（2）有利于教师身心的发展。发展性教学评价注重把教师自身发展的需要与学校集体发展的需要有机地结合起来，使教师在实现组织目标的同时能够实现自身价值，体验到工作对自我身心发展的促进作用，顺利完成个人人生的发展。

总体而言，发展性教学工作评价着重于人的内在情感、意志、态度的激发，着重于促进人的完美和发展，是以人为本的思想指导下的教学工作评价，响应了素质教育把人看作鲜活的生命体来进行教育的思想，即把教育的目的、过程和结果与学生的终生发展相联系，以人格健全和智慧发展作为教育的最终目的，同时将教师的发展与教学工作的发展结合起来。

发展性教学工作评价强调评价者和被评者相互沟通，强调评价主体多元化，主张使更多方面的人成为评价主体，特别是使评价对象成为评价主体，重视评价对象自我反馈、自我调控、自我完善、自我认识的作用。以教师教学工作评价为例，发展性教学工作评价强调突出教师的主体地位，鼓励教师进行自我评价，它关注教师的背景和基础，关注教师的个体差异，通过多种渠道收集体现教师教学表现和水平的资料，鼓励教师积极参与到评价中来并反思自己的教学。

当然，传统的奖惩性评价并非完全失效，精神与物质奖惩仍然是管理的重要手段，新时代的教学工作评价应将奖惩性评价和发展性评价结合起来，以发展性评价为主，将奖惩只作为一个工具性手段使用，而将提高教师教学能力与热情、促进学生心智健康发展、提高学校教育教学质量作为评价的终极目的。

三、教学工作评价的目标、意义与功能

（一）教学工作评价的目标与意义

教学工作评价的目标为：实践“以人为本和全面发展”的理念，通过系统化、科学化、规范化、经常化的教学工作评价来促进教学质量，提升教学水平，实现教学目的，达成教育目标。

因此，教学工作评价在学校整体工作中具有重要的意义：

(1) 教学工作评价是引导学校端正办学方向、贯彻国家教育方针的重要举措。通过经常性的教学工作评价，学校可以不断地参照国家制定的教育方针、目标进行自我评估与自我整改，确保办学方向不偏离，严格执行国家的教育方针。

(2) 教学工作评价是提升学校教学水平、保障教育质量的重要策略。教学工作是学校教育的主要工作，其水平高低、质量好坏关系到学校向社会输出人才的质量和学校的声誉，只有通过系统化的教学工作评价，才能监控教学工作的任一环节，确保教学质量。

(3) 教学工作评价是帮助学校发现问题、改进工作的重要途径。教学工作评价有利于引导学校按照教学规律办事，通过规范化的教学工作评价，对其中的每个阶段和每个环节不断调控，及时发现问题与改进工作，促进教学工作规范化、有序化，保证好的教学效果。

(4) 教学工作评价是推动教学改革、激励教师发展的重要手段。教师教学质量是教师业务水平的重要标志，而教师教学能力的提高依赖于教学研究与教学改革。科学的教

学工作评价能够实事求是地反映教师的教学水平，促使教师自觉地投身到教学改革中，关心教学研究，吸纳新的研究成果，实践新的教学理念，采用新的教学方法，积极主动地工作，实现对教师发展的内在的、持久的激励。

（二）教学工作评价的功能

教学工作评价力求对教学活动的工作价值和教学效果进行定性与定量的判定，通过运用现代教育理论、测评方法、数理工具，实现评价功能，从而达到评价标准科学、评价内容准确、评价方法有效、评价结果公正的目标。具体的功能有以下几个方面：

1. 检查功能

教学工作评价是检查学校教学管理是否系统、教学条件是否具备、教学过程是否健全、教学组织是否科学、教学策略运用是否得当、教学方法是否正确、教学考核是否有效、学生学习是否积极的重要手段。学校可以以学期或学年为周期坚持进行自我检查，通过教学工作评价掌握本校整体的教学工作方面的信息，查漏补缺，自我整改；上级教育管理部门也要在一定的周期内对下属学校进行全面检查或抽查，一旦发现问题，立即责令整改。

2. 鉴定功能

教学工作评价能够对评价对象的优缺点做出正确的评价，通过评价可以清晰了解学校教学管理水平、教师教学工作效果、学生学习状态，了解其中的矛盾和问题，以便对学校、教师、学生做出考查和等级鉴定。基于这些鉴定结果，教育管理部门可以对学校的教学水平等级进行判定，确定其是否为重点学校、是否应加大投入与关注；学校则可以在教师的聘任、晋升、加薪、解聘等方面做出科学决策，并合理安排进修与提高；教师则可以掌握学生的学习态度与知识掌握程度，以便采用更加适合的教学方法。

3. 反馈功能

通过教学工作评价，可以为教学评价对象及时地提供反馈信息，以实现对教学工作的调节作用。评价永远不是终极目标，而是要通过评价结果的反馈信息来调节教学行为，以便更好地实现教书育人的大目标。以教师为例，通过获得评价反馈，可以了解目前个人在教学方法选择和教学过程组织中的不足，诊断出所教学生在学习上存在的问题与困难，明确教学目标的实现程度，并据此及时地调整教学工作。

4. 导向功能

教学工作评价可以为学校提供进一步改进教学管理水平的工作方向，为教师指明下一步教学研究的领域与教学组织的方向，为学生指出后续学习中前进的目标。在评价实践过程中，教育管理部门与学校以国家的教育方针与教育目标为评价标准，通过制定具体的评价指标体系和确定评价内容来确立教学工作的导向，并以奖惩手段为辅助，形成一个完善的教育价值导向机制。

5. 激励功能

在建立全面、科学的评价标准的基础上，教学工作评价借助现代管理手段对学校、教师的教学工作进行严格、公平、公正、公开的评价。以教师教学工作评价为例，评价结果既是学校给教师晋级加薪的依据，也是学校奖惩激励教师的根据；对工作突出、贡献较大者给予精神和物质奖励，同时鞭策后进，鼓励其迎头赶上，这样通过奖优罚劣，鼓励上进，保证教师职责的履行与教学质量的提升，使得每一个教师都能处于公平竞争的地位，不断激发教师工作的积极性、主动性和创造性。而学校则在迎接上级检查与自我评价中，不断推动学校教学工作的前进，提高办学效益。

6. 研究功能

教学工作评价也是教学改革推进的重要环节，带动了教学方面的许多研究工作，如各个学校研究制定适合本校的、科学的评价指标体系，研究教学工作评价信息的搜集与整理，以及课程体系建设研究、教学方法策略研究及教师队伍建设研究等。例如，某中学在教学工作评价中发现“课程建设”领域薄弱，就不断加强课程建设，推进“研-评-建”一体化，加强对影响教学工作和教学质量的诸要素的监控，教学质量得以大幅度提升。

7. 管理功能

现代管理学认为，管理是对人、财、物等资源要素的最优运用，其核心是对人的管理，因为人是“活”资源，通过人的积极性、创造性的发挥，才能实现人尽其才、物尽其用、财尽其值。现代教学工作评价改变了过去“领导管教师、教师管学生”的单向管理制度，通过“教师自评、互评，学生评教师，教师评管理者”等方式形成双向管理格局，既有利于形成教师、学生的主人翁责任感，又可以改善师生互动模式、管理者与员工互动模式，有效地提高学校管理水平。

8. 强化功能

教学工作评价通过评价指标体系的建立，为学校、教师、学生指明努力的方向，评价的过程与结果反馈以帮助学校、教师、学生进步提高为切入点，以评促建，推动教学工作发展，实现了对教学工作提升的强化功能。通过对学校整体教学工作的评价及学校之间的教学工作水平的比较，能够使学校管理层更加重视教学工作；通过教师教学工作评价，能够促进教师不断提高教学能力、学习教育理论和更新学科知识；通过教师互评，可以改善教师关系、强化合作意识；通过学生学习状态的评价，可以让教师、学生了解学生的学习现状，使教师重视因材施教、学生重视自我学习。

四、教学工作评价的依据与原则

（一）教学工作评价的依据

基于我国的教育方针与当代教育理念，教学工作评价的依据主要有：

1. 国家的教育方针和教育政策法规

我国的教育方针是“教育必须为社会主义现代化建设服务、为人民服务，必须与生产劳动和社会实践相结合，培养德智体美劳全面发展的社会主义建设者和接班人”。所以坚持社会主义方向、为社会主义现代化建设服务是我国教育方针的根本特点，坚持教育与生产劳动和社会实践相结合是培养社会主义建设者和接班人的根本途径，德智体美劳全面发展是社会主义教育的质量标准。那么中小学的教学工作评价必然以国家的教育方针为最基本的依据，从教师选择、课程建设、学生培养等多环节来认真执行教育方针。

同时我国的教育法律法规主要有《中华人民共和国教育法》《中华人民共和国教师法》《中华人民共和国义务教育法》《中华人民共和国未成年人保护法》《中华人民共和国民办教育促进法》《中国教育改革和发展纲要》《面向21世纪教育振兴行动计划》《国务院关于基础教育改革与发展的决定》《关于深化教育改革全面推进素质教育的决定》《学生伤害事故处理办法》等，中小学的教学组织、管理也必须严格执行这些政策法规，教学工作评价也必然应在这些政策法规的框架内进行。

2. 中小学教学的课程标准

中小学教学原本按照国家制定的教学大纲进行，但随着课程改革的深入，教学大纲已不足以完整地体现课程的变化，必须寻求一种新的完整体现课程改革理念的表现形式。随之，课程标准被提出，并将会渐次取代教学大纲而对教学工作给予指导与规范，成为国家管理和评价课程的基础，成为教材编写、教学评估和考试命题的依据。课程标准与教学大纲的区别在于：大纲强调的是知识和技能目标，标准关注的是学生学习的过程、方法、情感、态度及价值观；大纲使教师更加关注知识点，关注学习的效果，忽视学习过程与方法，忽视学生情感、态度、价值观的培养，课程标准则在强调知识和技能的同时，对学生学习过程和方法、情感、态度、价值观方面的发展也提出目标要求，这将非常有利于培养具有良好素质和竞争力的新一代。

具体而言，课程标准是国家对学生接受一定阶段教育之后的结果所做的具体描述，是国家教育质量在特定教育阶段应达到的具体指标，是对未来国民素质的目标要求和各学科应达到的标准描述，它具有法定的性质。它规定了国家对不同阶段的学生在知识与技能、过程与方法、情感态度与价值观等方面的基本要求，规定了各门课程的性质、各学科应达到的标准以及内容框架。学科的性质与地位、课程目标、课程内容及各学段安排等，构成了课程标准的核心内容，其中对教材编写、教学要求、教学建议、教学评价等方面也都做出了相应的规定和要求。

3. 教学的基本规律和教学原则

教学的基本规律是根据学生的身心发展状况，由浅及深，由易到难，从语言、文字、数学计算、自然科学常识、音乐美术技能、身体素质、品德培养、劳动能力培育等多方面入手，按照各科教学的基本规律对学生进行教育。

关于教学原则，国内外教育学者见解不一。美国教育家布鲁纳提出四条教学原则：动机原则、结构原则、程序原则、强化原则。弗鲁姆则提出：面向全体学生的原则、教学目标的主导性原则、教学目标体系完整性原则、知识系统性原则、措施与目标紧密对应原则、教学的针对性原则、教学评价的教学性原则、及时反馈矫正原则。苏联教育革新家提出：使儿童乐学的原则、没有强制的学习的原则、提出困难的目标的原则、给学生提供依靠点的原则、对学生学习活动评价无强制和学生自我评价的原则、自我选择的原则、超前学习的原则、大单元教学的原则、按适当的形式进行教学的原则、班级的智力背景原则、从儿童个性出发的原则。我国学者认为应遵循以下原则：教学整体性原则、启发创造原则、理论联系实际原则、有序性原则、师生协同原则、因材施教原则、积累与熟练原则、反馈调节原则、教学最优化原则①。

综合以上观点，可以得出一些能够达成共识的原则：传授知识与培养能力、提高品德相统一的原则，智力与人格协调发展的原则，共同要求与因材施教相统一的原则，教师乐教与学生乐学相统一的原则，教学方法优选与综合运用相统一的原则，评价反馈与行为调节相统一的原则。

这些教学规律与原则对教学工作具有很强的指导意义，也必然成为指导教学工作评价的指挥棒，以评价反馈与行为调节相统一的原则为例，就促成了教师与学生互评、自评相结合，诊断性、形成性、终结性评价相结合等在评价中应该遵循的原则。

4. 教师与学生身心健康发展的规律与要求

教师与学生作为具体而鲜活的人，都有生理与心理的发展变化要求与规律。以小学生为例，6～12 岁是其身心发展的关键期，智力迅猛发展，自我意识逐渐形成，社会性认知与交往能力提高，道德认识提高，学习作为其生活的主要内容对其个人的成长有着极其重要的作用。学校与教师通过激发其学习动机、提高学习兴趣、培养学习态度达成教书育人的教育目的。但是如果学校教学组织不当、教师教学方法欠妥或家长管教模式不对，小学生在学习方面的波动就会很大，一些学生还会出现学习障碍，对后续的成长造成影响。

同样，教师从参加工作任教到退休，经历了人生的青年与中年两个重要阶段，不同阶段有着不同的身心发展问题需要应对，如果在学校的关心爱护下，个人的工作、生活等方面的问题能够顺利解决，那么教师就能够以较好的状态投入到教学中去，如果解决不当，不仅可能影响其本人的发展，还可能对学生的身心成长造成伤害。

所以教学工作评价必须依据教师与学生的身心发展的规律进行，并对不同阶段的对象给予不同侧重的评价与引导。

5. 现代教育教学的思想理念与评价要求

为适应知识经济世界的挑战、培养 21 世纪需要的创新人才，培养创新精神和实践能力成为中小学教学管理的新理念：教学过程应成为学习交流和自主探索的过程，教学重点应当放在培养学生的好奇心、求知欲，帮助学生自主学习、独立思考，鼓励学生发现问题、提出问题和解决问题。所有的教学活动中均应当以学生的思维活动为主体，以学生的认知过程为主体，教学成效应以学生的知识掌握程度、素质技能的提高程度、人格与品德的发展进步程度为评价标准，即应以学生的发展性目标的实现程度作为教学工作评价的重要标准。

同时，教师作为“教与学”这对矛盾互动过程中的一极，在教学工作中扮演着重要角色，教学工作评价也应该适应教师角色的转变，体现现代教育理念的要求及教学改革的精神，提倡和鼓励教师探索各种有效的教学手段和教学方法，强化创新精神，增强创新能力。

所以，教学工作评价应该遵循现代教育理念与评价要求，突出教师、学生在评价中的主体地位，以良性互动的方式促进教师教学的积极性、学生学习的积极性的有效发挥。

① 李秉德．教学论．北京：人民教育出版社，2000：113.

（二）教学工作评价的原则

1. 导向性原则

开展教学工作评价，最终目的是规范教学工作、促进教学质量的提高。其中的评价指标体系不但是评价教师教学工作的标准，更是教师教学工作努力的方向。通过评价内容和标准的制定、评价结果的肯定与否定等工作，考核教学各个环节，考查教学是否坚持了正确的方向、是否贯彻了国家的教育方针、是否满足了社会的需要、是否促进了学生的全面发展。

教学工作评价一定要有利于学校实现教育目标、有利于端正办学方向、有利于树立正确的教育质量观与人才培养观，所以评价的导向性是教学工作评价进行的重要前提。通过公正、准确而又全面的价值评价，充分发挥评价的导向作用，可以将学校、教师、学生的注意力都引向教学，再通过“从评价到指导、再从指导到评价”的循环往复，充分实现评价对教学工作的促进与方向保障作用。

2. 科学性原则

科学性原则应贯穿于评价过程中的各个环节，即要从教学工作的整体出发，全面考虑制约评价的各个要素，在评价理论的指导下构建科学的评价指标体系，指标要能够全面反映出教师教学的质量要求，内容要完整，指标要素不得遗漏或重复；同时评价方案要符合教学工作的特点，反映教学的客观规律；采取实事求是的科学态度收集与处理信息，把定量与定性判断综合起来，采用科学的评价方法和手段，对教学工作做出正确的、科学的评价。

3. 客观性原则

为了减少不同的评价者对同一个评价对象的评价误差，评价必须采用统一的客观标准，以期取得最大限度的客观判断结果；必须采取客观的实事求是的态度，在编制评价指标体系时要进行深入的调查研究，广泛征求老师、学生的意见，力求客观地反映教学实际情况与真实价值。在评价过程中，评价者要熟悉评价指标体系和指标的界定，并严格按照标准实施，不能主观臆断。

4. 可行性原则

教学工作评价是一项复杂的工作，可行性是评价工作顺利开展的关键。设计评价指标时，要抓住主要因素，一级、二级指标要力求适度、简单明了，指标内容与标准应明确、具体；学校结合校情，可以制定出具有自己学校特色的评价方案，内部要有统一的评价指标，以保证公平性；要简化评价程序与评价操作方法，以便广大教师、学生都乐于参与；要把评价与教学管理有机地结合起来，既能体现评价的相对稳定性、延续性，又能将评价的效果落在实处。

5. 全面性原则

全面性原则包含全员评价、全程评价和全面评价三个层面。全员评价是指面向全体教职员工与学生，学校领导、管理人员、任课教师、在校学生都要接受评价；全程评价是指对教学工作的全过程的各个环节进行系统的、长期的、反复的评价，而不是只关注工作的结果；全面评价是指要对学校教学条件、教学管理绩效、教学组织体系、课程建设水平、教师素质能力、教学工作效果等领域，进行全面的信息采集与掌握，并以之为据，进行全方位的评价，而不是只评价教学结果。因为构成教学过程的诸多因素不仅各自发挥作用，而且相互关联、相互影响，形成了整体的功能，所以全面的教学工作评价就要注意诸因素及它们之间的联系，要抓住主要矛盾，全面系统地进行评价。

6. 发展性原则

传统的教学评价是静态的、功利性的，它把完整的教学工作评价简化为单一的终结性评价，而体现现代教育理念的教学工作评价应该是动态的，并把教学工作评价作为教学工作的一个部分来运用。这样的教学工作评价不是将立足点放在鉴定选择、解聘、升降级、加减薪等奖惩性方面，不只是将奖惩作为促进教师和学校未来发展的手段，而是将立足点放在学校、教师、学生的未来发展方面。其主要目的是将“促进学生发展的需要、教师发展的需要与学校发展的需要”三者统一融合起来，并承认人与人之间的发展存在差异，并从这些差异的分析中发掘适合个人发展的途径和方法，从而促进学校、教师、学生的未来发展。

7. 双向性原则

教学工作评价应该重视领导与教师、教师与教师、教师与学生、校内与校外间的沟通，鼓励全体师生员工、学生家长以及校外上级领导、有关人员积极参与教学评价工作，将评价过程建立健全为一种双向过程，而不只是上级评价下级、领导评价群众的单向评价。发展性教学工作评价提倡要达到教师个体与学校整体、少数教师与全体教师、现实状况与未来发展的双向发展目标，所以自评、他评、互评相结合的原则应该运用于教学工作评价实践，自评促使学校管理者、教师、学生对自己的教学状态进行自我检查；他评帮助学校、教师、学生了解其他人对自身工作、学习状态的看法；互评则促进评价者之间彼此相互了解、相互学习、相互沟通。

8. 差异性原则

教学工作评价活动实质上是教学的延续，不同的教学观就会形成不同的教学评价模式与教学评价结果。泰勒的目标达成模式关注的是教学目标的达成，注重的是教学结果，学校、教师在这种观念指导下，就会无视教师教学方式及学生学习方式的差异性与独特性，只关心升学率、学生成绩等。斯塔弗尔比姆认为评价最重要的意图不是为了证明，而是为了改进，其CIPP模式涵盖了教学活动的整个过程，即由背景评价、输入评价、过程评价和成果评价组成的一种综合评价模式，突出的是评价的“改进”功能，淡化评价的甄别功能。现今的权变管理思想对教学工作评价的影响也是在于重视学校、教师、学生各自的差异性，并立足于差异性而寻求评价的共性，如力求在重视学科间教学差异的同时，将各科的教学工作评价协调起来。

五、教学工作评价与教学质量管理

中小学教育质量观的内容是随着社会的发展变化而不断调整的，总的目标是保证中小学教育按照国家的教育方针发展，更好地满足社会发展的需求和人的发展的需求。在越来越多的投资主体加入中小学教育市场中的今天，学校教学质量的高低成为学校生存与发展之本。而影响教学质量的因素是多方面的：既有校内因素，又有校外因素；既有主观因素，又有客观因素；学校所能够做的工作就是发挥和运用好内部的主客观积极因素，消除和减少内部的主客观不利因素，发挥和增加外部好的主客观因素的作用，避免和减弱外部不良因素的影响。

通过深入的考察与分析，影响中小学教学质量的内部主客观因素主要有：人的因素、物的因素和管理的因素。人的因素主要包含学校教学管理人员、教师、学生三个方面；物的因素主要是学校教学的客观物质条件与教师物质福利、学生学习物质奖励三个方面；管理的因素则包含学校整体的教学管理水平、教学质量监控体系的完善程度与管理人员为教学服务的态度、教师对学生学习行为的管理能力、学生的自我管理能力等。这三大因素之间相互影响、相互作用，使得“教学质量”成为多变量因素的函数。只有通过针对这些因素的严密监控，如教学条件的监控、教学管理水平的监控、教师素质的监控、学生质量的监控等，才能客观了解这些因素的作用状况及综合而得的教学质量水平。

所以，为了确保教学质量的提升，学校应该建立完善的、以评价为核心的教学质量监控体系，其中包括教学管理系统、教学监督系统与教学评价系统三个子系统。这三个子系统既相对独立，又相互关联：（1）教学管理系统是保证教学质量的基础，是保证学校正常教学秩序和教学质量的根本。按照国家的教育方针，学校的决策层结合学校实际提出具体的质量方针，并通过层层管理人员的工作将之落实，每级管理人员都负有相应的教学管理责任和质量义务。目前不少中小学实行的是“校长-分管副校长-教导主任-课程组长”四级教学管理体系，并明确各级教学管理的职责，逐步使教学管理重心下移，以调动基层的工作积极性。教学管理系统的工作就是合理组织学校的内部主客观因素，充分发挥其积极作用，实现教学质量的提高。教学管理系统的高效性、顺畅性对教学质量的提高会产生重要的促进作用。（2）教学监督系统主要由学校、课程组两级教学督导制度、听课制度、教学责任事故追究制度、学生信息员制度、教学检查制度等组成。监督系统的工作主要通过监督提高学校管理人员、教师、学生的精神紧张与适度压力，促进良性行为的保持，同时获取教学工作的相关信息，并将其输入教学工作评价体系，再通过评价体系传输给管理系统，由管理系统做出对应的管理决策与行为。教学监督系统的完善性、客观性会对评价结果产生重要影响。（3）教学评价系统作为教学质量控制的重要机制和手段，主要是基于监督系统提供的信息，以科学的评价指标体系、数据处理方法获得对教学质量诸因素的定量与定性分析结果，并做出价值判断，再将判断结果输送给管理系统作为决策依据。教学评价体系的科学性、公正性会对教学管理、教师教学、学生学习等方面产生重要的影响。

具体而言，教学工作评价在整个教学质量监控体系中具有重要的作用：（1）教学工作评价可以促进学校及教师的教育思想、教育观念的转变，增强质量意识，以评促改；（2）教学工作评价是对学校教学工作的全面检验，从而强化了教学工作的中心地位；（3）教学工作评价的诊断、激励、监督、导向作用，促进学校教育教学改革不断深入；（4）教学工作评价调动了管理人员的工作潜力、教师的教学能力、学生的学习动力，促进了良好教风、学风的形成；（5）教学工作评价明确了学校、课程组的职责，提高了教学管理的效率；（6）教学工作评价既要考虑上级管理部门的评估要求，也要考虑学校的实际，有助于学校主动找差距，做改进，促进教学管理的科学化和规范化。

提高教学质量是中小学校一切工作的根本目标，建立起"管、教、学"三位一体的质量监控体系，并通过教学工作评价来判断"管、教、学"活动的质量，是保障教学质量的根本性途径与手段。以课堂教学活动为例，在教室小小空间中进行的教学活动其实是教师教、学生学、干部管的共同参与性活动，是学校教学工作的微缩与集中体现。首先，教师在课堂教学中起主导作用，保证教学按照规定的教学目的、课程内容来进行，教师的学术水平、治学态度、教学技能、工作积极性等对教学质量起着根本的作用。其次，学生在教的过程中是受体，在学的过程中却是主体，只有学生积极主动参与，才能实现知识和能力的内化及个人素质的提高，学生的知识基础、学习态度、求知欲望、能力程度、学习方法等是决定其学习质量好坏的关键因素。最后，课堂教学活动需要管理人员的有效管理来确保其规范、有效、定时地进行，其他物质条件，如教学设备维护、教学工具配备等，也需要在管理人员的组织下通过教师发挥其价值，管理人员的工作态度、敬业精神、业务水平、服务思想、工作方法等对教学质量起着至关重要的作用。

可见，影响教学质量的诸多因素，在教学工作评价中都要涉及，其中重点要关注人的因素。通过教学工作评价，可以实现对各因素的实时监控、检测、纠偏，调动学校、教师、学生的积极性，激活教学过程的各种要素，激发学校自身的内在动力，形成自我约束、自我发展的教学质量监控机制，从而促进和提高教学质量。

六、教学工作评价的层次界定

目前对于中小学校的教学工作评价的层次界定，学术界有不同的观点，在评价实践中，也出现了评价层次严重交叉的现象。总结实践经验，从学校教学管理的不同层级入手，可以将教学工作评价界定为三个层次：

（一）对学校整体教学工作的综合评价

当上级教育管理部门对某个中小学的教学工作进行全面评价与考察，即对一个学校进行整体评价时，所开展的工作就是以学校为考察单位，对该学校进行整体的教学工作评价，主要评价教学条件、教学管理、教学改革和教学效果等领域，形成一个评价体系（见图 7-1）。这个层次的评价成为鉴定学校整体教学水平、区分学校重点或非重点地位、分配有限的教育资源的重要依据。

（二）对教研组教学工作的综合评价

目前，中小学校一般在校长、主管教学副校长、教导主任之下，设置以课程为分类标准的教研组，以课程组长为负责人；当课程组人数较多时，还以年级再细分为年级组，设年级组长。

教研组作为一级教学管理单位，对上接受学校教学管理部门与人员的指挥，传达学

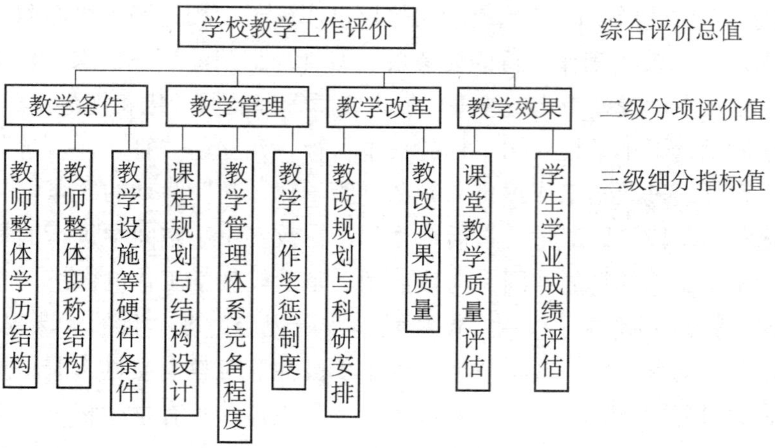

图 7-1 学校教学工作评价体系示意图

校的教学管理精神；对下通过组织一个个教师的教学工作来落实学校教学管理任务，同时担负起将教学任务的执行情况与执行中发现的问题及时向上汇报的沟通职责，实现“上情下达、下情上达”。作为学校中的基层管理层，教研组主要承担的是教学工作的分解、执行责任，而教学管理规划、教育方向把握等方面的工作任务相应要少一些，所以对教研组的教学工作评价与对学校教学工作的整体评价在侧重点上会有很大不同，虽然这个层次的评价也是一个综合性评价。通过对教研组教学工作任务的解读，可以构建如图 7-2 所示的教研组教学工作评价体系示意图。

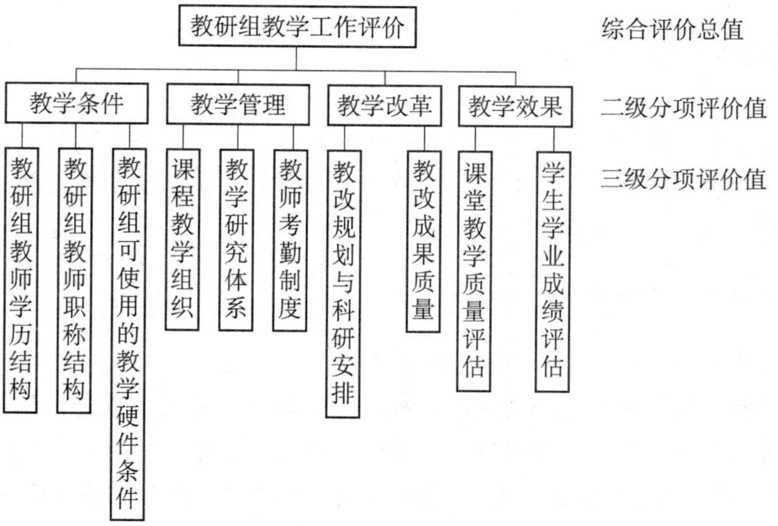

图 7-2 教研组教学工作评价体系示意图

（三）对教师个人的教学工作评价

教师教学工作评价是学校整体教学工作评价与教研组教学工作评价的基础，是落实到每个教师的教学工作方面的评价。作为学校内部的教学质量监控手段，教师教学工作评价具有重要的意义与作用。

(1) 长期的、不间断的教师教学工作评价可以有效提高教师的教学水平，促进教师发展。

学校的教学活动是由教师教学工作体现的，教师教学工作评价可以直接提高教师对教学工作的重视，每一堂课的教学实践会帮助教师不断提高教学水平。劳伦斯·斯滕豪斯（Lawrence Stenhouse）认为：每一个课堂都是一个课程理论的实验室，每个教师都是研究者，教师的专业发展离不开课堂生活，教师每一天都在课堂教学中成长；教学是教师的最基本的专业活动形式，其专业发展可以通过教师在教学中表现出的知识、技能和判断力的提高来衡量。长期的、不间断的教师教学工作评价成为促进教师主动发展的一条重要途径。

(2) 科学、客观的教师教学工作评价可以提高学校管理水平和教学质量，提升教师管理科学化水平。

科学、客观地对教师教学工作进行评价有利于激发教师的工作热情，增进师生之间、教师与管理人员之间的相互了解与理解，实现管理水平和教学质量的提高。教师课堂教学质量、专业知识、科研能力、情商、师德和人格魅力的综合考查使得评价科学全面，学生、同行、所在单位、教师自我、专家等多个评价者的广泛参与使得评价客观公正，这样，教师教学工作评价就会对教学管理、教师队伍管理等方面的科学化发挥实际的促进作用。

第二节 教学工作评价的内容

一、教学工作评价系统的构建

从西方教学工作评价理论发展的历程可以看出，其发展趋势是：评价过程由封闭转为开放，评价内容由片面转向全面，评价功能由单一转向多样，评价手段由定量转为定量和定性相结合。具体的评价实践中也发生了以下的重要变化：从把评价对象仅仅看作客体，到重视评价对象的主体性；从教育价值的一元论到重视教育价值的多元性；从重视评价的鉴定与奖惩功能到重视评价的发展与激励功能等。

当前，我国的教学工作评价在新教育理念的推动下也表现出了“教育评价内容的全面性、教育评价方法的多样性、教育评价主体的多元化、日益注重评价的教育性和发展性功能”等趋势。综合而言，教学工作评价的理论构建与实际实施中体现了“系统观”，评价者的选择方面体现了“综合观”，评价内容的侧重与评价结果的运用方面体现了“人本观”。

从硬件条件来看，教学工作评价的客观、全面、科学、有效进行，需要一个科学、合作的学校内部教学工作评价系统，其框架可以按照以下结构进行设计：

（一）一个中心

在主管教学的副校长下设一个教学工作评价中心，作为学校教学工作评价的执行机构，其主要任务有：

(1) 负责校内自评的各项工作的组织与实施，如：制定校内教学工作评价的方案，并组织、协调、指导、检查、落实评价工作；整理历年校内教学评价的资料，起草有关文件，汇总评价数据，反馈评价结果、采集评价信息，报道校内外评价工作动态。

（2）承担上级教育主管部门对学校的教学工作评价任务的组织、协调等，如：负责与省区市教育主管部门、评估专家组等上级行政部门或其他学校间的联络、接待、沟通工作。

（3）负责组建校内教学评价专家队伍，如：选择适合的管理者、教师进入专家队伍，定期举办教学工作评价会议，发挥专家的评议作用。

（4）负责督查、催办、反馈各课程组、年级组、管理部门对教学工作评价后的整改意见的落实情况。

（二）一支队伍

建设一支规模适当、结构合理、教学经验丰富、评价能力强的专家评价队伍，并充分发挥其鉴定、诊断、导向、监督和提供决策依据的作用，不仅保证了评价工作有专职人员完成，还保证了评估过程及其结论的质量和可信度，真正落实了“学术治校、专家治校”的办学思想。评价队伍的组建应该做到领导与教师相结合，以教师为主；老中青相结合，以中年教师为主；专兼职相结合，以兼职为主。专家评价队伍组建后，在评价中心的管理与组织下按照学校的教学评价标准，深入教学全过程，开展教学工作评价，对每位教师、每门课程都给出评定，提出改进意见和建议。

（三）一个制度体系

教学工作评价本身就是一项长期的工作，同时其结果要在学校激励体系、晋升体系、宣传体系等方面得到反映与执行，以督促教学工作的改进，所以学校必须建立一个以教学质量管理与教学工作评价为核心的制度体系，从制度上保证教学工作评价顺利、有效、持之以恒地进行。

（四）三个考查群体

教学工作评价涉及学校中的三种人群，只对其中一种或两种人群进行评价必然导致评价指向偏离、评价结果价值降低。

（1）评价教师，即对教师教学工作进行评价，按照评价指标体系对教师的基本素质、教学准备与执行、教学目标实现程度、教学效果等进行评价，通过定量与定性分析，对存在的问题做出诊断，从而激励教师提高教学质量。

（2）评价管理部门及其人员，即对教学管理部门的管理水平、人员的服务意识进行评价，对存在的问题做出诊断，以教学质量为导向，提高职能部门的教学管理水平和服务意识。

（3）评价学生，即对学生学习状态与质量进行评价，了解学生学习能力分布情况与学习努力程度，对存在的问题进行诊断，有针对性地对其进行教育。

二、教学工作评价的评价者

教学工作评价在评价者的选择方面应采纳“全员评价”的原则，使得评价结果公正、公平。具体而言，可以作为评价者的群体或个人有：

（一）学校管理群体

1. 教学督导

目前不少学校实行了校、教研组两级教学督导制度。校级教学督导委员会直接对校长及评价中心负责，教研组的督导员负责本组的教学监督、评估，并接受校级督导委员会的指导。两级教学督导机构根据学校教学工作的相关要求，负责督导不同层次的教学内容，如课程建设、教学计划执行、课堂教学质量等环节，两级教学督导人员深入教学第一线，通过听课、召开学生座谈会、抽查试卷、与教师谈心、参加教研活动等多种方式，了解教学的过程。

督导可以由具有多年教学经验的老教师、教学成果丰富的中青年教师及从事教学工作评价研究的专家担任，再通过一线听课、巡视、检查、座谈等形式，保证督导评教工作的真实、客观、公正。

2. 教学管理部门与学校各级领导干部

教学管理部门与学校各级领导干部可以通过课程安排、考试管理、上班考勤、学生到课、深入班级听课等多种途径，收集有关教学的信息，把握教学工作动态，了解学校整体教学工作状况。这既履行了教学管理职能，又是客观了解教学实际的重要途径，进而对学校、课程组、教师的教学工作进行评价与宏观调控，确保教学质量达到学校的目标要求、教学过程科学进行、教学任务如期完成。由于教学管理部门与学校各级领导干部对于学校整体的教育规划、教学目标的理解与把握往往更加深入、全面，所以他们对教学工作评价的导向性贡献更多。值得注意的是，管理干部的特殊身份使得他们在进行评价工作时面临一些问题。例如：管理干部行政工作繁忙，抽空听课只是蜻蜓点水，对教学的了解少而肤浅，容易以偏概全，形成评价偏差；管理干部的职权威力可能使教师感到紧张，影响教学发挥，以及管理干部对教师的形象、个性等方面的错觉误觉也可能导致其对相关教师的教学表现产生错误认知。这些因素都会影响评价的客观性和真实性。

3. 评价专家组

有的学校实行的是评价专家组制度，从校外聘请具有丰富教学工作评价经验的专家担任评价者，以旁观者、审视者的身份全面考察学校的教学工作，通过长期坚持一线听课与相关教学检查，能够对教学工作做出更加客观、科学的评价，但是学校要支付一定的专家聘用费，加大了教学工作评价活动的成本。

（二）教师群体

1. 教师自我评价

教师自我评价是由教师本人对照学校的教学工作评价的内容和标准，采用一定的评价指标体系对自己的教学工作进行价值判断的活动。

传统的教学工作评价将教师自评摒弃在评价工作之外，仅仅将教师作为教学检查的对象，其主要依据是：当评价结果涉及教师切身利益时，容易出现自我评价过高的现象，导致评价失真。这种观点基于“泰勒制”或 X 理论的管理思想，将教师视为单纯的“经济人”，认为教师缺乏准确的自我评价能力。这种观点只会使教师对评价怀有抵触情绪，对教师的发展很难起到促进作用。

从发展性教学工作评价的理念出发，教师自我评价是具备许多优点的：

（1）体现了对教师的尊重，是突出教师评价主体性的有效方式，体现了以人为本、促进教师发展的管理理念，使得评价工作能够得到教师的支持，有利于缓解教师的疑惧心理和抵触情绪。

（2）有利于发扬民主，增进教师参与评价的积极性与主动性，给予教师表达自我努力与付出的机会，有利于增进教师的主人翁责任感，使其乐于正确认识自我。

（3）自我评价的过程也是被评价者自我诊断、自我整改的过程，有利于教师自觉认识自己素质、能力及教学中的优缺点，促进教师更好地改进自身工作，通过学习提高教学质量。

所以，教师自我评价是当前学校教学评价中的一个重要方面，它是有效改进教学的内在推动力。从心理学角度来看，教师自我评价的过程就是自我激励和自我提高的过程，奖惩等外因必须通过教师的心理内因起作用，内部动机比外部压力具有更加持久的激励作用。教师正确的自我认知和自觉的发展理念是改善教学工作的基础，外部评价（学生评价、同行评价和专家评价）虽然从不同的角度给教师提供了反馈信息，让教师能从多角度审视自己的教学，但是如果教师不能开放地接受外在评价，自觉纠正认知“偏差”，寻找问题的症结并进行改进，外因很难发生作用。而教师自我评价正是促使教师重新自我定位和进行教学反思的过程，正确的自我评价将帮助教师客观地评价自己的教学，正确地对待外部评价，主动地寻找外界支持和帮助，身体力行地进行教学工作方面的改进。

教师自我评价作为一种教师自我发展的动力机制，对教师提出了实事求是进行评价的客观要求，教师本人作为评价者，必须全面地进行自我审视，对于有强烈事业心的教师而言，自我提高与自我发展远比短期的工作奖惩更有意义。教师自评作为学校教学评价新模式中的一个环节，促使教师定期或不定期地对自身的教学活动进行自我反省，充分发挥了评价促进教学的有效性的作用。

当然，教师自我评价应该选用科学设计的调查与评价工具，例如依据教学工作评价指标体系设计的、专用的“教师自我评价综合问卷”及数据整理与处理方法，以保证自评工作科学、规范地进行。

2. 同行教师评价

在学校教师群体中，同年级组、同教研组的教师相互之间最为了解，可以互为评价对象，每位教师既是被评价者，也是评价他人的评价者。如果每位教师都能够以认真、负责的态度对同事进行实事求是的评价，这种评价活动就能激励同行之间处理好人际关系、共同协作、共同提高。因为同行教师是本学科的内行，对课程熟悉，能够针对相关课程及特定教师的教学提出较为中肯的意见，所以在评价工作中是应该具备发言权的。学校应该有计划、有目的地组织同行相互评议，一方面可以使被评教师获得其他同事的针对性建议，另一方面教师在评价同事的同时，促进其对自身的教学过程的反省，促进其本人学习同事教学中的优点，避免犯与同行相同的错误。

当然，在同行评议中，必须克服人际矛盾和不良心理效应的影响，防止感情用事、从主观印象出发、违心办事等弊端，使评价结果产生偏差。教师同行评价可以选用依据教学工作评价指标体系设计的“教师同行评价综合问卷”及相应的数据处理工具。

（三）学生群体

学生是教师教学工作的直接对象，是教学的直接感受者，作为教学工作评价者之一而参与教学工作评价也是应该的、必然的。教师的“教”是为了学生“学”，师生在教与学的过程中应该进行很好的合作，这是教师成功教学和学生成功学习的重要前提。通过学生评教，一方面可以促使教师转变教学思想、矫正教学行为，及时了解学生对自己教学的反馈意见，有针对性地扬长避短，提高教学水平；另一方面，可以从客观上强化学生作为教学活动主体之一的意识，有助于增强学生对提高教学质量的责任感，更加主动地学习。

所以学校应该鼓励学生参与教学工作评价，可以通过和学生谈话、开座谈会的形式征求学生对教师教学的意见，也可以通过调查问卷向学生了解教师教学的效果。学生评价可以选用依据教学工作评价指标体系设计的“学生综合问卷”与访谈提纲。

对于中小学而言，学生参与评教的最大困难在于：学生年龄较小，还没有形成独立稳定的价值观，对教师教学的判断可能不准确，甚至有许多不正确的看法，评价判断会出现偏差；而且作为被教育对象，他们对教师的教学工作了解得并不全面，对教育的原则、方法、标准也理解较少，对成长与发展的正确要求理解不足，感情性干扰因素较多，评价失真的可能性较大。

以上三个群体的教学工作评价结果应该按照一定的权重比例计入总的教学评价结果，以保证总评综合了各方面的价值判断，适度抵消干扰因素。

三、教学工作评价的具体内容

由于教学工作评价涉及学校管理部门的管理、教师的教学、学生的学习三个方面，所以要想体现全面评价原则，就应该针对这三个方面进行周详的考查与评价。

（一）学校教学工作组织与管理水平的评价

学校的教学工作组织与管理水平的评价，可以通过学校整体教学管理水平评估与部门管理绩效评估的方式进行，重点评价学校的教学管理制度是否健全、部门职能是否履行、部门与教学单位间是否协调合作、教学工作评价是否执行、评价是否产生“以评促改”的作用等。每个学校在上级教育管理部门的指导下，都应该建立本校的教学管理工作评价指标体系与教学工作评价系统，从人力、物力、财力、机构、制度上保证全校的教学工作评价的顺利进行。

学校整体教学管理水平评价可以由上级教育管理部门组织进行，自我评价则可以由教师与学生担任主要的评价者，结合管理部门自评得出评价结果。

（二）教师教学工作的评价

教师教学工作评价是以教师个体教学工作为评价对象，对教师教学工作进行价值判断的过程。它居于学校内部教学工作评价的核心地位。一般地，教师教学工作评价由两部分构成，即教学过程评价和教学成果评价，即所有与教学有关的行为的评价及行为结果的评价，这其中就体现了全程评价的原则。

1. 教学过程评价

教学过程是指学生在教师的指导下获得知识、发展能力、形成思维和培养品德的过程。在这个过程中，教师根据一定的教育目标贯彻执行教学计划、讲授课程内容、指导学生学习，使学生逐步掌握课程的知识理论及技能要求，达成预期的教学目标；教学过程应该体现出以教师为主导、学生为主体的最佳结合。这个过程包括了一系列的教学行为，通常有六项：课前备课、课堂教学、批改作业、课后辅导、课外活动、考试评定，其中课堂教学（上课）是教学过程的中心环节。配合教学过程行为发生的还有教师本身的学习行为与科研行为，因此对教学过程的评价，应该从全面质量管理的角度来理解，将教师的教学资质、教学准备、课堂教学、教学技能水平等均考虑进去。

（1）教师教学资质评价。

教师教学资质评价主要是考查教师是否接受了正规的师范教育、是否取得了教师资格、专业学习是否优异、是否具备了教育学与教育心理学的基本知识、个性特点是否适宜中小学教学工作、是否积极参加进修等，教师教学资质评价既可以在聘用教师时作为“前控手段”使用，也可以作为每年教师评价的考查手段。

（2）教学准备的评价。

教学准备工作是搞好教学工作的先决条件和基本环节，中小学教师在正式的课堂教学之前，通常要进行四项备课工作：钻研教材、了解学生、选择教法、准备教具。同时备课工作通常有三种形式：学期备课、单元备课、学时备课，这四项工作与三种形式保证了教师按照时间序列和教学任务要求，有步骤、有条理地进行课程准备。

但是备课环节由于其工作的内隐性，在评价与考查中存在许多困难，可能某位教师用了8个小时准备了45分钟的课程，而另一位教师只用了30分钟，除了效率问题之外，由于经验不足、方法不当、个性因素等原因，前一位教师的课堂教学效果可能还没有后一位好。所以对备课环节建立明确的、统一的评价标准就非常重要，建立可以客观考查、量化判断的标准尤其重要。以某小学为例，其备课评价标准为：1）教案规范；2）目标明确；3）教法合适；4）有思想教育要求；5）有培养创新精神和实践能力措施；6）参加备课认真。这些标准看似明确，但在实际评价中也会有难以判断的问题。

（3）课堂教学的评价。

学校教学活动是以课堂教学为主要形式的，教师教学工作也主要体现在课堂上，因而课堂教学评价在教师教学工作评价中居于核心地位，是促进教师专业发展的一个关键途径，对于提高教师教学水平有着直接的作用。

课堂教学作为教学实施过程的最主要的、决定性的环节，是教学工作的重要内容，是完成教学任务的最基本途径，也是教师最主要的工作，其他活动、工作都是围绕“上课”而开展的。目前正在进行的新课程改革的核心理念就是“以学生和教师的发展为本”，以素质教育为目标，不仅关注学生知识、情感、态度、价值观的全面发展，而且对教师的角色提出了新要求：教师应是课程的开发者、研究者，教师应是学生学习的指导者、合作者和评价者。课堂教学评价主要考查教师在课堂教学中展现的以下方面：

1）教学态度。

教学态度决定工作积极性，一个低能力、高努力的教师可能会比另一个高能力、低努力的教师教学效果更好。教师的敬业精神，实施素质教育、培养创新人才的自觉性，以及努力学习现代教育技术和先进教学方法等多方面体现了教师的教学态度，并以热爱学生、精心育人，以身作则、为人师表，顾全大局、团结协作等外显行为表现出来。态度虽然是内隐的，但是对于教学质量的影响却很大，所以尽管态度评价在客观量化方面具有难度，但是教学态度评价仍然必须列入教学工作评价指标体系之中，并尽可能地通过一些直观标准来考查。

2）教学过程组织。

教学过程组织是教学基本矛盾的转化过程，即教学主体运用教学条件逐步实现教学目标的过程。教学过程设计应以学生为主体、教师为主导，保证学生的知识和能力协调发展，在教学过程中给学生提供“内化”知识经验、技能技巧的时间和空间。教学过程中的教学任务、教学时间、教学情境和教学内容等是规定好的既定条件，但教师不能将课堂教学视为单纯的知识传递和课程安排的过程，而应通过优选教学方法与手段、选择教学速度和分析教学结果，给学生提供一个对知识进行应用、复合的过程，以及思考、讨论的时间与空间。

所以教学过程优化设计的目标是通过有限的时间和空间、有限的人力和物力资源，构建最经济、最有效的教学过程，使教学过程成为学生知识和能力协调发展的过程，使学生在学习知识的同时促进其知识向能力的转化。在教学过程优化设计中应遵循以下原则：第一，最经济、最有效地合理利用现有的教学资源，实现教学目标，使学校办学效益得到提高；第二，以学生为主体、教师为主导，教学过程设计应便于学生自主学习，为学生提供最完善的学习支持；第三，考虑学习者的类型和学习经验的积累程度，设计能够满足学生个性化学习要求的方案；第四，教学过程要符合教学规律，易于控制。

教学过程组织主要包含两个方面：一是整体课程教学设计。教师应在教学管理者的帮助下，厘清课程间的逻辑关系，依据课程在人才培养中的作用，明确课程教学目标，优化设计主要知识点向能力、素质转化的途径，并强化课程规划意识，制定课程实施方案，注重整合教师、学生、教材、环境等条件，以沟通、参与、互动等活性因素形成生动活泼的课程形态。二是课堂教学过程设计。教师围绕课堂教学目的，全面考虑教学内容组织、方法选用、手段运用、实践环节和课后作业的安排，进而进行课堂环节具体实施的教学媒体、教学程序、呈现方式和教学互动等方面的行为操作序列的设计。所以这两个方面的内容都应该列入教学工作评价指标体系之中。

3）教学内容组织。

教学内容组织主要考查教学内容是否按照教学大纲、课程标准进行，是否正确充实，教学过程中是否能抓住重点、解决难点，是否能够抓住课堂教学的关键时间讲述核心内容，内容顺序是否科学，是否按照教育规律展开等方面。

4）教学策略与方法。

教学策略与方法是课堂教学技巧的体现，同一课程由不同的教师任教，会因教学策略与方法的不同而产生不同的教学效果。教师应该按照课程中知识的类型——陈述性知识和程序性知识，了解对应的、科学的教学过程与学习过程，选择正确的教学策略。以陈述性知识为例，其教学过程与学习过程模型[①]如图 7－3 所示：

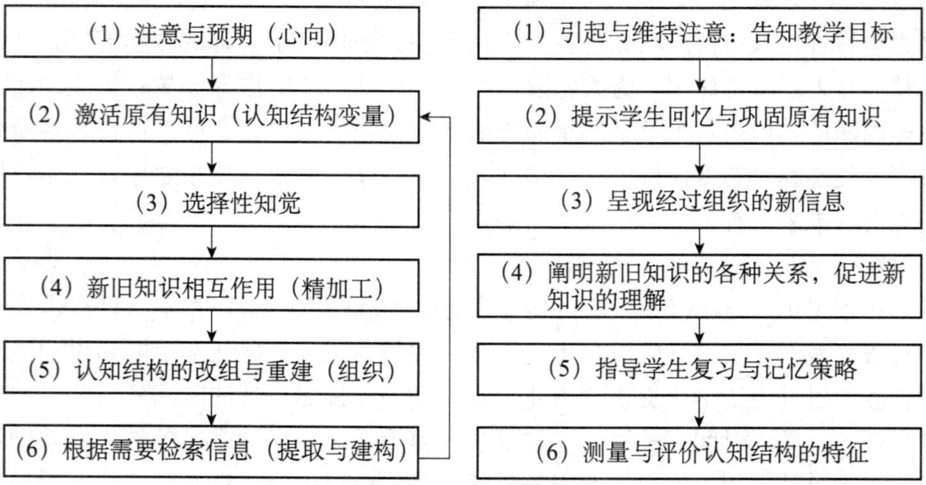

图 7－3　陈述性知识的教学过程与学习过程模型

按照陈述性知识学习的一般条件，可以采用的教学策略有：动机性策略、复述策略、组织者策略、多通道策略、多表征策略、复习策略、系统化策略等，所以对于教学策略与方法的评价，可以从“策略选择是否得当，是否按照教与学的科学过程展开”等方面进行。

以武汉市某中学为例，在教学策略与方法环节设立了两项二级指标：A. 培养创新精神；B. 培养实践能力。其中 A 指标下设“设问具有新颖性、语言具有启发性、鼓励质疑问难、启发学生思维”四项三级指标；B 指标下设“教学联系实际、启发学生实践思路”两项三级指标。这种指标设计就有选择不当、指标重复、覆盖不全等问题。

5）课后作业。

课后作业对强化中小学生的知识巩固、技能掌握具有很重要的作用。目前教学参考书丰富多样，中小学生沉溺于题海之中，教师应该根据课程标准的要求，紧扣教学内容，精选作业，使得布置的作业数量与难易程度适当，以免学生负担过重，影响其身心发展，同时“收、改、发”及时，确保作业的反馈强化作用，批语简明、准确中肯、指导具体，注重培养学生在作业中体现的创新精神和实践能力。所以，作为课堂教学的辅助环节，教师批阅布置作业的工作质量也是教学工作评价的重要内容。

6）课外辅导。

课外辅导包括给学生解答疑难，分类辅导，具体帮助。如：给优秀生个别指导，提

① 莫雷．教育心理学．广州：广东高等教育出版社，2002：198.

高整个班级学习状况的最优水平，重视特长生的培养；强化后进生的提高，给缺课学生、后进生补课，促使他们赶、追、超。

7）实践教学活动。

实践教学活动可以从以下方面进行考查：教师对任教课程有无学期活动计划，活动计划是否详细，是否能按计划活动，学生是否乐于参加，实践教学是否促进了学生特长发展，等等。

（4）教学技能水平的评价。

教师教学过程是一种复杂的智力活动，它不仅涉及所授课程的知识，而且要求教师掌握教育学、心理学、语言学等领域的知识与技能，具备从事教学工作的特殊能力，并达到要求的水平标准。

以上海某小学为例，重点考查以下基本技能：驾驭教学信息的技能、运用语言的技能、集中学生注意力的技能、把握课堂反馈信息的技能、处理偶发事件的技能、控制情绪和教态的技能、板书和运用教具的技能、贯彻落实教学常规的技能。

综合而言，教师不仅在道德品质方面要做学生的榜样，而且应该具备以下重要能力：运用专业知识能力、组织教材能力、言语表达能力、组织教学能力、使用现代化教学媒体的能力等，评价也应该从这些方面入手。

（5）课堂教学效果的评价。

课堂教学效果的评价通常从课堂教学气氛与学生参与程度、学生注意力提高程度、学生完成作业的效率、到课率等方面来体现，主要是考查教师在课堂上的表现、师生互动程度、学生参与程度等方面。

（6）课程考试质量的评价。

考试质量评价则应该主要考查教师对试卷的设计程度、试卷对学生学业掌握的考核效度与信度、试卷评阅的质量等几个方面。

2. 教学成果评价

教学成果评价则主要考查教师教学行为的结果，主要有：

（1）课程教学效果评价。

课程教学效果评价要考查的是课程教学行为的直接结果，主要是通过学生的学业成绩、学习目的与态度转变、学习品德的进步、人格的发展与变化、人际关系与社会道德的发展等指标来描述。不少学校为了简化，就以学生学业成绩作为唯一指标，正是这个指挥棒的错误选择，导致了中小学教育中“重视课程考试的卷面分数，轻视综合素质、道德品质及人格健全的发展”的错误。所以必须在构建教学工作评价指标体系时对这种错误予以纠正，真正发挥评价对教学的促进作用。

（2）教学科研成果评价。

教学科研成果评价是对教师自我学习、研究教学方法、实践教学改革等与教学相关的行为结果的评价，可以通过“进修计划的设计与完成、教学研究课题的完成情况、教学改革论文的发表数量与质量”等方面来进行评价。

总之，教师教学工作评价可以由学生评教、教师自评与互评、专家（督导）评教、管理干部评教共同构成，不同评价者的评价值可以结合学校实际以适当的权重系数计入综合评价，以便对教师教学工作做出科学、公正的评价，实现评价对教师的激励作用。

（三）学生学习状态的评价

传统的学校教学工作评价中，考试的最高分、平均分、统考联考通过率、升学率等被视为学生学习结果的评价指标，也是教师教学工作的评价指标，导致了“唯分数论”“唯升学论”，它忽视了学生的品德、人格、情商、实践技能等方面的发展与培养，并且将学生视为知识的被动接受者，“填鸭式”的教学方式很常见。

而今，中小学教学注重综合素质培养，关注学生全面发展，注重教师角色转换，提倡发展新型的师生关系，倡导学生自主、探究、合作的学习方式，强调教学过程中教师要与学生积极互动、共同发展，尤其更注重学生在课堂上的状态和表现，力求通过学生的学习过程来评价教师的教学。例如，青岛实验区在对教师的课堂教学评价中关注教师以下表现：与学生积极互动、共同发展，注重培养学生的独立性和自主性，创设能引导学生主动参与的教育环境，指导学生主动地、富有个性地学习，尊重学生人格，关注个体差异、满足不同学生的需要，积极利用并开发信息化课程资源等。又如，黑龙江省宁安实验区的课堂教学评价指标体系强调学生在课堂上的状态（参与状态、交往状态、思维状态、学习达成状态），及学生在课堂上与教师互动、自主学习、同伴合作中的表现和情感体验及探究思考过程等。

可以说，学生学习状态的评价既是教师教学工作效果评价的主要方面，又是促进学生正视自我、改进学习、客观评教、与教师合作的重要途径与手段。从广义的角度讲，评价学生学习是学校教学工作评价的重要内容，也是教师教学工作评价的重要内容。具体而言，考查学生的学习状态主要集中在以下方面：

1. 学生学习能力的评价

学生学习能力评价应该重点考查学生的智力、创造力的发展与培养，中小学生正处于智力快速发展的阶段，学校可以组织学生以班为单位，运用目前比较成熟的韦克斯勒智力量表等工具，每年进行一次智力测试，从中搜寻教学因素与智力发展的关系，有针对性地强化某些课程与技能的学习。

其中，创造力作为一种较特殊的智力品质，可以运用南加利福尼亚大学发散思维量表、芝加哥大学创造力量表或是托伦斯创造性思维测验等工具进行评价与测试，并研究学生目前所进行的相关课程学习及教师教学工作对学生创造力的培养作用。

对于学生学习能力的评价结果应该由班主任、任课教师掌握并保密，以免高智力学生放松学习、低智力学生放弃努力，并且这项评价结果可以不计入教学工作评价综合值中。

2. 学生学习品德的评价

学生学习品德评价是考查学生品德领域中关于学习与学业的部分，并且偏重于学习意志、学习动机、学习努力方面的考查。良好的教书育人效果通常体现在：师生关系融洽，学生心情舒畅；学习目的正确，学习习惯良好；学生学习刻苦，成绩不断提高；学习意志坚强，学习主动性与积极性高；正确的世界观价值观逐渐形成，创新精神日益突出，实践意识不断增长；同学互相关心，学习气氛浓厚等方面。

学生学习品德评价可以允许学生自评，但应该以教师、学校管理部门的评价为主，评价结果可以列入教学工作评价综合值中，还可以在校园网上公布，反馈给学生，或由各班信息员向全体同学传达，并作为评选“优良学风班”的参考，促进学生以班为单位，培养学习品德，形成良好学风。

3. 学生学业成绩评价

用教师所教学科的学生考试成绩来评价教师教学效果，是当前大多数学校采用的方法，经常采用的评价标准有学生的及格率、优秀率、平均分、最高分乃至升学率、上重点中学（大学）率等。这种方法虽然不能很好地反映教师进行素质教育的效果，且客观性、公正性也差，在考试改革和教学评价改革中也备受质疑，但是因为还没有创建出更为科学的学生学习成绩考查方法，以及学生学业成绩在教学效果体现方面的重要性，所以用考试成绩来评价教学效果的做法还在普遍应用。

不少学校通过采用让教师从低年级一直带到高年级等办法来克服干扰性因素的影响。因为学校能够认识到：学生学业成绩的优劣是受到多种因素制约的，学习虽是在教师的指导下进行，但学生的学习目的、学习态度、学习习惯以及原有基础等因素，都是教师难以直接控制的，而这些因素对学习的影响很大。这正是不能以学生学业成绩作为评价教师教学工作效果的唯一依据的关键原因。

4. 学生人格与心理健康评价

中小学教育不仅要培养能够掌握社会所要求的知识技能的人才，更为重要的是培养人格健全、心理健康的社会成员。所有课程的教学都必须围绕这个核心进行，因为人格健全、心理健康能够促进学生学业成功、形成良好品德、健康地融入社会、正常地发展与生活。同时，中小学生由于身心发展尚未成熟，更加容易受到社会大环境中不良因素的影响，加之他们自控能力差、意志力薄弱、情绪不稳定、挫折耐受力低等原因，所以比较容易出现人格障碍、心理问题。这个方面的评价也应该列入学校教学工作评价之中，并通过推动任课教师重视育人功能以及进行专门的心理健康教育来保证学生心理素质的发展。

5. 学生人际关系与社会道德评价

竞争与合作是影响学生学习的集体因素中的两个重要变量，中小学学生的人际关系技能就是在学校中通过与同学、教师的互动而培养起来的。教师的个性特点、教学态度、心理期待会对学生的人际关系产生重要的影响。同时中小学阶段，男女学生还要形成正确的社会性别角色认识，形成有建设性的两性相处模式。

社会道德的发展也是中小学阶段的重要任务，通过学校教育、教师教学，学生逐渐掌握道德知识，进而发展道德评价能力并产生道德信念，最后形成道德意志，实践道德行为。这些方面都是中小学教育与教学的目标，评价教学工作应该将这些内容都考虑在内，可以通过设计相应的评价量表或调查问卷来科学、客观地评价学生人际关系技能与社会道德培养成效，并纳入教师教学工作评价之中。

第三节　教学工作评价的程序与评价指标体系

一、教学工作评价的程序

基于发展性教学工作评价的理念，在具体的评价程序与指标体系构建中要处理好三个关系：(1) 全面要求与突出重点的关系，指标体系既要覆盖应该列入评价的所有方面，具有全面性，又要突出重点，以免过于烦琐，丧失可行性；(2) 定性与定量的关系，要处理好定性与定量评价的辩证统一，既要有量化评价，又要有定性分析，在定量与定性相结合的测评中形成诊断性、发展性的评价结论；(3) 共性评价与个性评价的关系，以学校、教研组、课程组等为对象，追求整体共性评价，增强学校与学校之间、教研组与教研组之间、课程组与课程组之间的教学工作评价结果的可比性、评价标准的统一性，同时以此为基础，注重对不同教师、不同课程、不同年级的特色评价，促进教师、学生的个性发展。

通常，教学工作评价应该按照以下程序进行：

（一）制定教学工作评价标准

评价是依据一定的评价标准对评价对象的属性进行价值判断的过程，所以必须先建立科学的评价标准，以之为依据，才能保证评价结论的客观性、可靠性。评价的标准通常与评价因素集有着一一对应的关系，集中反映了对评价对象的价值认识。

所以，教学工作评价的第一步便是明确评价标准，标准即对教学工作评价内容的具体规定——规定教学评价应该考查的方方面面，同时既要体现定量的要求也要体现定性的要求。标准通常由“评价内容和指标标准”构成一个标准体系，这个标准体系实际上就是评价指标的理想化表述。

通过整理 20 世纪 90 年代后的文献资料，我们发现形成教学工作评价标准的策略主要是四种①：

(1) 依据教学的各个要素进行分析，把课堂教学分为教学目标、教学内容、教学方法、教学效果等要素，然后进行进一步分解，评价注重考查教学能否达到促进学生全面发展的目的。

(2) 依据非固定问题确立标准，针对性强，分别从建构主义、素质教育和新课程改革、教师角色要求的角度设定评价标准。

(3) 依据教学中的具体行为分类，分别从教师教的行为和学生学的行为或是两者结合的角度设定评价标准。

(4) 依据教学中学生的学习状态和过程设定评价标准，关注的学生学习状态主要涉及：注意状态、参与状态、交往状态、思维状态、情绪状态和生成状态。其中学生参与

---

① 潘娟．教师课堂教学评价标准重构．北京：首都师范大学，2004.

状态又考查了参与时间、参与广度、参与方式、参与品质、参与效果等。

目前，在教学工作评价实践中，对教学评价标准的制定有以下问题值得注意：

（1）教师应该参与教学评价标准的制定，教师与学校管理者双方应该共同讨论明确以评价为手段的教学质量管理目标，双方合作以达成预定标准。

（2）教学工作评价标准应该是评价涉及的所有被评价对象经过努力能够达到的水平描述，过高或是过低的标准对评价的效果只会带来消极影响。

（3）教学评价标准的结构应该多样化，内容应该能够体现学生和教师的主动学习、主动发展，保证较高的评价效度。

（4）标准要尽可能具体，评价的目标行为应该可以测量，并便于记录，使得自评与评价他人的工作有较高的一致性与信度。

（5）教学评价标准应该是可以改变的，应该定期对标准进行评估，当学校整体教学水平上升后，可以根据新的目标调整标准，但应注意满足前几项要求。

其中，教师参与教学评价标准的制定工作可以通过以下途径：

（1）教师可以与评价专家一起讨论，评价专家提出的标准一般都是应然状态下的标准，而教师提出的是符合自己实际的、实然状态下的标准，将两者结合，提炼其中精华，可以形成理论联系实际的、科学的教学工作评价标准。

（2）教师可以与学校管理人员一起进行标准的制定与讨论工作，基于国家或本地区的已有标准，结合学校实际形成与评价情境相匹配的、恰当的评价标准。

（3）教师可以通过参加相关的培训，了解教学工作评价的理论知识，再根据教学实际和学生的反应，通过教代会对学校已经制定的教学评价标准提出修改建议，促成评价标准不断发展变化。

评价标准的建立实际上已经为评价指标体系的构建打下基础，指标体系与标准结合，就成为描述被评行为、说明评价内容、进行量化测评的评价体系。

（二）构建教学工作评价指标体系

教学工作评价指标体系与标准是教学工作评价理念的集中体现，合理设置评价指标体系需要注意几个重要的方面：

（1）必须在对影响教学工作状态的诸多要素进行全面、科学的分析后，建立一个多指标、多角度、内容全面的评价指标体系，评价内容应该与要考查的教学关键行为一一对应，并与教育主管部门的要求相对接。

（2）评价指标的建立要经过问卷调查、严格论证、专家评判、实验修正等基本的科学程序，评价指标应由教师、学生、专家和管理者共同设计，通过不同角度的交互作用，共同构建客观、科学、统一的指标体系。

（3）从学校宏观方面建立统一的评价指标，以保证评价的可比性与规范性，同时要考虑到各类课程的不同特点和教学要求，制定不同的细分评价指标，并对教学年级等变量加以考虑，以保证评价指标在学校层面的整体上的一致性与课程、年级层面的细节上的差异性。

具体而言，教学工作评价的指标体系应该包含两个部分的内容：一是评价的指标结构体系，二是评价指标的权重分配。这两个方面的设计可以采用以下过程：

（1）将教学工作评价作为一个一级整体测评量值时，要首先根据总体评价目标，寻找一些综合性强、能全面反映评价内容的细分指标，即概要指标集（brief index）。这些指标提供了宏观的信息，但一般难以直接收集到数据，这样的概要指标通常可以作为总评价的二级指标。

（2）对概要指标再进行更进一步的分解，建立起下一级细化指标集（detailed index）。细化指标集可以作为总评价的三级评价指标使用，对每一个概要指标下的细化指标进行相关性分析，相关性大的细化指标进行主成分分析，使得概要指标能够与其下的细化指标对应。

（3）若为了保证评价的全面性而使得概要指标与细分指标数量过多时，就违反了精简性准则，会导致运算过于复杂，评价的可行性降低，这时则应该进行相关性分析，去除相关性显著的指标，余下的指标就可以作为评价指标。

（4）在指标框架基本确定后，再通过分析各个指标描述的行为方面在教学过程中的地位及其相互关系，以及各自在教学过程中的作用及其效应，确定每项指标的权重分配。

通常采用的构建指标体系的方法有层次分析法（AHP）、因素分析法、专家会议法等。

（三）采集教学工作评价信息

教学工作信息可分为两类：一类是描述教学工作领域的外显性行为的信息，通常便于量化评价；另一类是描述教学工作领域的内隐性行为的信息，难以直接量化，通常以等次赋值法将其量化，但量化后仍属于模糊信息。

采集教学工作评价信息可采取“查、观、议、评”的综合方法序列。“查”就是检查教师教案、教学日志、督导组听课记录、管理人员工作记录、学生实验报告、试卷及成绩报表等书面资料；“观”就是组织管理人员、教师、督导、专家观看课堂教学，观察教师的语言表达、板书板画、技能操作、沟通技巧、教学风格、学生参与状态等形象化资料；“议”就是召集教师和学生进行座谈会讨论，对教学活动进行讨论评议；“评”就是根据“查、观、议”获取的原始信息，依据教学工作评价的量化评价指标与标准，对教学过程、教学效果、教改成果等方面进行数量化描述，再进行计算，以“教学工作评价”总值表述教学质量。

采集教学工作评价信息的渠道应具有多样性，应该重视不同评价者群体对教学工作的评价，并将不同群体的评价值按照科学的方法进行综合，从而力争达到最终评价的客观、公正。同时，必须认识到不同评价者群体在教学工作评价中的作用、地位不同：学校的教学管理部门与人员是采集信息、处理信息、存储信息的主要工作者；教师及学生信息员是提供评价信息的主要群体；教师自评、他评、互评及学生评教信息应成为评价教师教学的主要信息来源；班主任、任课教师应是学生学习状态信息的主要来源；管理部门与督导评价的信息可成为发挥辅助与校正功能的信息来源。每位教师都应该参与教学工作评价，学生可以以年级为单位设立信息员，具体人选可以在优秀的学生干部中遴选。

对于“信息采集结果是否真实”影响最大的方面是评价者——信息提供者，评价实践中常常发生各个评价者群体由于对教学工作信息掌握得不充分而造成评价信息失真的问题，因为评价者掌握的教学工作相关信息的丰富程度会直接关系到对教学工作评价的客观性和公正性。教师、学生、管理人员对教学指导思想、课程体系的构建、课程衔接、课程教学要求、教学工作基础、学生学习基础等方面的信息的掌握存在着不均衡性，并因各自的社会角色不同而从不同的角度来看待教学中的具体现象，导致评价结果可能产生较大偏差。所以在评价之前，应该对管理人员、教师、学生信息员进行相应的培训，帮助他们更加全面地考察学校管理、教学秩序、课堂教学方法、课程设置、教材选用、教学条件、考试考查等方方面面，理性地分析存在的问题，实事求是地进行评价，尽可能地消减主观因素的干扰。

（四）选择数学计算模型处理信息

在获得大量的评价信息后，需要对数据进行加工处理。加工处理的过程包括去伪存真的过程、量化计算的过程、得出评价结论的过程、存储数据与运用数据的过程。

对采集到的信息数据主要是要进行相关的数学计算，以实现最终的综合评价。综合评价值吸纳了各个信息源的数据，可以避免单方面评价的局限性，增加了评价结论的准确性和可靠性，从而得出更为客观、更为准确的综合评价结果，更能真实地反映教学质量与水平，有利于教学水平的提高。

目前常使用的数据处理方法有模糊评价法、灰色评价法等。模糊评价法是采用模糊数学的原理，利用模糊集理论进行评价的一种方法，灰色评价法是将分散的信息描述成属于不同评价灰类的向量，对向量进行单值化处理，得出综合评价值的方法。这些方法可以处理大量的原始评价信息，克服评价的主观随意性。

运用计算机工具使得信息处理与数学模型计算更为迅捷、准确。建立网络化的教学工作评价系统，可以减少教师、学生、管理人员在评价方面的精力消耗，还可以使评价工作准确快捷，有效地解决了传统评价方式中存在的问题，如信息反馈不及时、组织过程烦琐、师生沟通困难等，并减少了数据处理环节中人工计算可能出现的失误，便于评价结果的分析反馈，有利于评价的科学化、规范化、现代化。

（五）评价结果的分析与反馈

评价结果通常使用数量化的评价值和描述性的评论相结合的方式表示，并附以结果分析，通过及时反馈，为下一步修正与发展教学行为提供依据。作为评价活动的最后阶段，本环节主要有以下任务：

（1）形成综合判断，即从总体上对教学工作做出定性与定量的综合评价，这些综合评价量值与结论可以成为比较、奖惩、培训的依据。

（2）分析诊断问题，在综合评价的基础上，对评价过程中获取的信息进行更进一步的分析，帮助学校、教师、学生认清问题所在，寻求改善方案，有针对性地改进工作。

（3）评估本次评价工作的质量，通过对评价的信度与效度进行分析，判断评价工作的质量，以考查评价结果的可信度，为以后修改评价方案、指标体系、评价标准等工作提供依据。

（4）面向学校管理部门、教师、学生给出有关方面的评价信息反馈，使得管理部门获得决策参考，使得教师、学生获得改进建议，并通过在一定范围内公布评价结果的方式，促使教师之间、学生之间、师生之间、教师学生与学校管理部门之间相互监督和相互鞭策。

教学工作评价作为一种促进教学质量提升的手段，目的在于促使学校、教师、学生认识到目前教与学中所存在的不足，主动纠正，从而提高教学的有效性，所以在信息反馈的过程中，必须要注意反馈的适时、适地及反馈方式的适当，要尽量避免当事人在接受评价信息时的抵触与反抗情绪，增进教学工作评价的激励作用。

二、教学工作评价的指标体系构建

在教学工作评价中，构建评价指标体系是核心工作。以学校为考查单位，应该构建一个教学工作总体评价体系，在这个大体系下，要运用教育统计学的方法针对不同评价群体、评价层次建立细分的评价指标体系，最后将其集合成学校的总教学评价指标体系。所以，一个完备的评价指标体系应该包含学校教学管理水平评价、教师教学工作评价、学生学习状态评价等一系列具体的分指标体系。在此，以教师教学工作评价为例，介绍指标体系的构建。

教师教学工作评价指标体系作为测量教师教学质量的量化标准系统，是在评价实践中使用的统一标尺，一般由三个子系统构成：一是指标系统，以一项项的指标作为教学工作要素的描述；二是权重系统，各级指标及对应的教学工作要素的权重数；三是标准计量系统，即教学工作要素标准和对应的评价计量方法。在此，是将评价指标体系与评价标准结合为一体，共同发挥作用。

指标体系构建的核心工作是在现代教育理论的指导下，从教师教学工作的整体出发，以结构分类思想来搜寻教师教学工作的关键性要素，筛选删除次要因素，形成简洁的二级、三级乃至四级指标集合，这时的评价指标 V_{ij} 还是定性描述的指标，需将其按照评价标准转化成定量指标，如设定比较不同标准的一系列评分等级并赋值（通常采用 1～5 或 1～7 等奇数赋值法，指标等级越高分值越大），之后采用调查统计法等方法将指标的隶属关系进行归一化处理，求得每项指标的权重。表 7－1 是以某中学为例构建的教师教学工作评价指标体系。

表 7－1　教师教学工作评价指标体系（一级指标 V）

<table>
<tr><td colspan="3">授课教师</td><td colspan="3">任教课程</td><td colspan="2"></td><td>授课班级</td><td colspan="2"></td></tr>
<tr><td rowspan="2">二级指标</td><td rowspan="2">三级指标</td><td rowspan="2">四级指标</td><td rowspan="2">满分</td><td rowspan="2">参考权重</td><td colspan="5">评价分值（等级）</td><td rowspan="2">评分</td></tr>
<tr><td>A(5)</td><td>B(4)</td><td>C(3)</td><td>D(2)</td><td>E(1)</td></tr>
<tr><td rowspan="6">教学过程评价 V_1</td><td rowspan="6">教学资质评价 V_{11}</td><td>1. 接受正规师范教育的程度</td><td rowspan="6">30</td><td></td><td>博士</td><td>硕士</td><td>本科</td><td>大专</td><td>中专</td><td></td></tr>
<tr><td>2. 教师资格的获得情况</td><td></td><td>取得 20 年以上</td><td>取得 15 年以上</td><td>取得 10 年以上</td><td>取得 5 年以上</td><td>刚刚取得或还未取得</td><td></td></tr>
<tr><td>3. 专业学习优异程度</td><td></td><td>优异</td><td>优良</td><td>良好</td><td>一般</td><td>较差</td><td></td></tr>
<tr><td>4. 教育学与教育心理学基本知识掌握程度</td><td></td><td>掌握全面</td><td>掌握较多</td><td>一般掌握</td><td>掌握较少</td><td>基本不掌握</td><td></td></tr>
<tr><td>5. 个性特点与中小学教学工作的匹配程度</td><td></td><td>非常适合</td><td>比较适合</td><td>适合</td><td>较不适合</td><td>很不适合</td><td></td></tr>
<tr><td>6. 参加进修的积极程度</td><td></td><td>非常积极</td><td>比较积极</td><td>一般</td><td>较不积极</td><td>很不积极</td><td></td></tr>
</table>

续表

授课教师			任教课程					授课班级		
二级指标	三级指标	四级指标	满分	参考权重	评价分值（等级）					评分
					A(5)	B(4)	C(3)	D(2)	E(1)	
教学过程评价 V_1	教学准备评价 V_{12}	1. 教材了解透彻，课程内容掌握全面	25		非常好	比较好	一般	不太好	很不好	
		2. 授课计划规范，符合大纲要求			非常好	比较好	一般	不太好	很不好	
		3. 教案齐整，内容详细			非常好	比较好	一般	不太好	很不好	
		4. 制作规范并适宜教学的电子教案			非常好	比较好	一般	不太好	很不好	
		5. 熟悉学生现状，了解学生学习存在的问题			非常好	比较好	一般	不太好	很不好	
	课堂教学评价 V_{13}	1. 教学态度热情积极，注意言传身教	50		非常热情	比较热情	一般	不太热情	很不热情	
		2. 教学过程组织严密，授课进度把握准确			非常好	比较好	一般	不太好	很不好	
		3. 讲授内容熟练正确，深度、广度适当			非常好	比较好	一般	不太好	很不好	
		4. 讲授重点突出、难点讲透，层次清晰			非常好	比较好	一般	不太好	很不好	
		5. 结合课程教学进行思想教育			非常好	比较好	一般	不太好	很不好	
		6. 教学策略与方法选择适当，运用灵活			非常好	比较好	一般	不太好	很不好	
		7. 课后作业布置适量，批改反馈及时，评语准确			非常好	比较好	一般	不太好	很不好	
		8. 课外辅导及时，有针对性，认真耐心			非常好	比较好	一般	不太好	很不好	
		9. 课外实践活动有计划，能落实			非常好	比较好	一般	不太好	很不好	
		10. 试卷的信度效度好，考试质量高			非常好	比较好	一般	不太好	很不好	
	教学技能评价 V_{14}	1. 灵活运用现代化教具教学	15		非常好	比较好	一般	不太好	很不好	
		2. 师生互动技巧多样，运用自然			非常好	比较好	一般	不太好	很不好	
		3. 语言简练、生动，语速音量适宜			非常好	比较好	一般	不太好	很不好	
	课堂教学效果评价 V_{15}	1. 课堂教学气氛与学生参与程度	20		非常好	比较好	一般	不太好	很不好	
		2. 学生学习主体意识与注意力提高程度			非常好	比较好	一般	不太好	很不好	
		3. 学生学习的效率和学习习惯的提高与培养			非常好	比较好	一般	不太好	很不好	

续表

授课教师			任教课程					授课班级		
二级指标	三级指标	四级指标	满分	参考权重	评价分值（等级）					评分
					A(5)	B(4)	C(3)	D(2)	E(1)	
教学过程评价V_1	课堂教学效果评价V_{15}	4. 学生到课率的提高	20		出勤率在99%以上	出勤率在97%以上	出勤率在95%以上	出勤率在93%以上	出勤率在91%以上	
教学成果评价V_2	课程教学效果评价V_{21}	1. 学生学业成绩的纵向评价（对比上学期、学年）	35		优良率提高20%以上	优良率提高15%以上	优良率提高10%以上	优良率提高5%以上	优良率没有提高	
		2. 学生学业成绩的横向评价（对比相同课程同年级其他班级）			优良率高出平均水平20个百分点	优良率高出平均水平10个百分点	优良率处于平均水平	优良率低于平均水平5个百分点	优良率低于平均水平10个百分点及以下	
		3. 学生学习目的与态度转变			转变很大	转变较大	一般	转变较少	转变很少	
		4. 学生学习品德的进步			进步很大	进步较大	一般	进步较少	进步很少	
		5. 学生人格的发展与变化			积极发展	较好发展	一般	发展平缓	发展滞后	
		6. 学生人际关系改善			显著改善	较大改善	一般	较少改善	没有改善	
		7. 学生社会道德的发展			积极发展	较好发展	一般	发展平缓	发展滞后	
	教学科研成果评价V_{22}	1. 进修计划的自我设计与完成	20		积极完成	较为积极	一般	较不积极	很不积极	
		2. 教学研究课题的完成情况，或编撰出版教材，或承担教改研究项目			国家级课题	省部级课题	厅局级课题	校级课题	没有课题	
		3. 教学改革研究论文的发表质量与数量			一级核心刊物1篇及以上	二级核心刊物2篇及以上	二级核心刊物1篇及以上	一般刊物3篇以上	一般刊物1篇及以上	
		4. 培养、指导青年教师的质量与数量			培养骨干青年教师3名以上	培养骨干教师2名以上	培养骨干教师1名以上	培养青年教师1名	辅导青年教师课程	
	教学风格附加分V_{23}	教学风格适合课程教学要求，并能够结合学生学习状况进行灵活调整	5		非常适合，变化灵活	比较适合，能够调整	基本适合，愿意调整	不太适合，较少调整	很不适合，难以调整	

续表

授课教师			任教课程					授课班级		
二级指标	三级指标	四级指标	满分	参考权重	评价分值（等级）					评分
					A(5)	B(4)	C(3)	D(2)	E(1)	
总分		1. 请在评分栏内相应打“√” 2. 请分别累计一级评价指标得分，并统计总分	200		—	—	—	—	—	

注：1. 本表最高得分为 200 分，最低得分为 40 分，合格分数设定为 120 分。
2. 指标选择使用了关键因素分析法，权重的配置采用了调查分析法，数值以有效位取整。

目前，在教学工作评价指标体系的构建中出现较多的问题有：

（1）评价目的不明确，评价内容片面，评价对象错位，从而引起评价指标、评价细则的错位。

（2）评价指标的权重分配随意性较大，项目权重没能体现出该项目在教师教学工作中的地位。

（3）评价指标体系中分得太细，项目设置过多，打分过程过长，导致评价者疲劳等个人主观因素的干扰增加。

（4）教学效果评价只有纵向比较，没有横向比较，抹杀了竞争意识。教师教学工作评价中要体现竞争意识，帮助教师适应激烈竞争的环境，更重要的是学生学习状态评价要帮助学生培养较强的竞争意识和适应竞争的能力。

（5）质性评价与量化评价整合得不协调。有的评价过度追求量化评价，有的又过于偏向定性描述，都不利于评价的科学进行。

上述第五个问题是在指标体系构建中尤其要处理好的。在量化评价中，评价者处于主导地位，评价中依据什么样的理论框架，采用什么样的测量工具，怎样实施测量和检验信度、效度、难度与区分度以及如何计算测量结果等，都是由评价者决定的，被评价者只是处于被动的评价地位，评价者自觉或不自觉地蒙蔽于“价值中立”的幌子之中，缺乏自我批评、自我反思的习惯和自觉，从而使评价带有很大的主观性和片面性。重视价值涉入的质性评价遵循了质的研究的理念，认为评价过程是一个评价者与被评价者互动发展的过程。在评价中，要求评价者不断地反思自己在评价过程中的角色与作用，反思评价者的背景、视角、立场、判断、决定等因素对评价结果的影响，质性评价者通过不断的反思，随时在挑战自己的思维定式和深层观念；并且，质性评价也强调被评价者自身的反思与评价，反思是一种内在的推动力，能够培养自我责任感。无论质性评价还是量化评价，评价者的个人素质都会密切影响评价的成败，但评价取向的价值性导致了质性评价对评价者个人素质的过分依赖，质性评价过程中需要评价者与被评价者之间的交流，要求评价者能够根据现场的情况及时调整评价计划，因此，对评价者的素质要求较高①。所以，最好的选择是将质性评价与量化评价结合起来，取长补短。当质性评价与量化评价能够良好整合时，既有利于克服量化评价中对被评价者的忽略，又可以克服质性评价中对评价者素质的过分依赖，使评价主体更自主。

① 胡中锋，黎雪琼，刘桂秋．论新课程评价中质的评价与量的评价整合．课程·教材·教法，2006（2）.

综上所述，教学工作评价以教育学、管理学理论为依据，以现代信息技术、数理统计技术、计算机技术、网络技术为手段，遵循中小学教育教学的规律，实行过程管理与目标管理相结合，督教与评教相结合，督学与评学相结合，督管与评管相结合，校级督评工作与教研组督评工作相结合，自评、互评与他评相结合，各层次、各群体评价相结合，形成高效、能动、严密的教学质量监控与教学工作评价相融合的网络体系，促进师生共同成长，促进学校教学管理水平的提高。

本章小结

本章从教学工作评价的概念与特点出发，介绍了教学工作评价的基本理念、目标、意义与功能，以及教学工作评价的依据与原则、教学工作评价与教学质量管理的关系、教学工作评价的层次界定；并进一步介绍了教学工作评价系统的构建、评价者、评价的具体内容，以及教学工作评价的程序与评价指标体系的构建及其中应该注意的问题。

思考题

1. 教学工作评价的概念是什么？
2. 教学工作评价的特点有哪些？
3. 教学工作评价的基本理念有哪些？
4. 教学工作评价的目标、意义与功能是什么？
5. 教学工作评价的依据与原则有哪些？
6. 教学工作评价的层次是如何界定的？
7. 哪些人或群体可以担当教学工作评价的评价者？
8. 教学工作评价的具体内容有哪些？
9. 教学工作评价的程序是怎样的？
10. 教学工作评价指标体系的构建中应该注意哪些问题？
11. 分析思考题

请对比表 7-2 中的柳州职业技术学院教师教学工作评价表中的指标体系与表 7-3 中的鞍山市中小学教师教学基本功大赛中使用的教师课堂教学评价表的异同，分析各自的指标体系的全面性、代表性、科学性、可行性，讨论二者评价的侧重点有何不同。

表 7-2 柳州职业技术学院教师教学工作评价表

授课教师			任教课程				授课班级		
一级评价指标	二级评价指标	满分	参考权重	评价分值（等级）					评分
				A(1.0)	B(0.8)	C(0.6)	D(0.4)	E(0.2)	
教学准备工作	1. 授课计划编写既规范，又符合大纲要求	15		5	4	3	2	1	
	2. 教案齐全、完整，教案编写内容符合要求			5	4	3	2	1	
	3. 制作规范并适宜教学的电子教案			5	4	3	2	1	

续表

授课教师				任教课程			授课班级		
一级评价指标	二级评价指标	满分	参考权重	评价分值（等级）					评分
				A(1.0)	B(0.8)	C(0.6)	D(0.4)	E(0.2)	
教学辅助工作	4. 实验报告布置适量，批改及时、认真	15		5	4	3	2	1	
	5. 及时辅导，辅导认真、耐心			5	4	3	2	1	
	6. 学生考核成绩记载全面			5	4	3	2	1	
教学实施评价	7. 掌握授课计划进度，课题引入自然，小结简明、概括	50		5	4	3	2	1	
	8. 讲课内容正确、系统，内容深度、广度适当			5	4	3	2	1	
	9. 讲解重点突出、难点讲透、概念清晰			5	4	3	2	1	
	10. 理论联系实际，结合教学进行思想教育			5	4	3	2	1	
	11. 备课充分，教材熟悉，讲解熟练，无错漏			5	4	3	2	1	
	12. 讲课深入浅出，逻辑分明，层次清楚			5	4	3	2	1	
	13. 采用启发式教学，注意培养和发展学生能力、智力			5	4	3	2	1	
	14. 教法多样，实施灵活，采用现代化教具教学			5	4	3	2	1	
	15. 文字图表整洁、规范、设计合理			5	4	3	2	1	
	16. 语言简练、生动、清晰，语速、音量适中			5	4	3	2	1	
教学态度与效果	17. 按时上下课，注意课堂纪律，维持课堂秩序；教学认真负责，注意言传身教，为人师表	10		5	4	3	2	1	
	18. 注意反馈信息，及时调整，改进教学；讲授效果好，学生理解、掌握所学内容			5	4	3	2	1	
教研与带新	19. 公开发表教学研究论文，或编撰出版教材，或承担教改研究项目	10		5	4	3	2	1	
	20. 培养、指导青年教师或指导教学实践环节成绩显著			5	4	3	2	1	
总分	1. 请在评分栏内相应打“√” 2. 请分别累计一级评价指标得分，并统计总分	100		—	—	—	—	—	

资料来源：刘代汉，何新凤．教师教学工作评价指标体系的研制．柳州职业技术学院学报，2006（3）．

表 7-3 鞍山市中小学教师教学基本功大赛课堂教学评价表

学校		任课教师		任课学科		任教年级		内容	
评比项目	各项权重	评分标准				评价等级			
						优秀	良好	一般	较差
自身素质	5	教态亲切、自然、得体							
	5	语言流畅、语调节奏自然							
	5	课堂调控能力强							
分析能力	5	教学目标明确、具体							
	5	注重学生兴趣培养							
	5	注重学生创新意识培养							
教材处理	5	具有创新性							
	5	符合新课程标准							
	5	教学容量和难度适中							
教学过程	8	师生交流自然、亲切、和谐							
	8	教学方法得当，形式多样、有效							
	8	课堂结构严谨、逻辑性强							
特色效果	5	在某一方面有独到之处							
	5	完成预期教学效果							
	5	各层次学生均有所得							
现场答辩	16	层次清晰、语言流利、答案准确							

资料来源：https：//www.doc88.com/p-9092050811772.html.

拓展阅读：

莫景祺，朱德全．美国基础教育教师教学评价述评．课程·教材·教法，2001（3）.

许明．英国中小学教师的评价制度和特点．外国教育研究，2002（12）.

第八章
课程评价

本章提要

本章主要论述三个问题：(1) 课程评价概述，涉及对课程评价的含义、课程评价的对象的分析，并回顾世界课程评价的发展历史。(2) 课程评价的模式，介绍国外几种典型的课程评价模式，并结合我国的课程评价模式进行分析。(3) 我国课程评价的发展走向，根据我国新一轮基础教育课程改革的实际情况，分析目前我国课程评价存在的问题，提出构建发展性课程评价以推动我国课程改革的发展。

课程是学校教育工作的核心。课程评价既是学校教育活动的基本环节，也是保证学校教育活动沿着正确的方向发展的重要手段。课程评价是课程建设中一个十分重要的领域，只有系统、科学的课程评价才会使课程建设更合理、决策更科学、实施更见成效。课程评价在课程改革中起着导向与质量监控的作用，是决定我国新一轮基础教育课程改革成败的关键环节。课程思政是以构建全员、全程、全方位育人格局的形式将各类课程与思想政治理论课同向同行，形成协同效应，把“立德树人”作为教育的根本任务的一种综合教育理念。对课程思政教学效果的评价与思考也将成为新时代我国课程评价发展的新趋势。

第一节　课程评价概述

一、课程评价的含义

(一) 课程的定义

“课程”一词的拉丁语词根意指“跑道”。一般认为，“课程”是指根据教育目标，为指导学习者的学习活动，有计划地编制的教育内容的整体计划，是旨在塑造新生代未来人格而设计的蓝图①。然而，应该指出，长期以来人们对课程的定义可谓见仁见智，见解

① 钟启泉，李雁冰．课程设计基础．济南：山东教育出版社，2000：1.

各异。我国课程学者施良方先生在《课程理论：课程的基础、原理与问题》一书中把各种课程定义归为以下六种：（1）课程即教学科目；（2）课程即有计划的教学活动；（3）课程即预期的学习结果；（4）课程即学习经验；（5）课程即社会文化的再生产；（6）课程即社会改造。美国学者古德莱德对课程存在五种不同的理解：（1）理想的课程，即由一些研究机构、学术团体和课程专家提出应该开设的课程；（2）正式的课程，即由教育行政部门规定的课程规划、课程标准和教材；（3）领悟的课程，指任课教师所领会的课程；（4）运作的课程，指授课过程中实际实施的课程；（5）经验的课程，指学生实际体验到东西的课程①。

以上各种不同的定义以及对课程的理解，有的注重预期的结果，有的注重有计划的内容安排，有的考虑实际获得的经验。每一种课程定义都有其一定的指向性，所以都存在某种合理性，但同时也存在一定的局限性。综合多种课程定义，并考察当前学校课程的各种现象和事实，课程至少包括了以下基本结构，即课程目标、学科、活动、学习内容，以及学科的安排、进程、时限，同时也包括教材、教法和考核制度②。这些通常又是以课程目标、课程计划、教学大纲、教科书和课程评价的形式体现出来的。这几个方面，构成了课程体系的完整结构。

（二）课程评价的定义

在现代社会中，“评价”是用得非常广泛的一个词语。“评价”是什么？在评价发展的不同时期，人们对评价的理解有所不同。早在20世纪30年代，在美国进行的课程与评价的“八年研究”中，有“课程评价之父”美誉的泰勒就强调，“评价过程在本质上是一个确定课程与教学计划实际达到教育目标的程度的过程”③。他提出了著名的“目标评价模式”。20世纪60年代，克龙巴赫在《通过评价改进教程》一书中提出，“评价能完成的最大贡献是确定教程需要改进的地方”④。继克龙巴赫之后，美国著名评价专家斯塔弗尔比姆也强调：“评价最重要的意图不是为了证明，而是为了改进。”⑤ 为此，在1969年他对评价提出了一种定义：“为决策提供有用信息的过程。”斯塔弗尔比姆的这一观点在很大程度上影响了美国教育评价标准联合委员会（Joint Committee on Standards for Educational Evaluation）。这个机构在1981年给评价下了一个定义：“评价是对某些现象的价值如优缺点的系统调查。”从当前的情况来看，评价专家们大多认为评价是做出价值判断的过程。那么什么是课程评价呢？至今人们对“课程”和“评价”的定义没有达成一致的认识，这在一定程度上使课程评价的含义呈现出多样性。

《简明国际教育百科全书：课程》给课程评价所下的定义是：课程评价指的是研究一门课程某些方面或全部的价值的过程。根据课程这一术语的不同定义方法，课程评价的焦点或目标可能包括课程需要和（或）学生需要，课程设计、教学过程、在教学中使用

---

① 沈兰．关于制定课程标准的建议．外国教育资料，2000（5）.

② 熊梅，曲霞．关于课程标准问题的国际比较研究．外国教育研究，1994（3）.

③ 陈玉琨，沈玉顺，代蕊华，等．课程改革与课程评价．北京：教育科学出版社，2001：135.

④ 克龙巴赫．通过评价改进教程．北京：人民教育出版社，1988：164.

⑤ 同③136.

的教材、学生成果目标、通过课程学生取得的进步、教师有效性、学习环境、课程政策、资料分配以及教学成果等内容①。施良方在《课程理论：课程的基础、原理与问题》中指出：课程评价是指研究课程价值的过程，是由判断课程在改进学生学习方面的价值的那些活动构成的。钟启泉等人认为："所谓课程评价，就是以一定的方法途径对课程计划、活动以及结果等有关问题的价值或特点作出判断的过程。"② 陈玉琨等人则认为："课程评价是教育评价的重要组成部分，它是在系统调查与描述的基础上对学校课程满足社会与个体需要的程度作出判断的活动，是对学校课程现实的（已经取得的）或潜在的（还未取得，但有可能取得的）价值作出判断，以期不断完善课程，达至教育价值增值的过程。"③ 分析以上对课程评价的界定，我们不难看出，在这些界定里它们共同关注的是对于课程的价值判断，关注的是对课程计划、课程内容、课程目标、课程过程、课程效果的研究。

二、课程评价的对象

课程评价的对象随着课程评价定义的不同而不同。有的学者认为课程评价对象是课程的计划、活动以及结果等有关问题。有的学者则认为课程评价对象包括三方面的内容：课程编制（内容的选择、组织与实施等）的评价，学生学业成绩的评价，课程决策与管理成效的评价④。

从课程发展史来看，世界大多数国家对教育的评价长期以来都是针对学生学习特别是学生学习的结果进行的。但是，在 20 世纪 60 年代之后，随着教育改革的深入，特别是美国课程结构化改革遭到失败之后，课程和教材也成为评价的对象。经过几十年的课程评价理论研究，目前课程评价的对象逐渐扩展到课程计划、课程内容、课程目标等方面。

要理解课程评价的对象，我们还必须有效地分析教育评价、教学评价、课程评价三者之间的区别与联系。一般来说，教育评价是"根据一定的标准，运用科学可行的方法，对教育的要素、过程和效果进行价值评判的活动"⑤。既然课程与教学是教育的要素或实现教育的主要途径，那么课程与教学的评价也必然包含在教育评价之内。由于理论界对课程与教学的关系有不同的观点，因而对教学评价与课程评价的区别的认识也有所不同。在西方，人们常常使用的是"课程评价"一词，这是由于西方使用的是"大课程"概念，即课程包含着教学，因此，课程评价也包括教学评价在内。我国的教育学、教学论是从苏联引进的，是一种"大教学"的体系，而课程又是由国家统一规定设置的，因此一直是只有"教学检查"而无课程评价。20 世纪 80 年代以来，随着各种教育观念的变化，特别是课程开发权力开始逐渐由中央向地方下放，课程评价也显得愈益重要，且在概念

① 江山野．简明国际教育百科全书·课程．北京：教育科学出版社，1991：168.
② 钟启泉，李雁冰．课程设计基础．济南：山东教育出版社，2000：485.
③ 陈玉琨，沈玉顺，代蕊华，等．课程改革与课程评价．北京：教育科学出版社，2001：137.
④ 易森林．课程评价多元化之探索．苏州教育学院学报，2002（12）.
⑤ 侯光文．教育评价概论．石家庄：河北教育出版社，1996：55.

的使用上逐渐与西方趋同①。

三、世界课程评价的历史发展

世界课程评价的产生和发展与教育的发展和改革相伴随。现代课程评价，起源于西方的教育测量运动。美国评价专家古巴（E. G. Guba）和林肯（Y. S. Lincoln）把评价划分为四个时期②。

（一）测验和测量时期

这是第一代评价时期，它盛行于19世纪末至20世纪30年代。这代评价认为，评价在本质上是以测验（testing）或测量（measurement）的方式，测定学生对知识的记忆状况或某项特质。这代评价认为评价就是测量，评价者的工作就是测量技术员的工作——选择测量工具、组织测量、提供测量数据。

（二）描述时期

第二代评价在20世纪30年代随“八年研究”而兴起，一直持续到50年代。这代评价认为，评价在本质上是“描述”（description）——描述教育结果与教育目标相一致的程度。泰勒曾指出，评价应该是一个过程，而不仅仅是一两个测验。评价过程中不仅要报告学生的成绩，更要描述教育结果与教育目标的一致程度，从而发现问题，改进课程教材和教育教学方案方法。在泰勒的努力下，“评价”（evaluation）一词取代了“考试”（examining）和“测验”（testing）两个术语，使评价领域有了一种新的指导思想。

（三）判断时期

判断时期属于第三代评价，它萌生于1957年以后美国因苏联卫星上天而发动的教育改革，持续到20世纪70年代。这代评价认为评价在本质上是“判断”（judgement），把评价视为价值判断的过程。评价不只是根据预定目标对结果的描述，预定目标本身也需要进行价值判断，从而确认了评价的过程性。许多新的评价理念如“形成性评价”“目标游离评价”“内在评价”等在这一阶段产生。

（四）建构时期

建构时期的到来是与质性评价范式的应用联系在一起的。20世纪60年代末70年代初，随着对课程改革运动的深刻反省，传统的评价方式也受到猛烈的冲击。在对前三代评价进行批判的基础上，第四代评价认为，评价不是对预期的教育结果进行测量，而是要对整个方案，包括前提假设、理论推演、实施效果以及困难问题等，进行全面而深入

---

① 钟启泉，李雁冰．课程设计基础．济南：山东教育出版社，2000：487.

② 李雁冰．质性课程评价：从理论到实践（一）．上海教育，2001（11）.

的研究。这代评价认为评价的基本方法是质性研究方法，质性研究范式由此推广开来。

第二节 课程评价的模式

对于课程评价，我们不仅要从宏观上认识，而且应对其具体的模式有一个清楚的了解，只有这样，我们才能在实践中更有效地运用各种课程评价模式。课程评价模式是“评价人员或是研究工作者依据某种教育理念、课程或特定的评价目的，选取一种或是几种评价途径所建立起来的相对完整的评价体系，它对评价的实施做了基本的说明”[①]。可见一种特定的评价模式不仅包含了评价者对评价的取向，而且也规定了评价的具体操作方式。以下主要介绍国外几种典型的课程评价模式，并结合我国现行的课程评价模式进行分析。

一、国外课程评价模式

20 世纪 60 年代以来，国外出现的课程理论都把课程评价作为一个重要领域进行探索，形成了各具特色的课程评价模式。据估算，现在有 50 多种。总的来说，国外的评价模式主要可分为科学-实证主义评价模式和人本主义与自然主义评价模式。下面通过重点介绍两种模式的具体内容来分析其不同。

(一) 科学-实证主义评价模式

科学-实证主义评价模式着眼于定量评价与评价技术。评价者通过观测具体行为目标和制订周密细致的评价计划去评价课程的质量。这种评价模式反映了评价者的科学主义取向。持科学主义态度的人相信真正的实验，而实验通常集中在结果或影响上。这种评价模式的目的是要了解经过实验处理后所产生的结果。而且，评价者必须严格采取中立的态度，防止带有个人的价值观。在他们看来，唯有这样，评价的结果才是精确的。持这种取向的评价者趋向于把他们的注意力集中在学生身上，并常常把测验分数作为主要数据，以便用来与不同情境中的学生成绩相比较。所收集的材料都是定量的，因而可以进行科学的分析、比较，并在此基础上做出有关课程计划的决定[②]。

1. 目标评价模式

目标（objective）评价模式是指以目标作为评价活动的核心和依据的方法体系。自 20 世纪 30 年代泰勒首创目标评价模式以来，目标评价模式无论是对教育教学改革实践，还是对教育评价学科自身的发展都有着不可磨灭的贡献。

泰勒在 20 世纪 30 年代主持的“八年研究”中，采用了一套课程评价模式，后来在他所著的《课程与教学的基本原理》一书中，对这一模式与课程的其他内容做了详细的

---

① 李雁冰．课程评价论．上海：上海教育出版社，2002：66.

② 施良方．课程理论：课程的基础、原理与问题．北京：教育科学出版社，1996：151.

阐述。

泰勒认为：所谓教育，就是使人的行为方式发生变化与改进的过程；学生形形色色行为方式的改变就是教育目标；教育评价就是对预定结果与实际结果进行比较，看其在多大程度上实现了教育目标；人的行为是复杂的，因此要从各方面进行评价，不仅要分析，而且还要综合；评价方法只靠纸、笔是不够的，还应使用包括行为观察在内的多种手段。泰勒强调指出："教育评价的历程在本质上是一种测定教育目标在课程和教学方案中究竟被实现多少的历程。"① 因此，泰勒课程评价的基本内涵就是根据预定的教育目标，通过系统地、有目的地收集资料，来判断实际的活动是否达到预期的教育目标及程度的过程。

泰勒将课程发展分为四个阶段，即确定教育目标、选择学习经验、组织学习经验、评价学习效果。前三个阶段可对学习经验做初步的评价，但这只能大致上预计可能产生的效果。在实际实施过程中，所涉及的变量很多，可能发生各种各样的变化。要保证实际提供的学习经验恰好是学习单元所勾画的经验是不可能的。因此，重要的是较全面地检验提供这些学习经验的方案实际上是否起作用，以指导教师去引起那种所期望的结果。这既是评价的目的，也是在制订计划以后，为什么需要有一个评价过程的理由。评价过程实质上是一个确定课程与教学计划实际达到教育目标程度的过程。然而，由于教育目标实质上是指人的行为变化，即所确定的目标指向使学生行为方式产生所期望的某种变化，因此，评价是确定实际发生的行为变化程度的过程②。

泰勒认为，教育目标的建立是课程设计最重要的工作，因为它引导整个课程设计过程。评价则需按照目标，设计搜集资料的方法，确定目标达成与否。如果目标已达成，整个课程方案便算成功，否则即为失败。泰勒在"八年研究"中运用的评价程序分为七个步骤：(1) 建立广泛的目的或目标；(2) 将目标加以分类；(3) 用行为术语界定目标；(4) 寻找能显示目标达成程度的情境；(5) 选择和发展测量目标的技术；(6) 搜集学生表现的资料；(7) 将搜集到的资料与行为目标比较。可见，在泰勒的评价模式中，每一个步骤都与目标紧密联系，并且这些目标都是以具体表现在学生身上的可测量的行为目标为主的，因此评价的操作性和针对性很强。

梅特费塞尔（N. S. Metfessel）和迈克尔（W. B. Michael）延续和扩展了泰勒的评价思想和评价方法，他们以目标为中心，提出了评价活动应遵循的步骤。除泰勒外，海蒙德、米歇尔等人也都分别提出了类似的评价模式。

在目标评价模式下，预定的教育目标决定了整个教育活动。该模式侧重于对课程实施后所达到结果的评价，侧重于对学生行为的评价。在对课程所规定的学生行为进行评价时，这种模式是一个比较适用的模式。但是由于它只关注预期的目标，忽视了其他方面的因素，因而遭到不少人的批评。此外，如果评价以目标为中心和依据，那么目标的合理性又是根据什么来判断的？于是从 20 世纪 60 年代后便出现了许多新的课程评价模式。

---

① 肖远军．目标导向课程评价模式探析．教育科学，2002 (3).

② 林智中，马云鹏．课程评价模式及对课程改革的启示．教育研究，1997 (9).

2. CIPP 模式

CIPP 模式是一个整合性的课程评价模式，由斯塔弗尔比姆提出。他认为，评价的最重要意图不是为了证明，而是为了改进，评价是一种工具，是为决策提供信息的过程。这种综合性评价模式认为评价是一个连续的过程。

CIPP 模式通过三个步骤为课程决策提供资料和信息：描述所需要收集的资料、获取资料、将资料提供给有关的当事人。任何评价都应包括这三个步骤。与不同的决策类型相对应的是四种类型的评价：

第一，背景评价。其目的是明确相关的环境情况，描述与这一环境有关的所期望的现实情况，分析不能满足的需要和缺少的机会，判断不能满足需要的原因。背景评价实际上是一种状况分析——了解个体所处的现状并基于所要采取的行动评价这一现实。这一诊断性评价并不是一次性活动，它需要不断地提供有关整个系统运作和完成的基础性信息。

第二，投入评价。这是 CIPP 模式的第二阶段，主要是提供信息并决定如何利用资源实现方案的目标。投入评价者需要评定学校实施评价工作的能力，探讨有助于达到目标的不同策略，明确实施该策略所使用的方法。同时，还要探讨达到目标的设计所花费的资源、时间和预算等。这一阶段可以被理解为课程计划的可行性评价。它应当回答下列问题：考虑过哪些计划？为什么选择这个计划而不选择其他计划？这个计划的合理性程度如何？有多大成功的把握？如此等等。

第三，过程评价。这一阶段主要是描述课程实施情况，并判断课程计划与实际活动是否一致。它包括三个策略：首先，探究或预测课程设计或实施过程中可能出现的疏漏；其次，为决策者提供信息；最后，坚持记录在各实施阶段的情况。包括这三个策略的过程评价发生在课程开发的实施阶段。它可作为在区域范围内实施课程前“排除故障”的实验过程。通过这种评价，项目决策者可以获得他们期望获得的信息，克服困难并做出决策。

第四，成果评价，即要测量、解释和评判课程计划的成绩。它要收集与结果有关的各种描述与判断，把它们与目标以及背景、投入和过程方面的信息联系起来，并对它们的价值和优点做出解释。在斯塔弗尔比姆看来，成果评价仍然是质量控制的一种手段，而不是最终的鉴定。

CIPP 模式是在 20 世纪 60 年代末 70 年代初系统确立起来的，关于它的研究是比较丰富的。此模式将目标也列入评价对象范围内，使目标本身的合理性得到评价，从而使评价更全面、更科学，体系更完整。同时，该模式重视形成性评价，强调为决策提供所需要的信息，使评价活动更具有方向性和实用性。这种评价是对教育过程进行全面的评价，因而可以比较准确地了解课程在哪些方面是恰当的，在哪些方面还存在问题。由于研究者的主要目的不在于对课程做出最终的判断，而是为课程的决策者提供有用的信息，所以研究者可以用一种比较客观的眼光来看待评价对象，尽可能全面地描述和分析研究对象的特征，为教育决策者提供更有效的信息[①]。但由于它的操作过程比较复杂，所以难以被一般人掌握。

---

① 胡中锋．教育测量与评价．2 版．广州：广东高等教育出版社，2006：441.

3. 差距评价模式

差距评价模式是由普罗佛斯（M. M. Provus）提出的。该模式把课程评价与系统管理理论结合起来，是一个典型的科学-实证主义评价方法的例子。这一模式包括四个部分：（1）确定课程计划的标准；（2）确定课程计划的成绩；（3）比较成绩与标准；（4）确定两者之间是否存在差距。

差距评价模式包括五个阶段。在五个阶段中，均要对课程计划的成绩与标准进行比较，这些标准是已经确定好的标准①。

第一是设计阶段，即要界定课程计划的标准，以此作为评价依据。所谓“标准”，即课程计划的性质，它包含三个成分：课程计划的目标（预期结果），实现目标所需要的人力和物力（前提条件），师生为达到目标所从事的活动（教学过程）。对这三个成分的详细描述，便是普罗佛斯所说的“界定”。一旦界定完成，便成了评价的“标准”。有了标准，才能确定课程计划是否在按标准运作。

第二是装置阶段，它要了解所装置的课程计划与原先打算相吻合的程度，所以必须收集已经装置的课程计划方面（包括预期目标、前提条件和教学过程）的材料。

第三是过程阶段，或称过程评价，即要了解导向最终目的的中间目标是否达成，并借此进一步了解前提条件、教学过程、学习结果的关系，以便对这些因素做出调整。这个阶段的重点，是要了解教学活动是否产生预期的结果。

第四是产出阶段，或称结果评价，即要评价所实施的课程计划的最终目标是否达成。在装置和过程阶段，是要促使计划的成分能有效而又稳定地存在，结果评价则是要把这些成分实际造成的结果找出来，以便与课程计划的最终目标做比较。

第五是成本-效益分析阶段，或称计划比较阶段，目的在于表明哪种计划最经济有效。这需要对所实施的计划与其他各种计划做出比较。

目前，关于这种模式的研究成果不是很多，差距评价模式渗透着对“技术理性”的追求，强调对课程实践过程的有效控制。这种控制限制了课程实践的丰富性和创造性。

（二）人本主义与自然主义评价模式

许多评价方法都可以归为人本主义与自然主义评价模式的方法。它们有一个共同特征：应用这些方法的评估者都受到各自的价值观的影响。他们认为应当把更多更全面的有关内容的细节问题呈现给大家。通过应用这些方法，人们就更加了解课程评价对象的情况。评价报告很少列出数据，更多的是描述所发生、发现的事物的进展情况。

如果说科学-实证主义评估者关心的是学生学到了什么，那么人本主义与自然主义评价者关注的是课程知识的实际价值②。

1. 教育鉴赏与教育批评模式

20 世纪 80 年代中期以来，在课程评价领域出现了新的发展趋势，“评价”一词被

① 施良方．课程理论：课程的基础、原理与问题．北京：教育科学出版社，1996：160.
② 奥恩斯坦，汉金斯．课程：基础、原理和问题：第 3 版．南京：江苏教育出版社，2002：355.

“评定”代替。在这一新的发展趋势中，美国课程评价专家艾斯纳提出了一个全新的评价模式，被称为“教育鉴赏与教育批评”模式。

艾斯纳指出，传统的评价领域过于强调科学范式下的量化方式，而忽视了其他方法的运用。他希望找出一种新的质性的评价方法来弥补传统评价的不足。艾斯纳认为，艺术批评家的工作是一项困难的工作，而且具有质的探究性质，因为艺术批评家把组成艺术作品的那些基本的、无法用语言表达的特质翻译成有助于他人更深刻地理解这些作品的语言。由于受到这方面的启发，艾斯纳提出，课程评价的质性探究方式应该是“教育批评”。

根据艾斯纳的理解，所谓教育批评，就是把组成课程计划和课程活动的那些必要的、不可言喻的特质，翻译成有助于他人更深刻地理解这些计划和活动的语言。从这个意义上说，批评执行着理解中介的职责，它讨论教育计划和教育活动的组成特质，是为了让那些缺乏批评家的鉴赏素质的人能够更全面地理解这些计划和活动①。教育批评这一思想是艾斯纳对教育评价领域的独特贡献，它蕴含的理念正好切合于当时评价领域新出现的“评定”的概念。

关于教育鉴赏，艾斯纳首先指出了什么是鉴赏。他认为，鉴赏是一种有见识的感知行为，是对鉴别对象的精妙、复杂及重要特质的洞察过程；鉴赏是一种私人的行为，由对某一特质的认识和欣赏组成，它既不需要公众的判断，也不需要公众对那些特质的描述。他指出，把这种对鉴赏的认识推广到教育，就是教育鉴赏。教育鉴赏要以经验为基础，因为经验能为鉴赏提供必要的背景知识。一个人必须拥有大量的课堂实践经验才能发展高超的教育鉴赏能力。

关于教育批评和教育鉴赏的关系，艾斯纳指出，教育与艺术一样，有效的批评必须以仔细、深刻的鉴赏为基础，精细的洞察力是批评的第一必要条件。如果没有对微妙而重要的细节的感知能力，批评就很可能是表面的或空洞的，因此鉴赏是进行批评的基础。但二者又是有区别的，鉴赏是欣赏的艺术，而批评是揭露的艺术。鉴赏者可以是一个没有批评技巧的人，但批评者必须具有深刻的鉴赏能力和批评技巧。

教育鉴赏与教育批评模式在具体操作上比较灵活，更多地表现为评价者个人依据自身对教育的认识和在教育方面的修养，对教育现象进行观察并做出专业的评价。它倡导从整体上了解教育现象，从具体事实中得出对具体的教育现象的总体看法。由于这种方法自身的特点，在其实施过程中，会表现出比较大的灵活性。研究者可以按照研究对象的具体表现，灵活地运用。但从某种程度上说，这种评价采用的是主观和审美的方法，它受到赞成客观和科学主义方法的学者的质疑。

2. 解释性评价模式

解释性（或称说明性）评价模式是另一种人本主义与自然主义评价模式。它试图提供教育计划的全貌。这一概念最初是由帕勒特（M. Parlett）和汉密尔顿（R. Hamilton）提出的，这一过程是要说明教育计划的显著特点和问题。这一方法要求评价者识别整个计划的特点，以及收集有关方面的资料。该模式包括三个主要阶段：观察、探究、解释②。

---

① 李雁冰．课程评价的新途径：教育鉴赏与教育批评：艾斯纳的课程评价观再探．外国教育资料，2000（4）.

② 奥恩斯坦，汉金斯．课程：基础、原理和问题：第3版．南京：江苏教育出版社，2002：357.

第一阶段是观察阶段。这一阶段要求人们对课程做一般性的了解，并描绘出课程实施的环境。在这一阶段，影响课程发展的所有因素都应引起人们的重视。这样收集的资料包括学校设置的科目、采纳的教学方式方法、应用的材料以及教师采用的评价方法。

第二阶段是探究阶段。该阶段评价者将集中于“评价”方面，努力从琐碎细微的事物中发掘出最重要的因素。在第二阶段，评价者将致力于了解课程对个体的影响，他们不仅要了解课程是否发挥了作用，而且要知道为什么能发挥作用。进一步的探究或渐进的关注可以对课程做出持续的检查，这意味着评价者要延长工作时间以便对课程情况做连续不断的诊断。他们可以通过查阅学校文件、检查学生的档案袋，以及通过采访教职工和家长并向他们发放问卷收集信息。

第三阶段是解释阶段。使用解释性评价的评价者，目的不是直接对课程做出判断，而是要提供课程发生了什么和为什么发生的信息。向受到课程影响的有关人员提供解释和说明，将有助于他们做出决策。

使用解释性评价的评价者试图避免偏向科学-实证主义或人本主义与自然主义的任意一方，这一观点是正确的，他们期望发挥两种评价方法的效用。他们承认两者各有利弊。由于这种模式在课程实施时会涉及各种复杂的关系，因而对评价者提出的要求较高。

3. 回应性评价模式

回应性评价模式是斯塔克在对目标评价模式进行批判反省的基础上逐渐发展起来的。1973 年，斯塔克在瑞典哥德堡市举行的评价发展新趋势研讨会上发表了《方案的评价：特别是回应性评价》一文，提出了“回应性评价”的概念。

斯塔克认为，评价一个方案可以有不同的方法，没有哪一个方法是绝对正确的。但要使评价产生效用，有一点则必不可少，即评价应该向听取评价结果的人提供他们所关心的信息，评价者应该充分了解那些人所关注的问题。具体地说，回应性评价是通过评价者与教育活动的各种人员接触，了解他们的愿望，然后把它同实际活动进行比较，对教育决策或方案做出修改，对大多数人的愿望做出回应①。

与艾斯纳的评价模式一样，回应性评价模式关注对课程的描绘，而不注重考试分数、标准和目标等方法意义上的客观资料。在方法上，它注重与科学-实证主义相对的人本主义与自然主义方法，强调了非正式的观察、交往及描述性的定性分析方法。总之，回应性评价模式重视当事人的服务意识，重视实际的活动过程，反映了多种价值观对课程计划的观照。它更适合于一个多元的、复杂的客观世界，它的结果具有相当的弹性和应变性。

二、我国课程评价模式

我国有关课程的评价虽起步较晚，但所形成的课程评价模式却比较多。课程的评价一般是以教学大纲、课程基本建设、教学过程和教学效果这四个方面来进行的②。

---

① 陈玉琨，沈玉顺，代蕊华，等．课程改革与课程评价．北京：教育科学出版社，2001：151.

② 吴菁．我国课程评价模式．教育探索，2004（10）.

（一）教学大纲的评价

评价教学大纲的目的在于确定课程所要完成的教学任务，即确定教学目标。科学合理的教学大纲是培养人才不可缺少的指示图，它是贯彻实施课程目标的纲领性文件。评价教学大纲的标准是各门学科的专业培养目标，通过它来检查大纲所规定的各项教学内容是否体现了本门学科的特定要求。也就是说，学生是否能通过本门课程的学习，掌握必要的知识，发展特殊的能力。同时，由于教师是根据教学大纲的各项要求来制订具体的教学计划的，上级部门也是根据教学大纲的规定来对教学过程、教学效果进行检查和评估的，因此，对教学大纲的评价也为后面课程教学各个环节的评价提供了必要的依据。

（二）课程基本建设的评价

对课程基本建设的评价应包括教材的评价、师资队伍的评价和各项教学条件的评价等多方面内容。如果课程的师资队伍结构合理，有学术带头人，注重师资培养，教学基本条件完善，重视教材建设，教学管理运行良好，有教学改革并进行了初步实践，整体教学质量稳定，这样的课程就是合格课程。课程基本建设的评价是一项对课程目标能否顺利实现的潜在可能性的评价。通过评价课程的基本建设，确定课程的开设是否具备了必要的条件，能否保证课程目标的实现，这也是教学效果能否得到保证的首要条件。由于课程教学活动是由师生双方组成的双边活动，教师的素质及授课水平将在很大程度上制约学生的课程学习，因此，师资队伍的评价是课程基本建设评价的关键。

（三）教学过程的评价

关于教学过程的评价，实质上是一种形成性的评价。它检查教学过程是否按照预定计划实施，是否体现了教学大纲的要求，是否有效利用了各项教学条件、手段、资源，是否及时发现问题、找出不足并加以改进，是否满足学生的需要等。任何一门课程，只有具有好的教学过程，才能取得好的教学效果。通过评价教学过程，发现、修正教学过程中某些偏离预期教学目标的地方，可保证教学目标更好地实现。

（四）教学效果的评价

关于教学效果的评价，实质上是一种总结性评价，这是对课程质量做出的全面检查。一门课程教学效果的好坏主要体现在两个方面：一是学习者能否通过该门课程的学习，掌握该门课程大纲所规定的知识结构，具有一定的运用能力，并为进一步学习相关课程打下基础；二是是否培养了学习者的科学素质、思维方式和相应的道德情操。因此，教学效果的评价应将课程的教学大纲与课程的教学过程结合起来，从考查教学的智育、德育两方面进行评价。通过评价反馈信息、改进教学，使评价直接服务于教育质量的提高。

三、反思中外课程评价模式

比较国内外课程评价模式，我们可以看到，一方面，我国的课程评价模式主要吸收了泰勒的目标评价模式的合理内核和CIPP模式的合理因素。有学者将我国的课程评价模式与CIPP模式进行比较，认为教学大纲评价相当于CIPP模式的背景评价，课程基本建设评价相当于CIPP模式的投入评价，教学过程评价相当于CIPP模式的过程评价，教学效果评价相当于CIPP模式的成果评价。另一方面，我国课程评价模式的形成有其特定的背景和条件。

国际课程评价，在经历了20世纪初的测验时期、20世纪中期的评价时期之后，于20世纪80年代中期进入了评定时期。评定时期的特点之一是以质性评定逐渐取代量化评定①。从20世纪70年代起相继出现了回应性评价、解释性评价和教育鉴赏与教育批评等质性评价模式。20世纪80年代，这种变化逐渐影响到实践领域。但从我国课程评价的实践来看，目前应用的课程评价模式还是侧重量化评定的。

我国目前的课程评价模式存在很多问题，如评价手段单一、缺乏合理的评价标准、评价主体有局限性等。但我们不能完全照搬国外的课程评价模式，只有在借鉴国外课程评价模式的基础上，结合我国实际，制定出科学合理的课程评价指标，才能保证课程评价的信度和效度，才能使课程评价更好地服务于课程的建设和改革。

第三节　我国课程评价的发展走向

课程评价研究，在我国始于20世纪80年代末。20世纪90年代以来，由于教育改革实践的需要，课程评价在我国受到了重视。我国自2001年启动新一轮基础教育课程改革以来，课程评价问题日益成为人们关心的重要问题。

一、新一轮课程改革概况

1999年召开的第三次全国教育工作会议和国务院批转的教育部《面向21世纪教育振兴行动计划》，都提出了改革现行基础教育课程体系，研制和构建面向新世纪的基础教育课程教材体系的任务，新一轮基础教育课程改革开始启动。

2001年6月，教育部印发了《基础教育课程改革纲要（试行）》（简称《纲要》）。《纲要》是基础教育课程改革的指导性文件，它的颁布与实施，对我国基础教育领域推进素质教育具有重要、积极的作用。《纲要》集中体现了本次课程改革以提高国民素质为宗旨、全面推进素质教育、培养学生创新精神和实践能力的根本指导思想，并将这一思想渗透在课程目标、课程结构、科目设置、课程实施、课程评价以及课程政策中。自2001年开始，基础教育课程改革逐渐在全国范围内开展起来。

经过十余年的实践探索，课程改革取得显著成效，构建了有中国特色、体现素质教育理念的基础教育课程体系，各学科课程标准得到中小学教师的广泛认同。同时，在课程标准执行过程中，也发现一些标准的内容、要求有待调整和完善。为贯彻落实《国家

---

① 李雁冰．走向新的课程评价观．全球教育展望，2001（1）.

中长期教育改革和发展规划纲要（2010—2020年）》，适应新阶段全面实施素质教育的要求，深化基础教育课程改革，提高教育质量，教育部组织专家对义务教育各学科课程标准进行了修订完善，正式印发义务教育阶段各学科的课程标准（2011年版），并于2012年秋季开始执行。修订后的课程标准主要在以下几个方面做出了明确的要求：全面加强学习培训工作，深入推进教学改革，积极推进评价考试制度改革，加强课程资源建设，加强组织领导。

2022年4月，教育部印发《义务教育课程方案（2022年版）》，其基本精神主要有：落实五育并举，独立设置劳动课程；强化育人为本，聚焦核心素养；倡导课程综合化，设计跨学科主题学习活动；倡导综合学习，凸显实践育人价值。新课标明确指出要“改进教育评价”，包括全面落实新时代教育评价改革要求、更新教育评价观念、创新评价方式方法以及提升考试评价质量。

2022年版的新课程标准突出核心素养导向，要求改进纸笔考试，超越对知识点的回忆和技能操练的测评，体现基于核心素养的学业质量评价；要求推进表现性评价，以真实情境的问题解决表现来测评学业质量进阶水平；要求探索技术支持的过程评价，不仅使评价逐渐扩展到“难以测量的素养”，也将评价转向“过程视角”以及“多维度的综合素质评价”。

构建适应时代要求的新的基础教育课程体系，是一个关系重大、意义深远的系统工程，整个课程改革涉及培养目标的变化、课程结构的改革、国家课程标准的制定、课程实施与教学改革、教材改革、课程资源的开发、评价体系的建立和师资培训以及保障支撑系统等，是一个由课程改革牵动的整个基础教育的全面改革。而课程评价问题作为课程改革中的重要问题也被明确地提了出来。

《基础教育课程改革纲要（试行）》中明确提出，课程改革的目的之一就是，改变课程评价过分强调甄别与选拔的功能，发挥评价促进学生发展、教师提高和改进教学实践的功能。由此确立了课程评价作为基础教育课程改革的重要组成部分的地位①。在课程改革前后，在教育部的总体安排下，我国已经开展了多种形式的课程评价运动，如对课程问题的诊断性调查、对课程标准的事前评价与修订评价、对教材评价的研究、对课程实施情况的评价等。在课程改革的大背景下，基于课程本身的评价活动从无到有，从少到多，逐步地开展起来。在课程评价活动中，取得了一定的成绩，但也存在不少问题。

二、我国课程评价存在的问题

目前，课程评价遭遇到了一个两难困境：理论的课程与实践的评价矛盾冲突，造成课程评价与以选拔为宗旨的考试对立，找不到既与理论的课程一致又适合于评价实践的出路②。

从我国基础教育的课程评价实践来看，中小学的课程评价是不完整的，最多只涉及

---

① 刘志军．课程评价的现状、问题与展望．课程·教材·教法，2007（1）.
② 杨启亮．走出课程评价改革的两难境地．教育研究，2005（9）.

对课程实施的评价和对课程实施后效果的评价两个方面[①]。我国现行中小学课程评价出现了诸多问题，其中有些问题已经成为全面推行新一轮课程改革的严重障碍。这些问题主要表现在以下几个方面：

（一）评价过分强调甄别与选拔功能，忽视以发展为核心的综合功能

现行评价过分强调甄别与选拔功能，忽视对评价结果的反馈和认同，很少关心考试中反映出来的自身发展中存在的问题和被评价者在各个时期的进步情况及努力程度。评价过于关注结果，没有形成真正意义的形成性评价，不能很好地发挥评价的改进、激励、发展等作用。

（二） 评价标准过多地强调共性和一般趋势，忽略个体差异和个性化发展的价值

在现行评价过程中，考试分数是衡量学生的主要标准，有时甚至是唯一标准。因此，评价往往是片面强调相对性评价标准，即学生的相对位置，而忽视以学生的进步为参照标准进行评价。同时，每一个学生都是一个独特的个体，评价标准的单一化必然会牺牲学生的个性，不符合学生的实际情况，不利于学生的综合素质发展。

（三）评价内容过分注重学生学业成绩的评价和教师教学的评价，忽视对课程本身质量好坏的评价

虽然课程评价与学生评价、教师评价之间存在紧密的联系，但它们的区别也是明显的。从当前评价活动的研究和实践情况来看，学生评价、教师评价占了绝大部分，对课程评价本身的研究却被忽视。评价内容不注重对课程目标、课程计划、课程结构、课程内容以及课程评价等的评价。

（四）评价主体存在单一化问题，忽视评价主体多元的价值

长期以来，在我国的课程评价中，学校评价老师，教师评价学生，学生被排斥在评价主体之外，成为被评价者。课程评价主体是直线式和单一化的，基本上没有形成教师、学生、管理者、教育专家、家长等多主体共同积极参与、交互作用的评价模式。

（五）被评价者处于消极的被评价地位，忽视自我评价的价值

被评价者基本上处于被动的被检、被批判的地位，其自尊心、自信心得不到很好的保护，对评价往往持一种冷漠、应付、对立、拒斥或恐惧、逃避的态度，甚至发生欺骗、弄虚作假等行为。评价主要是“他评”，而忽视学生的“自评”，评价难以成为学生认识自我、发展自我、鼓励自我的一种手段。

（六）评价方法以书面纸笔测验为主，过多注重量化评价而忽视质性评价

量化评价的逻辑性、标准化和精确化程度较高。然而，教育是一种极其复杂的社会

---

① 王汉灵．反思课程评价．当代教育科学，2003（4）.

现象，只用量化评价，把课程对学生各个方面发展的影响简化为可能的几个数量，无法从根本上保证客观性，也往往会丢失教育中最有意义、最根本的内容。

三、发展性课程评价的构建

现行课程评价体系的弊端，需要我们在新的理论视野中进行深刻的反思和改革。我国基础教育新一轮课程改革的目标能否实现，基础教育能否得到健康发展，这些都迫切需要一套新型的课程评价制度来评鉴。新一轮课程改革明确提出，要建立促进学生、教师和课程不断发展的评价体系，即建立发展性课程评价体系。发展性课程评价的提出主要是针对我国现行课程评价体系中的不足与局限①。发展性课程评价创设新的促进课程发展和人的发展的评价制度，对于推动课程改革意义深远。发展性课程评价主要具有以下特征：

（一）淡化甄别与选拔功能，实现发展功能

发展性评价中的“发展性”除了指改进特征的功能性内涵外，更重要的是指通过评价促进人的发展②。评价的根本目的在于促进发展，关注学生、教师、学校和课程的发展，突出评价的激励与调控功能，激发学生、教师、学校和课程的内在发展动力，实现自身价值。因此，应淡化评价的甄别与选拔功能，注重发挥评价的发展性功能，关注学生成长与进步的状况，促进学生的发展和表现，增强学生发展的成就感和自信心。

（二）强调对课程活动的全程进行全面评价，实现评价内容的多元化

发展性课程评价不仅仅局限于学生学业成绩的评价和教师教学的评价，而是对课程全过程的评价。全面的课程评价具体包括课程设计评价、课程实施评价和课程效果评价。课程设计评价包括课程目标、课程方案、课程标准、教材编制等方面的评价；课程实施评价包括师生关系、课程管理、学校制度建设、社会或社区的支持与配合等方面的评价；课程效果评价包括学生发展状况、教师的教育教学素质和课程开发水平、学校的课程管理与开发能力、学校与社区的联系方面的评价③。

（三）强调参与和互动、他评与自评相结合，实现评价主体的多元化

被评价者从被动评价逐步转向主动参与评价，一改以管理者为主的单一评价主体的现象，教育评价由教师、学生、家长、管理者，甚至包括专业研究人员共同参与，体现教育过程的民主化、人性化。课程评价应是一种“双向性的评价”，要重视评价者与被评价者之间的互动，在平等、民主的互动中关注被评价者发展的需要，共同承担促进其发展的职责。评价要从以“他评”为主转向以学生的“自评”为主以及自评与他评相结合。

---

① 钟启泉，崔允漷，张华，等．为了中华民族的复兴 为了每位学生的发展：《基础教育课程改革纲要（试行）》解读．上海：华东师范大学出版社，2001：301.

② 刘志军．发展性课程评价体系初探．课程·教材·教法，2004（8）.

③ 和学新．课程评价制度创新与基础教育课程改革．教育研究，2004（7）.

使学生学会依据一定的标准进行自我评定，是培养学生的自信心和终身学习愿望的巨大动力。

（四）强调质性评价，有效整合量化评价和质性评价

量化评价把复杂的教育现象简单化、表面化，无法实现对某些智力发展情况的客观性评价。质性评价的方法则以全面、深入、真实再现评价对象的特点和发展趋势的优点而受到欢迎，成为课堂改革倡导的评价办法。我们应当改变过去单一的量化评价方法，适当引入档案袋评价、表现性评价、发展性评价、成果展示等质性评价方法，使二者有效地进行整合，在不同的方面发挥各自的作用，更加全面真实地反映学生的发展情况。

（五）注重对过程进行评价，实现终结性评价与形成性评价的有机结合

终结性评价把学生获得答案的思考与推理、假设的形成以及应用等都排斥在外，缺少对思维过程的评价，导致学生只重结论、忽视过程。而形成性评价深入学生发展的进程，及时了解学生在发展中遇到的问题、所做出的努力以及获得的进步，对学生的持续发展和提高进行有效的指导，能真正发挥评价的促进发展功能。注重过程并不排斥对结果的评价，将终结性评价和形成性评价有机结合，实现评价重心的转移，是发展性评价的一个重要特征，也是世界各国评价发展的一大趋势。

四、课程思政评价的改革与思考

习近平总书记在学校思想政治理论课教师座谈会上指出，要加快推进教育现代化、建设教育强国、办好人民满意的教育，努力培养担当民族复兴大任的时代新人，培养德智体美劳全面发展的社会主义建设者和接班人。因此，需要明确教学育人的中心环节，而这个环节的核心就是立德树人，将思政工作融入教书育人的全过程，实现全程育人、全方位育人。2017 年，教育部印发了《高校思想政治工作质量提升工程实施纲要》，课程育人质量提升体系位列第一，其中提到高校需大力推动以“课程思政”为目标的课堂教学改革，梳理各门专业课程所蕴含的思想政治教育元素和所承载的思想政治教育功能，融入课堂教学各环节，实现思想政治教育与知识体系教育的有机统一。

（一）融入“思政元素”的课堂教学评价原则

课堂教学质量评价一定是客观、公开、公平、公正的，但是当融入了“思政元素”，仅有这些是不够的，还需要遵循以下原则：

1. 把握旗帜鲜明、方向正确原则

在所有的课堂教学质量评价原则中，该原则是核心，非马克思主义、反马克思主义的东西必须要去除，一旦违反了这一原则，则评价“一票否决”。意识形态是极其重要的一个工作，高校又是意识形态工作的前沿阵地，因此高校课堂教学要旗帜鲜明、政治方向正确，坚持以习近平新时代中国特色社会主义思想为统领，自觉践行“四个意识”，牢固树立“四个自信”，坚持弘扬和践行社会主义核心价值观；坚决杜绝一切错误的思想，

杜绝一切违背国家大政的言论，杜绝一切危害国家安全的举动。

2. 把握“师生共育”原则

“课程思政”的对象不能仅停留在对学生的教育引导上，而应该从课程的主客体上入手。学生固然是教育的对象，但教师也应该是，然而事实上并非如此。之所以会产生这样狭隘的认识，究其原因在于没有很好地转变传统的观念，认为教师不需要再进一步提升政治素养、理论水平以及道德修养了，但是事实上这个观念是非常要不得的。教师一直在教学的第一线，在教育教学的过程中，需要并且能够不断提升自我和完善自我，努力成为“大先生”。所以，“课程思政”一定具有“师生共育”的功能。一方面通过专业的教学，培养学生，教育学生；另一方面，教师也在自我教育，自我升华。在遵循“师生共育”原则时，应该充分重视对自育效果的评价，关注教师的自身思想、自身政治素养以及职业道德水平的提高，教师需要真正在教学过程中落实知行合一、做到言传身教。

3. 把握“专思相长”原则

在专业课教学过程中“思政元素”是不可或缺的，这是基本的要求，但是也不能出现各顾各或不相干的情况。如何将党和国家的方针政策与各专业课程的知识、技术、技能相结合，将成为该专业课程是否能融合“课程思政”的关键点。习近平总书记指出：好的思想政治工作应该像盐，但不能光吃盐，最好的方式是将盐溶解到各种食物中自然而然吸收。只有符合“专思相长”的原则，才能达到循序渐进的育人功效。

4. 把握多元化、多维度评价的原则

多元化评价包括多个评价主体，如教师、督导、学生等，多维度评价包括自评和他评。首先是教师的自评，主要是为了激发教师的积极性，提高经验总结的能力。其次是学生的自评，主要了解本课程的“课程思政”对学生是否有效、是否产生影响，强调学生的实际感受，思想上有所触动，则“课程思政”的目的就基本实现。最后是他评，主要分为师生互评和督导评价这两个方面，但重点是学生评价教师和督导评价教师“课程思政”，从学生评价中获得教师的表现，从督导的评语中获取教师的不足。

（二）课程思政教学评价的特点与难点

1. 思政教学目标的内隐性

学习目标可以是显性的，也可以是隐性的，可以用语言或操作来体现，也可以用行为来体现，有的能表达出来，有的无法表达出来。这就为评价带来了极大困难，对那些隐性的、难以表达出来的学习成果，传统的考试、测验都很难发挥作用。思政教学目标很多属于内隐性成果，比如文化素养、辩证思维、职业素养、情感、价值观等。思政教育是在潜移默化中改变学生的深层素质，而非那些可以显著测量的指标。比如，“管理学原理”课程思政教学中，管理价值观与管理者的社会责任的培养就可以很好地将社会主义核心价值观与课程内容结合起来。然而，价值观的塑造与培养是很难测量的，因为价值观是内隐的，甚至管理者自己都无法说清。中国传统文化特别注重对内隐性素质的学习与培养，比如修身养性、三省吾身、尽心尽力。然而这些内隐性素质的评价却是很难的，所以才有了东汉魏晋时期的人物品藻这样的特殊的人物评价方法，才有了《世说新语》这样的著作，也才有了诸葛亮“识人七法”等经验性方法，以及后来形形色色的识人用人的经验之谈。可是，由于人格面具原因，内隐的素质是很难在短时间内被了解的，思政素质的评价难点也在于此，突破也在于此。

2. 思政教育过程的体验性

人们认知世界，获取知识有很多途径与方法，包括听、看、做、理解、内省等，各种方法在认知与体验方面的构成是不一样的。思政内容的学习不仅仅是认知过程，更是一种体验。对于价值观、情感、人文精神等的塑造，主要不是靠说教，不是靠书本知识，不是靠督促，而是靠学生自己去体验、去观察、去感悟，其中教师的身教大于言传。环境在精神塑造中起到关键作用，每个人都是环境的产物。不仅教师，学校的方方面面、社会环境、家庭环境都构成了学生学习的总体环境。在这个环境中学生潜移默化地塑造自己的精神世界，当然也包括思政教育需要培养的内容。环境与体验是教学很难提供的，也是很难评价的。因此，对于思政教育，学校与教师的责任主要不是通过书本、知识、技能去传授，而是构建一个有利于学生思政素质养成的良好环境，让学生在这样的环境中去感受、去体验，在潜移默化中完成思政素质的养成。此外，教师的责任更在于身教，即通过自己的日常行为给学生树立一个良好的思政榜样，给学生一个效仿的示范，所谓师范就是示范。

3. 思政教育的价值性

哲学上将判断分为事实判断与价值判断两类，人们面对的领域也就包括事实领域与价值领域。思政教育不仅仅涉及事实陈述，更涉及价值塑造，也就是说思政教学的主要目标不是传授知识、技能这样的事实，而在于培养世界观、人生观、价值观等意识形态，人文精神等价值内容。价值是一种选择，而不是事实，每个人的价值都可能不同。教育工作要做的就是引导学生建立起符合社会主义核心价值观的价值体系、人生态度和世界观。由于大学生已经是成年人，他们不是一张白纸，而是已经初步形成了自己的价值体系，只是这些价值体系可能与我们倡导的价值体系不相吻合。所以，思政教育不仅仅是去塑造，更多的是去重建学生的价值体系，这就给思政教育带来了一定困难，评价也不例外。

思政教育目标的内隐性、体验性、价值性既是课程思政评价特点，也是难点所在，其评价方法必须突出强调对这三个特点与难点的突破，才能更好地评价课程思政教学效果。

（三）课程思政教学效果评价方法与标准

在与课程教学相结合的过程中，重点评价以下“五个有没有”：有没有增加爱国主义情怀，有没有加强品德修养，有没有增长知识见识，有没有培养优良品质，有没有增强综合素质。专业课程之间是有差异的，课程不同，能够蕴含在课程中的思政元素也就不同，这样就使课程的教学目标中课程思政的实现也会有所不同。习近平总书记指出：“高校哲学社会科学有重要的育人功能，要面向全体学生，帮助学生形成正确的世界观、人生观、价值观，提高道德修养和精神境界，养成科学思维习惯，促进身心和人格健康发展。”不同类型的课程挖掘深度不一样，其“课程思政”中的思政要点也不同。信息类课程主要把科技自信放在首位，而经贸类课程则重点在反映习近平经济思想。因此，不能将挖掘量作为标准，挖掘度才是一个比较合适的指标，在不同的课程之间具有可比性。

“思政”与“专业”融合得越好，专业课的育人有效性就越高，从融合度方面考虑，思考的维度一般有两个方面：第一，在专业课学习中，思政教育是否无缝衔接；第二，思想政治教育内容的融合是否重点突出，如果是大篇幅地谈论思想工作和政治教育那就不是专业课了，课程“思政化”是不合适的。在“课程思政”实践中，可以将思想政治教育内容结合到课程教学的各个环节，不一定是在课堂讲课的时候，在课前的准备、课后的作业等环节中都可以进行融合。

考虑到以上特点与难点，结合课程评价的一般模式，课程思政评价强调对情感、态度转变的关注，从点式评价向过程评价转变，从重分析性评价向重整体性评价转变，从重接受评价向重反馈评价转变，从单一化考核向多元化考核转变。通过面谈等方法评价学生内隐性的思想变化，是课程思政评价的关键。

本章小结

课程评价的本质是人们对课程的价值判断，课程评价的对象目前已扩展到课程计划、课程内容、课程目标等方面。课程评价是一个复杂的过程，本章中所阐释的各种评价模式说明了这一点。这些评价模式被分为科学主义取向和人本主义取向。

课程评价是我国新一轮基础教育课程改革的重要问题。目前我国的课程评价在评价功能、评价标准、评价内容、评价主体、被评价对象及评价方法等方面都存在一定的问题。发展性课程评价的构建有利于消除现行课程评价体系的弊端，推动我国课程改革的发展。对于课程思政评价的思考力求以新思路谋求新发展，实现课程思政的创新发展。

思考题

1. 课程评价的含义是什么？
2. 简述世界课程评价的历史发展。
3. 举例说明科学-实证主义评价模式和人本主义与自然主义评价模式的区别。
4. 发展性课程评价具有哪些特征？

拓展阅读：

相伟．课程评价导向下时政资源的优化应用．思想政治课教学，2022（3）.

第九章
教师评价

本章提要

目前，我国教师评价体系对管理、鉴定功能强调过多，评价的激励、改进功能被弱化。本章从教师评价的理论模式溯源，探讨了形成性、总结性两种评价目的，对教师评价的多主体进行评述，介绍了中国、美国、新加坡的评价体系，概括了教师评价的方法和步骤。

第一节　教师评价概述

一、教师评价的含义

教师评价（teacher evaluation）是评价者依据一定的评价标准和程序，采取多种方法搜集评价资料，对教师个人的资格、能力及表现进行价值判断的过程。有效的教师评价包含三个要素：适当的评价目的、健全的评价标准、合理的评价方法与策略。其中，评价目的是回答“为什么要评价”的问题，评价标准是回答“评价什么”的问题，评价方法和策略则是回答“怎样评价”的问题[①]。

二、教师评价的理论模式

（一）目标达成评价模式

目标达成评价模式是由早期的教育评价之父泰勒提出的，因而又称为泰勒模式。泰勒模式主要是从预定的教育目标出发，对评价对象是否达到预定的目标进行评定。泰勒认为评价的方法应涉及五个阶段[②]：

---

① E. F. Iwanicki. Teacher evaluation for school improvement//J. Millan，L. Darling Hammord. The new handbook of teacher evaluation：assessing elementary and secondary school teacher. Newbury Park：Sage Publications，1990：158－174.

② 贺加，康华福，陈俊国，等．国外教育评价基本模式浅析．国外医学教育分册，1999（2）.

(1) 确定教育目标并进行分类：教师评价的目标可以分为“德、能、勤、绩”四个维度。

1)“德”指教师政治素质、伦理道德、职业道德、个性心理品质。

政治素质：热爱祖国，遵守国家法律法规。

伦理道德：恪守社会公德、公共价值观，勇于承担社会责任，具有良好的行为习惯。

职业道德：为人师表，身正为范；遵守教育法律法规。

个性心理品质：个性心理倾向，包括需要、动机、兴趣、信念、气质、性格。

2)“能”指知识、能力。

知识：专业知识、教育教学理论知识。

能力：职业技能、创新能力、思维能力、学习能力。

3)“勤”指工作态度、出勤情况、工作效率。

4)“绩”指工作的量和质。

量：可以量化的具体任务和解决的实际问题。

质：工作绩效水平、难度、社会作用以及产生的经济效果。

(2) 找出能够表明达到上述目标的各种情况。

(3) 选择或编制测定技术。

(4) 收集教师获奖情况、学生成绩等数据资料。

(5) 测得的数据资料与预定目标之间进行比较。

目标达成评价模式的理论基础是行为主义心理学。所谓目标达成评价法就是采用可观测的行为目标作为评价的依据的一种评价方法。目标的表达方式应注意两点：第一，设置可观察行为的场合；第二，目标具备连续性。

(二) 操作主义评价模式

操作主义是逻辑实证主义和实用主义的产物，代表人物是美国著名的物理学家珀西·威廉斯·布里奇曼（Percy Williams Bridgman，1882—1961)。“操作”来源于科学家们在科学实验过程中的操作活动。布里奇曼把“操作”分为两类：一类是“实验室操作”，即“仪器操作”，如度量、实验等；另一类是“精神操作”，即“‘纸与笔’的操作”和“言语操作”(科学家在科学研究过程中的思维活动)。布里奇曼认为实验操作是科学知识的基础和根据，反对以先验逻辑作为认识的基点。

操作主义来源于物理学，在实践上注重工具、产品质量、科学技术。人的能力首先被看作掌握技术的水平，其次才是人在社会中的地位。操作主义以经验、实用为基础，轻视理论的系统化，重视实验操作的客观效果，重视数字工具，把操作过程看作人的智力竞赛过程。操作主义讲究速度和效率，衡量思维正确与否的标准是商业利润的最大化。受操作主义摆布的人极度缺乏安全感、归属感。

教育评价的对象是人，人具有复杂性、多变性、发展性。教师评价过于注重工具性、操作性，容易造成教师弄虚作假的行为。

(三) 人本主义评价模式

人本主义评价强调“以教师为本，促进教师持续成长与发展”的评价观念。其评价目的是促进教师的持续成长与发展，让评价过程成为教师完善自我、展现自我和追求卓越的过程，体现评价的激励与导向功能。发展性教师评价就是人本主义评价模式的具体体现。

发展性教师评价以人为本，侧重于激发人的内在情感、意志和态度，强调促进人的完美发展。素质教育尊重人的生命，其终极目标在于教育个体对象的个性化全面发展。因而可以说，发展性教师评价是适应素质教育要求的良好的评价方式。

发展性教师评价强调评价主体多元化，主张使更多的人成为评价主体，特别是使评价对象成为评价主体，重视评价对象自我反馈、自我调控、自我完善、自我认识的作用。发展性评价更加强调个性化和差异性评价，要求：评价指标和标准的多元性、开放性和差异性；对信息的收集的多样性、全面性和丰富性；对评价对象的价值判断关注评价对象的差异性，一切以有利于评价对象个性的发展为目标。

发展性教师评价的主要特征是：（1）学校领导注重教师的未来发展；（2）强调教师评价的真实性和准确性；（3）注重教师的个人价值、伦理价值和专业价值；（4）实施同事之间的教师评价；（5）评价者和教师配对，促进教师的未来发展；（6）发挥全体教师的积极性；（7）提高全体教师参与意识；（8）扩大交流渠道；（9）制定评价者和教师认可的评价计划；（10）注重长期的目标。这些特征体现了对教师的人文关怀和对教师发展的长远考虑。

发展性教师评价的原则：（1）全员评价和全面评价的原则；（2）评价者和评价对象共同发展的原则；（3）保密性原则；（4）民主化原则，评价在民主、平等、和谐中进行；（5）定性和定量相结合原则；（6）鼓励为主的原则。

发展性教师评价兼顾评价指标的量化和人文指标因素的同时作用，强调用质性评价去统整和取代量化评价。

第二节　教师评价的目的

确定教师评价的目的是实施教师评价的前提。教师评价的目的不同，教师评价在标准设计以及具体实施上就会呈现出差异。对于教师评价目的的诸多表述各有侧重，但是归纳起来无非是形成性目的（formative purpose）和总结性目的（summative purpose）两种。形成性目的强调专业发展，认为教师评价主要是为了协助教师了解自身教学的优劣得失及其原因，引导教师改进教学，促进教师专业成长，进而改善学生的学习，提高学校效能；总结性目的强调绩效责任，认为教师评价主要是为了区分教师的表现，并将教师评价的结果作为教师聘用、加薪、晋级、奖惩的根据①。两种不同的评价目的，折射出两种不同的理论本质：形成性评价的基础是人本主义的评价模式，评价的目的是促进全体教师的发展；总结性评价是一种目标管理模式，强调甄别与评价，用以判断教师的优劣，实际上除了少数优秀和不称职的教师，大部分教师不会从评价结果中直接获得改进工作的信息。

---

① 周成海，靳涌韬．美国教师评价的三个主题．外国教育研究，2007（1）．

目前，在英美等西方国家，“不是为了证明，而是为了改进”的形成性评价被广大学者普遍认可。多数学者认为，与其将评价者有限的精力花费在鉴别少数优秀或不胜任的教师身上，倒不如将其用在帮助大多数教师发展上。学者们对于教师评价应以形成性评价为主这一观点基本达成共识，但是对于形成性目的的教师评价和总结性目的的教师评价能否共存，却存在着不同的看法。有的学者认为，形成性评价立足于保证质量，总结性评价着眼于工作机会，二者不能兼容，应该把它们分开使用。也有学者认为，形成性评价和总结性评价在本质上是对立的，前者要求评价者扮演可信赖的合作伙伴的角色，而后者却要求评价者扮演上司、考核者的角色，因此一个教师评价方案不可能同时兼顾形成性目的和总结性目的。但是，更多的学者认为，两种不同目的的教师评价是可以兼容的，教师评价应该把绩效责任和专业发展更好地结合起来。英国在 20 世纪 90 年代初，开始正式实行形成性教师评价，后因形成性教师评价理论上存在的诸多局限性（主要因其作为总结性评价的对立面存在），导致了其在实施过程中产生了很多弊端，最终它被另一种评价代替：1998 年 12 月，英国工党政府出版了《英国教师职业现代化》绿皮书，提出了与绩效薪金挂钩的教师评价国家体系（PRP）。

在我国和日本、新加坡等国家，教师评价以总结性评价为主。我国教师评价和干部人事评价标准类似，采用“德、能、勤、绩”目标管理模式的评价。我国中小学教师评价开始于 20 世纪 60 年代，在“文化大革命”期间停滞，“文化大革命”后得以恢复。在 1977—1984 年主要是以高考升学率为标准，评选优秀教师，评价对象多是中小学民办教师。1984 年 5 月，我国正式加入了国际教育成就评价协会（IEA）。此后，在国家教育体制改革的推动下，我国的教师评价得到了较快发展。《中华人民共和国义务教育法》《中华人民共和国教育法》《中华人民共和国教师法》的颁布与实施也为教师评价实践的发展提供了法律保障。在 40 多年的发展中，我国中小学教师评价的内容和方法都发生了巨大变化：起初评价的内容主要是思想政治素质，后来又较为注重学生的学习成果，现在又开始注重教师的教学行为①。

第三节　教师评价的指标体系

确定了评价的目的，就要根据评价目的组织形成评价体系，也就是教师评价的维度。英国的实践证明，形成性评价虽然是一种具有积极意义的评价，但是它作为总结性评价的对立面单独出现，还存在不少问题。可以这样说，各国政府都需要利用教师评价的甄别、评价功能，实现教师队伍的管理，使之提高绩效，对学生实施有效的教育；同时，各国政府也希望通过发挥评价的导向、激励功能，给教师指明方向，促进教师专业成长。因此，最好的评价方案应该将形成性评价和总结性评价融合，既能呈现教师工作的真实情况，反映教师行为的价值，又能为教师的工作绩效提供判断。当然，要获得兼顾所有评价的功能，既让教育行政部门满意，又得到教师们的欢迎和认同的普适方案，几乎是

① 蔡永红．对教师绩效评估研究的回顾与反思．高等师范教育研究，2001（5）．

不可能的。各个地区、各级各类学校应该根据本地区、本校的实际，根据教育的目标和教师职业发展的不同时期，制定适合本地区、本校实际的评价指标。下面介绍几种不同的评价指标体系：

一、我国的“德、能、勤、绩”指标体系

该评价体系是以目标达成评价模式为基础的，广泛应用于我国的行政事业单位人员评价。表 9-1 是广东某镇中心小学的教师评价体系，可以反映我国现行的教师评价的维度和内容。

表 9-1　广东某镇中心小学教师评价表

评定项目		评定内容	分值	评分			评分说明
				自评	他评	总评	
思想品德20	政治方向	1. 热爱社会主义祖国，拥护中国共产党的领导，坚持四项基本原则，忠诚于教育事业。爱校如家，自觉维护学校的集体荣誉。	2				
		2. 遵守国家法规，没有违法犯罪行为。	2				
		3. 积极实行和支持国家生育政策，没有违纪。	2				
	教育思想	1. 全面贯彻党的教育方针，实施素质教育，措施落实，效果明显。	2				
		2. 克服“应试教育”倾向，减轻学生过重的课业负担，严格执行课程计划和教学大纲。	2				
		3. 具备创新型、人本文化的育人理念，重视学生良好读书习惯的养成。	2				
	为人师表	1. 作风正派，严于律己，诚实正直，言行一致，表里如一，以身作则，言传身教。	2				
		2. 衣着整洁（不戴首饰，不穿无袖上衣及超短裙），语言举止文明有礼，在学生中树立良好的形象。	2				
	热爱学生	1. 面向全体学生，热爱、尊重、了解和严格要求学生，循循善诱，诲人不倦。	2				
		2. 保护学生的身心健康，没有体罚、变相体罚或挖苦、讽刺学生的现象。	2				
业务水平28	教学能力	1. 学历符合要求，并能按规定参加进修、培训，提高学历层次和业务素质。	2				
		2. 熟悉政策，刻苦钻研教学的基本知识、技能、教学大纲和教材教法，能独立进行教学设计，课堂教学效果好。	2				
		3. 课堂教学能体现素质的要求，善于渗透德育、学法指导，培养学生创新能力。	2				
		4. 教学基本功（包括板书、语言表达、教态、使用实验操作等）扎实，会制作教具。	2				
		5. 能运用多媒体进行教学，会制作多媒体教学课件，能将信息技术与学科教学进行整合。	2				

续表

评定项目		评定内容	分值	评分			评分说明
				自评	他评	总评	
业务水平28	教育能力	1. 具有一定的教育学、心理学基本知识，并能应用于教育实践；课堂教学，校内外活动及班、团、队工作组织的管理能力强，效果好。	2				
		2. 善于做好学生思想教育工作，能适应新形势的要求，对学生要求严格，因材施教，针对性强，实效性强。	2				
		3. 熟悉中小学教育法规，善于把学校、家庭和社会教育紧密结合，善于做好家长工作。	2				
		4. 能有效地指导学生参与“读书明理”活动，达到自我教育、自我提高的效果。	2				
	教研能力	1. 积极参与教育教学业务培训，具有一定的现代化教育教学管理的理论知识。	2				
		2. 积极参加教研、教改活动；能上试验课、示范课并获得较高的评价。	2				
		3. 具有较好的听课评课和撰写论文的能力。	2				
		4. 科研意识强，主动参与科研课题研究。	2				4、5 项按校本、市、省、国家等级别酌情给分
		5. 具有研究和探索精神，能承担、负责科研课题。	2				
工作态度17	事业责任心	1. 敬业爱岗，安教乐教，认真履行岗位职责，全心全意做好本职工作。	2				
		2. 工作积极热情，树立全局观念，服从工作安排，能主动承担困难工作，不拈轻怕重，不计较个人得失。	2				
		3. 没有因工作失误导致学生辍学，无安全事故或没有发生恶性安全事故。	3				
	团结合作	1. 积极参与学校和集体各项有关的工作或活动。	2				
		2. 同事之间和睦相处，团结协作，互相帮助，不说别人坏话，不做有损团结的事。	2				
	组织纪律	1. 严格遵守学校各项规章制度，爱护公共财物，能按时按质完成任务。	2				
		2. 不迟到，不随便缺课，并能做到经常克服困难上班，事假、病假能按规定办好请假手续。	2				
		3. 工作勤恳负责，上班时不办私事，专心工作。	2				
工作实绩35	教育效果	1. 认真贯彻《小学生守则》和《中小学生日常行为规范》，学生操行合格率达100%，优秀率达90%以上。	2				
		2. 班风、学风良好，班容整洁，教育教学活动纪律（早读、课间、午睡、上课、出操、集会等）秩序正常；班、队集体建设有成效；后进生比率低，转化率高。	3				
		3. 没有学生违法、犯罪，没有发生学生因心理问题导致伤亡的事故。	2				
		4. 积极完成家访工作（普访率达100%，能充分利用信息平台与家长进行沟通）。	2				
		5. 所任教班级的卫生清洁工作做得好，每周卫生检查都取得满分。	2				

续表

评定项目		评定内容	分值	评分			评分说明
				自评	他评	总评	
工作实绩35	教育效果	6. 指导学生做好两操，动作准确规范，学生身体好。	2				
		7. 任教班级读书氛围浓厚，积极参加学校各项读书活动。	2				
	教学效果	1. 任教学科教学质量达到镇要求。	6				
		2. 能指导学生开展课外兴趣小组活动，指导学生参加各项竞赛活动并取得良好成绩，效果好。	3				
		3. 能按照学校关于“备课-讲课-作业-批改-辅导-考查”的要求开展教学工作。	3				
	科研效果	1. 积极开展教学研究，锐意改革创新，成绩显著；课堂教学设计，公开课、试验课在学校或镇级以上获得较好的评价。	2				
		2. 每年有经验总结论文，论文或经验总结文章质量较高。	2				
		3. 所参与研究的科研课题取得科研成果。	2				3、4项按校本、市、省、国家等级别酌情给分
		4. 所承担负责的科研课题取得科研成果。	2				

该校教师评价方案各级指标分值见表9－2。

表9－2　广东某镇中心小学教师评价方案指标体系简化表

一级指标	德20	能28	勤17	绩35
二级指标	政治方向6分 教育思想6分 为人师表4分 热爱学生4分	教学能力10分 教育能力8分 教研能力10分	事业责任心7分 团结合作4分 组织纪律6分	教育效果15分 教学效果12分 科研效果8分

可以看出，该指标体系既体现了教师自身的素质发展和学校发展的融合，又对教师的工作过程（勤）和结果（绩）给予关注，体现了国家对教师德才兼备的要求，是一个较为科学的总结性评价指标体系。但是，该体系项数过多，每个指标没有等级，只能“酌情给分”，信度与效度较难把握。在操作的过程中，由于大部分指标评价尺度不清，评价权重最后会集中在容易量化的“教学效果”上。

二、美国的教师评价体系

受社会文化的影响，西方教育管理体制和我国有很大的区别。以美国为例，近年来，美国大力推行“标准本位的教育改革”，受此影响，“标准本位的教师评价”[①]（standards-based teacher evaluation）也成为议论的焦点。奥登指出，标准本位的教师评价背后的理

① 周成海，靳涌韬．美国教师评价的三个主题．外国教育研究，2007（1）．

论假设是：如果教师评价标准能够详尽地描绘出有效教学以及教师专业能力的要求，那么教师的教育教学实践将会朝向标准规定的方向发展，他们会努力与标准的规定保持一致，认真学习包含在标准中的那些新的教学方法，其结果是教师得到更多的专业发展机会，学生的学习表现也将得到改善。实际上，以评价标准驱动教师发展是教师评价的题中应有之义，当然，美国学者对于标准的设定有着各自不同的理解。

琳达·达林-哈蒙德（Linda Darling-Hammond）认为，教师评价标准应包括教师能力、教学品质和学生成就几项内容。麦克拉蒂则把教师评价标准确定为26项：言行符合道德规范，对学生有感情，能针对学生与学科特点设计出适当的课程，知道如何评定学生的表现和成绩，知道如何与家长沟通，经营安全且有秩序的教室环境，与其他教师合作，不断追求自身专业成长……吉恩认为，教师评价的标准至少应该包括：学生表现，维持适当的教室纪律的能力，学科知识，计划教学和指导学生的能力，评价能力，建立和维持与学生家庭积极的合作性关系的能力，其他由州和学区教育委员会确定的专业能力和责任。

综合上述观点可以发现，美国学者在确定教师评价标准时，共同关注的标准大致有以下八项：专业能力，教学表现，班级管理，学生指导，评价能力，人际沟通，专业成长，人格特质。通过这些标准可以看出，教师评价标准深受社会文化背景的影响。美国学者构建的教师评价标准对人际沟通、学生评定等方面的重视值得我们思考。

三、新加坡的教师评价体系①

新加坡高度重视教师发展，认为教师是“中小学生命之源”。为满足教师的专业发展需要、提高教师的社会地位、提高教师的满意度，新加坡教育部专门为教师设计了三条晋升管道：教学管道、行政管道、特殊专才管道。而为了提高教育质量、配合三个管道教师的发展，新加坡教育部从2003年起实行新的“增强的绩效管理制度”（enhance performance management system，EPMS）。评价的内容分为两方面：一是平时工作表现评价，二是个人发展潜能评价，对教师实行精密化和制度化的评价。

新加坡的国家教育目标是：要培养年青一代的新加坡人拥有独立思考的能力，以及能用他们的精神和精力去创造一个更美好的社会。要帮助每一个小孩去发掘自己的才能，以及能让学校去开发及培养每一个小孩的才能。为配合上述目标，相关评价指标有：

（1）核心能力——分享价值观。识别每一名孩子的潜能并采取适当的行动去让孩子发觉自己的能力，以及帮助孩子增进他的自信心；鼓励学校社群里的其他人积极地参与教育过程，以了解孩子的潜能。

（2）培养知识——科目掌握。开发新的教育观念和方法，提供思考性的领导，分析思考、分解能力，能看出事情的关联，将最新的发展与趋向引入教导中，分析复杂的新问题，开发多层面问题的解决方法。主动性：为未来设想和采取适当的行动，为未来的时机做好准备，为达到未来的目标做好准备。创意教学：启发课程之外的学习，授权和

① 蔡葵．新加坡中小学教师评价的特点及启示．武汉市教育科学研究院学报，2007（2）．

刺激孩子在课程之外拥有他们自己的创造性及独立性学习。

（3）心理素质——了解环境。运用对学校的相关理解，以学校的目标和宗旨开发一系列有深度的活动；运用对社会经济的理解，探讨学校与社会之间的长期负面和正面的影响。发展他人，提供建议，为直接的发展需要提供建议和意见，提供反馈和鼓励；训练其他人以帮助他们的发展；影响其他人的专业发展；对于他人的专业发展有一定的影响，也能影响学校的政策和专业发展。

（4）与他人合作——与家长合作。把家长当作伙伴，让家长知道他们能对自己孩子的教育发展做出一定的贡献。与团体合作，与他人分享，自愿地与他人分享；与同事合作和给予他们帮助；分享资料和好的提议；向他人学习，拥有学习热情；建立团队承诺，指出团队里的问题，并共同解决这些问题。

（5）创意与进展。列出自己参与的创意和进展论坛、活动和项目，同时要列出自己在参与的活动中所贡献出的创意和进展。

（6）鉴定和评论。未来的志向；未来发展的趋向；优点/弱点，特殊才能/技能……

以上教师工作评估体系有多处提到了教师本身所应具备的素质和教师培养学生的有关创新、思考、发展潜能的绩效评价指标，这与新加坡的国家教育目标是相适应的。

第四节　教师评价的主体和程序

一、教师评价的主体

评价的主体是谁？传统的总结性教师评价，通常是由教育行政部门制定评价标准，学校领导组织实施，先由被评价者进行自评，然后科组或级组同事之间进行互评，最后再交由学校行政人员进行讨论总评。这就是常见的“自评、他评、总评”。由于传统的评价通常在学期结束或学年结束时进行，与教师的奖金和以后的晋升有高利害关系，教师不敢也不愿意对自己的实际工作情况做出较差的评价，因此自评分数通常参考性不强。同事、学校行政人员对教师的评价，也因有利害关系，不能保证公平，因此难以得到被评价者的信任。

为了保证获得的评价资料可信及评价的公平，应事先确定评价指标体系（教师参与评价体系的制定），在评价前充分向教师解释指标体系，由方便获取信息、教师信服的主体去进行评价。例如，教师的教学能力的评价资料可来自课堂质量监控小组（由教师推举的骨干教师组成）随堂听课的评价，同时，课堂效果可由学生进行评价。评价的时间应该贯穿学期始终，具有一定的系统性和连续性。学期末、学年终的总结性评价应以学期中的形成性评价为基础，结合教师阶段性的教育教学成绩进行考核。也就是说，真正有效的评价是多主体的，应由教育行政部门、学校、学生、家长和教师共同完成。

（一）教育行政部门

依法对本行政区域内教育人力资源进行管理，是教育行政部门最重要的工作之一。

各级教育行政部门应依照法律、法规，制定教师评价标准，由学校和专门的教育机构对教师的政治思想、业务水平、工作态度和工作成绩进行定期考核。中等以下各级各类学校教师考核办法，由上一级教育行政部门制定并组织实施，学校负责考核。高等院校教师的考核办法由高等学校自行规定并组织实施，教育行政部门对考核工作进行指导、监督。教师考核结果记入本人业务档案，作为聘任教师、晋升职务和增加工资、实施奖惩的重要依据。

教育行政部门可在三个方面对教师评价工作发挥作用：首先，组织教师的胜任力评价，也就是教师的入职评价。除了按国家规定对教师进行资格认定外，还要考查教师掌握的专业知识、课堂教学能力、心理品质。专业知识通常采用笔试的方式进行；课堂教学能力采用说课的方式，由教研人员、学校行政人员、科组人员组成的评价小组进行考核；教师心理品质评价也逐渐为一些地区教育行政部门所关注，可利用心理量表对新任教师的性格特征、职业能力、人际交往、学习素质以及自我意识等进行考察，作为选任教师的参考。但是心理测评作为一种新兴的人力资源测量手段，囿于量表的效度和信度、测试者的素质以及被测试者有可能有意识地回避内心真实想法，目前尚不是一种成熟的方法。其次，教育行政部门作为评价标准的制定者，对教师的职后考核工作进行指导和监督。教育行政部门不直接参与评价，但应发挥指导、监督作用，保证教师评价公正、公平、公开进行，提高教师评价的信度与效度。提供有效途径，教师对评价有意见可以申述。最后，对教师职业发展的不同阶段进行评定，开拓教师的事业发展进程，引导教师根据自身的专长和志愿，朝教育或管理两个领域发展。一些地区为教师职业发展设计了两条通道，努力实现教师“双峰型发展”。走管理发展通道的，发展阶梯为教师、班主任、级长、主任、副校长、校长、名校长；走专家型发展通道的，发展阶梯为教师、骨干教师、学科带头人、首席教师、名师。教育行政部门制定标准，对管理型人才实行竞争上岗，对骨干教师、学科带头人、首席教师等进行公开选拔。只要标准得当，选拔程序公开、公平，评价标准一定会激励教师根据自己的潜能选择适合自己的发展通道去完善自己。

（二）学校

学校对教师的评价主要体现在对教师绩效的评价上。对于绩效的内涵，人事心理学进行了大量的探讨，目前主要有两种观点：一种是基于结果对绩效下的定义，即绩效是在特定范围内，在特定工作职能、活动或行为上产出的结果记录；另一种是更多的人赞同的以行为为基础的绩效定义，即绩效是“一套与个人所在组织或小组的目标相关的行为”。学校要引导教师将个人发展目标和学校发展目标相统一，实现专业发展，就需对教师进行绩效考核。

绩效考核的重点是“与团体目标相关的行为”，因此，学校必须立足实际，在教育行政部门制定的大的评价框架下，细化本校的评价标准。

制定标准之后，下一步就是要获得有效、信度高的评价信息。大多数的评价信息应该从教师的日常工作中获得。例如教学能力评价，一些学校有完备的课堂教学质量监测机制。学校成立“专家”队伍（从教师队伍中选任）推门听课，听课记录可作为评价的原始记录。教育能力评价应与学校日常管理，如文明班、文明宿舍评比等结合起来。当然，绩效考核必然要注重“成绩”，考核期间教师教育教学的有效性应占较高的评价权重。要强调的是，学生学习成绩不应该直接或间接成为评价的唯一标准，良好班风的建设、后进生的转化、学生的可持续发展应作为重点考查内容。

学校作为教师评价的直接实施者，应将考查结果对教师进行反馈。校长或其他评价组织者应约谈教师，就其考核期内的表现与其做一次开诚布公的交流，以帮助其成长。避免将评价作为发泄私人恩怨的工具，对教师产生消极影响。

（三）学生

现代教学论指出，教学过程是师生交往、积极互动、共同发展的过程。在新课程背景下，学生被看作和教师平等的教学过程中的主体，师生关系是一种平等、理解、双向的人与人的关系。学生作为教师工作的对象，学生的全面发展是教师工作的终极目标。学生是教学过程中的主体，学生直接地承受着教师教学效能因素的影响。学生评价不同于专家和同行评价，学生实际上是教师教学质量的系统评价和“全程监控”的最有发言权的评价者。

目前，学生评教已经成为国内外大多数高校评价教师课堂教学质量的重要组成部分，伴随着教学改革的不断深入以及高等教育大众化的进程，学生评教甚至已经开始占据教师课堂教学评价的主导地位。国外几十年的研究表明，学生评价教师教学效果的实践已经有了很大的发展，尽管在实践中有人对学生评价教师教学仍有一些不满，但值得肯定的是学生的评价是有效和可信的。默里（Murray）比较同行评价和学生评价后认为，同行评价比学生评价信度和效度都差，更容易受非教学因素的影响。霍华德（Howard）在比较当前学生、以前学生、同事和八个训练过的观察者做出的评价结果后同样得出：当前学生和以前学生对教学效果的评价比教师自我评价、同事评价和训练过的观察者评价更具效度①。

学生评教是否有效度，关键还要看是否建立了有效的学生调查指标体系。有两个较为著名的研究得到了几乎一致的学生评估教师有效性的维度②。这就是马什（Marsh）的 SEEQ（Students' Evaluation of Education Quality）、费尔德曼（Feldman）的 SET（Students' Evaluation of Teacher），其中 SEEQ 的几个维度具有更高的概括性，它的有些维度中包含了 SET 的维度（见表 9－3）。这两个工具都积累了大量的信度和效度资料。

表 9－3　学生评估教师有效性的维度

SET	SEEQ
对兴趣的激励	教师的热情
热情	教师的热情
本学科知识更新	知识的广度
智慧的广度	知识的广度

① 陈剑启，江晓帆．国内外关于学生评教的相关研究综述．技术监督教育学刊，2006（2）．

② 蔡永红．对教师绩效评估研究的回顾与反思．高等师范教育研究，2001（5）．

续表

SET	SEEQ
教学的准备与组织	组织与清晰性
清晰性和可理解性	组织与清晰性
对课的进程的敏感性	无
口才的雄辩技能	无
目标的明确性	组织与清晰性
课程材料的价值	作业与阅读
辅助材料	作业与阅读
感知到的结果或影响	学习与价值
公平、无偏	检查与评分
课堂管理	无
对学生的反馈	检查与评分
课堂讨论	小组互动
对智力的挑战性	学习与价值
对学生的尊重	师生关系
有用和有帮助	师生关系
难度与课业负担	课业负担与难度

目前，国内对学生评教的研究尚处于探讨试验阶段，有关信度、效度的资料还不多。学生评教作为一个新型学生观下的教师评价改革举措，值得研究人员和学校进一步研究实践。

（四）家长

一些学者从经济学的角度看，认为家长作为教育的支付者，应拥有对教师工作的评判权。诚然，家长参与到教师评价中来，有其积极意义。特别对于低学段学生的家长，学生判别是非的能力尚弱，家长参与教师评价可为其提供一条和学校沟通的渠道，同时，也可以加强家长的责任心，明确家庭教育和学校教育的责任，形成家校合力。

但是家长评教在操作层面上还有诸多困难。例如，是全部家长参评，还是部分家长参评？家长来源复杂，素质参差不齐，很难确定参评的群体。再如，家长评价的有效维度有哪些？家长不是专业教育人员，对于教育的理解相差甚大，必须研究制定出家长评价的维度，否则对被评教师不公平。还有，家长参评的结果应占教师评价总体的多少权重？这些都有待进一步研究。

（五）教师

心理学认为，培养元认知是一种良好的学习策略。教师对自身的教育活动进行自我评价，实际上是一个反思、修正的过程，可以促进教师的专业成长。教师参与评价的形式应是教师在日常工作中对自身工作持续不断的反思、改进的记录，也即教师成长档案袋评价。

出于对教师传统评价制度过于量化、主体单一、强调结果、评价功能偏重管理等弊端的回应，自20世纪90年代以来，教师档案袋评价作为一种努力克服传统评价弊端的评价方式开始走进欧美等主要国家的中小学校，并逐渐成为全球教师评价策略的主流。同时，教师档案袋评价也是源于行动研究的传统，因为行动研究要求研究者把教师对于教育教学问题的回应方式及过程以档案的形式予以保留，以便作为对教师教学问题进行诊断和指导的依据。

作为一种评价方式，教师档案袋记录着教师对教学目标和标准以及学校目标的理解、教师对自我教学的反思性评价、教师创新的教学设计案例、教育管理者和指导专家的建议与评价等，这一切构成了一个多元化的评价体系。但是，也有人认为，制作档案袋加重了教师的负担，使原本就忙碌不堪的教师疲于应付，最终难免流于形式。

现代教育技术的发展为教师们记录自己的工作提供了很大的方便，目前，国内一些地区的中小学已经开始依靠网络技术开展教师档案袋评价的一些尝试，下面就是广州一所中学建设教师电子档案的范例[①]。

广州某中学建设电子档案

● 明确评价的目的。

（1）全面了解教师教学的情况，帮助教师认识到自己教学策略的长处与不足。

（2）诊断教师在教学中存在的问题和困难，及时调整和改善教学过程。

（3）展示教师的优秀作品。反映教师的成就与进步，激励教师的教学。

● 确定评价内容。

（1）教师个人简历。

（2）教学常规工作评价（基础分+加分，合计 130 分）。

时间（一学期 4 次，第 4 次为综合评价）、评价形式（分自评和他评）、评价内容（教案质量、值得推广的教案、作业批改情况、集体备课的情况、听课评课情况）。

35 岁以下的教师写详细教案和课后反思，35 岁以上的教师要求阶段反思。教师每学期要听 10 节课，教研组长听 15 节课；教师每两周搞一次教研活动；教师一学期至少开公开课一次。

基础分：顺利完成教学任务 20 分；使用普通话和英语教学 10 分；集体备课全勤 10 分；每月听课至少三次 10 分；布置作业有区分，硬性作业全批全改 10 分。

加分：教案评为优秀 10 分；主动上公开课 10 分；辅导学生获得国际竞赛大奖 20 分；论文在省一级期刊上发表 10 分；教学成绩 0～20 分。

（3）教学成果集。

优秀教案、课件、论文、教学成果统计表，个人学习和进修情况。

● 操作程序。

（1）电子档案的建立。以教研组为单位，为每位教师在校园网建立电子档案。

（2）电子档案的收集。教师每月对照评价标准把相关信息上传到校园网，不定期把

① 胡庆芳．教师成长档案袋发展的国际背景与实践操作．校长周刊，2007（3）.

相关的成果上传到校园网。

(3) 电子档案的展示。备课组要求每一位教师每月展示一次自己的优秀作品，学校定期把各备课组的优秀作品集中到一起展示。

(4) 电子档案的管理。由学校教导处、教研组长和主管网络技术的教师组成管理机构，完成收集、评阅、反馈、督促和指导工作。

二、教师评价的程序

教师评价的程序是：依据评价目的制定评价标准、组织实施、评价反馈，也就是明确评价目的、确定评价者、制定评价指标体系、确定评价方式，最后将评价结果反馈给教师本人。

（一）明确评价目的

实施一次评价，首先要明确评价目的是为了管理、选拔，还是对教师教育教学工作实行监控，促进教师专业发展。如前所述，前者是总结性评价目的，后者是形成性评价目的，两者不是非此即彼的关系，是可以共存的。“选拔、鉴定”的基础是教师的教育教学实践，其基础应该是教师的行为现实和未来发展的可能性。即使是竞争上岗，比拼的也绝不是“台上的十分钟”，而是“台下的十年功”。教师评价的目的，是全面展示教师的教育教学实践的现状及其发展提高的可能性，一方面发现问题，促进教师改进和提高，一方面为鉴定和选拔提供翔实、有效的依据。

（二）确定评价者

如前所述，教育行政部门、学校（行政人员、同事）、学生、家长、教师本人均可成为教师评价的评价主体。为了评价信息的全面、真实，在评价中引入多个主体是可行和必要的，但是评价者必须能够胜任评价工作，有正确的评价理念，在评价工作中能够公正、坦率且始终如一。要达到这些要求，有赖于评价组织者对评价体系的精心设计以及对评价理念的宣扬。总之，各评价主体应该从不同维度对熟悉的领域进行评价，例如科组同事对教师的教学能力进行评价、学生对教学过程进行评价。

（三）制定评价指标体系

评价指标体系要根据评价目的进行设计，必须主次分明、合理有序。合理的评价指标体系应得到被评价者的理解和认同，有较高的效度和信度，全面、真实地反映教师的工作实践和价值。

（四）确定评价方式

怎样收集、处理信息？怎样选择评价时机？这些也是关系到评价的效度和信度的问题。目前，总结性评价之所以受到较多的非议，与其集中收集培训信息、短时间内做出评价的方式密切相关。形成性评价的观点认为，评价应该是贯穿始终的，评价体系应该在开始的时候确定，为被评价者所了解，在教师工作的全过程收集信息，在某一阶段结束时处理信息，得出全面、有效的评价结果。

（五）评价结果的反馈

评价的功能既然不仅限于鉴定和选拔，评价的结果就不应该以简单的“优秀”“称职”“不称职”来概括。作为专业人员，教师也渴望发现不足、改进工作。评价结束后，校长或评价人员应约谈教师，对其上一阶段的工作进行总结，诚恳地指出不足，指导教师制订改进计划。

本章小结

教师评价是评价者依据一定的评价标准和程序，采取多种方法搜集评价资料，对教师个人的资格、能力及表现进行价值判断的过程。有效的教师评价包含三个要素：适当的评价目的、健全的评价标准、合理的评价方法与策略。其中，教师评价目的是回答“为什么要评价”的问题，本章认为要兼顾形成性目的和总结性目的。评价标准是回答“评价什么”的问题，这是教师评价的指标体系的问题，应根据评价的目的，结合学校实际制定。评价方法和策略则是回答“怎样评价”的问题，也就是由谁来评价、评价的方法和步骤的问题。教师评价应是多主体的，由教育行政部门、学校、学生（或低学段学生家长）、教师本人共同完成。评价的步骤为：明确评价目的、确定评价者、制定评价指标体系、确定评价方式和对评价结果进行反馈。

思考题

1. 什么是教师评价？教师评价的对象是什么？评价主体有哪些？
2. 教师评价的理论模式有哪些？各具备什么特征？
3. 你认为教师评价的指标哪些是必需的？为什么？
4. 教师评价的程序有哪些？
5. 请根据马什的 SEEQ 维度，设计一份学生评价教师的调查问卷。

拓展阅读：

姚琳，邓燕红．美国研究型大学教师评价的价值取向、支持系统与实施路径．教师教育学报，2022，9（4）．

第十章

学生评价

本章提要

什么是学生评价？学生评价具有什么功能？学生评价有哪些类型？评价学生时应遵循哪些原则？学生评价的主体是什么？如何构建形成性学生评价体系？如何实施学生综合素质评价方案？本章将对这些问题展开论述。

第一节　学生评价概述

学生评价是课程实施的重要组成部分，由于其本身具有的导向和教育作用，对促进学生的成长和发展有着重要的意义。教育部《基础教育课程改革纲要（试行）》提出："建立促进学生全面发展的评价体系。评价不仅要关注学生的学业成绩，而且要发现和发展学生多方面的潜能，了解学生发展中的需求，帮助学生认识自我，建立自信。发挥评价的教育功能，促进学生在原有水平上的发展。"就我国当前的基础教育课程改革而言，学生评价改革已成为一个关键环节。2018 年在北京召开的全国教育大会明确指出，要深化教育体制改革，健全立德树人落实机制，扭转不科学的教育评价导向，坚决克服唯分数、唯升学、唯文凭、唯论文、唯帽子的顽瘴痼疾，从根本上解决教育评价指挥棒问题，学生应具有坚定的理想信念、深厚的家国情怀、高尚的个人品德、丰厚的学识、奋斗的精神、创新的思维等综合素养。2020 年 10 月中共中央、国务院印发的《深化新时代教育评价改革总体方案》（简称《总体方案》）提出改革学生评价，促进德智体美劳全面发展。《总体方案》指出，学校要树立科学成才观念，完善德育评价，强化体育评价，改进美育评价，加强劳动教育评价，严格学业标准，深化考试招生制度改革，凸显教育立德树人的根本任务，削弱选拔功能。《总体方案》鲜明地体现了对学生综合素质评价的重视，这种评价标准的变革，势必会影响各级初等教育，一改以往的学生评价中"唯分数"论、"只见冷冰冰的分，而不见活生生的人"的缺陷，从评价的角度倡导学生综合素质的发展。

一、学生评价的定义

学生评价是教育评价领域中最基本的一个领域，也是最为重要的组成部分。21 世纪以来，特别是新一轮基础教育课程改革以来，如何评价学生，成为教育管理者和广大教师关注的热点问题。那么到底何谓“学生评价”？学者们有不同见解。英文“student assessment”被译为“学生学业评价”便是典型一例。在我国原有的“大教学，小课程”框架中，课程是教学的材料，学生评价则游离于课程之外，被视为对教学结果的检查。与此形成对照的是，在西方“大课程，小教学”框架中，教学是课程的实施部分，学生评价隶属于课程评价①。

随着时间的推移，接受并运用西方的“大课程，小教学”框架成为我国教育界的倾向。特别是新课程标准实施以来，教育者或课程工作者越发接受大课程的观念。在大课程理念的影响下，人们逐渐摒弃以往专注于终结性、片面性定位的做法，学生评价观发生了明显的改变，学生评价领域趋于扩展，那么，新课程背景下我们该如何定义学生评价呢？

《超越测验：走向教育性评价的原理》的作者吉普斯（C. V. Gipps）提到，学生评价是一系列评定学生表现及成绩的方式的综合，包括正规测试与测验、实践与口头评价、教师实施的基于课堂的评价、档案袋等。

我国有学者认为，学生评价是指在一定教育观念的影响下，根据既定的教育目标综合运用各种方法对学生的思想道德、知识能力和身心素质进行评价的活动。

也有学者认为，学生评价是指评价者依据一定的评价标准，对学生个体学习的进展和变化及其影响因素进行系统分析和价值判断，以期达到教育价值增值的过程②。学生评价是为了促进学生的发展（认知的、情感的、动作技能的）或将学生进行分等级以便甄别而对学生的表现（真实情境中的、模拟情境中的表现；已有的、正在呈现的、可能的表现）的评价，是一种事实判断与价值判断的综合。该界定确立了学生评价的两个核心，即改善学生的学习和甄别学生。

综上所述，我们可以这样理解学生评价：学生评价是指评价者在教育方针规定的总目标和各级各类学校的具体培养目标下，根据一定的评价标准，对学生个体学习的进展和变化及其影响因素进行分析和价值判断，以期达到教育价值增值的过程；学生评价的内容包括学业成绩的评定（认知的发展），思想品德和行为规范的评价（品德的发展），体格和体能的评定（动作技能的发展），学习态度、兴趣和个性心理特征的评价（个性的发展）等方面。

二、学生评价的功能

（一）是教师评价和学校评价的重要组成部分

学生评价是学校教育评价的核心，无论是教育的宏观评价还是微观评价，都离不开学生评价。因为学生是教育的对象，教育质量的高低主要体现在学生的身上，通过学生评价可以从侧面了解教师的教学质量、学校的管理水平、教育目标的实现程度、教育方

---

① 王凯．学生评价：一种基于新课程改革的探讨．当代教育论坛，2004（8）．

② 肖远军．教育评价原理及应用．杭州：浙江大学出版社，2004：135．

针政策的贯彻情况以及教育工作中存在的问题，所以，学生评价在很大程度上决定着教师评价和学校评价的结果，为改进教育工作、进行教育决策提供了一定的依据，是保证学校教育活动沿着正确的方向发展的重要手段。

（二）是促进学生成长与全面发展的重要手段

科学的学生评价是学生自我完善的重要参照和依据，有助于激发学生学习的动机，促进学生的学习。通过学生评价，学生可以了解自身的发展情况，把评价的结果作为学习、发展的动力，进而促进其学业和其他方面的发展，这有助于学生把握自己的学习起点、正确地确定自己的学习目标、合理地选择学习策略。事实上，每个学生在开始新一门课程的学习时，都是以一定的知识、技能与能力作为基础，以一定的学习积极性作为动机力量，通过定位性学习评价，了解自己在学习一门课程时的相关知识、技能、能力等情况。这为他确定适当的学习目标提供了参考和依据。

（三）有助于教师了解教学得失并改进教学方法

在一个单元或一门课程结束时，教师可以通过学生的总结性评价，对学生的学习是否达到预定的教学目标和达到教学目标的程度做出判断，这有助于教师对教学目标进行适当的调整，从而做出更好的教育教学决策。通过在教学过程中进行学生评价，教师可以及时得到有关教学情况的反馈信息。当教学比较成功的时候，教师就可以设法巩固已有的成绩。当教学活动与预期目标有较大差距的时候，教师就要找出问题所在，及时改进自己的教学，提高教学质量。

（四）有助于教师了解学生学习和身心发展状况

通过学生评价，教师可以了解不同学生的身心发展与学习等方面的状况，有针对性地激发学生的学习动机，促进和帮助学生的成长与发展。例如，在学生学习出现困难时，一味地责怪学生不努力，试图通过给学生施加更大的压力来改变学生学习的状态，这在大多数情况下都是收效甚微甚至失败的，而诊断性评价在这方面就可以发挥很大的作用。诊断性评价的主要任务就是在学生学习出现困难时，帮助他找出困难背后的原因。事实上，学生学习困难背后的原因是多重的，只有找准了影响学生学习的主要原因，有针对性地采取措施，才能取得较好的效果。

三、学生评价的类型

根据不同的分类标准，可将学生评价分为不同的类型。按照评价在学校教育教学中的作用，学生评价可分为定位性评价、形成性评价、诊断性评价及终结性评价。

（一）定位性评价（placement evaluation）

建构主义学习观认为：学习是学习者利用已有知识经验了解建构新知识的过程。因此，规范教学设计要求教师在教学之前对学习者的已有知识经验进行分析。在分析学习者的知识经验时，教师往往需要考虑两个问题：其一是学生对开展新的教学所必需的知识、技能掌握到了何种程度；其二是学生对计划进行的教学的预期学习结果已经具备了哪些。教师可利用自己的教学经验对这两个问题做出回答，也可以通过各种形式的定位性评价来获取关于学习者已有知识基础的信息。

定位性评价主要是在特定的教学活动之前，判定学生的前期准备，又称为安置性评价。它要解决的问题是：学生是否已掌握了参加预定教学活动所需的知识与技能，在多大程度上学生已经达到了预期的教学目标，学生的兴趣、习惯以及其他个性特征显示何种教学模式最为合适。例如，开学之初，任课教师可以调查学生对该科目的知识准备情况，包括学生学习兴趣、爱好、个性情感、学习态度、学习习惯、达到预期的程度等。由此，教师可以根据调查情况，及时调整相关教学内容、教学进度，选择相应恰当的教学手段与模式。可以采用问卷调查、师生对话、小组座谈、学习交流等方法进行定位性评价。

（二）形成性评价（formative evaluation）

作为对被评价者改进工作的内在动力的评价，形成性评价是现代教育评价的重要理念之一。形成性评价是指评价的结果能够指导以后的教学与学习的评价，在学生评价中，形成性评价的主要任务在于不断地反馈学生学习成功或失败的信息。它特别注重强化学生的成功之处，显示学生学习过程中需要改正的具体的学习错误，旨在帮助学生为最终的分级评分做准备，或者可以说是为了给终结性评价做准备。形成性评价可以是通过多途径、多角度观察来确定一名学生应用知识和技能的能力的一种评价活动，也可以是紧跟在一节课后的一种评价活动。例如：教师用一两句话总结上一节课的要点，并联系学生已有的知识提出相关的问题，然后通过观察学生在课堂中的反应，对学生做出形成性评价。

形成性评价不仅可以帮助学生强化已学知识，也可以帮助学生发现不明白的知识点，还可以改善学生记笔记、提问题、解决实际问题的方法，评价中甚至可能包括小组活动。这种评价方法通常受到学生的欢迎，因为它更多的是帮助学生表现已知的而不是未知的知识；同时也受到了忙碌的教师的欢迎，因为这不需要很多的讲授或评分，甚至学生自己也可以创造一种特定的形成性评价活动①。

（三）诊断性评价（diagnostic evaluation）

诊断性评价是为了使教学适合于学习者的需要而在一门课程和一个学习单元开始之前对学习者所具有的认知、情感和技能方面的条件进行的评估，也就是使教育活动的形式、内容、过程等更适合活动对象的自身条件及需要而进行的评价。它是在了解学生发展的原有知识水平的基础上，为制订有效促进学生发展水平的教学计划或活动方案提供有用信息，并做到有的放矢、因材施教的一种评价方式。

诊断性评价的重点在于对学生学习中屡犯错误深层原因的调查。它需要一些精心准

① 韦伯．有效的学生评价．北京：中国轻工业出版社，2003：29－30.

备的诊断性测验以及高度专门化的访谈技术。如果某些学生一直存在学习问题，以至于形成性评价提供的矫正性诊断无法解决，就需要采用诊断性评价来鉴别学生的学习困难。诊断性评价的目标是分析学生学习表现的普遍原因，指出学生学习困难的症结并进行补救。

（四）终结性评价（summative evaluation）

终结性评价也被称为总结性评价、结果评价，是指对教育活动的效果进行评价，也就是以预先设定的教育目标为基准，对教育计划或方案达到目标的程度，即对现状与目标之间的距离进行评价。它既是对教学目标达到程度的判断，同时也可提供教学目标适当性与教学策略有效性的信息。终结性评价的目的是评定学生的学习成就，了解学生整体发展水平，为改进教学提供依据。

一般地，总结性评价与分等鉴定、做出关于受教育者和教育者个体的决策、做出教育资源分配的决策相联系。总结性评价考查最终效果，因此它是对教育活动全过程的检验，一般在教育过程结束后进行。总结性评价是综合性的，它希望最后获得的资料有较高的概括化程度。学生的毕业考试、教师的考核、学校的鉴定都是总结性评价的例子。

四、学生评价的原则

学生评价除了应遵循教育评价一般原理中所提到的方向性、公开性、客观性、科学性、可行性等基本原则外，更应该以促进学生发展为基本指向，遵循发展性、多元化、全面性、差异性原则。

（一）发展性原则

学生评价的发展性原则是指学生评价要以促进学生发展为目的，要为学生的发展服务，评价关注的不仅是学生的现实表现，而且应该重视全体学生的未来发展，重视每个学生在原来已有水平上的提高。要在评价主体、评价内容、评价方法、评价工具、评价反馈等方面突出教育评价的发展性功能，改变过去学生评价过分强调甄别与选拔的做法，充分发挥评价的激励、导向和促进发展的功能，使评价的过程成为促进学生发展与提高的过程。制定评价指标时，要根据学生发展的阶段性确定不同发展水平的指标，循序渐进地提出合理要求。评价要坚持用发展的眼光看待学生，不仅要看到学生现有的水平，还要看到学生潜在的发展可能性，激发学生主体自我发展的意识，让基础不同的学生都发挥其潜能，取得最大的成功。发展性原则是学生评价的最重要、最基本的原则。

（二）多元化原则

学生评价的多元化原则是指学生评价要从学生发展的多样性、动态性、水平的差异性出发，要同教育、教学活动紧密结合，多视角、多维度、多层次、多侧面地认识问题，多渠道收集信息，以达到促进评价对象发展的目的。多元化原则包括评价内容、标准、方法、主体等的多元化。在评价方法方面，要善于结合实际情况，根据不同的评价目标和评价内容选择恰当的评价方法，除考试或测验外，还要研究制定便于评价者普遍使用的科学、简便易行的评价方法，如课堂行为观察、谈话评价、作业分析、成长记录评价和表现性评价等。在评价主体方面，要倡导多主体参与评价，重视学生、教师、家长在评价过程中的作用，改变以往单独由教师评价学生的方式，探索有利于引导学生进行积极的自评与他评的评价方法，使学生评价成为教师、学生、家长共同参与的多元交互活动。总之，评价既要关心结果，更要关心过程；既要重视学生的学习成绩，也要重视学生的思想品德以及多方面潜能的发展，注重学生的创新能力和实践能力。评价标准既要注意对学生的统一要求，也要尊重、关注学生的个体差异以及对发展的不同需求，用“多把尺子”衡量学生，为学生有个性、有特色的发展提供一定的空间。

（三）全面性原则

学生评价应着眼于学生的全面和谐发展。对学生进行评价时，要体现教育目标的全面性，评价必须全面实施各项评价内容，综合运用各种手段和方法，促进学生各项素质的全面发展。学生评价还要求评价者广泛地、充分地对评价对象的基本素质、学习过程和成果进行全面评价，全面地占有评价信息。所谓全面地占有评价信息，即学生评价必须反映学生学习和发展的全部信息，必须贯穿于学生学习活动的全过程，全面、全员、全程采集和利用与学生发展有关的评价信息。应把诊断性评价、形成性评价和终结性评价有机结合为一个整体运动过程，在一定的时域内，不断地循环反复，动态地监控学生发展和培养的全过程。把握全体学生素质发展的整体状况，即强调评价的整体性情景，同时，把教学过程与评价过程融为一体，最大限度地发挥评价的导向、诊断、反馈、激励等功能。

（四）差异性原则

学生评价应注重学生的差异性和多样性，在评价中要根据学生的不同思想、文化、身心发展基础，制定不同的发展目标、内容和标准，因材施评。评价主要是看基础、看发展、看进步，而不是片面追求评价标准的统一性。学生评价强调学生发展的多样化和个性化。因为不同年龄阶段的学生在身心特点、生活阅历、知识结构、认知水平和理解能力等方面存在着极大的差异，有着不同的发展需要、意愿、倾向、优势和可能性。同时，即使是完成同一活动，不同的学习个体也会表现出不同的水平。因此，对学生进行评价应该充分考虑学生的特点，评价内容、方法、标准等要从学生的实际出发，因人而异，不能一刀切，评价的最终目的是使每一个学生通过评价都能得到发展和提高。

第二节　学生综合素质评价

一、学生评价的主体与方法

根据评价主体的不同，学生评价可分为学生自我评价、学生小组评价和教师对学生的评价。

（一）学生自我评价

1. 学生自我评价的意义

第一，自我评价能培养学生正确评价自我的能力，充分发挥学生的评价作用，从而使学生能客观全面地了解自己，体验学习成功的快乐，看到自己的不足，确立适合自己的学习目标，明确自己未来的发展方向。第二，学生自我评价有助于学生人格的完善，通过有效的学习发现自我、评价自我、强化自我。第三，通过学生的自我评价，教师能得到学生学习是否主动，包括学生的学习态度、动机、兴趣和学习能力等信息；教师还可以得到学生对教学内容难易度、趣味性和知识性的看法以及对教学方法的反馈信息；教师可以从不同的角度了解学生的学习效果，并给予肯定、表扬或及时给学生提供有用的改进建议。第四，自我评价也是培养学生责任心的有效途径，既能促使学生对评价结果负责，又有利于学生克服对他人评估的逆反心理。第五，学生自我评价有利于学生的发展与提高。自我评价能够引导学生通过内省获得自我肯定的意识，促进学生主体人文精神的建构和自学能力与学习欲望的培养。

2. 学生自我评价的方法

自我评价包括学习活动开始之前、展开过程之中和学习结束之后，它贯穿于学生学习的全过程。常用的方法主要有：利用老师提供的评价项目清单进行自评，通过自我观察完成个人总结；写学习日记；建立学生档案袋等。

（二）学生小组评价

1. 学生小组评价的意义

学生小组评价是指以学生小组为基本单位对学生的学习和表现进行价值判断，对促进学生发展与提高有重要意义。小组评价是培养学生协作能力和合作精神的重要途径；小组评价有利于促进学生自主学习、自我发展和自我评价；小组评价有利于促进同伴之间的信息交流与共同提高。

2. 学生小组评价的一般方法

（1）组建评价小组。分组应注意小组成员的学习成绩、性格特点、个性差异、家庭背景、个人能力的合理差异，依据“组间同质、组内异质、优势互补”的原则进行分组。在评价前教师要向小组成员阐明评价的目的一方面是让同伴看到自己的进步，要用发展的眼光客观地对待他人和自己，另一方面是考虑全体同学的全面发展，尤其是中等生与后进生。一般情况下，每个小组由5～8名学生组成。每个小组应该选一名在学生中具有较高威信、成绩好、责任心强、有一定组织能力的学生担任小组长。

（2）合理设置评价内容。小组评价的内容不仅应该包括学习活动，还应该包括学习以外的内容，以鼓励所有的学生参与。评价内容应具备趣味性、可操作性、差异性与反馈性，充满趣味的评价内容有助于激发小组成员评价动力与学习兴趣；可操作性则是有利于小组评价的有序开展；差异性则是依据小组成员间的差异，设计适合小组的评价内容；反馈性是学生并非被动地学，教师也不是被动地教，而是教学相长，教通过学的反馈而提升，学通过教的反馈而改变。具体可以采取小组讨论、小组评价表、表现观察、小组评分等方法。

（3）恰当选择评价时机。小组评价主要运用于过程性评价，评价次数要适当，不能过度使用，以免使学生产生厌烦情绪，从而降低评价的效果，对小组评价的时机进行必要的指引，提醒组员在小组讨论精彩环节、组员思维受阻时、组员大胆质疑时都可以进行适当的评价。

（4）确定小组评价的方式方法。小组评价可采用讨论、观察、评分等方式方法。同时，在进行小组评价时教师应该做好充分的准备工作，让学生通过小组自评、互评来提高认识，使每个人的潜力得到尽情发挥，激励学生热爱学习，促进学生的全面和谐发展。

（三）教师对学生的评价

1. 教师评价学生的优越性

教师既是评价者又是执教者，因此，教师评价能把教学目标与评价目标统一起来，有利于调节教学，充分发挥课堂教学的功效，提高教学质量和学生学习成绩。教师了解学生在接受知识中智能、性格、态度方面表现出的各种差异，使评价更客观、更符合学生实际，有利于有针对性地诱导和鼓励学生。教师对学生的评价是教师帮助、激励和引导学生自我发展、自我完善的有效手段之一。教师在尊重学生差异和主体性的情况下对学生进行的客观评价，有利于将评价与教学从对立转向统一。

2. 教师评价学生的一般方法

教师对学生的评价方法是教师为了获得学生学习的进展和变化情况、查看学生是否达到一定教学目标，而采取的具体途径或措施。目前教师对学生的评价方法除了考试和测验以外，还有教师观察、作业法、学生成长记录袋等多种评价方法。教师评价学生的方法是多元的，任何单一的方法都是片面的。教师在评价中应注意选择恰当的评价方法，做到多种方法综合运用，以保证评价信息的真实性和有效性；注重与学生的沟通、对话，使教师评价学生的过程成为师生彼此在思想上、情感上、态度上沟通的过程，从而更好地实现教育目标。

二、学生评价体系的构建

构建促进学生全面发展的评价体系应该包括学生评价的内容和标准、学生评价的方法和促进学生发展的改进计划等，主要有四个工作环节：明确评价内容和评价标准、选择并设计评价工具与评价方法、收集和分析反映学生发展过程和结果的资料、明确促进学生发展的改进要点并制订改进计划①。

（一）明确评价内容和评价标准

学生评价不仅仅关注学生的知识和技能的获得情况，更关注学生学习的过程、方法，

① 朱慕菊．走进新课程：与课程实施者对话．北京：北京师范大学出版社，2002：151.

以及相应的情感态度和价值观等方面的问题，关注学生的全面发展。因为只有这样，才能培养出适合时代发展需要的身心健康、有知识、有能力、有纪律的创新型人才。中小学学生评价的内容包括基础性发展目标和学科学习目标两个方面。

1. 基础性发展目标

基础性发展目标是评定学生全面发展的基本素质的指标体系，是学生经过相应阶段学习应该达到的基本目标，包括思想品德素质、知识能力素质、身体素质和审美素质等。具体内容包括：

（1）道德品质方面：要爱祖国、爱人民、爱劳动、爱科学、爱社会主义；遵纪守法、诚实守信、维护公德、关心集体、保护环境。

（2）公民素养方面：要自信、自尊、自强、自律、勤奋；对个人的行为负责；积极参加公益活动；具有社会责任感。

（3）学习能力方面：有学习的愿望与兴趣，能运用各种学习方法提高学习水平，包括对知识的认知水平和理解程度；能掌握知识间内在的逻辑联系，主动建构知识体系；有对自己的学习过程和学习结果进行反思的习惯；能够结合所学不同学科的知识，运用已有的经验和技能，独立提出、分析并解决问题；具有初步的研究与创新能力。

（4）交流与合作能力方面：能与他人一起确立目标并努力去实现目标，尊重并理解他人的观点与处境，能评价和约束自己的行为；学会聆听、理解他人的想法；学会相互接纳、赞赏、争辩、帮助；能不断对自己和别人的看法进行反思和评判；能综合运用各种交流和沟通的方法进行合作。

（5）运动与健康方面：热爱体育运动，养成体育锻炼的习惯，具备锻炼健身的能力，拥有一定的运动技能和强健的体魄，形成健康的生活方式。

（6）审美与表现方面：能感受并欣赏生活、自然、艺术界、科学中的美，具有健康的审美情趣；积极参与艺术活动，能用多种方式进行艺术表现。

2. 学科学习目标

学科学习目标是指经过学科学习应达成的基本目标。各学科课程标准已经列出了本学科学习的总体目标和各个学段学生应该达到的具体学习目标，并对评价方式提出了建议。但其共同部分包括：

（1）在相应的学习过程和情境中掌握与理解基本概念、主干知识，特别是相互间的内在联系，逐步学会主动系统地建构知识。

（2）初步学会从学科的角度提出问题、理解问题，并能综合运用所学的知识和技能解决生活和社会中及其他学科学习中的问题，发展探究和应用意识。

（3）形成解决问题的一些基本策略，发展思维能力、实践能力、创新精神和科学素养。

（4）在学习活动中获得成功的体验和学习的乐趣，锻炼克服困难的意志，建立学习的自信心。

（5）学会与人合作，并能与他人交流思维的过程和结果，敢于发表自己的观点，善于倾听别人的意见；初步形成自我评价与自我反思意识，形成实事求是的态度以及质疑和独立思考的习惯。

（6）具有初步的探究、创新和实践能力，在情感态度和一般能力方面都得到充分发展。在各学科的评价中要突出强调知识与技能、过程与方法、情感态度与价值观三个方面的有机结合，综合评价学生的学习水平。

需要注意的是，在实际的教育教学中，学科学习目标和基础性发展目标很难截然分开，也没有特定的课程来培养和专门促进基础性发展目标的发展，通常基础性发展目标蕴含在学科学习中，与学科学习目标同步发展，因此，两个目标常常融合在一起进行评价。

（二）选择并设计评价工具与评价方法

确定了评价标准后，还需要选择适当的评价工具，设计评价方法。评价工具和评价方法要根据评价内容的性质与需要进行恰当的选择。促进学生发展的评价体系要求建立多元的、综合的评价内容和标准，这就要求选择多样化的评价工具与方法。新课程倡导评价方法的多样化，尤其强调质性评价方法的应用。质性评价方法和量化评价方法结合起来运用，可以有效地描述学生全面发展的状况，也可以更有效地评定复杂的教育现象。因此，在建立促进学生全面发展的评价体系时必须重视和采用开放式的质性评价方法，如行为观察、情境测验、学习日记或成长记录等，关注学生学习、发展的过程，打破把考试作为唯一评价手段的局面。评价工具是收集评价资料的直接依据和手段，设计评价工具是保证评价工作有效实施的基础和前提。有时，评价工具是现成的，可以直接借用，但在大多数情况下评价工具不是现成的，需要评价实施者自己动手设计和制作。

（三）收集和分析反映学生发展过程和结果的资料

反映学生学习和发展状况的资料数据是评价学生的客观事实依据，学生评价的资料通常包括两部分：一部分是学生的作业、小测验、问卷调查表、小论文、计划书、实验报告、作品集、活动过程记录等表明学生学习状况的原始资料；另一部分是来自各方面的对上述内容的评价，如教师给学生的分数、等级、评语、改进意见，学生的自我评价，同伴的观察记录与评价，以及来自家长和社会的各种相关的、能说明学生发展状况的信息等。

常用的收集方法有：标准化考试、以成绩为基础的评价、学生工作样例、对学生行为表现的观察、访谈与调查等。为保证评价数据的全面性、真实性和有效性，评价实施者在收集学生评价资料数据时应注意：坚持多渠道收集资料；评价任务必须与评价目标高度一致；带有评语的原始资料比单纯的分数或等级更重要；收集的资料不仅要涵盖学生发展的优势领域，也应涵盖被认为是学生发展不足的领域。收集完评价数据后，在分析评价资料时应注意：要鼓励被评价者参与讨论，以体现对被评价者的尊重、理解与关怀；应对来自各种测评手段的数据进行综合分析，以全面描述学生的发展状况；应尽可能进行纵向和横向的比较分析；评价结果的呈现方式应是量化表述与质性描述的有机结合，评价应用激励性语言，以让学生真切地感受到真实的关怀。

（四）明确促进学生发展的改进要点并制订改进计划

发展性评价的意义在于明确促进学生发展的改进要点并制订相应的改进计划。评价的目的更侧重于促进学生发展，而不仅仅局限于检查、甄别和选拔。因此，只得出一个客观描述学生学习情况的分析报告是远远不够的，还应根据信息收集后的分析报告，根据学生发展的成就、潜能和不足，明确促进学生发展的改进要点，并用清楚、简练、可测量的目标术语表达出来，制订改进计划，建立促进学生发展的评价体系。通常，改进计划应注意将学生发展优势领域方面的特征向其发展不足的领域迁移，以促进其潜能获得不断的发展。制订改进计划时还需注意：改进计划应关注学生个体差异和不同背景，提出有针对性的、有个体化特征的改进要点；要讲究评价结果和改进计划的反馈方式和策略，使评价真正发挥激励和促进的作用。

三、学生综合素质评价实施方案

不同层次、不同类别的学校应该有不同的学生评价方案，本章拓展阅读部分提供的是《贵州省普通高中学生综合素质评价实施办法（修订稿）》，供读者阅读和了解，以期能为教育工作者在制定学生评价方案和对学生进行综合素质评价时提供参考与借鉴。

第三节　学生学业的质性评价方法

狄尔泰说，“自然需要说明，而人需要理解”。单纯的量化评价是无法达到对人的理解的。总的来说，我国中小学评价体系还是以量化评价为主要特点的。量化是自然科学研究的特点，而教育领域不同于自然科学领域。教育的对象是人，教育的结果是人的不断发展与完善，这是难以进行科学说明和精细描述的。相对于量化评价，质性评价主要通过观察、访谈、描述及解释等方式对真实的教育情境、教育现象进行说明，其目的在于谋求评价情境本身的改进，创造类似情境的理想形式，而不是追求量化评价中的标准化与普及化。质性评价方法的意义主要体现在①：

第一，质性评价方法不只是一个分数，它通常记录了学生的各种行为表现、作品或者思考等描述性的内容，不仅能够具体直观地描述出学生发展的独特性和差异性，而且可以较全面地反映学生发展的状况。这种评价方法对于关注学生的全面发展具有非常重要的价值。

第二，因为质性评价方法多以描述和记录为主，故可真实、深入地再现学生发展的过程，相比之下，量化的评价方法则更多地表现为数字，反映的是学生发展的结果。因此，质性的评价方法对于促进学生的发展扮演着举足轻重的角色。下面以常用的表现性评价为例对质性评价方法做一介绍。

---

① 朱慕菊．走进新课程：与课程实施者对话．北京：北京师范大学出版社，2002：156.

一、表现性评价的概念

表现性评价（performance assessment）并不是在教育领域最先提出并得到运用的，它最早的运用是在心理学领域和企业管理领域。直到20世纪40年代教育测量学家才开始对表现性评价产生兴趣并加以研究，20世纪60年代以后对表现性评价的研究获得迅速发展，表现性评价成为目前在国外学校课程评价中广泛应用的一种独立的学生评价方式。

表现性评价是一种质性评价方法，是一种新型的更直接地考查学生综合运用知识、解决实际问题能力的方法，在促进学生发展和改进教学方面有显著作用。表现性评价是测量学习者运用先前所获得的知识解决新异问题或完成特定任务的能力的一种评价方法，具体来说就是运用真实的生活或模拟的评价练习来引发最初的反应，由高水平评价者按照一定标准进行直接的观察、评判，其形式主要包括建构式反应题、书面报告、作文、演说、操作、实验、资料收集、作品展示。

表现性评价具有以下特点：表现性评价的目的既可以是给学生评分，也可以是对学生的学习情况进行诊断，但其重点是后者；表现性评价比较擅长和关注的评价领域不是知识和技能的回忆与再认，而是知识和技能的应用和非智力因素的发展；表现性评价的问题情境是比较真实的，需要学生解决的问题是现实中的问题，而不是脱离现实情境的抽象问题；表现性评价中需要学生完成的任务一般是比较复杂的，需要学生综合运用多学科的知识和技能加以解决；表现性评价鼓励学生的发散性思维，允许甚至追求答案的多样性；表现性评价比较费时费力，需要付出的时间代价较高；表现性评价容易受评价主体主观因素的影响，导致评价结论的主观性较强，信度较低。

二、表现性评价方法的构成

第一，有一个表现性任务。要设计一个模拟的或真实的情境和任务。表现性任务要有真实性，在现实生活中取材，与学生的生活经验结合。一个好的表现性任务要有吸引力，能够吸引学生的兴趣；要能够充分反映欲评价的知识和能力，能反映出多方面的教学成果；有清楚明确的指导用语，好的表现性任务为学生提供的指导用语都是既完整又清楚的。

第二，有一个评价标准。教师要事先设计出一个完善、公正的评价标准。评价标准主要指：评价要点（要评价的知识与技能、过程与方法、情感态度与价值观等方面）的表述，每个评价要点的不同等级表现水平的表述（学生在执行表现性任务时可能的表现）。确定评价标准的一个很好的办法就是考虑进行这个活动时一些优秀学生会如何做，这些学生的做法会包括哪些。评价标准一定要包括表现性活动的所有重要的方面。而且，每个表现性活动的评价标准应该是不同的。

第三，有一个或几个好的评价者。表现性评价不同于传统的纸笔测试的客观、量化的方法，表现性评价有一定的主观性，对评价者要求相对较高，要求教师要及时、全面地观察并记录学生的实际操作和学业成果，要全面收集信息，包括没有涉及操作目标的其他信息，在缺乏足够信息的时候，不要急于对学生进行评价①。

三、表现性评价的主要形式

第一，演示。演示是一种按要求做出的能力表现，学生借此展示他能够使用知识与技能来完成一件定义良好的复杂任务。构成演示的任务通常是定义良好的，而且学生和评价者通常也知道完成演示的正确或最佳的方式。

第二，口头表述。口头表述是指要求学生以独白或对话的形式来完成的表现性任务。如做课堂演讲、参与辩论等。通过口头表述的测查，可以较好地反映学生的表达能力、思维的逻辑性和概括能力，还能在一定程度上反映学生的思维过程以及对所掌握知识的理解程度。

第三，模拟表现任务。模拟表现任务是为配合或代替真实情境中的表现，局部或全部模拟真实情境而设立的表现性任务。一般来说，在完成模拟表现任务时，学生的综合素质可以得到较好的表现，特别是学生知识面的宽窄程度、口头表达能力的高低、与人交流和合作能力的高低以及其他非智力因素的发展水平等都能较好地反映出来。在许多情境下，学生在模拟情境中所显示出来的技能和能力，是其在未来真实情境中表现的一种准备。

第四，实验和调查。实验和调查也是一种按要求做出的能力表现，学生计划、实施及解释经验研究的结果。实验和调查可以评价学生是否运用了适当的探究技能与方法，还可以评价学生是否形成了适当的观念框架及对所调查现象是否形成一种理论性的、基于学科知识的解释。为评价这些能力，应要求学生在开始收集数据前做出估计与预测，而后收集、分析数据，展示分析的结果。接下来在所收集的数据的基础上得出结论并进行论证。此外还要陈述其假设并能识别其方法或数据中可能的错误源。最后要能有效地交流实验或调查的结果。

第五，作品选集。作品选集（portfolios）最初是艺术家、摄影师、作家用来收集和展示其最佳作品的。这一方法，后来被一些教育工作者用作表现性评价的基本或唯一方法。作品选集是学生作品的有限集合，用于展示学生的最佳作品，或者展示学生在给定时间段内的教育成长过程。作品选集并不是学生所有作品的集合，放进选集的只限于那些最佳地服务于作品选集目的的作品，其中往往还包括判断优秀作品的标准、学生对作品的修改及对作品的自我分析与反思。

第六，完成研究项目。这类任务一般要求学生针对某一研究课题开展研究，运用多种科学研究方法完成某种特定的研究项目。这类任务非常接近于科学研究活动，是对科学家的科学研究活动的模拟，有时干脆就是真实科学研究活动的一部分。完成这类任务，需要学生重视科学研究的过程，亲自体验科学研究活动的酸、甜、苦、辣。所以，这类任务的测查可以较为充分而全面地反映出学生运用知识的能力、科学探究能力以及学生在科学精神、科学态度、科学方法等方面的发展水平。根据完成任务的复杂程度的不同，

---

① 刘辉，金露．表现性评价方法在小学语文课程评价中的应用．中小学教师培训，2004（4）．

研究项目可以有个人项目、小组项目、个人-小组项目和扩展型项目之分。

四、表现性评价的优势与不足

（一）表现性评价的优势

第一，表现性评价有助于测查学生综合运用所学知识解决实际问题的能力。表现性评价的优势在于它强调在模拟真实或完全真实的情境中运用所学的知识解决实际问题，它反映的是问题解决与学习的真实面貌。学校教育的一个重要结果是学生能运用知识与技能解决问题以及学生拥有有用的生活能力。

第二，表现性评价有助于优化教学过程，使学生的潜力尽可能地得到发展。表现性评价在校内评价中一方面可以整合教学过程，另一方面可以优化教师教学、促进学生成长。教师在日常的教学过程中可采用此种评价方法，给学生充分的时间与空间展示自己对于知识技能的掌握与运用情况。

第三，表现性评价有助于激发学生的学习动机，为终身学习打基础。在学生评价中，教师把学生的成长过程以作品集、轶事记录、展览、报告等表现性评价的形式汇集起来时，学生就会从“自己能做什么”中体会到成长的快乐，进而会感到表现性评价多么富于建设性。它为学生创造了一种积极的学习氛围和积极的自我形象，增强了学生们的自信心，使得他们对于学习具有浓厚的兴趣及责任感，从而鼓励学生进一步加强学习，并最终促进终身学习。

第四，表现性评价注重知识技能的整合与综合运用。特别是那些持续时间比较长的任务，通常要求学生使用许多不同的技能与能力。表现性评价往往要求学生运用几个不同学科领域的知识及许多不同的能力。

第五，表现性评价与教学活动联系密切。理想的表现测验其实是很好的教学活动，编制得比较好的表现测验，既可以作为评价工具，又可以作为教学活动。

（二）表现性评价的不足

表现性评价以其接近现实、突出个性的鲜明特征也被称作真实评定。这种称谓具有一定的迷惑性，似乎表现性评价就是对作业、表现进行真实的测量。但在运用的过程中，许多测量学家对其真实性表示怀疑，问题主要集中在以下六个方面：

第一，信度问题。对于表现性评价的信度问题，质疑最多的是评分者信度。评分者信度是测量两个或两个以上的评分者对于某领域内一个或多个行为观察后评判的一致性程度。由于评分过程中表现性评价标准的执行可能存在很高的主观性，所以测量专家对这种信度格外关注。

第二，效度问题。心理与教育测量中，效度是另一个经常运用的指标。表现性评价效度问题集中在表面效度、结构效度方面。表现性评价具有高表面效度是公认的，从而提高了公众对于评定的接受性。但是，仅有表面效度远远不够，我们更关注的是评价本身的结构效度。结构效度是指测验对某一理论或特质测量的程度。对所要测量的理论或特质进行准确的界定是任何测量的前提，而表现性评价在此方面的欠缺是其遭受批评最多的地方。

第三，实用性问题。与有着宽覆盖面、容易评分、造价低廉的标准化选择测验相比，表现性评价覆盖面较窄，仅提供关于特定技能或领域的多维度信息，评分过程十分烦琐，且造价高昂。因此从传统意义上来讲，表现性评价实用性较差。

第四，耗时过多。设计表现性任务、编一份学生表现的评价规则，以及实际的评分过程都需要耗费很多时间。此外还要考虑财力、空间、时间和设备等方面的因素。使用表现性测验的窍门在于谨慎地选择要测量的技能。教师要把评价内容集中在少数几个非常重要的技能上。如果只使用数量不多的高水平表现性测验，教学就更可能取得良好的效果。

第五，不能评价所有类型的学习目标。对于集中于记忆和回忆信息、规则、原理及理论的学习目标，客观形式的测验项目（简答、多项选择、匹配、正误判断）是更好的选择。当评价逻辑思维、理解概念、言语推理时，客观形式的测验仍比表现性评价优越，因为前者可以在更短的时间内评价更广泛的内容。此外，客观形式的测验更易于评分，得出的结果更可信。

第六，高利害评价中使用表现性评价要十分慎重。尽管表现性测验可以测量到教师所要评价的学生能力，但依据学生在表现性测验中的表现做推论必须十分谨慎。在选择表现性任务时，最需要考虑的应该是如何提高准确类推学生能力的可能性。

总之，表现性评价暂时还不适宜用于高利害的考试，还不能完全代替纸笔测验。在教学实践中，应该根据不同的评价内容和对象采取不同的评价方式，以恰当的方式把各种评价方法有机地结合起来。

此外，学生评价中较常用的质性评价方法还有档案袋评价法，详情请参阅第六章第二节相关内容。

第四节　国际学生评价项目

一、国际学生评价项目简介

（一）PISA 的概念

国际学生评价项目（Program for International Student Assessment，PISA）是经济合作与发展组织（OECD）负责组织实施的国际评价比较测试。该项目旨在评估接近义务教育末期 15 岁学生运用阅读、数学、科学知识和技能应对现实生活挑战的能力，并通过国家间的比较找出造成学生能力差异的经济、社会和教育因素，从而进一步为各国改善自身的教育体制提供必要的参考指标和数据。

PISA 认为，在当今这个知识爆炸、信息激增的时代，青少年不可能在学校里学到成年以后所需的一切知识和技能，因此，PISA 的评价体系是基于终身学习的理念设计的。

PISA 报告强调指出，PISA 评价的重点并不是中学生掌握了多少学科知识，而是他们在实际生活中创造性地运用这些知识和技能的能力。虽然它的评价领域与学校学习科目紧密相关，但它并不局限于对学生在校学习的课程内容进行测评，而把着眼点放在实际的社会生活情境中，测评学生为迎接当今知识社会的挑战而做的准备情况，即学生应用其知识和技能应对实际生活挑战的能力。

（二）PISA 的实施

PISA 测试每三年举行一次，主要测试学生的阅读、数学和科学素养。该测试在 2000 年首次进行，当年的测试以阅读为重点，2003 年的测试以数学为重点，2006 年的测试以科学为重点，2009 年的测试再回到以阅读为重点。其中重点测试项目的权重占总体测试的 2/3 左右。在 2000 年和 2003 年两次测试完成之后，其新颖科学的评价理念与框架设计、详细具体的评分标准引起了世界范围的广泛关注和强烈反响。此外，PISA 还会评估学生的协作解决问题、全球素养和创造性思维等技能，例如 PISA 2018 侧重于调查学生的阅读素养，数学、科学和全球素养是次要的评估领域，金融素养是选测项目。除了对学生进行测试以外，PISA 还会面向学生、校长、教师和家长开展问卷调查，从而明确哪些是影响学生素养表现的关键因素以及这些关键因素影响当前的状态与水平如何，帮助人们更好地了解该国家（地区）教育的优势与薄弱环节。

（三）PISA 的内容

PISA 对阅读、数学和科学能力的测量依据三个标准：熟知知识的内容或结构，如熟悉科学概念或者不同的文章类型；阐释所掌握的信息，如能够清晰地表达从一篇文章中所获取的信息；应用所学的知识和技能，如学生在个人生活方面自己做出判断。PISA 阅读素养和科学素养的评价检测均为三维设计，数学素养的评价检测为四维设计。阅读素养的三个方面是：阅读情境、阅读文本、阅读策略（文本处理策略和任务管理策略）①；数学素养的四个方面是：数学技能（数学思考的能力、进行数学论证的能力、建立数学模型的能力）、数学概念（空间与形式、数量推理、从属性）、数学课程因素（从学校数学课程中选择部分内容考查学生）、数学情境（不同情境中运用数学知识解决问题）；科学素养的三个方面是：科学概念（有助于人们联系新旧知识、理解新经验的知识）、科学方法（确定可研究的问题、确定科学论据、得出评价结论、宣传有效结论、论证对科学概念的理解）、科学情境（在现实生活中用科学知识解决问题）。

自 2012 年以来，PISA 在每个周期都包含一项创新领域评估。创新的领域评估针对跨学科的 21 世纪能力。在即将到来的 PISA 周期中，2022 年的评估把创造性思维纳入测试，评估衡量学生创造性地产生、评估和改进思想的能力；2025 年把在数字世界中学习纳入测试，评估衡量学生使用计算工具进行知识构建和问题解决迭代过程的能力②。

---

① 俞向军，宋乃庆，王雁玲．PISA2018 阅读素养测试内容变化与对我国语文阅读教学的借鉴．比较教育研究，2017，39（5）．

② https：//www.oecd.org/pisa/innovation/.

（四）PISA 的特点

第一，PISA 评价的功能。首先，通过 PISA，OECD 成员国可以收集信息来改进测量学生成绩的相对指标。OECD 每年会在《教育概览》（*Education at a Glance*）上发表一系列的指标，这些指标提供了投入教育上的人力、财力资源信息，教育体系和学生学习体系如何运行及发展的信息，个人、社会和国家向教育领域投资的信息。其次，PISA 是国与国之间可以监控教育成果的独特参考指标。PISA 由 OECD 的参加国政府组织开展，由国际专家共同进行评估工作，使得其结果在不同的国家和文化背景下都具有可比性。

第二，PISA 评价的主体。PISA 突破了传统的单一学校评价方式，形成多元化的评价主体。PISA 的评价主体包括学生、家长、校长和教师四个方面，从各个方面对学生做全面的评价。

第三，PISA 收集信息的方式。从表面看，PISA 评价的形式是笔试，但它不同于传统的笔试形式，其有宽泛的评估条款、广泛的覆盖领域、标准的评估准备和运行程序。

第四，PISA 评价的方法。（1）时效性。PISA 测试每三年举行一次，这样可以使各国定时监控教育情况。（2）可比性。OECD 在 PISA 的设计中选择在绝大多数国家的学生完成义务教育的年龄点 15 岁进行测量，这保证了其指标的可比性。（3）科学性。PISA 拥有严格的学生样本、案例标示的综合评判标准和可比的观测变量。

二、国际学生评价项目样题

（一）PISA 阅读测试样题

阅读文章1

为了去掉墙上的涂鸦，这次已经是第四次清洗学校墙壁了，这真的使我气极了。创作本来是值得欣赏的，但创作的方式不应该为社会带来额外的开支。

为什么要在禁止涂鸦的地方乱画东西，损坏年轻人的声誉？专业的艺术家不会把自己的作品挂在大街上，对吗？相反，他们会通过合法的展览来赚取收入和名声。

我认为楼房、篱笆和公园的长椅本身就是艺术品了，在它们上面涂鸦，只会破坏其风格，而且，这样做更会破坏臭氧层。我真不明白这些可耻的艺术家为什么在其“艺术品”被一次又一次地清理后，还要不断地乱涂乱画。

——海尔格

阅读文章2

品味是无法言喻的。社会上充满了各种各样的沟通方式和广告宣传，如公司的标志、店名，还有矗立在大街两旁的各种扰人的大型广告牌。它们是否获得大众接受？没错，大多数是。而涂鸦是否获得大众接受？有些人会接受，但有些人则不接受。

谁负责涂鸦所引起的费用？谁最终负担广告的费用？对，就是消费者。那些树立起广告牌的人事先有没有向你请示？当然没有。那么，涂鸦者应该要事先请示吗？你的名字、组织的名字、街上的大型艺术品，这些不都只是沟通的方式吗？

试想想数年前在商店里出现的条纹和格子花服装还有滑雪服饰，这些服饰的图案和颜色就是直接从多彩多姿的墙上偷来的。可笑的是，这些图案和颜色竟然被欣然接受，但是那些有同样特色的涂鸦却被认为是讨人厌的。

现在要做艺术真的不容易。

——索菲娅

现在请参考上述两封信件，回答下列问题：

问题 1：

这两封信的写作目的都是：

A. 解释什么是涂鸦

B. 发表对涂鸦的意见

C. 证实涂鸦的流行程度，告诉读者清除涂鸦的成本。

问题 2：

为什么索菲娅会提及广告宣传一事？

问题 3：

你同意哪一封信的论点？请参照两封信件内容，用自己的文字解释作答。

问题 4：

我们可以讨论一封信件叙述的事情（它的内容）；

我们可以讨论一封信件写作的手法（它的风格）；

你认为哪一封信写得比较好？请根据其中一封信或者两封信的写作手法来解释作答。

（二）PISA 数学测试样题

酱

你正在为沙拉做自己的调料。下表是 100 毫升调料的配方。

色拉油	60 毫升
醋	30 毫升
酱油	10 毫升

问题：

制作 150 毫升这种调料需要多少毫升色拉油？

漏油事件

海上的一艘油轮撞到了一块岩石，导致储油罐上出现了一个洞。油轮距离陆地约 65 千米，几天后，油扩散开来，如下图所示：

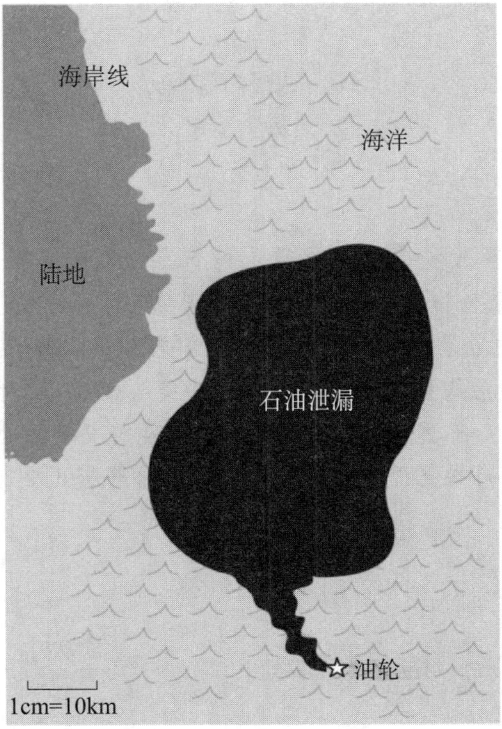

问题：

使用地图中比例尺，以平方千米（km^2）为单位估算漏油面积大小。

(三) PISA 科学测试样题

阅读下面的文章，并回答问题。

生物多样性是环境保护的关键

保持高度生物多样性的生态系统（较多的生物种类），与那些只有较少种类的生态系统相比，更能够适应因人类活动造成的环境变化。

请分析下图中的两个食物链网络（食物链网络 A、食物链网络 B），箭头从被吃的食物指向食物的获取者。尽管与真实生态系统的食物链网络相比，这些图已经被高度地简化，但它仍然阐明了上述两类生态系统之间的关键性差异。

图 B 描述了生物多样性较差时的情景，其获取食物的路径中仅包含着单一的生物；图 A 描述了具有多种生物的生态系统，因此，其获取食物的路径具有不同的选择。

一般来讲，生物多样性的丧失需要引起人们的高度重视，这不仅是因为物种的毁灭代表着伦理和利益方面的重大损失，而且幸存下来的物种更容易受到攻击，不久也将会面临灭绝的命运。

问题 1：

在上文中提道："图 A 描述了具有多种生物的生态系统，因此，其获取食物的路径具有不同的选择。”参看食物链网络 A。在这个食物链网络中只有两种动物有三个食物来源，这两种动物是什么？

A. 袋鼬和寄生蜂　　B. 袋鼬和百劳鸟

C. 寄生蜂和叶状虫　　D. 袋鼬和蜜雀

E. 寄生蜂和蜘蛛

问题 2：

叶状虫在食物链网络 A 和 B 中处于不同的位置，假若它同时在这两个位置上消失（死亡），那么对于哪一个食物链网络造成的后果更严重？

A. 食物链网络 A 的后果更严重，因为在 A 中寄生蜂只有一个食物来源。

B. 食物链网络 A 的后果更严重，因为在 A 中寄生蜂有几个食物来源。

C. 食物链网络 B 的后果更严重，因为在 B 中寄生蜂只有一个食物来源。

D. 食物链网络 B 的后果更严重，因为在 B 中寄生蜂有几个食物来源。

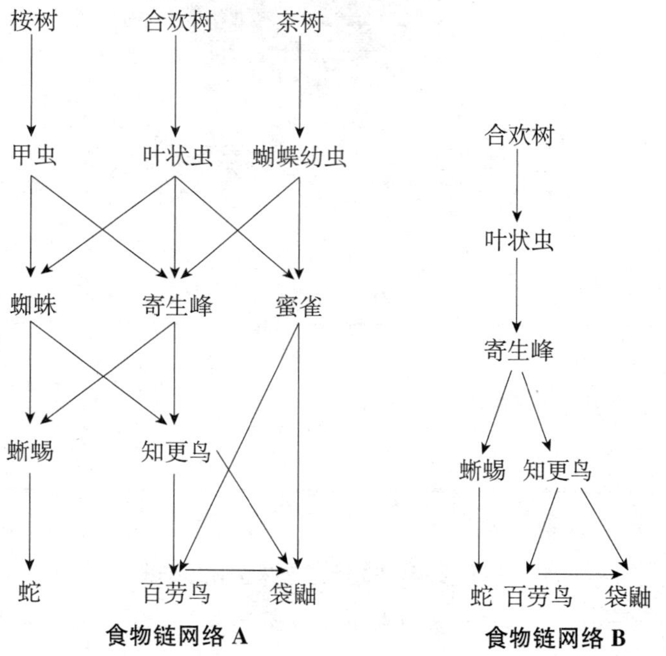

本章小结

学生评价是以学生为评价对象的教育评价，是评价者依据一定的价值标准对学生的学业成就、个性发展、品德状况、体质体能等方面进行价值判断，并把判断结果反馈于教育实践以改进教学的过程，是对学生学习进展与行为变化的评价。学生评价是教师评价和学校评价的重要组成部分，是促进学生成长与全面发展的重要手段，有助于教师了解教学得失并改进教学方法、了解学生学习和身心发展状况。学生评价除了遵循教育评价一般原理中所提到的方向性、公平性、客观性、科学性、可行性等基本原则外，更应以促进学生发展为基本指向，遵循发展性、多元化、全面性、差异性原则。

根据不同的分类标准，可将学生评价分为不同的类型。按照评价在学校教育教学中的作用，学生评价可分为定位性评价、形成性评价、诊断性评价及终结性评价。根据评价主体的不同，可将学生评价分为学生自我评价、学生小组评价和教师对学生的评价。

构建促进学生全面发展的评价体系主要有四个工作环节：明确评价内容和评价标准、选择并设计评价工具与评价方法、收集和分析反映学生发展过程和结果的资料、明确促进学生发展的改进要点并制订改进计划。不同层次、不同类别的学校应该有不同的学生评价方案。

相对于量化评价，质性评价主要通过观察、访谈、描述及解释等方式，对真实的教育情境、教育现象进行说明。其目的在于谋求评价情境本身的改进，创造类似情境的理想形式，表现性评价和档案袋评价是学生质性评价方法中的典范。

PISA 是 OECD 负责组织实施的国际评价比较测试。该项目旨在评估 OECD 成员国接近义务教育末期的 15 岁学生在阅读、数学及自然科学方面的知识、能力和技巧，以及跨学科的基础技能，并通过国家间的比较找出造成学生能力差异的经济、社会和教育因素，从而进一步为各国改善自身的教育体制提供必要的参考指标和数据。

此外，本章还提供了 PISA 测试样题，供读者阅读和借鉴。

思考题

1. 简述学生评价的功能和原则。
2. 构建促进学生全面发展的评价体系有哪些主要环节？
3. 什么是表现性评价？试分析其优点和不足。
4. 国际学生评价项目测评包括哪几方面的内容？

拓展阅读：

贵州省普通高中学生综合素质评价实施办法（修订稿）.（2021－11－23）[2022－05－17]. http：//www.yinjiang.gov.cn/jgsz/zfbm/jyj/zcwj/202111/t20211123_71765001.html.

第十一章
学生品德评价

本章提要

本章内容主要从品德和品德评价的概念出发，提出品德评价本身的意义和特点，在结合德育目标和道德准绳的基础上，制定出适合不同学生年龄特征的评价体系，并且介绍了多种品德评价方法，以求更加客观、综合地评价学生的品德。

学生品德评价是对个体道德认识和行为状态的测量和评价，即用量化的方式描述德行结构状态，最后依据一定的道德标准做出价值判断的过程。全面认识品德评价的相关环节有利于促进德育工作科学化的发展，能为改进学校德育工作提供客观依据，最终实现德育目标，使学生形成良好的世界观、价值观，促进其身心的健康发展。

第一节　品德概念的界定

我国思想品德教育整体改革的现状以及中小学德育实践工作的深入研究，均表明德育评价对整个德育过程有着重要的调控作用，因此加强德育评价的研究对深化德育改革起着关键作用。小学德育方案可行与否、中小学德育活动质量是否有保证、中小学德育效果和目标是否能够达到德育要求、中小学生的思想品德现状以及教师德育工作过程的现状是否满足社会要求等，都是德育评价亟待解决的问题。因此，研究中小学品德评价问题，对于德育学科的科学化、对于教育评价体系的完善、对于人才选拔的德才兼备标准的落实，以及对于中小学生的品德发展和形成都具有重大意义。

对于品德评价的研究历来存在许多分歧，尤其针对“品德能否评价以及如何评价”这一议题更是见仁见智，其原因主要在于人们对品德的概念、品德评价的概念、品德评价方法等基本问题的认识不一致，因此，有必要先厘清相关的基本概念。

“品德”是德育学、教育心理学、人才学等学科研究的对象，然而人们对它的解释各不相同。在德育学中，品德是指调节一定社会关系的政治规范、思想规范和道德规范表现在个人思想言行中稳固的政治品质、思想品质和道德品质的总和①。王逢贤先生认为，品德包括人的思想观点（世界观、人生观、价值观等）、政治态度、法制观念、道德品质等全部内容②。有的人把品德称为思想品德，认为它是指一个人依据社会思想观点、政治准则（包含法制）和道德规范在言行中表现出来的一些经常的、稳定的特征和倾向③。在教育心理学中，品德是指个人依据一定的道德行为准则在行动时所表现出来的某些稳固的特征，它是个性中具有道德评价意义的核心部分。个人的品德，如爱社会主义、爱祖国、集体主义、守纪律、助人、勤俭等，主要是在社会道德舆论的熏陶下和家庭、学校道德教育的影响下形成的，它是社会现实在人脑中的反映④。因此，在品德评价中也以此为理论基础，任何人的品德都能被其周围的每个人所觉察到，同时他也能觉察自己周围每个人的品德。

同时，品德本身的特征也解释了品德的可测性。品德的内部因素与外显行为构成了一个开放的耗散结构系统。当个体品德内部深层次的因素对外显行为驱动的能量没有达到一定的临界阈值之前，品德内部的各种思想动机常常相互矛盾、相互斗争，整个品德因素系统处于无序状态。当个体通过自我修养或因外界教育影响，使某种思想动机能量积累到一定临界阈值时，它就会驱动个体做出相应的行为。各种本来相互矛盾的思想动机此时便形成了一种以某种思想动机为主导的有序系统，并与外显行为联结为一个开放系统，保持深层思想动机与行为表现的一致性，使整个品德系统处于稳定状态⑤。品德评价之所以能够以个体行为表现为直接对象，并由此评价深层的品德因素，是因为品德这种耗散结构系统性的特性为其提供了有力的理论依据。

品德的一个显著特征就是品德的外显行为与内在德性的有机统一，是自觉行为与习惯行为的自然统一。作为品德表现的行为并非任意的、零星的，而是经常出现的、一贯的行为习惯。当然，这种统一性并不等于一致性，而是相对的统一。因此，日常生活中的言行一致、表里如一都可以说明品德的统一性。当打破这种平衡、言行不一的时候，人们会感到内心的矛盾冲突，故一般情况下，人们都不愿意违背自己的意愿，这也为测量外显行为提供了依据。

品德还具有稳定性和个体差异性。在个体行为的全部集合中，品德行为在时间上虽然是偶尔的与间断的，但总体上却是持续的；品德行为在空间上虽然会偶尔相异，但总体上却是一致的。因此，我们可以从不同的时间和空间来评价客体的品德。品德是一种个体表现，每个人所处的具体时空不尽相同，因而品德形成的过程具有差异性。即便是同种社会条件、品德要求，折射在学生身上也有不同的教育效果，形成品德差异，因此，区分每个学生的品德是可能而且必要的。

---

① 华中师范大学教育系，陕西师范大学教育系，杭州大学教育系，等．德育学．西安：陕西人民出版社，1986：17.

② 张同善，金世柏，连瑞庆．教育学问题讲座．北京：教育科学出版社，1989：248.

③ 胡守棻．德育原理．北京：北京师范大学出版社，1989：20.

④ 潘菽．教育心理学．北京：人民教育出版社，1980：156.

⑤ 中国社会科学院哲学研究所自然辩证法研究室．现代自然科学的哲学问题．长春：吉林人民出版社，1984：229－234.

第二节　品德评价概述

一、品德评价的内涵

所谓品德评价，是指一种建立在对品德特征信息“测”与“量”基础上的分析与评判活动。在这种活动过程中，评价者通过“测”与“量”的活动，获得所要搜集的品德特征信息，然后对它们进行综合分析与评判解释。这里的“测”包括评价者的耳闻、目睹、体察、访问和调查等。但它们不同于一般意义上的耳闻、目睹、体察、访问与调查活动，而是以认识与评判品德为目的的特定活动。这种“测”既可以是自测，也可以是他测。在教育与心理的测量评价中，其定义有三个基本要素，即测量评价对象、数字符号以及分配数字符号的法则。反之，只要具备了这三个要素就是一种教育与心理的测量评价活动。因此，从这一点上来看，操行评语、品德评价、品德考评、品德评估以及实践中所有的其他品德评定活动，都属于品德评价。

简言之，品德评价是指评价者采用科学的评价手段（工具），有目的地、系统地收集被评价者在某一时期内主要活动领域中的品德特征信息，针对某一评价目标体系做出数量或价值判断，或者直接概括品德行为独特性的过程①。品德评价具有社会性、主体性、教育性的特性，同时具有导向功能、诊断功能、强化功能、调节功能和选拔功能，这些功能可以看作由前面品德评价的特性衍生出来的。

二、品德评价的意义

德育是我国社会主义全面发展教育的重要组成部分。中小学德育是我国社会主义精神文明建设的奠基工程，也是我国社会主义教育性质的一个重要标志。《中共中央关于改革和加强中小学德育工作的通知》指出：“在各项工作中要十分重视教育工作，教育工作中要十分重视中小学教育工作，中小学教育工作中要十分重视德育工作。”中小学教育工作的基本任务是，把全体学生培养成为爱国的具有社会公德、文明行为习惯的遵纪守法的好公民。在这个基础上，引导他们逐步树立科学的人生观、世界观，并不断提高社会主义思想觉悟，使他们中的优秀分子将来能够成长为坚定的共产主义者。

党的十八大把“育人为本，德育为先”进一步提升为“立德树人”。党的十九大坚持和巩固这一思想，提出中小学德育工作需要落实立德树人根本任务，发展素质教育，培养德智体美全面发展的社会主义建设者和接班人。《教育部关于培育和践行社会主义核心价值观进一步加强中小学德育工作的意见》也要求切实把立德树人作为教育的根本任务，培育和践行社会主义核心价值观，进一步增强中小学德育的时代性、规律性、实效性，

---

① 肖鸣政．品德测评的理论与方法．福州：福建教育出版社，1995：42.

不断完善德育工作。

德育评价就是根据一定的德育目标和科学的评价标准，运用现代科学评价技术手段，对学生的政治品质、道德品质、思想品质（包括知、情、意、行）的测试和评定①。在阐述品德评价的意义之前，很有必要说明德育评价与品德评价之间的关系。主流观点认为德育评价包括对德育活动本身的评价和对德育活动的结果——学生品德评价两个方面。实际上，两者有其各自的内涵，二者关系十分密切。学生思想品德的形成与发展是中小学德育的出发点和归宿。学生品德评价本身就是学校德育工作的一部分，而学校德育成效的评价是通过学生品德评价来实现的。因此我们认为，品德评价是德育评价的核心。

目前，我国对于智育和体育的评价研究已经较为成熟，有着具体的评价标准，这保证了评价结果的准确性，但对于思想品德的评价则缺乏深入的探讨。根据对品德及其特征的研究可知，品德既是稳定的又是客观存在的。对品德进行评价是一项系统而复杂的工程，完全采取量化的评价比较困难，往往是通过定量、定性、模糊三种变量形式相结合的方式来反映品德表现。近年来，我国的学者不断地对品德评价进行深入探索，总结出适合中国国情的品德评价理念，给学校、教育工作者提供了科学的方法和途径，使品德评价能在更加客观的基础上对受教育者进行引导和促进教育，进一步提高学生的自我评价能力。品德评价具体有以下几个方面的意义：

（一）是社会主义精神文明建设的重要手段

中小学生的品德评价的展开，不但有利于学校本身的发展，更有利于在地区之间、学校之间、班级之间形成良性竞争，激发德育工作的积极性，找出学生间、班级间、学校间以及各区市之间的差距。对表现优秀的学生、班级起到激励作用，品德评价可以促进其保持优势，争取更好的发展；对于表现欠佳的学生和班级可以产生鞭策作用，使之萌生迎头赶上的动力，以便争取更大的进步；对于整个班级和学校来说，品德评价的评比活动有利于形成良好的班风、校风，营造健康的学习氛围和成长环境，进而保证学校的教育教学质量。

（二）是学校和教育工作者完善德育管理的重要手段

品德评价的导向性有助于全面实现德育目标，加强学校德育的基础性工作，同时促进德育首要地位的落实，实现德育工作管理的科学化、规范化，保证德育工作沿着社会主义的正确方向前进。对学校来讲，德育评价可以使学校对自己的德育工作有一个全面的了解，对德育工作的得与失、优与劣有客观的认识，以便更好地改进自己的德育工作。品德评价的诊断功能可使学校和教师及时了解学生品德形成和发展的现状，使德育工作更具有针对性；品德评价还可以用来检查德育活动的开展情况，使学校及时调整德育的工作计划，确保德育目标的实现。教师通过及时了解受教育者品德的发展情况，可以在探索德育工作客观规律的同时不断改进工作方法，逐步提高德育工作的效率。

长期以来，我国品德评价缺乏科学的管理，主要存在以下问题：目标不够具体明确，

---

① 胡中锋．教育测量与评价．2版．广州：广东高等教育出版社，2006：331.

导致学生思想品德形成的长期性和反复性；缺乏客观、完整、系统的评价体系和评价方法的指导。因此，中国学生的期末操行评定和毕业生思想鉴定往往由抓学生工作的班主任采用评语鉴定的方式进行，这种单一的方法很难对学生的思想品德进行全面的概括，往往无法起到对比作用，而且无法避免主观随意性和片面性。因此，采用定性和定量相结合的方式对学生的品德进行评价将更为科学、客观，将有利于提高学校德育管理工作的质量和效率。

（三）是受教育者进行正确的自我评价、形成良好品德的有效手段

德育评价对学生来说一样具有导向与诊断作用，使他们能够更好地了解自己思想的实际状况，有利于自我意识的提高和自我评价能力的提高。德育评价可帮助他们明辨是非善恶，促使他们学习那些真、善、美的高尚思想道德行为，反对和谴责那些假、恶、丑的不良思想行为。由于复杂的环境因素和学生的主观因素等多方面的影响，学生的品德不一定都能够按照社会的要求发展，因此定期进行品德评价是不可或缺的，有利于及时指导学生的思想行为朝着社会期望的方向发展。品德评价可以诊断学生个体的差异以及思想品德的优劣，使学生了解自己的优缺点以及与客观标准的差距，从而促进学生进行自我教育。

（四）是德育科研工作的重要手段

品德评价是德育调查研究的重要工作手段，因为在进行德育实验研究之前，需要采集学生的思想品德和行为现状，即进行品德评价预测，通过实验施加教育影响之后，又需要进行品德评价，以鉴定实验的效果。品德评价的量化有助于改变传统的单一评价方式，减少评价的主观性，提高评价的准确性。品德评价的过程中可充分发挥现代数据挖掘技术的作用，量化的数据采用先进计算机技术进行分析，因而有利于评价者和评价对象迅速方便地查询个人单项或多项的品德特征信息，大大提高品德评价以及品德信息反馈的效率。如果没有思想品德的评价体系和量化方法，那么很难顺利进行德育科学研究工作。

三、品德评价的类型和特点

学生品德评价的分类，取决于分类的标准。例如，从品德评价的目的和途径上分类，有诊断性评价、形成性评价和总结性评价；从品德评价的内容上分，有总体评价、局部评价和单向评价；从品德评价者上分类，有他人评价、自我评价和综合评价①。下面主要以品德评价的目的和途径来分类阐述诊断性评价、形成性评价和总结性评价。

（一）诊断性评价

诊断性评价也称置前评价，是指学年、学期或德育活动起始实施的预测性、测定性

---

① 胡中锋．教育测量与评价．2 版．广州：广东高等教育出版社，2006：333.

评价。这种评价主要是用来对准备进入德育活动的学习者进行鉴别的，目的是掌握学生当前的思想品德水平、为制定教育措施做准备。它是制定德育目标、组织德育内容、选择德育策略的依据。通过评价的反映，确定学生品德发展的基础和潜力，有针对性地进行德育措施和方案的设计。

（二）形成性评价

形成性评价也可称为过程评价，或叫诊断-进步评价，是对学生德育进展过程的评价，是在德育计划方案的某个阶段进行的评价，目的是及时了解德育过程中学生品德形成的情况以及德育活动过程中存在的问题或缺陷，以便收集反馈信息，及时调整、改进德育方法。形成性评价不注重学生品德的等级或评分的高低，主要在于测量该学生哪些正确的思想已经形成、哪些尚未形成，把握每个学生目前面临的问题以及成长的轨迹，以便因材施教。形成性评价强调评价信息的及时反馈，旨在通过经常性的评价，提高学生的德育效果，并改进教师的德育工作方法。

（三）总结性评价

总结性评价是在德育活动发生后对德育效果进行的测量，一般在学期或学年结束时进行，它与分等鉴定、做出关于受教育者和教育者个体的决策、做出教育资源分配的决策相联系。其目的在于了解学生经过一学期的思想品德教育后，针对其是否达到德育目标的要求而做出总结性的测量。该方法注重德育活动的结果，属于活动终结时的评价。

综上，德育的各个时间阶段恰好由这三种评价类型贯穿，诊断性评价经常发生在“过程始”，形成性评价发生在“过程中”，而总结性评价发生在“过程末”。但过程的时间段是相对的，因而上述这三种评价的概念也是相对的。

四、品德评价的基本要求

品德评价是一项严肃、复杂、细致的工作，评价工作进行得好，可以极大地调动学生的积极性、主动性，保障青少年一代的健康成长，因此，品德评价活动应当符合以下要求：

（一）外显行为评价与道德认识评价相结合

在开展学生品德评价的活动中，个别学校只重视对学生外部行为的评价，比如，以出勤情况、参加班级活动或者课外活动作为衡量准则。但是根据德育的要求可知，衡量一个学生品德的发展情况，更应当注重其内心思想层面对道德的认知程度。许多学生的品德表现在学校的时候非常优秀，但往往毕业后原形毕露，或者在面临毕业、找工作等重要抉择时，患得患失；有的小学生为了得到老师的表扬，甚至偷父母的钱上交。诸如此类的“言行不一”的行为在中小学生中屡见不鲜。这是因为中小学阶段的学生思想尚未成熟，仍然无法明辨是非，皮亚杰在《儿童的道德判断》一书中指出，他律道德只是儿童道德发展的低级阶段，他们仅仅把规则当作外在的东西去遵守，并没理解其真正含义，真实的道德行为是在道德认识指导下发生的行为。只有加强教师和长辈的指导作用才能尽量避免孩子的虚伪行为，加强其道德认识水平。因此，如果仅以观察记录学生的日常表现而进行品德评价，容易导致学生为了评优而去做并非发自内心的、被动的“优秀”行为，如此形成的道德只是他律道德。因为这种在外在环境影响或外部条件强制下发生的行为只能算一种机械行为。科尔伯格指出，机械的行为训练实质上是一种“美德袋”方法。学生固然有了一袋子美德，但并不意味着他就是一个有道德的人。所以，在进行学生品德评价的过程中应当遵循外显行为评价与道德认识评价相结合的原则。

（二）单项评价与综合评价相结合，以综合评价为主

单项评价是对学生的某一方面、某一事项进行的评价，这种评价只能反映学生思想品德的局部表现，其优点是便于做纵向比较以及自我发现问题，其局限性在于无法反映学生品德的全貌；而综合评价是对学生品德各个方面的整体评价，它可使我们从整体上了解学生品德的发展状况，只有综合评价才能真正全面、真实地反映学生的整体面貌。不过综合评价也有其局限性，该方法容易忽略对具体问题的深入分析，容易掩盖局部问题，容易忽视学生品德要素之间的个别差异，不利于因材施教。特别是当整体目标体系过于庞大、指标过多的时候，综合评价更容易掩盖一些具体的问题或者闪光点。因而，将这两种评价方式结合使用恰好可以起到互补的作用。

（三）定性评价与定量评价相结合，以定性评价为主

品德定性评价是对学生品德进行性质上的评价，往往反映的是无法量化的内隐的因素，比如道德认识的状况和水平，这是没有具体标准可以衡量的，因此通过定性研究有利于描述品德整体中各要素的变化情况。但是，定性评价也具有一定的局限性，主要表现在评价过程中无法摆脱主观性和随意性，受感情因素干扰过大，结果的精确性会受到影响，难以通过横向比较去区分不同学生的思想差异程度。

品德定量评价是对学生品德的量化资料进行统计分析而得出的评价，它的优点在于对评价结果的表述比较准确、客观，便于进行横向的分等比较。但在思想品德评价中，不可能绝对数量化，因此，定量评价有其局限性：其一，学生的行为是可以伪装的，外显行为与内隐意图可以不相一致。在实践中，人们为了某种目的，可以故意地表现出与本来意图无关甚至相反的行为，如果我们单纯用数字去反映外显行为而没有定性分析是不够科学的。其二，学生的思想、品德、观念以及意向等是很难量化的，定量评价仅适宜于一些具体的外显行为的评价，很难评价全部思想品德。其三，定量评价对每个学生并非一样合理，比如，学生做一件好事，给记五分，同样的五分对于品学兼优的学生和潜能生的价值和意义是不等的。因为做好事对于品学兼优的学生来说可能是常事，或者说是他品德中内化的行为习惯，而潜能生做好事对他来说是很难的，因此，可以说潜能生做一件好事比好学生做一件好事的价值要大①。

因此，定量评价与定性评价各自存在利弊，二者是辩证统一的关系，定量评价是定性评价的基础，而定性评价又是定量评价的前提与归宿，二者紧密相连、不可分割，只

① 王汉澜．教育评价学．开封：河南大学出版社，1995：225.

有二者结合互补才能客观地反映学生的思想品德的全貌，使品德评价的结论更加科学。

第三节　中小学品德评价的指标体系

一、品德评价指标体系的概念

品德评价的指标体系包括品德评价的类目、项目或者指标等，也包括说明品德状况与水平的标志。品德评价指标体系的构建在实施品德评价的过程中起着至关重要的作用，整个品德评价的效率和效果往往取决于品德评价指标制定的质量而不是评价的方式与途径。因此，我们首先应当搞清楚关于品德评价指标体系构建的一些基本概念。

品德评价的各项指标应当能够反映品德各个侧面的发展水平，还要反映个体品德的实际状况与发展水平。按照不同的分类标准，指标会有不同的类型，例如：按照反映的信息量的大小来分，有单项指标与综合指标之分；按照反映品德内容的不同来划分，有数量指标与质量指标之分，比如出勤的次数属于数量指标，而学习的勤奋性则属于质量指标；按照说明的具体内容来分，有品质性指标与行为性指标，前者说明个体品德的抽象特征，后者说明个体品德的具体特征；按照对评价者的主观价值的依赖度来分，有客观指标和主观指标之分，前者独立于评价者主观之外，如三好学生便是一个客观指标，而学习认真就是一个主观指标。各个品德评价的指标不是孤立的，在一定条件下是相互联系的，单个评价指标反映的是某个侧面，要了解和评定整个品德发展状况，必须借助一整套相互联系的评价指标①，而品德评价指标体系就是由若干个相互联系的品德评价指标组成的整体，学校中实际运用的都是品德评价指标体系。

二、学生思想品德评价的内容

品德评价内容是评价的基础，是判断学生品德优劣的依据。学生思想品德评价的内容要根据社会主义的教育目的、德育目标、《中小学德育工作指南》、《中小学生日常行为规范》和《中小学生守则（2015 年修订）》的要求来制定。一般包括以下几个方面：

（一）政治立场

主要考查学生的政治品质。政治品质受到一定社会经济制度的制约，具有鲜明的阶级性和时代性。在我国现阶段，政治品质主要考察对国家、政党和社会制度的态度和认识。例如：是否拥护中国共产党的领导；是否尊敬国旗、国徽、国歌；是否了解祖国的历史和文化；是否具备较强的文化自觉和文化自信；是否具有上进心，积极参加团队活动，向团、队组织靠拢；是否关心国家大事，了解国家政策和世界发展情况等。

---

① 肖鸣政．品德测评的理论与方法．福州：福建教育出版社，1995：367－368.

（二）思想品质

主要考查学生的各方面思想和观点，以及学生的人生观和世界观。例如：是否树立了无产阶级的阶级观、劳动观和辩证唯物主义观，是否树立了正确的人生观、友谊观和审美观，在实际生活中是否形成了正确的生活态度和积极的人生理想等。

（三）道德品质和行为习惯

道德品质由知、情、意、行四方面构成，具有社会关系的制约性，道德意识与道德行为的统一性、自主性等特点。现阶段对中小学生道德品质的要求主要包括自我修养、待人接物、集体观念、功德心等方面的内容，例如：是否能够尊敬师长、礼貌待人、热爱集体、勤奋学习、勤俭节约、积极参与社会实践活动以及形成健康文明的生活方式等。

（四）个性心理品质

主要考查学生心理面貌的独特性。例如：是否具有开朗的性格、坚强的意志、创新进取的精神、健康的人格、良好的人际关系以及自我意识的发展等。

在实际使用时，应该根据评价的目的和对象的年龄阶段的不同，因人、因目的而异加以侧重。在具体的德育评价实践中，研究者已经根据不同学生年龄阶段的不同要求，分别制定出不同的学生品德评价指标体系，具体量表在后面的章节中会详细举例论述。

三、品德评价指标体系的基本依据

品德评价指标体系是由人思考设计出来的，属于意识的范畴，具有一定的主观性，但其构建并非凭空想象，而是有一定客观依据的。德育目标是品德评价的依据，因此，品德评价的指标体系、方法，都应根据德育目标来确定。我国的德育目标和品德评价指标体系，是根据我国社会主义教育方针与党和国家有关德育工作的指示、政策、法规以及中小学德育大纲制定的。具体依据主要表现在以下四个方面：

1. 依据社会对学生的要求

教育的目的在于培养人以及为社会输送人才，因此，社会的价值取向是确立学生品德评价指标的重要依据。学生的发展方向应该与社会的需要相一致，特别是在思想观念和行为规范方面，学生应当符合社会的价值要求。

社会价值主要在以下几个方面中体现：首先，社会价值反映在国家颁布的政策、法令和相关文件中，如《中华人民共和国宪法》《中共中央关于教育体制改革的决定》《中共中央关于改革和加强中小学德育工作的通知》《中共中央关于加强社会主义精神文明建设若干重要问题的决议》等政策法令；其次，社会价值反映在一定时期社会所树立的榜样中，榜样作为社会价值观的典型体现，直接代表社会对其成员的道德认识、品格情操和行为规范的要求；最后，社会舆论反映一定时期的社会价值的发展现状，通过分析社会舆论，可把握社会价值取向。因此，一个人的品德发展只有符合社会价值观的要求，才能实现其社会价值，从而得到肯定的评价。品德评价的指标来自社会的要求，并且应当随着社会价值观的转变而相应地及时变化。

2. 依据德育大纲的要求

原国家教委颁布的《中学德育大纲（试行）》和《小学德育纲要（试行草案）》以及教育部颁布的《中小学德育工作指南》是国家教育行政部门制定并颁布的德育内容和工作的指导性文件。它反映了社会、国家对学生的品德要求，是学校对学生进行品德教育的重要指南。在设计品德评价指标体系时，必须根据指导文件的规定，在透彻理解德育大纲的内涵及其精神实质的基础上，设计出具体的评价指标。由此可见，德育大纲和德育工作指南是品德评价指标体系设计的重要依据。同时德育大纲的具体实施及其效果的检验，在很大程度上依赖于品德评价指标的编制，即品德评价指标体系的设计是为实施德育大纲的要求服务的。

3. 依据品德结构的要求

品德结构是人的品德活动特征的整体联系，是由各个亚结构组成的多方面、多层次的统一体，它是一个系统，单纯强调某一方面都不能反映品德发展的全貌。因此，品德评价指标体系必须反映学生品德结构的整体发展，这样才有利于促进学生品德的形成和完善。品德结构可以分为两大部分：一是从品德的心理层面看，学生品德结构是由道德认识、道德情感、道德意志、道德行为四要素构成的统一体，四者缺一不可；二是从品德的社会层面看，学生的品德结构应当由政治品质、道德品质和思想品质三者构成，即评价内容应当既有政治方面的内容，也必须具备人生观、世界观等道德、思想品质方面的内容，三者缺一不可。只有依据品德结构来设计学生品德评价指标体系，才能更加全面、真实地反映学生品德的面貌。

4. 依据学生的年龄特征和自我发展的需要

儿童心理学研究表明，儿童身心发展过程是呈阶段性渐进的过程，所以在设计学生品德评价指标时应当考虑学生心理发展的年龄特征，学生在各个年龄段会表现出不同的心理特征，有不同层次的品德要求。遵循这一特点制定品德评价指标的意义不但在于能够增强品德评价指标的可接受性，同时还能增强品德评价指标的针对性。一般可以分为四个年龄阶段来设计品德评价的指标体系：小学低年级（1～3 年级）、小学高年级（4～6 年级）、初中、高中。各年龄段品德指标体系之间均受到前三个依据的制约，具有共性；同时也表现出各自的年龄特征，体现出个性。

四、中小学品德评价指标体系的构建

（一）构建中小学品德评价指标体系的基本原则

为了保证评价的信度和效度，在编制学生品德评价指标时应当遵循一定的原则和要求。

1. 开放性原则

品德评价的基本特性就是开放性，品德评价是一个对社会开放的系统，因此，评价指标体系应当体现社会的要求和价值取向，应该吸收社会相关信息，及时调整不适宜的指标。同时，开放性原则还表现在品德评价的指标不仅适用于学校，不仅供德育工作者等少数人使用，还应该向学生、学校教职工、家长以及社会相关人士公开，无须保密，并且应当用通俗易懂的语言来描述，以便各方人士都能理解指标的含义，共同参与到品德评价的活动中。

2. 教育性原则

设置的评价指标不应当以“管、压”学生为目的，也不应该单纯作为选拔学生的手段，设计品德评价指标体系的目的在于检验德育工作的效果，同时对被评者（即学生）产生教育影响，促进其品德的发展和完善。因此，在设计品德评价指标之时首先要考虑该项指标的教育性，即该指标是否对学生有检查督促意义，能否促进学生进行积极的自我评价。对学生产生误导作用或消极影响的指标应当坚决避免。

3. 可测性原则和可行性原则

指标的可测性，即指评价指标作为具体的目标是用可操作的语言加以定义的，它所规定的内容是可以通过实际观察和直接测量来获得明确结论的①。学生的思想状态反映学生品德的优劣，但是思想状态并不能作为评价指标进行量化测量，因为它不具有直接可测性。虽然无法直接测量，但是并非不可测量。行为作为人的思想的直接反映为品德测量提供了可能性，因此，我们设计能够反映学生思想状态的行为指标体系，把抽象的思想品质具体化，把不可直接测量的思想品质变得可操作化。

仅仅可测量只解决了能否测量的问题，还应该注意测量的可行性。一方面要反映评价对象的实际情况，联系实际；另一方面应该简便易行，既有足够的信息以及人力、物力可供利用，同时还有完备的量化方法的技术支持，如果指标过多，而技术尚未达到可以解决的程度，只会降低评价的可行性，最后事倍功半，得不偿失。

4. 处理好稳定性和发展性关系的原则

辩证唯物史观认为事物的发展总是处于相对的稳定以及永恒的发展当中，思想品德的发展也是如此。稳定性指标指的是在一定时期内、一定社会条件下的品德指标，其内涵是相对稳定的，例如文明礼貌、民族传统美德等方面的指标；发展性的指标指的是正处于发展变化中的品德指标，它可能随着社会制度的变迁、社会观念的发展而变化，这些指标的内涵也有着不同的意义。例如，20 世纪 50 年代与 90 年代相比较，人们对于“艰苦朴素”的理解已经发生了巨大的变化，对学生进行“艰苦朴素”教育的内容也不同。基于这一特点，品德评价的一些项目的内涵常常处于发展状态，因此，在编制品德评价目标体系的时候，要有与时俱进的精神。不过中小学生的思想尚未发展成熟，思维比较单纯，反应往往直接体现内心的感受，故常以稳定性指标为主。

5. 处理好一般性指标和特殊性指标关系的原则

在设计品德评价指标时，有些指标普遍适合各年龄阶段的学生，这些是符合设计依据且具有共性的指标，但有的指标是根据学生心理特征的具体阶段来设计的，适用于某一人群，具有特殊性。在一个品德评价指标体系中，既应该包括一般性指标，同时也应该包括特殊性指标，只有处理好二者的关系，区别不同的对象，才能制定出既全面又能

---

① 胡卫．学生品德测评．上海：华东师范大学出版社，1992：48.

够区分学生不同年龄段的品德评价指标体系。

6. 处理好统一性和灵活性关系的原则

在一定时期内，国家和社会对青少年有着统一的品德要求，因而品德评价应该具有全国统一的普遍指标，同时应当根据当地德育的实际情况和特色，适当地变更以符合各地区的具体标准。不过，中小学品德评价指标应当以统一性指标为主，适当兼顾灵活性。

（二）中小学品德评价指标体系的参考案例①

在具体的德育实践中，不少地方根据国家对不同年龄阶段学生的不同要求，分别制定出学生思想品德评价指标。为了便于学习，在此摘选由我国学者构建的小学低年级、小学中年级、小学高年级、初中、高中五个品德评价指标体系，以供参考，具体如表 11－1、表 11－2、表 11－3、表 11－4、表 11－5 所示。这些指标体系主要依据我国的教育方针及《中共中央关于社会主义精神文明建设指导方针的决议》《中共中央关于改革和加强中小学德育工作的通知》《中小学德育工作指南》等制定，同时根据不同年龄阶段学生的不同品德要求，确定多层次的德育目标。具体说来，小学品德评价指标体系按低、中、高三个年级阶段分别设计。每一阶段又分为四个一级指标，即 A_1 政治思想、A_2 品德纪律、A_3 学习劳动、A_4 体育卫生，以下再分解为 25 个二级指标。中学生品德评价指标体系按照初中、高中两个阶段分别设计，每个阶段都有三个一级指标，即 A_1 政治觉悟、理想抱负，A_2 道德情操、行为风貌，A_3 个性心理素质和能力，以下再分解出二级指标，二级指标下再分解出三级指标。初中的三级指标为 30 个，高中的三级指标为 33 个。严格来说，品德评价指标体系还包括指标、末级指标的评价标准和量化符号（如权重、分值等），表 11－1 至表 11－5 所示的五个指标体系均省略了评价标准和量化符号，因此，这只是中小学品德评价指标体系的主体框架。在实际运用过程中，读者可以根据当地的实际情况和学校的特点以及具体规定，做相应的修改完善。

表 11－1　小学低年级学生品德评价指标体系

一级指标	二级指标
A_1 政治思想	B_1　知道自己是中国人，知道自己的家乡。 B_2　知道我国是社会主义国家，知道党和国家主要领导人的姓名。 B_3　知道中国共产党过去领导人民进行革命斗争，建立了新中国，现在又领导人民进行社会主义现代化建设。 B_4　知道在我国，工人、农民、解放军、知识分子和其他劳动者都是人民；人民是国家的主人；各族人民共同建设我们的国家。 B_5　升国旗、奏国歌时立正、敬礼。
A_2 品德纪律	B_6　尊老爱幼，友爱同学，主动帮助有困难的人和残疾人。 B_7　尊敬师长，对人有礼貌，会用日常礼貌用语，不打人，不骂人。 B_8　到他人房间先敲门，不打扰别人的工作和休息。 B_9　不说谎；有错就改；不随便拿别人的东西，借东西要还；拾金不昧。 B_{10}　按时上学，不迟到，不早退，不逃学，有事、有病请假。 B_{11}　课间活动守纪律。 B_{12}　外出走人行道，过马路走横道线；不在马路上追逐打闹。

① 侯光文．教育测量与教学评价．济南：明天出版社，1991：483－494.

续表

一级指标	二级指标
A_3 学习劳动	B_{13} 爱惜粮食和学习、生活用品，节约水电；爱护公共财物。 B_{14} 不玩火，防触电，不做危险性游戏。 B_{15} 天天佩戴红领巾。 B_{16} 上课专心听讲，大胆发言，发言先举手，回答问题声音响亮。 B_{17} 按时独立完成作业，书写认真。 B_{18} 学习成绩有进步。 B_{19} 考试不作弊。 B_{20} 认真做值日，不怕脏，不怕累。 B_{21} 自己的衣物、用品能摆整齐，会洗自己的手帕、红领巾和袜子，会收拾书包。
A_4 体育卫生	B_{22} 爱唱歌跳舞，爱做游戏；认真上体育课。 B_{23} 认真做眼保健操、早操、课间操。 B_{24} 穿戴整洁；经常洗澡，勤剪指甲、勤洗头，早晚刷牙漱口，饭前便后洗手，不乱丢乱吐。 B_{25} 读写姿势端正。

表 11-2 小学中年级学生品德评价指标体系

一级指标	二级指标
A_1 政治思想	B_1 知道我国是多民族国家；各族人民要团结友爱、互相尊重。 B_2 初步了解我国历史上杰出人物的爱国精神和优秀品质，初步了解家乡的物产、名胜古迹、著名人物。 B_3 知道并学习老一辈无产阶级革命家和优秀共产党员英勇奋斗、大公无私的事迹。 B_4 知道我国人民具有勤劳智慧、勇敢顽强的优秀美德。 B_5 升国旗、奏国歌时要敬礼。
A_2 品德纪律	B_6 积极进取，不怕困难；不骄傲，虚心向别人学习。 B_7 尊敬师长，尊老爱幼，主动帮助有困难的人和残疾人；不打扰别人的工作和休息。 B_8 友爱同学，不打架，不骂人。 B_9 不说谎；有错就改；不随便拿别人的东西，借东西要还；拾金不昧。 B_{10} 按时上学，不迟到，不早退，不逃学，有事、有病请假。 B_{11} 遵守学校规定的课堂、课间和路队纪律。 B_{12} 遵守交通规则，不在马路上打闹、玩耍，行路走人行道，过马路走人行道。 B_{13} 不挑吃穿，爱惜粮食和学习、生活用品，节约水电。 B_{14} 自觉遵守公共场所秩序，爱护公共财物。 B_{15} 天天佩戴红领巾和队徽，积极参加队的活动。
A_3 学习劳动	B_{16} 上课专心听讲，独立思考，积极发言。 B_{17} 课后认真复习；按时独立完成作业并认真检查，作业书写认真。 B_{18} 积极参加第二课堂活动。 B_{19} 考试不作弊。 B_{20} 积极参加值日工作和公益劳动，劳动中不怕苦、不怕累。 B_{21} 积极参加力所能及的自我服务劳动和家务劳动。
A_4 体育卫生	B_{22} 自觉锻炼身体，上体育课纪律好。 B_{23} 认真做眼保健操、早操、课间操。 B_{24} 穿戴整齐，经常洗澡，勤剪指甲、勤洗头，早晚刷牙漱口，饭前便后洗手，不乱丢乱吐。 B_{25} 读写姿势端正。

表 11-3　小学高年级学生品德评价指标体系

一级指标	二级指标
A_1 政治思想	B_1　初步了解家乡的物产、名胜古迹、著名人物，了解祖国壮丽山河、悠久历史、灿烂文化以及社会主义现代化建设的成就。 B_2　了解祖国各族人民和杰出人物对祖国和世界的伟大贡献。 B_3　知道中国共产党过去领导人民进行革命斗争，建立了新中国；现在领导人民进行社会主义现代化建设。 B_4　知道我国人民的传统美德，懂得人民的利益高于一切。 B_5　升国旗、奏国歌时要敬礼。
A_2 品德纪律	B_6　积极进取，勇于创新，不怕困难；不骄傲，不妒忌，虚心向别人学习。 B_7　尊敬师长，尊老爱幼；对人有礼貌，主动帮助有困难的人和残疾人；不打扰别人的工作和休息。 B_8　友爱同学，不打架，不骂人。 B_9　不说谎，有错就改；不随便拿别人的东西，借东西要还，拾金不昧。 B_{10}　按时上学，不迟到，不早退，不逃学，有事、有病请假。 B_{11}　自觉为集体做好事，个人服从集体。 B_{12}　课外参加有益活动，看有益的书刊、录像；遇到坏人坏事主动报告，敢于斗争。 B_{13}　生活俭朴，不乱花零用钱。 B_{14}　自觉遵守公共场所秩序，遵守交通规则，保护名胜古迹、文物，爱护公共财物。 B_{15}　天天佩戴红领巾和队徽，积极关心、参加少先队的活动。
A_3 学习劳动	B_{16}　上课专心听讲、独立思考，敢于发表不同意见。 B_{17}　课后认真复习，按时独立完成作业并认真检查，作业书写认真。 B_{18}　积极参加第二课堂活动。 B_{19}　考试不作弊；考后认真总结，分析并弄懂错题。 B_{20}　积极参加值日工作和公益劳动，劳动中不怕苦、不怕累。 B_{21}　能主动帮助家长做家务劳动，能有条理地收拾自己的生活、学习用品。
A_4 体育卫生	B_{22}　初步养成锻炼身体的习惯，认真上好体育课。 B_{23}　认真做眼保健操、早操、课间操，读写姿势端正。 B_{24}　有良好的个人卫生习惯，穿戴整洁，经常洗澡，勤剪指甲勤洗头，早晚刷牙漱口，饭前便后洗手。 B_{25}　讲究公共卫生，不乱丢乱吐。

表 11-4　初中学生品德评价指标体系

一级指标	二级指标	三级指标
A_1 政治觉悟、理想抱负	B_1 政治觉悟	C_1　拥护四项基本原则。 C_2　懂得中国共产党领导全国人民实现“四化”，它的最终目标是实现共产主义。 C_3　关心时事政治，响应学校号召。 C_4　有惜时守信、讲求效益、重视质量的思想观念。
	B_2 理想抱负	C_5　有为实现“四化”而学的学习目的。 C_6　正确对待升学和就业，树立为人民服务的思想。 C_7　有为“四化”锻炼身体的志向。
	B_3 热爱祖国	C_8　热爱祖国，升国旗、奏唱国歌肃立、敬礼；热爱家乡，关心家乡建设；有民族自尊心、自豪感。 C_9　懂得祖国的利益高于一切，立志建设祖国、保卫祖国。

续表

一级指标	二级指标	三级指标
A_2 道德情操、行为风貌	B_4热爱人民	C_{10} 尊重他人，敬老爱幼，帮助残疾人。 C_{11} 尊重全体教职工，尊敬长辈，关心兄弟姐妹。 C_{12} 团结同学，助人为乐。
	B_5热爱科学	C_{13} 课前做好预习。 C_{14} 上课专心听讲，勇于提出问题，敢于发表自己的见解，积极回答老师的提问。 C_{15} 认真复习，按时独立完成作业。 C_{16} 遵守考试纪律，考后认真总结。 C_{17} 热爱科学，相信科学，积极参加课外活动。
	B_6热爱集体	C_{18} 热爱班级和学校集体，爱护集体荣誉。
	B_7热爱劳动	C_{19} 积极参加自我服务性劳动及公益劳动。 C_{20} 爱护劳动成果和公共财物。 C_{21} 勤俭节约，生活俭朴。
	B_8遵纪守法	C_{22} 不迟到，不早退，不旷课；遵守学校各项纪律制度。 C_{23} 举止文明，不打架，不骂人，不说脏话，不看不健康的书刊、录像，不听不唱不健康的歌曲。 C_{24} 遵守交通规则，遵守公共秩序，对违反社会公德的社会行为进行劝阻。 C_{25} 拾金不昧，不受利诱；遇见外宾，以礼相待，不卑不亢。
	B_9讲究卫生	C_{26} 有良好的卫生习惯，常洗澡、勤换衣，不吸烟，不喝酒。积极锻炼身体。 C_{27} 注意公共卫生，不随地吐痰，不乱扔纸屑果皮。
A_3 个性心理素质和能力	B_{10}心理素质	C_{28} 诚实正直，自尊自强。 C_{29} 积极向上，不怕困难。
	B_{11}能力	C_{30} 有分辨是非的能力，能开展批评与自我批评；富有自信心和自制力。

表 11－5　高中学生品德评价指标体系

一级指标	二级指标	三级指标
A_1 政治觉悟、理想抱负	B_1政治觉悟	C_1 正确认识社会主义建设与改革开放的形势；热爱中国共产党，拥护四项基本原则。 C_2 基本上能运用马克思主义观点和方法观察分析社会现象，从实际出发全面看问题。 C_3 关心时事政治，响应学校号召。 C_4 有与发展社会主义经济相适应的思想观念，惜时守信，重视质量、讲求效益。
	B_2理想抱负	C_5 有为“四化”、为振兴中华而学的学习目的。 C_6 有正确的生活理想和职业理想，正确对待升学和就业，有为人民服务的思想。 C_7 有为“四化”锻炼身体的志向。
	B_3热爱祖国	C_8 有与祖国休戚相关的感情，有民族自尊心、自豪感。 C_9 立志建设祖国、保卫祖国，为祖国富强、人民富裕贡献青春。 C_{10} 祖国利益高于一切，维护民族团结和祖国统一。

续表

一级指标	二级指标	三级指标
A_2 道德情操、行为风貌	B_4热爱人民	C_{11}　有献身人类进步以及世界和平事业的思想。 C_{12}　尊重他人，敬老爱幼，帮助残疾人，尊重妇女。 C_{13}　尊重全体教职工，尊敬长辈，关心兄弟姐妹。 C_{14}　团结同学，助人为乐。
	B_5热爱科学	C_{15}　课前做好预习。 C_{16}　上课专心听讲，勇于提出问题，敢于发表自己的见解，积极回答老师的提问。 C_{17}　认真复习，按时独立完成作业。 C_{18}　遵守考试纪律，考后认真总结。 C_{19}　热爱科学、相信科学，积极参加课外活动。
	B_6热爱集体	C_{20}　正确对待国家利益、集体利益、个人利益。 C_{21}　热爱班级和学校集体，爱护集体荣誉。
	B_7热爱劳动	C_{22}　有良好的劳动习惯，有较强的生活自理能力，艰苦奋斗，积极参加各项劳动。 C_{23}　爱护劳动成果和公共财物。 C_{24}　勤俭节约，生活俭朴。
	B_8遵纪守法	C_{25}　不迟到、不早退、不旷课；遵守学校各项纪律制度。 C_{26}　举止文明，不打架、不骂人，不说脏话，不看不健康的书刊、录像，不听不唱不健康的歌曲。 C_{27}　遵守公共道德，遵守交通规则，遵守公共秩序，对违反社会公德的社会行为进行劝阻、抵制。 C_{28}　拾金不昧，不受私诱，不失人格，遇见外宾以礼相待，不卑不亢。
	B_9讲究卫生	C_{29}　有良好的卫生习惯，常洗澡、勤换衣，不吸烟、不喝酒。积极锻炼身体。 C_{30}　注意公共卫生，不随地吐痰，不乱扔纸屑果皮。
A_3 个性心理素质和能力	B_{10}心理素质	C_{31}　诚实正直，自尊自强。 C_{32}　积极向上，坚毅勇敢，不怕困难，敢于创新。
	B_{11}能力	C_{33}　对不良影响有一定识别能力和抵制能力，具有一定的自我教育和自我管理能力。

第四节　中小学品德评价的基本方法

随着我国改革开放的深入发展，品德评价在社会生活中变得越来越重要，同时，由于人的思想行为的形成和发展非常复杂，而且具有长期性和反复性等特点，更加大了测量的难度。品德评价的方法，主要取决于品德评价的基本原则和准则，取决于品德评价的具体任务。目前，关于我国中小学的品德评价方法的研究仍然处于摸索阶段，多数是通过学生对测题的反应以及根据学生的行为表现，运用分析、判断、推测以及数量化的技术方法，来测量并评价学生思想品德状况。我国学者所总结的“曾经试验过以及现在正在试验”的品德评价方法均从各级各类学校现行方案中归纳而来，大体可以分为以下几种：考试考核评价法、操行加减评分评价法、调查评价法、情境评价法、行为观察法、社会关系测量法等，但必须明确的是，这些实测方法不是在任何情况下都能够使用的，而应根据效度、信度原理以及与评价指标的适应状况加以选择运用。

一、考试考核评价法

考试考核评价法是把思想品德考核与思想品德课、政治课学习成绩的考试结合起来，即对学生的政治理论水平、思想觉悟和道德认识进行测量，可以采用学业成绩测量的方法，其优点在于既重视考查思想品德认识，又强调观察其行为实践能力。这些测试题多以判断题或填空题的形式出现，用反映学生品德水平的行为事例组成题干，以不同品德水平的学生对待同一事例可能做出的不同思考与表现的若干方式作为选择答案，供学生选择。但这种方法也容易以知识考试影响行为考核，降低评价的效果，在实践中应当注意要求学生知行统一，养成良好行为习惯。现列举小学生思想品德考试考核评价的部分试题作为样例①。

小学生思想品德考核评价部分试题

例 1　判断题（正确的打“√”，错的打“×”）

（1）升国旗的时候，

①小方立正、敬礼。（　）

②小雷一边敬礼，一边吃东西。（　）

③小玲和旁边的小明还在说话。（　）

（2）上学的时候，

①小胖一定要奶奶送他到学校。（　）

②小明约东东一起去，使东东不再迟到。（　）

③小敏上学时，不在路上玩。（　）

（3）老师家访的时候，

①小花躲在房门后。（　）

②小山双手递茶给老师。（　）

③小勇坐在妈妈身旁听老师说话。（　）

（4）小明吃饭前先洗手。（　）

（5）小珍做作业一遇到难题，就马上问妈妈。（　）

（6）老师领大家读课文，小刚跟着读，但心里却想着明天去旅行的事。（　）

（7）小明向小红借铅笔，用后立即有礼貌地还给小红。（　）

（8）小东喜欢吃的东西他就多吃，不喜欢吃的他就不吃。（　）

（9）在革命战争年代，无数革命先烈献出了自己的生命，他们是为了人民的利益。（　）

（10）奶奶病了，我希望她的病快点好，因为可以为我们烧饭。（　）

① 胡中锋．教育测量与评价．2版．广州：广东高等教育出版社，2006：349.

例 2 填空题

(1)《小学生日常行为规范》共____条，其中第一条的内容是：尊敬____、____；会唱____；升国旗、奏国歌的时候要____，____行____礼；少先队员行____礼。

(2) 我们不要随便____别人的东西，借东西要____。

这种以学生自测为基础的方式，教育性较强，对培养学生的自我控制、自我评价、自我教育能力提供了有利条件，并且有利于学生自觉、主动、创造精神的培养。这种方法较之单纯的评语法在客观性方面有所改进，但是，仅仅依赖学生对一组试题的反应便确定学生的品德全貌，仍有较明显的片面性，一方面会受题目的局限，另一方面学生的取悦心理也会干扰评价的有效性。

二、操行加减评分评价法

操行加减评分评价法是对学生思想品德行为表现进行定量统计的一种评定方法。在这种方法中，评价者首先根据德育大纲、守则和规范对学生日常行为表现的要求，结合学校具体情况，提出一系列评语式的评价项目，然后对每个评价项目做出一些具体规定，制定加分减分标准。对应该提倡的良好行为确定加分数值；对应予克服的不良行为（如打架、考试作弊、破坏公共财物等）确定减分数值。评价前，每个人都有一个相同的基础分。学期初公之于众，学期结束时根据学生的表现，分别由学生、任课教师、班主任评定，最后得到品德评价的综合总分。

具体做法如下：(1) 确定德育测试的量标。根据国家对学生思想品德行为要求的各项具体规定，科学地确定考核项目。每一项目的要求应该具体明确，符合学生年龄特征。提出一些良好的行为品德作为加分项目并确定加分值，同时也列出一些不良的品德行为项目，每个项目根据对社会、对集体、对他人的危害程度，确定减分分值。(2) 基础分的确定。学期开始时，规定全体学生共同的基础分数，比如 50 分，各项目的加分或者减分都在此基础上进行。(3) 根据平时的行为表现，按测量标准进行评分。学期结束进行评价时，根据每个学生的具体行为表现，对照评价标准，分别确定加分和减分的数值，在基础分的基础上，进行加减，得出最后成绩，加分减分可以相互抵消。该方法注重平时对学生思想品德的记录，一般在每个月的民主评定基础上由教师评定一次学生的思想品德情况（不同学校可以发展出不同的变式，以适应各自的实际情况），期末进行总评。高于基础分的同学为合格，并按分数定优、良、中；低于基础分的同学为不合格，应当进行适当的教育。

这种方法与考试考核评价法相比更加注重以事实为依据，因而在有效性方面也有所提高，而且学生能够具体了解自己的成绩和不足，故对学生的激励、教育作用比较明显，也便于领导和教师及时获得反馈信息，及时施教。不过，采用这种方法往往偏重行为考查，忽视了道德意识和思想动机；而且评定标准和加减分值的确定难度较大，每一项分值的确定带有一定的随意性，不易做到科学、合理；加减分相抵消，容易掩盖某些重大缺点和优点。孤立地使用操行加减评分评价法容易刺激学生片面追求分数，出现高分数、低行为动机的反差现象，因此在实际运用中应当适当结合其他品德评价方法。

三、调查评价法

调查评价法是运用问卷、谈话等方法，有计划地、系统地向熟悉被测的第三者或被测本人收集资料，然后通过对材料的整理分析，来了解被测对象品德的现状与特征，并对其品德做出评估的方法。这种方法对于团体品德评价是一种常用方法，尤其是不记名的问卷调查，常常可以获得真实的内隐品德信息。但对于个体品德评价来说，这种方式是一种辅助性的品德评价方法。这里我们着重介绍问卷评价法。

问卷法实际上是书面调查的一种，最早采用此法的是英国人高尔顿（S. F. Galton），它是通过使用问卷或量表来测量学生思想品德的一种方法，主要包括自编问卷法和自陈量表法两种，这两种方法的区别在于前者是由德育工作者编制，而后者一般使用由测量专家编制的标准量表。

（一）自编问卷法

自编问卷法是我国普遍采用的一种简便的品德评价方法，是由德育工作者根据德育目的和一定的德育理论框架自行编制的问题表格，其实施步骤如下：

第一步，德育工作者根据德育目的和一定的德育理论制定德育问卷。在编制问卷试题的时候可以与考试考核评价法中的德育试题相结合使用。

例如：

请按照个人实际情况进行选答，尽量少选择“不确定”等中性答案。

①过马路时，我总是走人行道。（　　）

A. 不是　　B. 不确定　　C. 是

②老师当众错怪了我，使我委屈得几乎哭出来，这情况如果在课上，我会______

A. 克制情绪认真听课　　B. 勉强听进去　　C. 听不进去

③如果偶尔忘记带学习用品（笔、尺子等）要向同学借时，你能先征得对方同意，未得同意不随便乱翻别人的书包。

A. 做得很好　　B. 较好　　C. 不好不差

D. 较差　　E. 最差

第二步，把德育问卷发放给学生填答。

第三步，回收问卷并进行统计分析，得出评价结论。

问卷法的优点在于简便易行，能在短时间内收集到较多对象的较为广泛的品德评价材料，且便于整理和统计，因此适用于区域性的学生品德现状调查。这种方法可以弥补前述各种方法评价依据不足、观察有限的缺陷，但必须有针对性地对一些主观性影响较少的事实行为实施调查，否则反而会降低评价的效度和信度。

（二）自陈量表法

自陈量表法通常也称为人格量表法，是在标准化的技术条件下，对受测者的行为和内部心理变化进行测量和鉴别的方法。编制标准化的人格评价量表，必须是专业人员长期合作研究的产物。自陈量表法是被试本人按照试卷的题目，报告自己的行为、态度和感受的一种方法。自陈量表通常都由一系列的问题组成，每一个问题陈述一种行为，要求被试按照自己的真实情形来回答，然后由主试评鉴。在问卷实施过程中必须保证两个前提：一是量表的内容能够代表被测者的人格和品德内容；二是学生能够按照自己的实际情况作答，不受“社会认同性”的影响。

我国已引进并修正了不少国外的有关量表，目前比较常用的有艾森克人格问卷（EPQ）、卡特尔 16 项个性因素测试量表（16PF）、明尼苏达多项人格量表等。此外，国内的学者也制定出一些符合中国特点的量表，如中小学生性格发展与教育研究协作组编制的“中小学生 12 种性格因素量表”等，其中包括了对学生价值观、世界观、道德观等与思想品德密切相关的因素。测试结果的鉴定是一种主观的、相对不稳定的因素，因此容易掺杂个人情感和偏见，不过只要通过适当的处理和分析，就有可能在评价结论中形成个性的客观形象。

四、情境评价法

情境评价法比较适合考查学生的基本道德品质、分析问题和解决问题的能力以及学生的适应性、协调性，它是一种辅助性的品德评价方法。情境评价法就是设置一个活动情境或提出一个问题情境，通过对被试学生的观察、谈话或问卷，了解其品德特征的方法。设计的活动情境评价需要预先布置一种情境，让学生在这种情境下开展活动，教师在这种预设的情境中观测学生的反应，从而对其品德进行衡量和鉴定。

情境评价法包含两个种类：直接情境评价（含设计的活动情境和自然的实际生活情境），如诚实测验、责任心测验等；间接的情境评价（问题情境），是向被试学生提出一个困难的问题情境（这个情境是学生未曾事先了解的），然后要求被试学生对问题做答，以评价其品德。例如，在道德认知发展研究中使用的两难问题讨论和故事法等。其中，在中小学品德评价实践中，活动情境测验较为常见，尤其是考试情境测验，经常被作为一种诚实测验，用于测量学生是否诚实或者是否作弊。

（一）哈茨霍恩-梅的诚实测验（CEI）

美国心理学家哈茨霍恩（Hartshorne）和梅（May）于 1928—1930 年设计了通过实验进行思想品德测量的方法。这些测验的情境与儿童日常生活情境很相似，测验方式和平常的学校考试没有两样，学生在不知不觉中接受品德调查，测验结果可以求得客观的量化分数。

这个测验的安排是这样的：首先在课堂里实施词汇、算术推理、句子完成等测验，将试卷收回后不评分，而是复印一份。然后在下次上课时，同时把未改的试卷和标准答案一同公布，让学生自行批改并打分。最后再次回收试卷，将学生自行打分的试卷与复印的初稿进行比对，就可以看出学生是否为获取高分而修改答案。CEI 的信度和效度都较高，但这种测验也有一定的局限性。

（二）我国学者设计的诚实测验

我国学者设计了一种夹玻璃球游戏用来进行诚实测验。将两个玻璃球放在一只碗内，要被试在半分钟内用筷子将球夹到距离 5 厘米的另一只空碗内，每夹过去一颗，奖励 1 张画片，但不得用手拿玻璃球。施测时，主试不在场，被试单独玩这游戏，主试通过单向观察孔了解被试半分钟内的活动。对于不诚实的被试，通过个别谈话进行教育①。

上述的诚实测验能够把学校的日常测验情境和对学生的教育工作结合起来，通过测验发现问题并进行教育，又通过测验检查教育的结果。就这一点而言，这种情境方法往往能够反映学生心理最本质的动机和品质。但是由于教师不在场的假象被被试所了解，容易使学生感到被欺骗，这是以不诚实的方法测验学生的诚实，易使学生产生心理抵触情绪，在实际运用中应当谨慎使用情境测验法。

五、行为观察法

行为观察法是评价者根据预定的指标，有目的、有计划地直接观察被评价对象的言行举止等外部表现，将其记录在案，并作为评价资料的方法。人们的行为、习惯是各种人格特质和品德水平的标志和外部展现，其中许多行为以及习惯是不易用纸笔测验的，但应用观察方法却是合适的。这种方法容易为广大教育工作者所掌握，适用的范围最广，运用的机会最多。陈英豪、吴裕益在其所著《测验的编制与应用》一书中，列举了七项无法用纸笔测验的学习结果：技能、工作习惯、社会态度、科学态度、兴趣、鉴赏、适应②。因此，只要遵循品德评价的原则，只要对合乎品德测量的要求进行科学的控制，明确观察的内容重点，制订观察计划，并记录观察结果，就可以随时用行为观察法来检测学生的行为。比较常见的分类有以下几种：自然观察法、实验观察法、时间样本法、情境测量法、真相观察法等。

（1）自然观察法。指评价者在日常教育、教学活动或者日常生活等自然状态下，对被评价者进行观察。一般不需要特殊装备，可以使用摄影、摄像等现代手段进行记录，在观察过程中或者观察结束后做记录，不干扰正常的教学秩序。因为该方法观察范围很广，所以只能注意比较明显而特殊的行为表现。

（2）实验观察法。在严密的条件控制下，促使被观察对象产生反应，以进行观察。这种方法通常作为教育科研的用途，一般教师很少应用。

（3）时间样本法。指在限定时间内的观察，以学生在整个活动时间内的全部表现作为一个样本。这种观察既可以是不同时间的取样观察，比如对每个学生轮流观察 3～5 分钟，也可以在同一时间内协同各位主试，对多个对象进行观察③。

（4）情境测量法。通过设置一些活动情境，让被观察对象自由活动，观察者按照预

① 吴慧珠．如何科学地评定德育效果．小学德育，1985（1）．

② 李伯黍，周冠生．少年儿童道德行为动机特征的心理分析．心理学报，1964（1）．

③ 王汉澜．教育测量学．开封：河南大学出版社，1987：325．

定的目的对学生某一方面的行为表现进行观察。如让学生组织班集体活动，以观察其协调性以及团队合作精神。

(5) 真相观察法。上面叙述的几种观察方法只能代表行为表现的某一片段，无法显示某种行为发生、发展和终结的全过程，尤其是一些重要行为，所以，对这些行为的观察，必须借助真相观察法，以掌握学生某种行为发生的全过程，以便揭示其实质性的行为动机。

除了明确行为观察法的分类之外，还需要了解行为观察法的重要环节，即评价者必须做好观察记录。记录方法包括：逸事记录法（记录日常生活中具有典型意义的事件）、行为描述法、评定量表法和检核表法（又称行为评量表格，是把所要观察的内容加以分类列举，制作成表格，以便观察时及时记录所要观察的目标）。

行为观察法作为一种很常用的评测方法，具有以下几个优点：一是在自然状态下进行评价，容易收集到被试的日常真实情况；二是通过直接观察，获得没有加工过的第一手资料，没有中间环节带来的误差。它也具有自身的局限性：一方面由于在自然状态下，不允许改变观察对象的活动条件，缺少控制和组织，一旦被观察对象察觉，其表现容易受主观情绪影响；另一方面这种方法要求测试者亲临现场，但在被试比较分散、不易直接同时观测的时候，很难保证测量的效果，结论有一定的偶然性。

六、社会关系测量法

前述的许多方法都是以教师作为评价的主体，由上而下地进行评价，然而学生的思想、行为、人格特征往往不是教师能够直接观察、透彻了解的。相反，同学之间朝夕相处，彼此之间的了解更为深入，如果让同学来相互评价，必定更能反映学生的真实思想行为表现。

社会关系在这里是指学生在班级或学校社团中的人际关系。评量学生的社会关系，可以发现学生的社会交往水平、团体成员在团体中的地位、个人在团体中的适应情况、班级团体的结构以及团体发展的水平。这是一种研究团体中相互吸引和相互排斥关系的测量方法。

美国社会心理学家莫雷诺（J. L. Moreno）1934 年第一次采用社会关系测量法（也称为交友测验），该测试可以考察团体内部的心理结构与心理距离，能够在很短的时间之内，迅速了解团体的结构，了解团体中有无非正式小团体，由哪些成员组成，各个人在团体中的地位以及他们的社交情况，即团体中谁最受欢迎、谁受孤立、谁被排斥。实际运用中可以用人际关系矩阵图来反映学生间的人际关系，该方法尤其适合团员中成员人数不多的情况。

具体做法如下：向被测的成员提问题，让其回答并做出选择。例如，让学生回答“你最喜欢班里哪位同学”和“你最不喜欢班里哪位同学”（但这样做有可能引起群体内的矛盾和隔阂，所以使用时应当注意语言的表述方法），按照最喜欢的给 1 分，不喜欢的给 −1 分，没有被选的给 0 分的方法得出数据结果，并用人际关系矩阵图（见表 11－6）表示出来。

表 11-6　人际关系矩阵图

		被选者					
		A	B	C	D	E	F
选择者	A		1	0	−1	0	0
	B	1		0	−1	0	0
	C	0	0		−1	0	1
	D	0	1	−1		0	0
	E	0	1	0	0		−1
	F	0	1	0	0	−1	
总计		1	4	−1	−3	−1	0

最后，统计各人的得分，某人的正分数越多则反映他在群体中受欢迎程度越高。反之，负分越多则说明他在该群体受欢迎程度越低。从表 11-6 内的数据可以看出，学生 B 最受欢迎，学生 D 最不受欢迎。

除了上述人际关系矩阵法外，还有人际关系图分析法、参照测验法、班级社会距离尺度法等①。社会关系测量法用比较科学的方法测量班级社会关系，可为更好地管理与教育学生，建设良好的班集体提供较为客观的资料，是一种比较科学和可行的相互评价的方法。

本章小结

品德是指个人依据一定的道德行为准则在行动时所表现出来的某些稳固的特征，它是个性中具有道德评价意义的核心部分。

品德评价是一种建立在对品德特征信息“测”与“量”基础上的分析与评判活动。在这种活动过程中，评价者通过“测”与“量”的活动，获得所要搜集的品德特征信息，然后对它们进行综合分析与评判解释。

进行品德评价有着非常重要的意义，它是社会主义精神文明建设的重要手段，是学校和教育工作者完善德育管理的重要手段，是受教育者进行正确的自我评价、形成良好品德的有效手段，也是德育科研工作的重要手段。

学生品德评价的分类，取决于分类的标准，本章主要以品德评价的目的和途径来分类，包括诊断性评价、形成性评价和总结性评价。

品德评价指标体系的构建是根据国家颁布的学生思想品德评价的内容（包括政治立场、思想品质、道德品质和行为习惯、个性心理品质）而建立的，具体有四方面的依据：社会对学生的要求、德育大纲的要求、品德结构的要求、学生的年龄特征和自我发展的需要。

品德评价的方法，主要取决于品德评价的基本原则和准则，取决于品德评价的具体任务。目前，关于我国中小学生的品德评价方法多数是通过学生对测题的反应和行为表现，运用分析、判断、推测以及数量化的技术方法，来测量并评价学生思想品德状况。

① 王汉澜．教育测量学．开封：河南大学出版社，1995：350-360.

本文主要介绍考试考核评价法、操行加减评分评价法、调查评价法（包括自编问卷法和自陈量表法）、情境评价法（包括哈特逊-梅的诚实测验和我国学者设计的诚实测验）、行为观察法、社会关系测量法。但必须明确的是，这些实测方法不是在任何情况下都能够使用的，而是要根据效度、信度原理以及与评价指标的适应状况加以选择运用。只有遵循上述品德评价的各个实施环节的基本规律，才能客观地反映学生思想品德的全貌，使品德评价的结论更加科学，促进品德评价研究的科学化发展。

思考题

1. 什么是品德评价?
2. 开展品德评价有什么意义?
3. 品德评价有哪些类型? 其特点如何?
4. 品德评价有什么基本要求?
5. 品德评价指标体系确立的基本依据是什么?
6. 构建中小学生品德评价指标体系有什么基本原则?
7. 开展品德评价有哪些方法? 各方法应如何运用?

拓展阅读：

少数派｜学生品德只能通过面试来评价？美国5种方法更科学评定学生．(2019-06-21)［2022-05-16］. https://mp.weixin.qq.com/s/kOHHq91a79jFiTN8XH9hZQ.

第十二章

学生劳动教育评价

本章提要

中华民族是一个勤于劳动、善于创造的民族，热爱劳动是中华民族的优秀文化基因。但在实际的教育教学职能工作中，劳动教育的教育价值被忽视、淡化和弱化，这些问题已经成为教育整体发展中的弊端和痛点。没有劳动教育的教育是不完整、不充分和不成功的。苏联教育家苏霍姆林斯基说，没有劳动就没有真正的教育。劳动教育在每个时期承载着不同的时代使命，具有重要的时代意义和价值。而劳动教育评价是引导劳动教育发展，充分发挥劳动教育价值的重要抓手和关键一环，新时代亟须建立起具有中国特色的劳动教育评价体系。

在探讨劳动教育评价的过程中，我们应该知道：什么是劳动教育评价？劳动教育评价的指标体系有哪些以及如何进行构建？劳动教育评价有哪些注重事项？本章将对这些问题展开论述。

第一节　劳动教育评价概述

教育部于2020年印发的《大中小学劳动教育指导纲要（试行）》指出："劳动教育是新时代党对教育的新要求，是中国特色社会主义教育制度的重要内容，是全面发展教育体系的重要组成部分，是大中小学必须开展的教育活动。"中小学劳动教育评价对实施劳动教育具有很重要的价值，但是当前忽视劳动的现象较为普遍，主要表现为轻视体力劳动，尤其是看不起普通劳动者；劳动教育评价在学术界也尚未引起人们的重视，而且对于劳动教育评价的研究也存在分歧，因此我们亟须加强劳动教育评价研究，进而建构出科学合理的中小学劳动教育评价机制。2020年《中共中央、国务院关于全面加强新时代大中小学劳动教育的意见》（简称《意见》）提出"以体力劳动为主，注意手脑并用"要求，并进一步阐明了劳动教育的内涵和特征，指出"劳动教育是发挥劳动的育人功能，对学生进行热爱劳动、热爱劳动人民的教育活动"，因此，针对人们对劳动、劳动教育、劳动教育评价的概念认识模糊的问题，迫切需要对这些概念进行界定。

一、劳动及劳动教育

（一）劳动的概念

要给劳动下一个被普遍认可的定义是比较难的，这也表明了劳动始终处于客观对象与主观认识的矛盾运动中。“劳动”这一术语在日常生活中使用广泛，人们常常把人的各种活动都归为劳动，如种地、做工、洗衣、做饭等。但其被当作研究劳动教育的工具来使用时，“劳动”的定义应根据学校劳动教育开展什么样的活动来定。根据《中国大百科全书·哲学》和《资本论》中的定义，劳动有时被理解为一切对象性的活动，有时被理解为实践活动，有时又被理解为物质生产领域内的活动。可见，劳动的概念没有严格的界限，具有多义性[①]。

《辞海》中“劳动”的第一个义项为：“人们改变劳动对象使之适合自己需要的有目的的活动。即劳动力的支出或使用。人类社会存在和发展的最基本条件。”[②]

从马克思的劳动观来理解，马克思把劳动分为生产劳动和非生产劳动，认为只有生产性活劳动才创造价值。马克思的生产性活劳动的内涵不仅局限于生产部门中直接对劳动对象加工的体力劳动者的劳动，还包括生产部门中脑力劳动者如工程技术人员、设计人员、管理人员等的劳动，即生产部门中的总体劳动者创造的价值[③]。

学者曹飞认为劳动在本体论上是一种实践活动，劳动是个人自身发展和参与社会交往的一种方式；价值上同时满足自身和社会实践的需要，是人类生存和发展的一种手段，是人的价值的体现；劳动形式是自我实现[④]。

综上所述，根据教育部印发的《大中小学劳动教育指导纲要（试行）》，劳动是创造物质财富和精神财富的过程，是人类特有的基本社会实践活动。劳动教育是发挥劳动的育人功能，对学生进行热爱劳动、热爱劳动人民的教育活动。当前实施劳动教育的重点是在系统的文化知识学习之外，有目的、有计划地组织学生参加日常生活劳动、生产劳动和服务性劳动，让学生动手实践、出力流汗，接受锻炼、磨炼意志，培养学生正确劳动价值观和良好劳动品质。

（二）劳动教育的概念

劳动教育的含义有广义和狭义之分。在《中国大百科全书·教育》中，劳动教育的狭义概念为：“使学生树立正确的劳动观点和劳动态度，热爱劳动和劳动人民，养成劳动习惯的教育，是德育的内容之一。”[⑤] 而劳动教育的广义概念主要有三重含义：一是劳动

---

① 康晓卿．关于新时代劳动教育相关概念的理解：兼谈正确认识劳动、活动、实践的一般含义及其关系．教育评论，2021（4）．

② 夏征农，陈至立．辞海．6版．彩图本．上海：上海辞书出版社，2009：1306．

③ 黄丽馨，杨兴华．准确把握“劳动”的含义，发展劳动价值论．广西大学学报（哲学社会科学版），2002（4）．

④ 曹飞．中小学生劳动素养评价指标体系探析．劳动教育评论，2020（1）．

⑤ 中国大百科全书总编辑委员会《教育》编辑委员会，中国大百科全书出版社编辑部．中国大百科全书·教育．北京：中国大百科全书出版社，1985：218．

教育必然需要通过组织教育对象参加各种形式的劳动这一途径实现；二是进行综合技术教育的实施，既要学习技术知识，又要进行实际操作，要把两者结合起来，在实际操作中运用技术知识，真正做到理论与实践结合、劳心与劳力结合；三是要谨防将劳动作为一种教育的惩罚手段①。

与德育、智育、体育、美育不同，劳动教育其实是一个复合性的教育概念。换句话说，当我们要通过劳动教育培育热爱劳动等劳动价值观时，劳动教育就是德育；当我们要让儿童思考劳动过程的原理、奥秘时，劳动教育就成为智育；当“动动手、流流汗”发挥强健体魄、增强体能作用的时候，劳动教育已经是体育；当我们引导学生发挥聪明才智去设计创造美的成果，劳动教育就是美育。人为将劳动教育像切豆腐那样与德育、智育、体育、美育一刀两断，让劳动教育成为一个独立、孤立的教育形态，本来就是错误的。

从劳动教育与德育、智育、体育、美育的关系看，劳动教育中的“劳动”与生产劳动意义上的“劳动”并非一个完全相同的概念；劳动教育是基本素养到真正劳动实践的“中介环节”。也就是说，德、智、体、美的着眼点在于人的基本素养；德育、智育、体育、美育则是对基本素养的培育。从这个意义上说，劳动教育是一般素养在教育过程中的“学以致用”，或者德智体美学习之后的“理论联系实际”环节。这就意味着：劳动教育应当通过特定劳动实践形式与教育目的的自觉衔接，实现对受教育者德、智、体、美诸素养之“理论联系实际”的培育。同时这也从另外一个侧面证明：劳动教育是一个与德育、智育、体育、美育杂糅在一起的复合性教育概念。

对劳动教育概念的准确认识、把握十分重要。若我们否认劳动教育是一个复合性概念，就一定会让劳动教育与其他教育生硬地“区别开来”。若我们否认劳动教育是基本素养到真正劳动实践的“中介环节”，就一定会将劳动教育简单等同于“体力锻炼”。其结果当然就是“有劳动，无教育”现象的产生，以及对“动动手、流流汗”政策的误读。

（三）我国劳动教育的历史演变

2018 年 9 月，习近平总书记在全国教育大会上强调：“要在学生中弘扬劳动精神，教育引导学生崇尚劳动、尊重劳动，懂得劳动最光荣、劳动最崇高、劳动最伟大、劳动最美丽的道理，长大后能够辛勤劳动、诚实劳动、创造性劳动。”② 2019 年 1 月，教育部部长陈宝生也明确指出：要狠抓劳动教育，将“劳”纳入教育方针。因此大力加强劳动教育是新中国成立以来不同时期教育工作的重要主题之一。

从教育政策学视角出发，以教育政策中的重大转向为依据与参照标准，可以将新中国成立以来劳动教育的历史演变大致划分为初塑时期、政治化时期、现代化初建时期、转型发展时期、整合发展时期、新时代发展时期③。

1. 劳动教育初塑时期（1949—1955 年）

1949 年新中国成立初期，国家的主要任务是建设和恢复发展，劳动教育最初是以个

① 孙振东，康晓卿．论“劳动教育”的三重含义．社会科学战线，2021（1）．

② 全力推动新时代教育工作迈上新台阶．人民日报，2018-09-12（2）．

③ 张雨强，张书宁．新中国成立 70 年劳动教育的历史演变：基于教育政策学的视角．中国教育学刊，2019（10）．

人和国家的生存和发展为主要目标来设计的；1950 年，教育部副部长钱俊瑞在《改革旧教育，建设新教育》的报告中，首次指出“实行教育与生产结合”的教育方针。这一概念的提出，为新中国的劳动教育赋予了新的含义，推动了劳动与基础生产相结合，在劳动中教育，通过劳动来教育，劳动成为教育发展的催化剂。

2. 劳动教育政治化时期（1956—1977 年）

三大改造和社会主义新制度建立后，这一时期劳动教育的目标是为新的政治制度服务。1958 年《中共中央、国务院关于教育工作的指示》提出“教育为无产阶级的政治服务，教育与生产劳动相结合”，它阐明了党的教育政策。在随后的“文化大革命”中，劳动教育深受“以阶级斗争为纲”的影响，劳动教育被定位在教育政策中，但同时也发展到了一个过度政治化和边缘化的时期。

3. 劳动教育现代化初建时期（1978—1992 年）

1978 年，随着改革开放揭开了时代新篇章，劳动教育改革也被提上日程。这一时期的教育政策深深植根于经济建设的大背景，为国家的整体改革和建设服务，适应了国民经济的快速发展。国家对“文化大革命”时期的教育破旧立新，重新规定了教育的阶级属性。邓小平多次在全国工作会议上指出，在新的社会形势下，要研究如何在批判继承的基础上顺利贯彻教育与劳动相结合的教育方针，如何更好地让教育为经济建设添砖加瓦。积极寻求新时代教育与生产劳动融合发展的新模式，已成为新时代现代化发展的重要命题。

4. 劳动教育转型发展时期（1993—2000 年）

1993 年 11 月，中国共产党十四届三中全会举行，社会的现代化建设步伐加快，劳动教育迎来了学科化向综合实践化发展转向的过渡时期。1993 年《中国教育改革和发展纲要》指出，当前的教育工作任务是要进一步提高劳动者素质，推动形式上和技能上的劳动教育。纲要拉开了劳动教育现代化转型的序幕，推动劳动教育逐渐走向制度化和规范化。时任国家主席的江泽民同志多次在全国工作会议上强调了党的教育方针要大力贯彻落实，推动了劳动教育的转型发展。

5. 劳动教育整合发展时期（2001—2011 年）

2001 年《国务院关于基础教育改革与发展的决定》发布，赋予了劳动教育愈加丰富的内涵与要求，推动了劳动教育迈入整合发展的时代。首先，推行综合实践活动课程，实现课程形式整合发展。其次，教育为人民服务，落实课程价值整合。最后，注重劳动情感教育，充实课程精神世界。

6. 劳动教育新时代发展时期（2012 年至今）

2012 年党的十八大后，我国进入中国特色社会主义新时代，教育的改革发展也进入了新时代。在综合素质评价稳步推进以及立德树人教育体系逐步完善的大背景下，将“劳”纳入教育方针提上了工作日程。首先，坚持价值引领，确立新时代思想方向。其次，加强法律建设，明确新时代制度规范。最后，建立长效机制，永葆新时代劳动教育生机与活力。

二、劳动教育评价

（一）劳动教育评价的含义

针对劳动教育评价的含义，目前并未有一个准确统一的界定，学术界不同学者对此有不同的看法。秦超结合评价、教育评价的概念及其重要性，认为劳动教育评价是反思教育行为的有效方法，评价的科学性将在很大程度上影响劳动教育实践的方向。劳动教育评价作为劳动教育活动的重要环节，它不仅是衡量学校劳动教育目标实现的重要措施与手段，也是检测学校劳动教育质量的重要标准。由此，他在对小学劳动教育评价的研究中给出了小学阶段的劳动教育评价的含义，即在小学劳动教育的开展过程中，对劳动教育开发的初始环节、劳动教育保障的中间环节、劳动教育实施的关键环节以及劳动教育效果的最终环节进行评价，以诊断劳动教育开展的质量和效果，为其今后的开展提供指导和帮助①。

王雪双和相福军则从教育评价的作用、功能、内容和价值理念等方面出发，认为教育评价在教育发展中具有重要战略地位，具有诊断、导向和激励的作用，发挥着指挥棒和风向标的功能。劳动教育评价主要涉及劳动教育课程评价、劳动素养评价和对各级各类教育机构实施劳动教育情况的评价。从价值理念上，应把握住其核心要义是要培养学生的劳动素养，使广大学生能够提升劳动认知、增进劳动情感、养成劳动习惯、提高劳动能力、弘扬劳动精神②。

陈含笑和徐洁从价值意义方面对中小学劳动教育评价进行了界定，他们认为中小学劳动教育评价是评价主体根据一定的标准，运用科学有效的方法，系统搜集有关信息，对中小学生在劳动教育过程中的表现做出的价值判断③。

（二）劳动教育评价的内容

1. 劳动教育评价的基本内容

中华人民共和国教育部出台的《义务教育劳动课程标准（2022 年版）》明确指出，劳动课程要培养的核心素养，即劳动素养，主要是指学生在学习与劳动实践过程中逐步形成的适应个人终身发展和社会发展需要的正确价值观、必备品格和关键能力，是劳动课程育人价值的集中体现，主要包括劳动观念、劳动能力、劳动习惯和品质、劳动精神。而劳动教育评价体系以劳动素养的形成为核心，所以劳动教育评价的内容主要包括以下几个方面：

（1）劳动观念。

劳动观念是指在劳动实践中逐渐形成的，对劳动、劳动者、劳动成果等方面的认知和总体看法，以及在此基础上形成的基本态度和情感。主要表现为：学生能尊重劳动，

---

① 秦超．小学劳动教育评价体系研究．曲阜：曲阜师范大学，2021.

② 王雪双，相福军．劳动教育亟需建构评价体系．中国教育报，2022-03-10.

③ 陈含笑，徐洁．中小学劳动教育评价的意义、困境与对策．教师教育论坛，2020，33（12）.

尊重普通劳动者，了解不同职业劳动者的辛苦与快乐，理解“三百六十行，行行出状元”的道理；能正确理解劳动对于个人生活、家庭幸福、社会进步、国家富强和人类发展的意义，懂得劳动创造人、劳动创造财富、劳动创造美好生活的道理；能崇尚劳动，牢固树立劳动最光荣、劳动最崇高、劳动最伟大、劳动最美丽的观念。

（2）劳动能力。

劳动能力是指顺利完成与个体年龄及生理特点相适宜的劳动任务所需的胜任力，是个体的劳动知识、技能、行为方式等在劳动实践中的综合表现。主要表现为：学生具备基本的劳动知识和技能，能正确使用常用的劳动工具；能在劳动实践中增强体力，提高智力和创造力，具备完成一定劳动任务所需要的设计能力、操作能力及团队合作能力。

（3）劳动习惯和品质。

劳动习惯和品质是指通过经常性劳动实践形成的稳定行为倾向和品格特征。主要表现为：学生具有安全劳动、规范劳动、有始有终等习惯，养成自觉自愿、认真负责、诚实守信、吃苦耐劳、团结合作、珍惜劳动成果等品质。

（4）劳动精神。

劳动精神是指在劳动观念、劳动能力、劳动习惯和品质的培养过程中形成和发展的，在劳动实践中秉持的关于劳动的信念信仰和人格特质。主要表现为：学生能领会“劳动是一切幸福的源泉”“幸福是奋斗出来的”的内涵与意义；继承中华民族勤俭节约、敬业奉献的优良传统；弘扬开拓创新、砥砺奋进的时代精神；感知爱岗敬业、甘于奉献的劳模精神；培育百折不挠、艰苦奋斗的革命精神，以及精益求精、追求卓越的工匠精神。

这四个方面相互联系、相辅相成，构成一个有机整体。

2. 劳动教育评价的总目标

（1）形成基本的劳动意识，树立正确的劳动观念。

形成对劳动与人类生活、社会发展、个人成长之间关系的正确认识，懂得人人都要劳动、劳动创造财富、劳动创造美好生活等基本道理；体验劳动的艰辛和快乐，形成劳动效率意识、劳动质量意识；具有热爱劳动、热爱劳动人民、尊重普通劳动者的积极情感；树立劳动最光荣、劳动最崇高、劳动最伟大、劳动最美丽的观念。

（2）发展初步的筹划思维，形成必备的劳动能力。

能从目标和任务出发，系统分析可利用的劳动资源和约束条件，制订具体的劳动方案，发展初步的筹划思维，发展基本的设计能力；能使用常用工具与基本设备，采用一定的技术、工艺与方法，完成劳动任务，形成基本的动手能力；能综合运用多学科知识和多方面经验解决劳动中出现的问题，发展创造性劳动的能力；在劳动过程中学会自我管理、团队合作。

（3）养成良好的劳动习惯，塑造基本的劳动品质。

能自觉自愿地劳动，养成安全规范、有始有终的劳动习惯；体悟劳动成果的来之不易，珍惜劳动成果；能辛勤劳动、诚实劳动、协作劳动和创造性劳动，养成吃苦耐劳、持之以恒、责任担当的品质。

（4）培育积极的劳动精神，弘扬劳模精神和工匠精神。

通过持续性劳动实践，培养勤俭、奋斗、创新、奉献的劳动精神；具有继承中华民族勤俭节约、敬业奉献优良传统的积极愿望；弘扬爱岗敬业、甘于奉献的劳模精神和精益求精、追求卓越的工匠精神；具有不畏艰辛、锐意进取、为社会发展和国家建设付出辛勤劳动的奋斗精神。

（三）劳动教育评价的原则

根据中华人民共和国教育部制定的《义务教育劳动课程标准（2022年版）》，劳动教育课程评价应遵循以下三个原则：

第一，导向性原则。以核心素养为导向，关注核心素养四个方面的发展状况，以及在劳动过程中的体现。通过评价的积极引导作用，促进劳动育人价值的实现。

第二，发展性原则。发挥评价的反馈改进功能，促进学生认真参与劳动学习与实践，改进教师教学安排。教师要着眼于学生劳动过程的动态发展，充分肯定学生在劳动中的进步，正确对待劳动中出现的问题，鼓励学生不断改进提高。

第三，系统性原则。应整体、系统地进行评价，并贯穿学习始终。发挥教师、家长和学生等多元主体评价作用，依据学生年龄特征和学习特点，制订循序渐进的评价目标。注重过程性评价与结果性评价相结合，兼顾家庭劳动实践评价与社会劳动实践评价，采用多样化评价方式，如项目实践、交流对话、技能测试等，持续地反馈信息。

（四）劳动教育评价的意义

劳动教育评价是学校劳动教育的重要环节，有利于学校对劳动教育开展实时监测，并通过劳动教育评价结果指导教育部门教学督导。中小学劳动教育评价对于实施劳动教育的重要价值，主要体现在引导学生树立新时代正确的劳动价值观、促进中小学劳动教育实践问题的解决和提高中小学劳动教育的质量三个方面①。

1. 引导学生树立新时代正确的劳动价值观

学校在劳动教育中起主导作用，培育正确的劳动价值观是学校实施劳动教育的重要目标。中小学劳动教育评价能够发挥育人导向功能，在学校教育场域中引导中小学生形成热爱劳动、崇尚劳动、尊重劳动的新时代劳动价值观。

2. 促进中小学劳动教育实践问题的解决

中小学劳动教育评价能够正视劳动教育实践问题，积极促进中小学劳动教育实践问题的解决。一方面，中小学劳动教育评价在评价指标、评价方法、评价内容等方面关注当前劳动教育实践问题，突出劳动教育实践的内涵要义和时代性特点，致力于解决当前中小学劳动教育实践问题。另一方面，中小学劳动教育评价具有诊断功能，可以预测劳动教育实践中可能发生的问题，为中小学开展劳动教育提供了方向上的指导，为劳动教

---

① 陈含笑，徐洁．中小学劳动教育评价的意义、困境与对策．教师教育论坛，2020，33（12）．

育实践问题的规避与解决提供支撑与保障。

3. 提高中小学劳动教育的质量

劳动教育评价不仅可以诊断劳动教育过程中学生存在的问题，从而提出具体解决方案，并且能够测评教师开展劳动教育的实际效果和诊断教师在教学中遇到的困难，从而引导教师调整开展劳动教育的方法、方式来提升劳动教育质量。再者，中小学劳动教育评价按照一定的标准和程序进行，能够为非专业教师进行劳动教育评价指明方向，逐步实现自身专业发展，从而间接提高中小学劳动教育质量。

（五）劳动教育评价的必要性

劳动教育被弱化和忽视的现实状况决定了进行劳动教育评价势在必行。同时，劳动教育与德、智、体、美各育相比，其实施和评价都具有独特性。而劳动教育具有综合育人的作用，充分把握劳动教育的育人价值，需要评价的正确引领和导向①。

1. 劳动教育的独特性决定了进行劳动教育评价的必须和必要

一是劳动教育具有鲜明的实践性。劳动本身就具有实践性的特点，劳动是人类运动的一种特殊形式，无论是脑力劳动还是体力劳动，实践性是其第一特性。马克思把人看作身体与精神的统一体，只有既能从事体力劳动，又能从事脑力劳动的人，才是全面发展的人。

二是劳动教育具有广泛的融合性。劳动可以树德、可以增智、可以强体、可以育美，具有综合育人的价值。新时代的劳动教育是国民教育体系必不可少的重要组成部分，能够实现与德育、智育、体育和美育的有机融合，促进人的全面发展。

三是劳动教育具有充分的社会性。与“五育”中的其他各育相比，劳动教育的实施更需要家庭和社会的广泛参与和配合，其社会性更加明显。虽然国家规定劳动教育是必修课，劳动素养也将纳入学生综合素养评价体系，但劳动行为习惯的养成、劳动精神的培养，崇尚劳动价值观的形成和工匠精神的弘扬需要学校、家庭和社会的综合作用才能实现。

2. 劳动教育效能的充分发挥迫切需要评价的引领与导向

一方面，在国家层面规定设立劳动教育必修课程，是对补齐劳动教育短板的有力保障。但劳动教育本身的独特性决定了劳动教育课程不可能像智育的学科课程那样通过书面考试或分数来评判学生劳动意识、劳动精神和劳动情感等的养成。

另一方面，如果学生不参加劳动实践，如果劳动教育的实施只有学校教育，而缺少家庭教育和社会教育的协调和配合，就很难培养出学生的劳动意识，唤起学生的劳动精神，更难形成劳动最光荣、劳动最崇高、劳动最伟大、劳动最美丽的观念。因此，要构建起劳动教育评价体系，通过劳动教育评价引领劳动教育课程的实施和实践的开展，以评价引领劳动教育繁荣发展。

---

① 王雪双，相福军．劳动教育亟需建构评价体系．中国教育报，2022－03－10.

第二节　中小学劳动教育评价的指标体系

一、劳动教育评价指标体系的概念

评价体系是根据一定的评价原则和评价标准，对评价对象的特点进行整合而形成的有机整体。它具有层次化、多指标、逻辑性强的特点，并且反映一定的评价目的。评价体系的构建是进行教育评价的基础，以评价体系为参考标准，可以对活动的各个方面做出比较细致的评价，衡量活动目标的实现程度、活动开展的落实效果，为劳动教育实践的完善和改进提供建议和指导，为劳动教育评价与督导提供参考。因此，评价指标体系的确立及确立的恰当与否直接影响着评价结论①。

我们要建立的是由政府主导、各级各类教育部门为主体，各级各类学校广泛参与的外部评价体系和学校内部评价体系相结合的劳动教育评价体系，各部门各司其职，相互配合，共同推动劳动教育的实施。对于评价结果的应用，除了将劳动素养的评价列入学生综合素养评价之中，还需将对各级各类学校的劳动教育评价纳入对学校的综合考评之中，加快建立学校实施劳动教育评价指标体系和管理实施办法。

二、构建劳动教育评价指标体系的基本依据

指标构建的主要政策依据是《中共中央、国务院关于全面加强新时代大中小学劳动教育的意见》和《大中小学劳动教育指导纲要（试行）》。政策文件中都明确指出开展劳动教育的重要意义，对劳动教育的目标、劳动教育的实践活动、劳动教育的组织实施、劳动教育的保障体系都做出了明确的规定。《中共中央、国务院关于全面加强新时代大中小学劳动教育的意见》指出，要充分认识到劳动教育对培养新时代社会主义建设者和接班人的重要作用，劳动教育的开展要与其他各育之间建立密切的联系，使它们之间呈现相辅相成的特点，在劳动教育实施的过程中要做到把握育人导向、遵循教育规律、体现时代特征、强化综合实施、坚持因地制宜等原则，为劳动教育的实施指明方向。文件还强调要构建体现时代特征的劳动教育体系，明确劳动教育的总体教育目标，根据学生的差异设立劳动教育必修课程、制定不同的教育内容，发挥好家庭、学校、社会在劳动教育中的实然作用，也要做好劳动教育开展的必要保障，包括人财物的使用、督导检查机制的建立等。《大中小学劳动教育指导纲要（试行）》作为劳动教育的纲领性文件，为劳动教育的开展与实施提供了强有力的政策保障。该纲要明确新时代劳动教育的性质和劳动教育的基本理念。劳动教育的目标要全面体现劳动素养，劳动教育的内容也要根据不同阶段学生的特点进行设置，为劳动教育的开展提供路径支持，比如独立开设劳动

① 秦超．小学劳动教育评价体系研究．曲阜：曲阜师范大学，2021.

教育必修课程、在学科中有机渗透等方式。这些政策文件都较为细致地指出了在进行劳动教育时要关注的问题与注意点，为中小学劳动教育评价体系的构建提供了方向与指引①。

依据以上政策以及教育目标的规定，构建劳动教育评价指标体系的基本依据主要有以下几点：

（一）依据新时代对劳动教育的新要求

2018 年 9 月，习近平总书记在全国教育大会上明确提出将劳动教育纳入培养全面发展的社会主义建设者和接班人的总体要求，必须构建大中小学劳动教育体系，全面落实党的教育方针。现如今，劳动教育被淡化、弱化，一些青少年中出现不珍惜劳动成果、不想劳动、不会劳动的现象，与全面发展的社会主义建设者和接班人的培养要求有较大差距，劳动育人功能亟待加强。所以，全党全社会必须高度重视，切实加强大中小学劳动教育。

新时代加强劳动教育必须强调以习近平新时代中国特色社会主义思想为指导，落实立德树人根本任务，把劳动教育纳入人才培养全过程，贯通大中小学各学段，贯穿家庭、学校、社会各方面，与德育、智育、体育、美育相结合，把握育人导向，遵循教育规律，创新体制机制，注重教育实效，实现知行合一，促进学生形成正确的世界观、人生观、价值观。

（二）依据学生全面发展的需要

劳动教育是促进学生全面发展的必要途径，因此劳动教育对一个人的发展极其重要，是一个人得以发展的基础。劳动教育不仅能培养学生的生活技能，而且能促进人的体力发展和智力发展，培养学生的创新精神和实践能力，养成尊重劳动的思想品德。许多学校老师怕学生参加劳动而影响知识的学习，影响升学率。其实劳动不仅能提高学生的智力，而且把智育和劳动结合起来，体脑结合，能够提高学习的效率。

当今时代是创新的时代。新的知识、新的技术，不是凭空想出来的，而是在艰苦的劳动中创造出来的。这里说的劳动既包括脑力劳动，也包括体力劳动。所以，劳动创造财富，劳动创造新的思维，劳动也促进了人类进步。培养学生热爱劳动、尊重劳动、热爱劳动人民，树立劳动光荣而幸福的情感十分必要。

（三）依据劳动课程标准要求

依据《义务教育劳动课程标准（2022 年版）》，劳动教育是中国特色社会主义教育制度的重要内容，是全面发展教育体系的重要组成部分，对全面贯彻党的教育方针、落实立德树人根本任务、培养德智体美劳全面发展的社会主义建设者和接班人具有重要的意义。其对学生的劳动素养的形成做出了具体的要求。

---

① 秦超．小学劳动教育评价体系研究．曲阜：曲阜师范大学，2021.

三、劳动教育评价指标体系建构的原则

评价体系的建构并不是无序的，需要以一定的原则为依据。为保证评价体系的合理性和完整性，在构建评价体系时需遵循以下原则①：

1. 发展性原则

发展性原则是指评价体系着眼于学生的全面发展，积极配合、引导学生，促进学生各方面的发展与进步。《基础教育课程改革纲要（试行）》明确提出：课程评价的重点要以学生的发展为关注点，而不是仅仅为社会挑选出合适的人才，要发挥其发展性的作用。评价的根本目的是促进学生的发展，坚持过程性评价和终结性评价相结合的评价原则，不仅关注个体的进步和多方面潜能的发展，而且还重视评价的激励与改进作用，换言之，评价是为学生的发展服务的。

2. 科学性原则

科学性原则是指评价体系是在一定的理论基础上建立起来的，以科学思想为指导，指标与指标之间要保证协调统一，具有科学性。所构建的评价体系，要符合学生的身心发展特点以及国家相关政策文件的要求，不能违背相关学科的最基本理论。

3. 全面性原则

劳动教育一般来说包含劳动教育目标的确定、劳动活动的预设以及劳动教育在实施过程中所需要的劳动教育资源和设施等方面。并且每个学生都是独立的个体，不同学生之间存在差异性。因此构建的评价体系应全面具体，覆盖各个环节，能够客观、真实、全面地反映劳动教育的各个环节的基本情况，从而实现对教学开发、保障措施、实施环节、教学效果等环节的全面覆盖。

5. 导向性原则

导向性原则是指评价体系能够对劳动教育的开展起到指引的作用，为劳动教育的开展提供参考。学校可以按照本研究构建的评价体系开展劳动教育，对其中的环节进行准确把握与分析，使其在劳动教育的实践教学中起到一定的辅助作用。

6. 适合性原则

适合性原则是指评价体系的确立要以适合教学和学生学习为前提，符合劳动教育的基本特点。运用合适的评价体系有效评价活动，为活动的开展、实施提供帮助和支持，确保教学的流畅性和高效性。

7. 反馈性原则

反馈性原则是指通过评价体系进行的教学评价有助于师生获得反馈信息，改进教学。对教师来说，有助于教师发现自己活动组织的优缺点，有效地调节和控制教学活动，为活动的开展积累经验。对学生来说有助于学生及时获得学习活动的反馈信息，了解自己

---

① 秦超．小学劳动教育评价体系研究．曲阜：曲阜师范大学，2021.

掌握知识的情况，提高学习的积极性。

第三节　中小学劳动教育评价的注重事项

一、注重评价主体的多元性

要想对学生劳动教育成效有相对客观准确的评价，应将相关的评价主体都考虑在内，学生劳动教育的主体不仅仅是教师，家长和同伴的影响同样不能忽略。评价形式包括教师评价、家长评价、同伴之间互评以及青少年的自我评价。考虑到青少年还未成年，心智发展并不是特别成熟，准确、理性地评价他人以及自我评价的能力有待进一步增强，相比之下，作为成人的教师和家长在评价中更容易对其客观性有良好的把握。所以，虽然是坚持多主体结合的评价方式，但在中小学，特别是低年级阶段，还应以教师和家长的评价为主①。

中小学生的劳动教育的自我评价，可以让学生填评价表进行“自评”（见表 12－1），也可以采用劳动任务单、劳动清单、劳动档案袋等工具对学生的劳动教育进行评价。

表 12－1　学生劳动教育自我评价表（以一次美食节劳动学习的量规评价为例）

评价项目	[1～0.8]	[0.8～0.6]	[0.6～0.4]	[0.4～0]
学习态度（30 分）	1. 能在规定的时间内完成学习任务。 2. 能按照要求上传学习结果。 3. 集中学习时间遵守纪律。	1. 大多数任务能在规定的时间内完成。 2. 多数情况下能上传学习结果。 3. 集中学习时间出现迟到等现象。	1. 完成一部分的学习任务。 2. 上传的学习结果不多。 3. 集中学习时间有旷课现象。	1. 多数任务不能完成。 2. 基本不上传学习结果。 3. 集中学习时间基本不能按时参加。
学习过程（40 分）	1. 家中学习时能听从家长的安排。 2. 积极完成相应的训练任务。 3. 集中学习时认真展示、交流、研讨，不做与课堂无关的事。	1. 大多数情况下听从家长的安排。 2. 能够较为积极地完成相应的训练任务。 3. 多数情况下能认真参与，不做与课堂无关的事。	1. 基本能听从家长的安排。 2. 在家长督促下完成相应的训练任务。 3. 能够参与课堂学习，做过与学习无关的事。	1. 多数情况下未能听从家长的安排。 2. 虽经家长督促依然不能按时完成训练任务。 3. 课堂讨论不积极，时常做与学习无关的事。
学业成果（30 分）	1. 能按照要求展示相应的学习成果。 2. 展示的菜品质量高。 3. 学习过程的感悟深，收获多。	1. 按照要求展示菜品。 2. 菜品的质量较好。 3. 学习过程的感悟和收获较多。	1. 展示菜品不全。 2. 菜品的质量一般。 3. 学习过程的感悟和收获一般。	1. 展示的菜品较少。 2. 菜品质量较差。 3. 学习过程的感悟和收获较少。

① 张晓东．真实情境下的劳动教育评价：定位、设计与实施．现代教育，2021（11）．

利用劳动任务单记录某项劳动任务的方案设计、劳动过程、劳动成果、劳动体会等情况，如表 12 - 2 所示。劳动任务单可作为评价学生劳动学习与实践效果、劳动目标达成情况的依据。

表 12 - 2　劳动任务单（示例）

劳动任务名称	
要解决的问题	
所需材料、工具与设备	
方法与步骤	
团队成员	
完成时间	
劳动计划或设计方案	
劳动过程记录	
劳动成果	
劳动体会	

利用劳动清单记录劳动项目参与、劳动技能掌握、劳动习惯养成等情况。劳动清单还可以包含学生的劳动体会，家长、同学、老师写的评语。家庭劳动清单（3 年级示例）如表 12 - 3 所示。

表 12 - 3　家庭劳动清单（3 年级示例）

项目内容	评价指标			
	劳动参与		劳动技能	
	偶尔参与	经常参与	基本掌握	训练掌握
整理学习用品				
打扫房间				
清洗个人衣物				
制作简单食品				
使用家用电器				
参与绿植养护				
其他				
劳动体会				
家长整体评价				

针对具体的劳动学习与实践的目标和内容，可采取相应的方法进行评价。例如：日常生活劳动可以劳动清单为主要依据，家校合作共同评价；生产劳动可以劳动任务单为主要依据，结合劳动任务的完成过程和劳动成果情况进行综合评价；服务性劳动可以劳动档案袋为主要依据，结合服务对象的评语和多方面的材料进行综合评价。

针对不同学段，可灵活使用多种方法进行评价。例如：1～2 年级应鼓励学生使用劳动绘本、劳动日志、星级自评、贴小红花等方式体现劳动过程和劳动感受，3～6 年级可以采取劳动叙事、劳动作品展示等方式记录劳动过程，7～9 年级可以采用劳动测试、评语评价、展示评价和劳动档案袋等方式进行。

二、注重评价内容的全面性

1. 多维度评价

在劳动教育过程中，我们需要根据劳动内容与学生的劳动体验设置评价模块，体现评价的全面性。首先在内容上应包括劳动知识掌握、劳动技能训练、劳动价值观形成以及劳动素养养成四个维度。

劳动教育在评价上侧重于对学生劳动习惯、劳动素养、劳动技能、劳动情感的评价。学生不仅是学习中的人，也是生活中的主体，在生活中培养学生的劳动态度与情感，让学生在生活中感悟劳动，找到自己感兴趣的劳动且为之努力，可为确立今后的职业方向打好基础。

2. 档案袋评价

所谓档案袋评价，又称为“学习档案评价”或“学生成长记录袋评价”，是以档案袋的形式并以档案袋中的记录材料为依据，对学生的学业成长进行的客观的综合的评价。而“档案袋”，是指按一定目的收集的反映学生学习过程以及最终产品的一整套资料。这些资料不是杂乱无章的，它的制作过程涵盖的是某一项任务从起始阶段到完成阶段的整个跨度，目的是展示学生的学习和进步状况①。

在档案袋的评价形式上，学生提交的过程性材料，既可以是纸质形式，也可以是电子形式，还可以是两者结合的形式。其中，电子形式的档案袋评价更利于保存，同时，每一位学生都有自己的一个编号和密码，可以随时上传自己的劳动动态。在进行劳动教育的过程中，我们不仅要培养学生的创新意识，也要鼓励学生将想法付诸实践，使劳动教育更具灵活性，更利于启发学生的劳动创新思维②。

利用劳动档案袋有目的地收集学生一段时间内劳动学习与实践情况的材料，可以了解学生在该段时间内做出的努力、取得的进步和成就。劳动档案袋主要收集劳动实践活动的过程性记录，可包括以下内容：劳动方案、劳动过程的照片和视频、劳动成果、劳动日志、自我反思、他人评价等。有条件的学校或地区可建立相应的数字化平台，进行劳动课程的过程性和结果性评价。

三、注重评价方式的多样性

1. 发展性评价与综合性评价相结合

（1）平时表现评价。

在中学劳动教育实施中，教师评价学生要采取多元化的方式，尽最大努力给学生提供客观真实的评价，不要掺杂主观想法。教师要在平时的劳动教育活动中给予学生及时

---

① 骆明艳，刘任丰．基于档案袋评价的中小学劳动教育评价．湖北科技学院学报，2021，41（6）.

② 吴桂婷，石丹丹．档案袋评价在劳动教育中的有效应用．教育实践与研究（理论版），2022（3）.

评价，根据学生当时的表现给出反馈，以此来作为评价的重要标准之一。为此在日常劳动教育活动的实施中，教师要全面关注学生，根据学生的表现来进行综合性的评价，包括学生的劳动态度、劳动方法、劳动习惯等。既要给予学生鼓励和表扬，也要指出学生在思想和行为上的一些不足之处，将真实的记录纳入学生综合素质档案中①。

（2）阶段综合评价。

除却平时表现评价之外，在每一学段结束之后，教师都要根据具体的学段目标和内容来给予学生全面综合的评价，学段综合评价要从理论课的学习和课内课外劳动实践效果等方面展开分析，对于学生在劳动观念、劳动品质、劳动技能和劳动习惯等方面进行综合评定。同时学段综合评价可以结合家长的一些想法，确保评价内容能够实现全面化；与此同时，也可以让学生进行互评和自评，这些都能够作为学生今后成长和发展的重要参考依据。在学段综合评价的过程中要建立诚信机制，要求所有的教师、家长和学生的评价都要立足于实际情况，不能平白捏造。

所谓劳动课程阶段综合评价是学期、学年或学段结束时进行的综合评价，反映学生劳动课程学习的水平和核心素养的阶段性达成情况。

劳动课程阶段综合评价应采用过程性评价与结果性评价相结合的方式。过程性评价可结合档案袋进行；结果性评价可采用测评形式，通过考查学生在完成测评任务过程中的表现来进行。例如，某校在进行 4 年级学生劳动课程阶段综合评价时，采用过程性评价与劳动任务测评相结合的方式。过程性评价采用综合评价表（见表 12－4），测评的劳动任务为剪纸。

表 12－4　劳动课程阶段综合评价表（示例）

<table>
<tr><th>劳动内容</th><th>参加的劳动项目</th><th>劳动时长</th><th>劳动表现</th></tr>
<tr><td>日常生活劳动</td><td></td><td></td><td></td></tr>
<tr><td>生产劳动</td><td></td><td></td><td></td></tr>
<tr><td>服务性劳动</td><td></td><td></td><td></td></tr>
<tr><td colspan="4">劳动周</td></tr>
<tr><td>参与的项目</td><td colspan="3">项目概述</td></tr>
<tr><td></td><td colspan="3"></td></tr>
<tr><td colspan="4">劳动成果</td></tr>
<tr><td>成果名称</td><td colspan="3">成果简介</td></tr>
<tr><td></td><td colspan="3"></td></tr>
<tr><td colspan="4">劳动测评</td></tr>
<tr><td>测评任务</td><td colspan="3">任务表现</td></tr>
<tr><td></td><td colspan="3"></td></tr>
<tr><td>阶段综合评价结果</td><td colspan="3">□优秀　□良好　□合格　□不合格</td></tr>
</table>

测评的劳动任务如下：

1）任务名称：剪纸。

2）任务描述：按照中国传统年俗，每逢春节来临，很多家庭都要贴对联、贴“福”

① 马美玲．中学劳动教育的实施途径与评价方法．知识文库，2022（7）．

字窗花来增添节日喜庆气氛。请你设计并制作一件剪纸作品，用于春节期间房间装饰。

3）任务要求：①使用“春”或“福”中的一个字来进行设计，简要说明设计意图。②至少选用一种工具（剪刀或刻刀）进行制作。

4）测试时间：40 分钟。

5）材料与工具准备：红色 A3 复印纸、剪刀、刻刀、切割垫板。

6）任务测评。

根据评价标准（见表 12－5）对学生的设计说明、作品，以及劳动过程中的表现进行评价。

表 12－5　剪纸任务的评价标准（示例）

核心素养	主要表现特征
劳动观念	积极、愉快地参加劳动
劳动能力	文字构图设计合理，有一定的局部造型变化；训练使用剪刀或刻刀；剪纸作品线条较流畅
劳动习惯和品质	认真完成劳动任务，劳动过程中注意力集中；能规范摆放剪刀或刻刀，能主动整理桌面，将废弃纸屑投入相应的垃圾桶，保持桌面干净整洁
劳动精神	遇到困难努力解决；对作品品质要求高，精益求精

劳动课程阶段综合评价要根据学生年龄特征和培养目标，差异化设置评价内容。例如：1～2 年级要侧重评价学生劳动意识的建立、个体日常生活技能的掌握；3～6 年级侧重评价劳动观念、劳动习惯的养成和基本劳动技能的掌握；7～9 年级侧重评价劳动能力的提升、劳动品质的形成和劳动精神的培养，以及设计能力、团队合作能力的形成等。

要用好评价结果，充分发挥评价的反馈改进功能，依据评价目标和评价标准对评价结果进行恰当的解释，帮助学生了解自己的劳动学习与实践状况，提出改进策略。

（3）互联网线上评价。

针对中学劳动教育的评价，教师要充分发挥互联网技术的优势，在学校的支持下创建线上评价平台。教师可以针对每一个学生建立一个线上档案，将学生每一次参与劳动活动的表现和成绩都清晰准确地记录在内。这样当需要对学生展开综合评价时，教师可以通过互联网的优势，借助大数据进行分析，针对每一个学生都可以显示一个曲线图，然后针对曲线图分析学生的变化，包括学生进步或者退步的幅度，参加劳动活动的态度变化和最终效果等，这样学生劳动教育的评价结果会更加具有科学依据。同时教师可以随时调取学生的信息，观察学生的变化，加深对学生的了解，及时调整劳动教育的实施方案①。

2. 定量评价与定性评价相结合

按内容划分，劳动教育评价可以分为定量评价和定性评价。在定量评价方面，必要的量化评价包括各种任务清单、评估细则表、考核表、开放式作业评价表等。虽然劳动课程中的动手实践内容难以通过常规测试手段进行量化评价，但是这并不意味着不可以量化，必要的量化工具在教育的各个环节都有较强的可操作性②。

---

① 马美玲．中学劳动教育的实施途径与评价方法．知识文库，2022（7）．

② 王冬阳．以多元评价为驱动 引领劳动教育高质量实施．辽宁教育，2022（6）．

在定性评价方面，行为观察、学生口头表述、情境测试、项目合作、学习日记、成长记录、成果展示等方式，都可以真实有效地反映学生的思想实际、认知水平及行为实践等多种能力，促进学生劳动习惯和品质的养成。

坚持将定性评价作为基础，定量评价作为补充，二者结合起来对劳动教育成效进行评价，则能够使评价具有更高的参考价值。在劳动教育成效的评价中，如果简单地用量化的方式来呈现，并不能准确地表现出青少年在劳动教育中的收获与成长，但是这不影响将量化评价作为对定性评价的必要补充，因为定性评价具有一定的笼统性和模糊性，容易得出千篇一律的结论。

3. 静态评价与动态评价相结合

要把当下青少年劳动观、劳动行为的现状放在青少年思想发展变化的过程中去考查，了解前后变化以及未来发展的趋势，这样相对来说更能对教育成效做出客观、准确的评价。静态评价是暂时稳定状态，动态评价要以静态评价为基础和依据。前者是在一定时间、空间、情境里对青少年劳动观变化过程的评价；后者是在一定时间、空间、情境序列上对青少年劳动观变化过程的评价。对教育成效的把握既要有即时的静态评价，也不能缺少动态评价。

四、注重评价时间的连续性

按时间段划分，劳动评价体系可分为学前评价、形成性评价和终结性评价。

1. 学前评价

学前评价在每个探究主题开展之前，可以利用 KWL 表格等工具针对课程内容的已知知识及未知问题列出一个清单，确保学生的能力与劳动课程的内容及难度相匹配。KWL 表是基于建构主义教学方法而设计的。建构主义学习理论认为，学习引导学生从原有经验出发，生长（建构）起新的经验。常用的 KWL 表格中，K（know）代表“我知道什么”，W（want）代表“我想学习什么”，L（learned）代表“我学到了什么”。通过三个完整的环节将全部实践活动整理记录，帮助学生根据已有的信息记忆，搭建学习框架，激发学生主观能动性。例如，在“我是家务小能手”探究主题下，4 年级的学生在课程开始之前先对家务的种类开展“头脑风暴”，制作思维导图，再利用 KWL 表格（见表 12－6）进行分类，学生本人、教师和小组成员后期会对照表格内容进行打分。

表 12－6 “我是家务小能手”主题评价单

K	W	L
I Know how to do these chores. 在探究主题开始之前，我会做的家务有哪些？	I Want to know how to do these chores. 在主题探究过程中，我想要学习哪些家务？	I Learned how to do these chores. 这一主题下，我学会了哪些家务？
扫地、收拾书包、洗碗、使用洗衣机、买衣服	整理自己的房间、种花、做一样菜	学会了整理换季的衣服、清洗马桶、做水果拼盘、照顾植物

2. 形成性评价

形成性评价主要是学校依据评价细则，通过观察表现评价、过程评价、探究任务单等方式，完成学生评价样本，对指标清单和具体事例及连续进展记录等进行评价。它是依附在整个教学过程中的，旨在鼓励学生养成更好的学习习惯，并记录自己完成探究的过程和方法。以初中学生学习“如何烹饪鸡肉”课程主题为例，学生根据自己的烹饪经历设计任务环节，包括烹饪的前期准备及组员之间的分工合作；烹饪过程的详细步骤；遇到的困难、挑战和新的发现，然后对照行为打分，以此来检测自己对烹饪的理解和掌握。

3. 终结性评价

终结性评价是学期末的总测评，旨在向教师、学生、家长更加直观地呈现学生本阶段的学习效果，学生通常需在教师的指导下完成一个合作探究的展示。小学阶段的教师在评价学生成果时会从学生的质疑能力、解决问题能力、知识技能掌握情况、独立和合作能力等几个角度着手；而初中阶段则侧重学习态度和习惯、社区服务、个人设计等评价。

本章小结

本章介绍了劳动、劳动教育和劳动教育评价的定义，并阐述了劳动教育评价的意义、原则与必要性，重点介绍了中小学劳动教育评价指标体系的构建依据与具体评价内容。最后，介绍了中小学劳动教育评价的注重事项，同时列举了一些学段的具体劳动任务单、综合评价表、评价标准表等内容作为参考。

思考题

1. 什么是劳动教育评价？
2. 开展劳动教育评价有什么意义？
3. 劳动教育评价指标体系确立的基本依据是什么？
4. 构建中小学生劳动教育评价指标体系有什么基本原则？
5. 开展劳动教育评价有哪些注重事项？

拓展阅读：

长沙市中小学劳动教育评价指标．(2020－04－16)［2022－05－16］. http：//www.changsha.gov.cn/jdhy/hygq/hygq/202004/t20200416_7702140.html.

第十三章

学校体育评价

本章提要

本章阐述了学校体育评价的含义、原则和学校体育评价应注意的问题，同时对学生体育学习评价和体育与健康课教学质量的评价等方面进行了论述。

在我国，由于应试教育及传统教育观念等方面的影响，学校体育长期以来未被摆到重要位置。体育在培养学生养成健康的生活方式中没有起到应有的作用，并且“体育是为了健康”的宗旨也没有得到明确，反倒形成了为体育而学体育的消极现象。因此我们有必要审视现行的学校体育课程，反思学校体育现行的评价方式，调整不适应学生身心发展和忽视学生兴趣的部分体育课程内容，使学校体育真正能够促进学生的身心健康发展。

第一节　学校体育评价概述

一、学校体育评价的含义

学校体育评价是指根据一定的标准对学生体育学习情况与体育教学质量等方面进行测试和评估的活动过程，其中最主要的是对于学生体育学习情况的评价，而学生体育的评价主要是在学校的统一安排下由体育教师来完成的。学校体育评价主要包括对学生体育学习情况的评价以及对体育教师教学情况的评价两个方面。此外，学校体育评价还涉及学校体育课程与教材的评价、学校体育设施场馆情况的评价等。

学生体育学习情况的评价是中心环节，因为开展学校体育的主要目的就是要促进学生的身心健康。学校、体育教师等通过创设好的体育学习环境，开展优质的体育课堂教学和课余的健身辅导，传授给学生正确、科学、健康的健身知识和技能，促进学生身体和心理的健康发展，还可以增强学生的适应能力，培养学生积极的心态和情绪。因此，如何对学生的体育学习表现和健康水平进行评价，关系到学生在学校教育中以及今后的全面发展。当然，对体育教师的教学评价，特别是对于体育课堂的教学评价也是学校体育评价的重要组成部分。

二、学校体育评价的原则

（一）自主性原则

学校体育评价要注重考查学生的综合素质，不仅要考核评价学生的身体素质和运动能力，而且要以健康素质的考评为主，要更加关注对学生的运动参与、身心健康、适应社会的能力以及积极的情绪情感体验和心理素质的培养。评价要注重对学生个体独特性的考查，以质性评价的方法为基础，不仅考查“技术”或“知识”等认知层面的内容，更应重视考查“表现”层面的内容。体育考核项目的设置也要更具选择性，学生要有自主选择项目的权利，可以根据自己的喜好选修感兴趣的体育运动项目，使其能够发挥自身特长。对篮球感兴趣的可以选修篮球，对乒乓球、羽毛球感兴趣的也可以自主选择学习，这样学生就有充分的选择余地，可以提高自我锻炼的兴趣，促进其锻炼行为习惯的养成，这对于学生形成终身体育的行为意识具有积极的意义。

（二）动态性原则

学校体育评价要关注学生个人成长发展的过程，强调终结性评价与过程性评价相结合。“一考定终身”的评价方式必须予以改革，应该给予学生多次评价的机会，这样才有利于发挥学生锻炼身体的积极性，也才有利于促进学生健康的进步与发展。鼓励将评价贯穿于日常体育教育行为中，将评价日常化、通俗化[①]。可以参考借鉴法国的学校体育评价方式：法国的学校采取一种叫作“持续检查”或“学生手册”的评价办法，即从小学一年级起，教师就对学生体育的学习表现及行为进行连续的考查，并将它们记载在每个人的学习手册上，定期交给家长阅知[②]。目前，此方法在我国也有应用，例如，将初二学生的体质健康测试成绩与其初一时的成绩进行对比，依据提升或降低幅度进行记分，到初三时同样与其初二和初一时的成绩进行对比，揭示学生体质健康水平的纵向变化情况，鼓励学生自我锻炼[③]。这种动态性的纵向的形成性评价，能够见证每一位学生的体育进步过程。

（三）人文化原则

20世纪60年代以来出现了一系列新的体育评价模式，它们的共同特点就是：在评价中不只是单纯地从评价者的需求出发，而是考虑到所有评价参评者的需求，强调个体的经验，不过分追求客观性，并试图摒弃数学特征，从人的角度出发，重视人文社会科学在评价中的作用[④]。这种人文化的评价理念是相对客观性和数量化的评价方式而言的，多采用表现性评价、档案袋评价等质性评价的方式。它从被评价者的需要出发，强调个体差异，促进个性的和谐发展，重视人文科学在评价中的作用，其目的是促使学生深刻

---

① 李建军．新课程的学校体育评价．广州：广东高等教育出版社，2003：11－12.

② 同①13－14.

③ 王登峰．新时代体教融合的目标与学校体育的改革方向．上海体育学院学报，2020，44（10）.

④ 沈钧毅．对现行学校体育考核评价体系的思考．福建体育科技，2002，21（3）.

理解体育的人文意义，以体育为媒介，追求正确的生活方式。

（四）多极化原则

学生体育学习情况的考核不是体育教师一个人说了算，这种单极的评价主体不能全面客观地反映学生的体育运动与锻炼学习的情况。体育教师可以评价学生在校体育学习的态度与成绩，却无法评价课外活动或校外时间段学生的体育学习表现。闲暇时间学生参与社区体育锻炼，社区体育指导员或居委会相关管理人员可以对学生的体育表现做出评价；学生也可以自我评价参与体育活动的内容或锻炼计划以及取得的成功体会等；家长也可以对自己的子女参与体育锻炼的时间、项目、习惯等做出评价；甚至可以包括同级同学（特别是寄宿生，同学间相互了解较多）的评价。评价主体的多极化以及自评、互评、他评等多种评价方式，可以相对客观地使学校、社区、家长、学生、同学等多方来共同参与，关心关注学生在体育学习上成长进步的过程。

第二节　学校体育评价应注意的问题

一、要承认学生身体条件的差异

20 世纪 90 年代，我国中小学推行的学校体育考核评价主要是采用百分制的形式对学生的体育成绩进行评价，其主要内容是：体育课出勤率及课堂表现占 10 分，体育基础知识考查占 20 分，身体素质和运动能力检测占 40 分，运动技能和技巧考核占 30 分。总分为 100 分，以 60 分为及格线，简称“四合一”考评。在同一评价标准下，学生被放在同一天平上进行衡量，而不管学生在先天的身体素质方面或是在后天的身体发育水平方面存在的差异。尤其是中学生，由于每个学生个体的发育水平并不同步，因此其身体素质和运动技能具有明显差异。比如，有的学生在初一阶段就已经发育成熟，而某些学生可能一直到初三乃至高中才开始进入青春期。由于个体的这种差异，如果用静止和绝对的评价方式来衡量学生某一时期的体育成绩，显然并不科学。比如 100 米短跑，14.8 秒及格，全班学生用同一标准进行衡量，以此来区分及格或是不及格。我们能否就此判定跑 15.3 秒的学生的健康状况和体质状况就一定比及格的学生差呢？这种评价有没有考虑到学生间的身体发育水平的差异呢？这种标准化的定量评价，注重的是个体横向间的相对位置，却没有关注到学生个体纵向的发展情况。这种评价方式过于强调终结性评价结果，而忽视各个时期学生的体能进步状况，无法起到促进学生发展的作用。

二、要合理设置测评项目

在“四合一”的考评方法中我们不难看出，身体素质和运动能力的考核占据着重要位置，由于长期以来受到竞技思想的影响，学校体育偏重于运动成绩的测评，却并不注重学生的健身行为习惯的养成。中小学生的体育考核项目都必须严格依照《国家体育锻炼标准》，由体育教师选定其中几项身体素质项目和技术技能评定项目进行考核，以此评定学生的体育成绩。这就造成了考什么、教什么、学什么的问题。学生对这些重复的考核项目缺乏兴趣，缺乏对项目的选择性，不能很好地发展学生的个性和特长，也无法真正反映学生的真实健康状况。譬如，中学阶段体育课测评项目中通常有标枪、铅球、跳远等项目，尽管这些体育项目在一定程度上能够锻炼学生的力量、灵敏性、耐力或柔韧性等身体素质，但是事实上这些体育项目的设置既不能满足体育的“健康”的需要，也无法适应“终身体育”的要求。相反，在定量评价的标准下，先天体质不佳或发育滞后、运动素质较差（如肥胖生）的学生却要为了“过关”，为了体育达标及格，而拼命练习扔铅球、掷标枪。尽管主观上十分努力，但受到客观条件的限制，即使这些学生再努力也无法达到考核标准，这样学生参与体育的热情和积极性就会受到打击，可是他们又都是健康者。更何况，又有几个人会在今后的健身活动中以扔铅球、掷标枪作为增进健康的健身方式呢？究竟学校体育是为了健康还是为了考试？这正是体育教学考评中的问题之所在。

三、要把学生的兴趣特长纳入评价指标

每一个学生对于体育的爱好是不尽相同的，甚至不同地域、不同性别、不同年龄的学生，其体育的特长或爱好也有差异。有喜欢打篮球的，有喜欢踢足球的，也有喜欢打乒乓球的。虽然爱好不同，但是从健康角度以及终身体育的角度来看，其锻炼的价值是趋同的。学校体育教学中只要条件允许，应该设置激发学生体育兴趣的选修课，无论是一年级的学生还是六年级的学生，只要他们喜欢的是同一体育项目，就可以组织他们共同学习。比如，都喜欢打羽毛球的学生就可以一起选修羽毛球课。如果受到场地、课程安排方面的限制，学校也可以在课余组织教学，这样就能够把学生的体育兴趣与锻炼结合起来，有助于激发学生的体育学习热情。

四、要尽可能地扩大评价源

目前，学校体育评价的主体仍然是以体育教师自上而下的评价为主。而体育教师与学生的接触和了解仅限于体育课或一些课外活动，在这样有限的时间里通过观察和测评要对学生进行客观、合理、全面的评价是有一定困难的。被评价者总是处于被消极评价的地位，缺乏被评价者的自我评价，也缺乏同级同学间的相互评价，更缺乏来自家长、社区等方面的评价，自下而上的评价方式没有得到应有的关注，评价主体单一现象依然普遍存在，要形成教师、学生、家长、同学等多主体共同参与评价的多源评价模式还需要假以时日。

五、要及时将评价结果反馈给学生

单一地从“分数”角度评价学生的体育课学习成绩，只重视终结性的评价结论，而忽视过程性的评价，忽视各个时期学生的体能进步状况，不能起到促进学生进步的作用。而且测完就算完了，考完达标了就没事了，学生无从知道自己是否掌握了正确的健身方

法和运动技术。忽视对体育评价的结果进行科学的反馈，没有向学生提出有针对性的科学运动处方和合理有效的锻炼方法，这种评价对于促进学生健康发展的作用有限。

六、要重视学生心理健康的评价

由于升学的压力，学生参与体育锻炼的时间越来越少，学生的身体素质呈现下降趋势，不仅如此，学生的心理素质方面也存在不少问题，学生患上心理疾病的案例不在少数。跑步跑得快、跳高跳得高、铅球扔得远是不是意味着他（她）的心理就健康呢？不是。仅仅身体健康是不够的，只有身体和心理都健康，才是真正意义上的健康。而我们对于学生的心理健康的评价却还在探索之中，如何将对学生的心理健康状况的考核和测评纳入学校体育评价中是我们在今后的工作中有待深入研究的。

第三节　学生体育学习评价

学生体育学习评价是指对学生体育学习的态度、学习过程和学习效果进行判断和评定的过程。学生体育学习评价是体育教学评价的中心环节，通过对学生体育学习情况的评价，可以全面掌握学生体育学习的进步状况，了解体育教学任务的完成情况，从而更有针对性地促进学生的体育学习和身体锻炼，也能够帮助反馈教学信息，提高体育教学质量。

一、国外学生体育学习评价概况

（一）美国学生体育学习的评价

20 世纪 80 年代后期，美国青少年身体活动水平的急剧下降以及社会变迁，给整个美国社会的健康带来了前所未有的威胁。正是在这样的社会背景下，美国于 1987 年提出了最佳体适能（健康体适能）教育计划。最佳体适能教育计划的目标是：使学生认识到体育是有价值的、愉快的，并培养他们成为真正的实践者，帮助他们发现自己的体育兴趣所在，使他们懂得怎样设计和实施适合自己需要和条件的个人健康体适能计划[①]。

美国最佳体适能教育计划的评价内容包括身体活动的态度、健康概念知识、健康测验、身体活动的努力水平、健康技能的应用，并且给予态度部分最大的权重，其比值为 40%。

美国最佳体适能教育计划的评价方法主要有：（1）自我评价。教会学生进行自我评价，培养学生为自己设计合适的身体锻炼计划。（2）同伴评价。通过对其他同学的评价可以引起评价者对体育活动某些关键部分的注意，强化他们的体育学习。不过，绝大多数学生需要在教师的多次指导下才能做到对同伴帮助性的反馈。（3）教师对学生的评价。美国大多数的体育学习评价方法是非正式的，如观察、同伴评价和自我评价等，教师定

① 张细谦，曾怀光，韩晓东．中日美体育学习评价的比较．体育学刊，2001（6）．

期进行较正式的评价，并利用多种形式对学生进行综合性评价。（4）文件夹评价。文件夹评价主要是通过建立体育学习的档案，评价学生体育学习的进步情况。

此外，美国国家运动和体育教育协会（National Association for Sport and Physical Education）经过10余年研制和试验推出的K-12体育学习评价体系PEM也颇具代表性，同时也是美国现阶段用途最广、实践效果最为突出的体育学习评价工具，主要表现为：教师将其用于评价学生的学习，学校管理人员将其用于课程的规划和问责，学生和家长从中获得反馈，研究人员进行基于资料的实践研究，政策制定者从中了解课程的效果等①。

（二）日本学生体育学习评价

自20世纪80年代以来，日本展开了第三次课程改革，确立了新学力观的教育思想。在新学力观教育思想的指导下，日本的体育学习评价在指导思想、内容体系及评价方法等方面都发生了重大变革。在评价的指导思想上，提倡对学生个性的积极评价，拓宽学生自我实现的途径。在评价的内容体系上，采用四方面三等级标准评价体系。四方面包括：关心、意欲、态度，思考、判断，技能、表现，知识、理解。其中关心、意欲和态度被放在了评价内容的首要位置。三等级标准为：充分满足、大致满足和经过努力可以满足。日本的体育学习评价并不把体力测试的成绩记入学生的体育成绩，而是作为学生了解自己体力发展水平的参考。在评价方法上，采用诊断性评价、形成性评价、终结性评价以及进步度评价和达成度评价等②。

从美国和日本对于学生体育学习评价的内容与方法来看，这些国家普遍比较重视对学生的体育学习进行过程性的评价，无论是美国的文件夹评价还是日本的进步度评价，都注重学生体育学习过程的评价。另外，它们比较重视综合性地评价学生的体育学习情况，在评价内容上不仅仅评价学生对于运动技能的掌握和学习，还重视学生的体育学习态度和运动参与表现。

二、学生体育学习评价的原则

我国的学生体育学习评价，很多地方是注重学生跑得多快、跳得多远，或者是学生是否达到了我国要求的体育锻炼标准，并且据此作为升学或评选三好学生的条件③。所有的学生都用同一个标准去衡量，可能会出现这样一个结果，有的学生不用学习就能达到这个标准，而有的学生无论如何努力也达不到这个标准。这样的评价方式无法体现“体育与健康”课程中所提倡的“健康第一”的教育思想。因此，我们有必要用全新的评价理念来对学生的体育学习情况进行科学、客观、有效的评估和测量。

（一）质性评价与量化评价相结合

在学生体育学习评价中，采用量化评价比较适合对体能和运动技能做出评价，但是

① 何毅，董国永．美国PEM体育学习评价体系研究．首都体育学院学报，2018，30（6）.

② 张细谦，曾怀光，韩晓光．中日美体育学习评价的比较．体育学刊，2001（6）.

③ 孙强．实施《体育与健康》课程的中介：校本体育课程开发．四川体育科学，2003（3）.

对于学生的体育学习态度、习惯养成、意志品质、自信心、自尊心和合作意识等却很难用客观评价或量化评价的方式来进行。而质性评价的方法在一定程度上可以弥补这方面的不足，目前西方流行的一些新的评价方法如档案袋评价法等可以借鉴到体育学习的评价中来。只有把量化评价方式与质性评价的方法有机结合起来，才能够科学反映学生的体育学习情况，全面衡量学生的整体健康水平的改善和提高的情况。

（二）注重体育学习过程的评价

目前在学生体育学习评价中大多还是重视终结性评价，即在体育学习活动结束后对学生的体育学习效果进行评估和判断，并最终认定学生的体育学习成绩的优劣。但是，成绩认定也等于该阶段体育学习活动的终结，学生无法从教师的教学反馈中进行有针对性的体育锻炼。相反，形成性评价或者是过程性评价，通过诊断正在进行的体育学习活动中存在的问题，及时地将评定的结果反馈给学生，从而使学生能够进行有效的学习和取得不断的进步。

（三）注重学生纵向的体育学习进步状况

相对性评价是从纵向的角度对每个学生的实际进步情况进行考评的方法，它有助于了解学生在体育学习中的进步状况。在我国部分地区的学校中，特别是在高中阶段采用了“相对评分法”①。具体的做法是，在学生初入学时，通过诊断性评价建立一套学生个人的体育档案，包括对学生的知识、技能、体能等方面的摸底，并将它们作为学生的入学起点成绩。通过将每学期结束时终结性评价结果与学生个人入学起点成绩进行对照，就可以发现每一个学生一学期来体育学习进步的幅度（相对成绩＝绝对成绩－起点成绩）。也有部分发达地区的学校采用将入学学生的诊断性评价成绩进行均值化处理，以均值化的结果作为相对评分法的基准成绩，并将学期结束时学生的终结性评价结果与均值相比较，从而得出每一个学生的进步幅度。这些都是积极的探索和尝试，但是不可否认相对性评价也存在缺点，那就是不易操作、费时费力，因此如何将绝对性评价与相对性评价进行有机结合还需要进一步的探索。

（四）坚持内容、方法与主体多元的评价

西方一些发达国家普遍重视综合评价学生的体育学习情况，除了评价学生的运动技能和体能以外，还注重考核学生参与体育锻炼活动的态度、对体育健身知识的掌握情况、对健康知识的了解程度、身体活动的努力程度、健康测验以及健康知识的应用等。而我国目前对于学生体育学习活动的评价往往偏重于运动技能和体能。我国未来的学校体育评价将会与国际接轨，强调对学生体育学习的多元评价。

评价内容的多元化主要包括以下一些方面：（1）学生的生长发育情况，如身高、体重、肺活量等与标准值的对照；（2）体能测试，测试与学生健康有关的体能指标，比如学生的心肺耐力、肌肉力量、肌肉耐力、柔韧性等；（3）体育与健康知识和运动技能，

---

① 李建军．新课程的学校体育评价．广州：广东高等教育出版社，2003：65.

如各项运动的基本知识和技能的掌握程度，这有利于学生获得和提高自主锻炼的能力；（4）学生的学习态度、积极参与运动的行为、运动习惯等；（5）意志品质、情绪状态、自信心等；（6）交往能力、合作精神等①。

评价方法的多元化除了方法的多样化，还体现在评价对象的多元化上，针对不同年龄段的学生、不同体育学习的内容，分层运用多元的评价方法进行评价，有利于客观公正地评价每一个学生，科学有效地进行评价，进而促使学生进步和发展。

评价主体的多元化指的是教师与学生。不仅由体育教师对学生的体育学习成绩进行评价，也让学生参与到体育评价中来，让学生对自己和同学的体育学习进行自评与互评，调动学生体育学习的积极性②。

三、学生体育学习评价的主要方法

对学生的体育学习情况进行评价应全面贯彻“健康第一”的指导思想，应以促进学生综合素质的提高为核心，以考核学生的体育学习态度和进步程度为标准，将学习态度、进步幅度与掌握动作质量等相结合，进行综合评价。

（一）注重体育学习结果的达成度和进步度评价法

体育教学大纲明确指出，体育与健康课的成绩考核，应重点考查学生的学习态度和学生自身的能力与发展，同时还强调体育考核评定是手段而不是目的，其基本功能是反馈和激励，淡化评价的甄别和选拔功能，使所有学生的学习都能获得进步。但是，这不意味着体育与健康课就不需要进行体育项目的测试和考核，体育成绩的测量是评价学生体育学习达成度和进步度的最直观也是最直接的评价方式。在学习成绩的评价上，其考查的维度应该包括学生体育基本知识、体育学习态度、掌握动作技能的程度、体育兴趣特长、参与态度和协作精神等。在权重赋值上应该相对倾向于对学生动作技能和学习态度、参与态度和协作能力的评价。陈晓东提出：体育学习成绩＝考勤（10％）＋基础知识（10％）＋（动作技能＋学习态度）（30％）＋协作能力（40％）＋（选考项目＋练习表现）（10％）③。特别突出了学生在体育学习中协作能力的评价，认为协作能力的评价能够考查学生在体育学习中的合作与交往、情感与体验、进取与开拓等诸多因素。但是，如果授课班级的学生人数较多，在协作能力的评价方面可能操作起来比较困难，具有一定的局限性。吴晓鸣认为中学体育与健康课程的考核与评价标准应包括以下方面：学习态度（10％）＋测验成绩（20％）＋进步幅度（10％）＋动作质量（15％）＋体育知识（10％）＋自评（10％）＋互评（15％）＋特长（10％）。评价等级采取四级制：优秀（90 分以上）、良好（75～89 分）、及格（60～74 分）、不及格（59 分及以下）。很显然这样的考核标准综合考虑了对学生体育学习态度和体育技能的考查，同时融入了多主体的

---

① 沈玉顺．现代教育评价．上海：华东师范大学出版社，2002.

② 李玲．学校体育学习评价的研究．教学与管理，2012（12）.

③ 陈晓东．构建体育与健康课学习成绩评价新模式的实践与探索．［2022－06－13］．https：//www.wendang-xiazai.com/b-97ccb8781711cc7931b716de.html.

评价方式，既注重学生体育成绩的达成度表现，同时也关注到学生的进步程度。应该说，这种考核指标和权重的设计具有较强的可操作性，但是评价的程序就显得比较烦琐，也有一定的实践操作难度。不管怎样，对于仅仅依靠一两次体育测试来测定学生体育学习的终结性评价而言，关注学生体育学习进步程度，将进步度和达成度相结合来进行评价将能够更为客观地反映学生的体育学习表现。

除此之外，在学生体育学习的评价指标上还应该考虑对学生心理健康的评价，同时兼顾分析学生的体质状况，这有利于体育教师因材施教，也能够更好地根据学生的身体条件安排体育锻炼计划和进行运动处方的设计。学生体育与健康学习成绩评定表，如表 13－1 所示。

表 13－1　学生体育与健康学习成绩评定表

<table>
<tr><th rowspan="2">评价内容</th><th rowspan="2" colspan="6">评定办法</th><th colspan="4">评定等级</th><th rowspan="2">教师评价</th><th rowspan="2">自我评价</th><th rowspan="2">小组评价</th></tr>
<tr><th>优秀</th><th>良好</th><th>及格</th><th>不及格</th></tr>
<tr><td>体育与健康基础知识</td><td colspan="6">考查学生对基本的运动常识以及健康卫生保健知识的了解程度（采取口试、笔试或知识问答等形式）</td><td></td><td></td><td></td><td></td><td></td><td></td><td></td></tr>
<tr><td rowspan="4">身体素质进步情况</td><td rowspan="4" colspan="2">比较体育学习前后身体素质变化情况（按照个人进步程度评级）</td><td>测验项目</td><td>期初成绩</td><td>期中成绩</td><td>期末成绩</td><td rowspan="4"></td><td rowspan="4"></td><td rowspan="4"></td><td rowspan="4"></td><td rowspan="4"></td><td rowspan="4"></td><td rowspan="4"></td></tr>
<tr><td></td><td></td><td></td><td></td></tr>
<tr><td></td><td></td><td></td><td></td></tr>
<tr><td></td><td></td><td></td><td></td></tr>
<tr><td rowspan="2">体育特长发展</td><td rowspan="2" colspan="2">学生申报体育爱好、特长，可以向学校申请作为选修考核项目之一</td><td>特长项目</td><td colspan="3"></td><td rowspan="2"></td><td rowspan="2"></td><td rowspan="2"></td><td rowspan="2"></td><td rowspan="2"></td><td rowspan="2"></td><td rowspan="2"></td></tr>
<tr><td>获奖情况</td><td colspan="3">（获校级以上单项奖或团体奖可以申请免试）</td></tr>
<tr><td rowspan="3">健康状况</td><td rowspan="3" colspan="2">记录学生一定时期的体检情况（部分重要指标）</td><td>身高</td><td></td><td>体重</td><td></td><td rowspan="3"></td><td rowspan="3"></td><td rowspan="3"></td><td rowspan="3"></td><td rowspan="3"></td><td rowspan="3"></td><td rowspan="3"></td></tr>
<tr><td>视力</td><td></td><td>心率</td><td></td></tr>
<tr><td>血压</td><td></td><td>肺活量</td><td></td></tr>
<tr><td rowspan="2">生长发育及运动处方</td><td rowspan="2">对学生在生长发育期的卫生保健以及体育锻炼方法提出建议</td><td>评估学生身体正常、偏胖、偏瘦、近视、缺铁……是否合群、外向还是内向等心理特征</td><td rowspan="2" colspan="4"></td><td rowspan="2"></td><td rowspan="2"></td><td rowspan="2"></td><td rowspan="2"></td><td rowspan="2"></td><td rowspan="2"></td><td rowspan="2"></td></tr>
<tr><td>针对学生的实际情况，体育教师开出运动处方</td></tr>
<tr><td>运动参与与课外体育活动情况</td><td colspan="2">评估学生体育参与的热情与积极性</td><td colspan="4">是否积极参加体育锻炼，包括课外体育活动、眼保健操、课间操等</td><td></td><td></td><td></td><td></td><td></td><td></td><td></td></tr>
<tr><td>体育教师评语</td><td colspan="2"></td><td colspan="4"></td><td></td><td></td><td></td><td></td><td></td><td></td><td></td></tr>
</table>

（二）注重体育学习过程评价的体育档案袋评价法

在学生体育学习过程中运用档案袋评价法，能够记录学生体育学习情况与成长进步的全过程。一般来说，档案袋的内容应该包括学生体育学习的成绩单、教师的评语、教师的反馈意见，也应该包括学生的体检表、健康鉴定证明、体育兴趣、体育体验和感受、体育锻炼计划以及学生参加各级各类体育活动或比赛的证明或获奖证书等，还可以包括家长评价意见和期望、社区或某些体育组织对学生的评价、小组评议结果等综合性的评价材料（见图 13－1）。选择档案袋的内容的一个重要方面就是要善于发现学生在体育学习上的每一点进步，并形成书面资料，随时放入档案袋中。

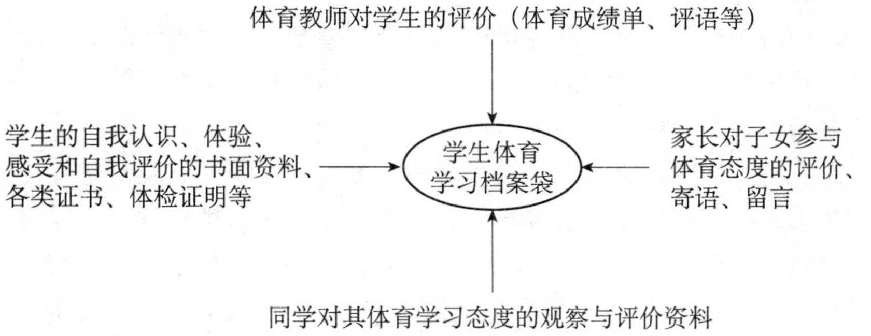

图 13－1　学生体育学习档案袋内容

2003—2004 年，浙江省杭州市余杭区运河镇博陆中心小学对学生体育学习档案的建立和实施进行了实验研究，并尝试设计出较为完善的学生成长档案袋。在他们的实验研究中，提出体育成长档案袋评价的结果交流与分享是成长档案袋评价过程中的一个重要步骤，是发挥成长档案袋的发展性功能的关键环节。学生能够在相互的交流中体验到体育学习过程中所带来的成长发展的快乐、被人悦纳的幸福、受到赞赏的自豪和奋发向上的冲动。缺少这一环节，成长档案袋评价的作用就将大打折扣。因此，他们在操作时主要以月或半学期、学期为阶段开展体育成长档案袋交流展示会。学生以小组为单位交流自己的收获，介绍自己成长档案袋中的作品，然后由各小组选出代表在全班交流，给每一个学生以展露才华的机会。同时还结合家长会展示学生的成长档案袋，让家长有机会参与评价，达到相互促进的目的。事实证明，这样的“成长展示会”受到了所有学生和家长的欢迎，每一个学生都能挺起自己的胸膛，感到自己是一个成功者。

学生体育学习档案袋能够有目的地收录学生本人、同学、教师和家长做出评价的有关资料，学生在体能和运动技能方面的提高和发展，学生体育学习态度和行为的变化等方面的资料，以此来评价学生体育学习过程和进步的幅度。体育档案袋可以说是记录了学生在某一时期一系列的成长“故事”，是评价学生进步过程、努力程度及其最终发展水平的理想方式。但也不可否认，档案袋的评价方法还是有明显缺点的，由于评价主体的多元性，很难确保评价资料的真实性，而且针对每一个学生建立档案袋工作量太大，档案袋的内容也不好选择，不易整理。从目前我国一些课改实验区的体育档案袋的实施情况来看，一些体育档案袋中学生给自己的评价多是“我要好好学习”，同学的评价也多是空洞的语言，不但增加了教师和学生的负担，而且效果也不好。因此，如何使档案袋评价更具操作性，还需要经过一段时间的经验积累才能逐渐成熟。

（三）善于运用即时评价和评语式评价

所谓即时评价是指教师运用语言对学生在课堂上的学习态度、方法、过程和效果等方面进行即兴点评的过程，它主要起着反馈、激励、调控和导向的作用。在体育课学习的过程中，体育教师对学生完成动作情况做出立即和及时的指导，是帮助或鼓励学生体育学习的一种评价方式。因为体育教学与其他的教学方式不同，教与学的双方在课堂上表现出频繁的应答关系——学生的动作应答教师的施教，教师则即时对其动作的完成情况予以评价，帮助学生调整，控制后继学习行为。体育教学中的即时教学评价已经成为广大体育教师教育智慧和能力的一种表现。

体育教师在实施即时评价时应注意用激励的方法和赏识的态度对学生进行鼓励和帮助，避免使用容易打击学生自尊心和学习积极性的语言进行消极评价。同时，应将即时评价与延迟评价相结合。有时候，即时评价不仅不能发挥它的作用，还会带来负面影响，甚至严重挫伤学生的自尊心和学习兴趣。例如，在学生粗略掌握技术动作阶段的练习中常常表现出动作忙乱、呆板、不协调，常常出现错误动作甚至多余动作，这时教师最好不要即时评价学生的动作完成情况，以免挫伤学生的自尊心和运动兴趣，而应采用“延迟性评价”推迟对学生的评价。

体育教师在应用即时评价用语时多采用“激励性用语”“启发性用语”“赏识性用语”“反思性用语”等常用语。教师在使用常用语时，应根据体育教学的实际情况，针对不同对象和情况，抓住时机去启发、去赏识、去激励、去反思，创造出适合自己教学风格的常用语，充分发挥教学语言的积极评价功能。

另外，在对学生的体育学习进行书面语言评价时多采用评语式评价。评语式评价主要是由体育教师对学生进行的鼓励性或鞭策性的书面语言的评价。体育教师的评语除了鼓励学生之外，还应该有针对性的意见和建议。评语语言风格应尽量贴近学生，使学生能够从体育教师的评语中受到激励，认识不足，培养积极健康的心理状态。以下摘录一段体育教师给学生的评价：

____同学：

你在本学期体育课学习中表现非常好，长跑项目是你的弱项，虽然你身材略为肥胖，但是你却能够凭着顽强的意志跑完全程，这是难能可贵的。今后在日常生活中应该注意饮食的健康，加强身体锻炼，我相信你在以后的体育课中的表现会越来越好，身体也会更健康。

教师（签名）____

年　月　日

四、学生体育学习评价的实践

（一）江苏省江阴市一中体育评价改革实例①

1998年江阴市一中（江苏省重点中学）在学生的课外体育活动、体育课实行"俱乐部制"的基础上，以高中部为试点进行了体育评价改革，经过三年多时间的探索，逐步形成了"二把握，三结合"的综合评价体系，即把握综合评价及可操作性原则，将定量分析与定性分析相结合、相对评价与绝对评价相结合、过程性评价与终结性评价相结合。在评价内容和方法上体现全面性，面向全体学生，全面评价学生的体育发展水平和能力。以"体育成绩＝运动成绩＋特长发展＋健康状况"，对学生进行考核，并把课外俱乐部体育活动情况、课间操、眼保健操等课外体育锻炼学生的表现列入评价范畴，将体育达标与体检的身体指标相结合，将学生生长发育状况、生理健康状况也纳入身体素质评价中。每学期有三次考核（期初、期中、期末），在项目的选择上以对学生身体素质全面发展具有典型健身意义的项目为主，尤其对人体心肺、呼吸功能锻炼价值大且便于成为学生终身健身锻炼的项目（如长跑）作为必考项目，再加上学生自己从中选定的项目。同时实行免考制度，规定凡是参加各种体育比赛获奖的学生该项可以免考。

第一，在考核标准上采用指标和评语相结合，把健康必备的身体素质与为了获得某种技能所需要的身体素质区分开来，在速度和力量等素质上不要求学生越快越好、力量越大越好。注重对学生的过程评价，学期初，先对与健康素质有关的几个项目进行摸底测试并以此作为原始成绩，一学期进行期中、期末两次全面的考核，把学生的进步程度计入考核成绩。注重以评语的方式肯定学生的成绩和优点，指出今后努力的目标。这样学生就从枯燥、单调的"达标课"和"身体素质测试课"中解放出来，有更多精力从事自己感兴趣的并有社会基础的运动项目，促进学生好的健身习惯的养成。

第二，评价结果及时反馈给家长，采用《学生体育与健康报告书》形式报告。报告单上综合了"运动成绩""特长发展"和"健康状况"等体育与卫生两方面的内容，"运动成绩"栏只填合格与不合格，"特长发展"栏主要说明项目的名称及目前可达到的运动水平，"健康状况"栏记载学生的心率、血压、肺活量、身高、体重、视力等检查结果，且以评语为主、指标为辅，将学生的身心发展情况清楚地反馈给家长，改变了过去单一报告"体育"成绩的做法，受到了家长和学生的欢迎。

第三，强调对学习过程的评价。传统的终结性评价通常采用学期末、学年末统一评定的方式给学生评分，成绩评定后课程也就结束了，因此不能对学生的学习过程起到充分的调节作用，而且由于评分不可能完全公平，特别是不能完全照顾学生的先天能力差异，反而有可能对某些学生产生负面影响，使学生丧失参与体育的信心和动力。强调过

---

① 沈钧毅．对现行学校体育考核评价体系的思考．福建体育科技，2002，21（3）．

程评价，不仅重视期末的体质与健康的评价，而且对学生的健康、体质变化及其原因给予了更大的关注，通过对过程的评价来说明结果的原因，及时反馈，及时有效地解决学习过程中出现的问题，及时矫正或鼓励学生的体育学习行为。

（二）福建省福州市中小学体育课成绩考评新办法①

2005 年 2 月，福州市教育局出台福州市中学体育与健康成绩考核与评价新办法。与以往百分制不同的是，新办法以等级制的形式记录学生的体育成绩，学生的出勤与态度表现也将决定评价结果。新的综合评价办法由三部分组成：一是体育与健康课成绩，由田径（跑、跳、投任选两项）、体操和武术（任选一项）、球类（篮、排、足任选一项）和体育知识五项组成，占 50％。二是《学生体质健康标准》测试成绩，占 30％。三是出勤与态度表现，占 20％。出勤与态度表现成绩中，体育与健康课缺勤达全年 1/4 课时或课间操、课外活动无故缺勤超过应出勤总数 1/10 的，为不及格；态度表现主要反映学生学习态度和自身的进步幅度，每学年进行一次综合评价。以上三部分按权重比例算出学年总评成绩，按优秀、良好、合格、不合格四个等级记录。

福州市教育局同时还出台了小学体育课成绩考核与评价方法。其中小学 1～2 年级体育课成绩评价内容由体能与运动技能、课堂观察记录和评语三部分组成，成绩评定分好、一般、还应努力三档；小学 3～6 年级体育课成绩考核表由体能与运动技能、课堂观察记录和等级评定三部分组成，以优、良、中、及格的形式评价。小学体育课学年总评成绩由《学生体质健康标准》测试成绩和体育课成绩两部分组成，各占 50％，算出平均分，并记录为优秀、良好、合格和不合格四个等级。

第四节　体育与健康课教学质量的评价

一、中小学体育与健康课教学的评价

体育课质量评价是体育教育评价的一个重要组成部分，中小学体育课堂教学质量的评价，往往集中在体育教师身上，更多注重体育教师在教学工作中的表现。一般来讲，在评价体育教师教学质量时，主要是从体育教师的教学态度、教学方式、组织课堂的能力以及教学语言的运用等方面来考查。事实上，评价体育课堂的教学质量不应该只是单纯从体育教师的教学态度等方面来评价，体育课堂教学效果的好坏应该主要看学生能否在课堂的体育教学中获得体育与健康的知识、技术和技能。体育教师在课堂教学中要发挥其主导作用，积极引导学生的体育学习态度，激发学生的体育学习兴趣和热情，促进学生积极参加体育锻炼，充分调动学生参与体育学习的主体性和主动性。体育教师在课堂上的主导功能与学生的主体功能成为影响体育课教学质量的两个主要因素，因此，我

① 李建芳．今年起中考不计体育成绩．(2005-02-03)[2022-05-20]．https://news.sina.com.cn/c/2005-02-03/11425033392s.shtml.

们认为应该建立新的体育与健康教学质量评估体系，从而更好地衡量教师与学生在体育教与学互动中的教学质量与效果（见表 13－2）。

表 13－2　中小学体育与健康课教学质量评估标准表

内容	权重	评估的主要因素	因素包括的主要参数内容	评估比重系数
教师的主导地位	40%	教学态度	1. 认真备课：教学资料完整，场地器材布局安全、合理、适用。 2. 教书育人：耐心热情、要求严谨、以身作则、勇于创新。 3. 和学生的关系：做知心朋友，关心全体学生。	8%
		教学内容及组织	1. 教材的安排和教学目标的确定要符合课程标准和学生的实际。 2. 准备活动和素质练习的内容搭配合理，教学重难点突出。 3. 组织分组形式是否符合课程的目标和场地实际。 4. 教学环节的时数分配合理，组织教法灵活多样，讲实效。	12%
		教学方法及效果	1. 讲解精确、生动，边讲边练，示范准确优美。 2. 教师在课堂中发挥的启发、引导和控制作用，能有效地发展学生的认知能力、运动能力、心理耐受能力及社会适应能力。 3. 能选用多种有效的教学方法，采用以学生为主体的民主的、科学的教学方法。 4. 区别对待，因材施教，教学手段实用有效，能抓两头兼顾中间，达到人人参与体育锻炼的目的，培养学生的能力。	20%
学生的主体地位	60%	学习心理的表现	1. 积极参与，注意力集中，学习主动、快乐。 2. 思维活跃，兴趣持久。 3. 勇于拼搏，兴趣浓厚。	10%
		基本知识、技术、技能掌握程度	1. 学生在练习过程中能不断提高自我反馈能力。 2. 看学生“四会”的程度，即会说、会做练习，会自我保护及救助他人的能力，会该项目基本规则和裁判法。 3. 看学生基本技术和基本技能掌握或提高的程度。 4. 看学生发问和议论时思考问题的质量。	20%
		运动水平及身体健康	1. 学生能否按教学要求自觉调节运动量（小学在教师指导下），使自己达到适宜负荷。全课练习密度在 30%～40%为宜，运动量平均脉搏 130 次/分左右。 2. 能自觉关注身体健康，具备健身意识。 3. 学生独立锻炼的能力和该项目的运动成绩如何。	15%
		心理健康	1. 学生通过体育锻炼增强自尊、自信。 2. 能通过体育活动调节情绪。 3. 具有克服困难的意志品质。	8%
		社会适应能力	1. 学生善于与人合作，能与同伴建立和谐的人际关系。 2. 具有良好的体育道德品质。 3. 能从报刊、电视中获取体育与健康知识。	7%
评估权重与等级换算			90 分以上：优　75～89 分：良 60～74 分：合格　60 分以下：不合格	总分　　等级

资料来源：潘艺，牛晓．对中小学体育与健康教学质量的评估尝试．中国学校体育，2003（1）.

二、体育教师课堂教学质量的评价

学生在课堂上的行为表现、情绪体验、知识获得以及交流合作等方面，包括学生参与教育的机会、时间长短、积极性和效果，学生对课堂的情绪体验、对教师行为的反应，学生在教学结束时知识掌握的情况，学生在课堂中具体的合作，探究行为等，成为判断一堂课是否成功的主要依据。因此，对体育教师课堂教学的要求越来越高，对体育教师的素质要求也相应提高，按照新的评价标准，体育课不再是只靠一个哨子、一本教案就能上好的了。它还要求体育教师具有创新精神，要求体育教师不断探索新的教学方式方法，让学生真正能够在体育学习中获得进步发展。体育教师课堂教学评价量表见表 13－3 和表 13－4①。

表 13－3　体育教师课堂教学评价量表之一

授课教师姓名________　教材内容________　授课时间、地点________						
学年____第____周　星期____上（下）午　第____节						
序号	因素	A(1.0)	B(0.8)	C(0.6)	D(0.4)	得分
1	基本概念与基本理论（10 分）					
2	教材选择、处理与讲解内容（10 分）					
3	学生参与性与主动性（10 分）					
4	重点与难点讲解（10 分）					
5	启发性与能力培养（10 分）					
6	教法、学法指导及准备（10 分）					
7	语言讲述及组织方法（10 分）					
8	纠正错误与个别指导（10 分）					
9	引导学生与体育文化教育（10 分）					
10	动作手艺或目标达成（10 分）					
学生意见与建议：						
总分（满分为 100 分）					等级：	
1. 总分 85～100 分，评价等级为优 2. 总分 75～84 分，评价等级为良 3. 总分 60～74 分，评价等级为中 4. 总分 60 分以下，评价等级为差						
得分评语：						
					年　月　日	

① 李建军．新课程的学校体育评价．广州：广东高等教育出版社，2003.

表 13-4　体育教师课堂教学评价量表之二

评价指标	评价	等级					权重	得分
		优	良	中	合格	不合格		
		9～10	7～8	5～6	3～4	1～2		
教学设计方案	目标明确 内容合理 富有创意						0.5	
教案编写	结构严谨 方法手段 时间分配						0.5	
运动参与	程度						0.4	
	密度	50 以上	49～41	40～35	34～30	29 以下	0.4	
	强度指数	1.51 以上	1.50～1.41	1.40～1.31	1.30～1.21	1.20 以下	0.6	
运动技能（学生进步度）							0.9	
学生学习兴趣							0.3	
学生心理	自尊自信						0.3	
	竞争精神						0.3	
	调控情绪						0.3	
社会适应能力	合作互助						0.5	
	尊重关爱						0.5	
提供或选择达成目标的内容是否恰当							1	
提供的教学方法、教材能否关注每一个学生，是否充分调动学生的积极性							0.9	
学生互助程度							0.8	
教学方法	能否体现创新						0.5	
	思想教育渗透						0.5	
教师对课堂突发事件的处理							0.4	
安全保护							0.4	
总评								
评语：								自评 他评 校长评

本章小结

本章介绍了学校体育评价的含义和原则，并且针对我国学校体育评价的现状，指出学校体育评价应注意的几个问题。重点对学生体育学习的评价和体育课教学质量的评价进行了阐述，介绍了学生体育学习达成度和进步度评价法、体育档案评价法、即时评价和评语式评价等学生体育学习的评价方法，同时介绍了一些有关体育教师教学效果和体育课教学质量的评价量表。

思考题

1. 我国学校体育评价应该遵循什么原则？
2. 你如何看待江苏省江阴市一中进行的体育评价改革？
3. 如何评价体育教师的教学质量？

拓展阅读：

微信推文：坚持健康第一！东莞市推进学校体育评价改革，促进学生全面发展．(2021-11-11)［2022-06-13］. https：//new. qq. com/rain/a/20211111A0CIK400.

第十四章

中小学学校评价

本章提要

学校评价是教育评价的重要组成部分，本章首先对学校评价的目的、意义、内容、标准和价值取向进行了阐述，然后对现代中小学学校评价的要素进行了详尽的分析，最后，对如何进行发展性的中小学学校评价做了说明。

第一节　中小学学校评价概述

在我国，无论是教育理论专家还是实践工作者，对于中小学学校评价的概念界定及其评价范围等都还没有形成统一的认识。有人认为学校评价是指评价人根据一定的标准，采用一定的评价方法，对学校的一项或多项工作的显在和潜在价值进行判断，以便调整和控制学校工作的活动；也有人认为学校评价就是运用现代教育评价的理论和方法，对学校管理工作进行全面、科学、客观的评价①。本章采用的学校评价则是从一般意义上界定的，指对学校的办学条件、办学水平、办学质量等方面进行评价，旨在为学校办学提供指导，提高人才的培养质量。此外，我们在查阅有关学校评价的文献资料时发现，一部分文献从教育评价的角度对学校评价做简单的概述，另一部分文献从学校管理工作评价的角度进行阐述，而形成系统的发展性学校评价的研究却很少。本章试图在传统的学校评价和现代学校评价的内容、方法、标准等各个方面的对比分析中探讨完善和改进中小学学校评价的途径。

一、学校评价的目的

学校评价的目的极其重要，它对于我们如何评价学校、从哪些方面评价、评价什么都有着重大的影响。在我国评价理论界，对于学校评价目的的认识始终是有争议的，但一般认为学校评价的根本目的在于提高学校的办学质量，引导学校的办学方向，促进学

① 张玉田，程培杰，滕星．学校教育评价．北京：中央民族大学出版社，2003.

生、教师和学校的健康发展。从现代教育评价的角度来看评价的目的，一般认为，教育评估的本质是价值判断。但是，以教育工作达到教育目标和标准的程度为准绳做出的价值判断本身不是目的。这就涉及教育评价的目的问题。我国学者陈玉琨在他的《中国教育评论》中对教育评价的目的做了这样的总结："所谓教育评价的目的，就是人们在开展教育评价之前，所设想和规定的教育评价活动所欲达到的效果和结果。"具体到学校评价来说，学校评价的目的从评价的结果来看可以分为两类：

第一，改进学校管理，充分发挥学校效能。学校评价的目的是从不同角度考察自己学校的实际情况，获得能改进学校管理工作的客观依据。这是从学校综合管理的立场出发，研究管理工作的有效性如何，从而明确管理中有效的方面和需要改善的方面，并力求进行适时的调整和有效的管理，以发挥学校管理的效能，促进学校的发展。

第二，判断学校工作的好坏，评定学校的优劣。在我国，以这一目的为导向的学校评价长期以来占据着主流地位，这种评价目的是通过区分学校的优劣来树立榜样，表彰先进，促进学校与学校之间开展竞赛活动，互相学习，互相促进，共同提高。这种以目的为导向的评价带来的另一方面的影响就是划分学校层次，片面地看重"好学校""重点学校""名校"等，而忽视了普通中小学的教学质量和学校发展的问题。

依据这两种评价目的，学校评价应该以改进学校管理，充分发挥学校效能为主，但事实上人们一提到学校评价就往往把它理解为评价学校本身的好坏，其实学校评价不止这一个方面。如果学校评价只是为了区分学校的好坏，而不是用于改进工作，不能使管理者及时发现工作中出现的问题，并及时进行调整，那么评价本身也就没有其实施的实际意义了。以上两个方面的目的是就整体而言的，但实际上学校是一个多因素组成的整体，学校内部的人员组成上就有学校领导、教师、后勤人员和学生等，评价对于不同的人来说，目的也有所不同。所以有必要对评价的一般目的进行探讨。

（1）学校评价的指导目的。学校工作设计者和指导者必须使整个管理工作都能够促进既定目标的实现，这就需要教育者和领导者利用评价的反馈机能，根据获取的信息改善和调整工作计划，从而对整个教育过程发挥更加有效的指导作用。

（2）学校评价的激励目的。教育评价具有激发行为动机、调动积极性的功能。评价可使被评价者看到自己的成绩，找出不足，激发起改进和提高的内在需要与动机，增强信心，努力改进工作和学习，从而达到提高教育质量的目的。

（3）学校评价的调控目的。在评价过程中运用反馈的原理，将评价信息及时反馈给被评价者，达到及时强化正确的教育行为，及时调整、矫正不当的教育行为的目的，从而使教育过程不断地得到优化。

（4）学校评价的管理目的。评价的管理目的在现实中是极为重要的。这种评价的目的是对不同的人进行合理的分配和使用，实行科学的管理。比如管理者对每个教师的评价，一方面是为了对他们进行有效的指导，另一方面是为了在管理过程中能够根据每个人的能力和个性，分配最适当的工作以及有计划、有针对性地培养和提高每个教师的能力。

二、学校评价的意义

在教育界，评价的意义这个词最早出现在 20 世纪 30 年代，当时教育测量在教育界的应用变得广泛了，人们开始探索：教育测量不但对容易测量的知识面的评价是重要的，而且对一些难以测量的内容，例如，人格、态度、效果等的评价也是重要的。在著名的“八年研究”中，以史密斯与泰勒为首的教育工作者们认为教育评价是了解教育目标的实现程度的手段，他们提出了以下的想法：（1）教育是求得改变人们行为方式的过程；（2）学校以试图改变人们行为方式为教育目标；（3）教育计划是希望在学生的行为中引起某些表达，评价则是为了重新观察在实际过程中这些学生在发生着何种程度的变化①。

在当时的教育工作者的研究中，对于教育评价的意义的研究大多都是从学校教学评价的意义，或者是从教师评价和学生评价的意义的角度展开的，而对于学校评价的意义研究甚少。学校教学评价意义的研究对学校评价意义的研究产生了很大的影响，在我国，学校评价对我国教育的发展意义主要有以下几个方面：

（一）是现代学校教育发展的客观要求，也是我国基础教育改革的迫切需要

学校评价虽然古已有之，但都未对学校进行过全面而科学的评价，随着现代学校教育理论和实践的发展，对学校评价的科学性的要求更为紧迫，如何对学校进行评价、评价什么、评价的标准为何等对促进学校教育的发展有着重要的意义。自 1999 年以来，我国基础教育改革启动以后，随着中小学教育的改革，中小学校的评价改革也被提上议事日程，而学校评价的发展同样也推动了基础教育改革的进程。近些年来，我国基础教育改革的核心问题是，如何真正实现中小学由传统的应试教育转向全面实施素质教育的轨道，坚决克服唯分数、唯升学、唯文凭、唯论文、唯帽子的顽瘴痼疾。学校是实施素质教育的载体，观念更新、课程改革、考试评价改革等都只有通过学校真正将其转化为学校的内在追求，才能得到贯彻落实。所以，学校评价在深化教育改革、全面推进素质教育中，具有非常重要的作用。

（二）对学校教育起着重要的定向引导作用

科学合理的学校评价活动，可以有效地保证学校教育自觉地控制自己的办学方向，主动地纠正偏离教育目标、违背教育规律的做法，使之每前进一步都朝着既定的目标靠近。同时，学校评价还可以帮助学校教育工作者对学校的教育目标、教育过程以及教育方法和效果进行自我分析与判断，发现偏差，分析原因，落实措施，从而使好的方面得以强化和发扬光大，使偏差行为得到有效的抑制和矫正调整，逐步达到整体最优化。另外，通过学校评价过程中的区别比较，有利于开展友好竞争，鼓励各个学校、各个科组、各门课程办出特色。这样可以使每个学校都能在竞争中不断提高自己的办学水平，升格晋级，逐步形成求竞争、求生存、求发展、求提高的办学理念。

（三）可以促进学校领导和教职员工的发展

正确的、有效的学校评价可以帮助中小学领导树立正确的管理理念，在压力和动力下提高学校领导的管理能力，促进其成长；学校评价可以帮助教师树立正确的教育观念，

---

① 瞿葆奎．教育评价．北京：人民教育出版社，1989.

提高教师的教育、教学理论水平和业务素质，提高其工作积极性；学校评价可以促进学生德智体美劳等全面和谐地发展；学校评价具有对教育改革信息进行反馈的功能，即能通过评价使决策者洞察到改革的情况变化，掌握在一定时期内改革的方向、发展趋势和倾向，以便对改革做出正确的调整，保证学校教育改革活动沿着科学的轨道发展前进。

（四）有利于调动社会各方面的力量关心学校教育

学校与社会是紧密相连的，社会对学校具有多方面的制约作用，学校对社会也同样具有不可忽视的影响力。通过学校评价，一方面可以扩大社会各方面对学校的了解，使社会各界进一步了解学校的作用，从而向学校提供物力或人力等方面的大力支持；另一方面通过对学校的评价，确立正确的学校评价标准，使学校工作经常处于社会的监督之下，促进学校工作的不断改进和提高。然而，我国以往的学校评价主体往往比较单一，一般由上级教育行政部门对学校进行评价，完全忽略了社区、社会对学校的评价。从不同的主体出发对学校进行评价是加强学校与社会联系的重要渠道，也是促进学校评价科学公正的有效途径。

三、学校评价的内容

学校评价的内容是广泛的，学校的工作事项涉及校内和校外，校内又有人、物、管理等复杂的系统，所以学校评价的内容向来也是很复杂的。传统的学校评价关注的是学校的教学质量，所以其评价的内容也主要指向教学评价，是对学校教学的综合性评价。我国目前已有较为完善的教学质量评估体系，主要包括师资水平、办学条件、学生质量、教学活动、教学管理等方面。学校评价的内容也可以指综合评价，主要包括三部分内容：一是办学方向和工作水平。它是指学校要有明确可行的办学方向，工作水平除了包括师资水平外，还要注重领导干部的自身建设和加强各项工作的管理。二是办学质量与特色。在保证培养学生质量的基础上发展自身的优势，显示特色。三是办学条件与效益。办学条件是指各项软硬件设施，效益是指投入与产出之间的比例关系。

相对于传统学校评价来说，现代学校评价的内容相对要丰富一些、系统一些，综合国内的教育评价专家的研究主要有以下几个方面：

（一）学校的发展目标

学校的发展目标主要包括学校的办学目标和培养目标两个方面。办学目标是指学校预期在将来多久的时间内发展成为一所什么样的学校，其中最重要的内容就是学校的办学特色；培养目标则是在党和国家的教育方针和法律规定的前提下，学校希望将本校学生培养成什么样的人，取得什么样的成果。

我们在以发展目标为学校的评价内容对其进行评价时要注意：评价一所学校的办学目标和培养目标是否适当、合理，要依据社会的客观需要、学校发展的客观水平、学校办学的客观条件和教育活动的客观规律这四个方面的客观因素进行客观公正的评价。

（二）学校的发展能力

学校的发展能力包括师资队伍的建设、校本培训的能力、争取社会支持的能力、教科研的氛围与能力、校本课程开发和建设的能力、人才培养的模式和校园文化的建设等方面。这些都属于显在的和潜在的能推动学校发展的因素，所以它们的发展能力就是学校的发展能力，学校的发展能力是学校评价的一项重要内容。

（三）学校发展的自我保障机制

在我国，随着校本管理理论的逐渐深化应用，学校自主权的不断扩大，学校内部必须建立相应的自我约束机制，以保证学校各种自主权不会被滥用，使学校的各种资源真正得到充分有效的利用，使各种教育教学活动能保质保量地完成。这种自我约束机制的建立和实行是保障学校能够长远发展的重要内容之一。

（四）学校的发展成效

学校的发展成效即学校的办学效果，它集中表现为学生群体的发展水平和学校办学目标的达成度，简单地说，考察一所学校办得如何最终考察的是其办学效果。这种评价内容主要表现为学校的综合实力，集中反映为学校的社会形象，可以通过学校社会声誉调查等方法来评价。

四、中小学学校评价的标准

所谓学校评价，简单地说就是何谓好学校，何谓坏学校。那么，如何来评定区分呢？这就涉及学校评价的标准的问题。中国有句古话“仁者见仁，智者见智”，对同一种事物，不同的人给予的看法与评价是不同的。对学校评价标准的看法也是如此。那么，评价学校的标准是什么呢？有人说是学生的成绩，有人说是学校的名气，还有人说是学生的综合素质等。现存的对学校评价的标准主要可以分为两类：一类是以学校升学率的结果对学校进行好坏区分；另一类认为评价学校不能只看结果，还要注重过程，即要以学生的发展为标准。

（一）以升学率为标准进行学校评价

以升学率为标准对学校的好坏进行评价在我国长期以来都占据着主导地位，即使是在基础教育改革开展得如火如荼的今天，以升学率为标准的学校评价依然搞得有声有色，这不禁会让人认为升学率就是评价学校的标准。在学生及家长看来，一所好学校之所以好，就在于这所学校里的学生能学好，能学有所成，毕业时能顺利地升入同样有较好名气的高一等级的学校。换句话说，学好和升学在某种意义上是同义语，是评价一所学校是否优秀的首要指标。在老百姓看来，如果没有良好的升学率，校园环境搞得再好，校长的管理方法再先进，老师的能力再强，都是没有用的，他们还是会以更高的成本和代价送孩子去“好学校”“名学校”。从这种意义上来说，升学率看来的确是评价学校的唯一标准。然而在教育评价专家的研究中可以发现，学校评价的指标体系是非常复杂的，它是不同层次、不同目的的指标组成的一个非常庞大的体系。但是，现代教育评价体系不论多么全面而又纷繁复杂，其核心指标依然还是学校的教育教学质量，即学生能否学好，能否升学，直至满意就业。它是“评价一所学校办学水平的极为重要的指标”。十余年来，我们有些地方教育部门出台的某些教改措施或政策，虽然说也搞得轰轰烈烈，但是由于社会选拔人才的方式并没有发生变化，所以学生和家长甚至学校都还是一味地追求升学率，评价学校的标准也没有发生根本改变①。

（二）以发展过程为标准进行学校评价

持这种观点的学者在基础教育改革逐步深化的今天也占有很大的比例。他们认为升学率是造成当今中国“应试教育”如此泛滥的直接原因，是由与教育方针不配套的教育评价制度，特别是不合理的高校招生制度造成的。国家的教育方针是要德智体美劳全面发展，而现在高校录取学生的唯一标准是一次文化考试的分数，评价学校好坏的唯一标准是升学率。许多家长虽然也看到了“应试教育”对孩子的摧残，也比谁都心疼自己的孩子，但现在是考试分数决定着孩子的命运，家长们也只有逼着孩子去追求这个分数，并且还要逼迫学校去追求这个升学率。许多学校的校长也明白应试教育带来的弊端，但是因为社会要升学率、上级要升学率、家长要升学率，在这种环境下学校如果没有较高的升学率，是很难生存的，所以学校只好拼命地去追求升学率。

这种只追求升学率的评价标准忽略了一个问题，如果一个学校输入的学生本来的水平很差，而输出的学生相对水平得到了很大的提高，那么这样的学校算不算“好学校”呢？反之，如果一所学校输入的学生本来就是层次比较高的学生，那么输出的如果也是水平很高的学生也就没有争议了，但是，如果输出的学生的相对能力水平下降了呢，那么这所学校还是“好学校”吗？所以，持这种观点的人认为，培养出好学生的学校未必就是“好学校”，评价学校质量好坏的标准不在于是否培养出了好学生，而在于它是否把不好的学生变成了好学生。这样的标准就意味着评价一所学校的好坏，不仅要看它的升学率有多高，升入重点大学的学生有几名，还要看输入给它的生源质量怎么样。现行的评价考试制度已经成为推进素质教育的瓶颈。教育部发布的新的评价与考试改革方案规定，考分和名次不再是衡量学生的唯一标准，升学率不能成为评价学校的唯一标准，要注重对学生的发展过程的评价，例如成长记录袋等评价方式将成为中考、高考招生择优录取的重要参考之一。

（三）中小学学校评价的指标

随着我国基础教育改革的开展，升学率虽然不再是评价学校的唯一标准，但是对于中小学学校评价的标准的争议仍然没有停止，教育界依然没有达成一致的看法。但无论以何种标准进行中小学学校评价都要遵循一些基本的评价指标，只有这样才能真正地发挥中小学学校评价的作用。在这一方面，教育部门的研究人员在理论和实践上都取得了

---

① 蒋国华．现代学校评价与面临的挑战．光明日报，2001-11-01.

一定的经验，例如明确评价指标包括如下几个方面的内容：

1. 基础性指标

就是对学校常规工作的标准要求，也是学校必须做到的规范性工作，这是评价的主体，也是评价的重要指标，例如对学校管理、师资队伍建设、教育教学工作等的评价。这部分指标体现了办学的基础需要和基本要求，是实施素质教育的必要保障，通过规范性的评价，来判定这所学校是否合格，是否按教育规律办事，是否依法办学。

2. 发展性指标

是根据学校教育发展不平衡的现实，在实行基本水平评价的基础上实行年度发展评价，形成基础与发展两条线的评价制度。具体分为两个层面设置：一是必选指标，根据教育行政部门制定的年度工作要点，确定一两个统一要求必须发展的项目作为必选指标，以保证区域教育发展方向的协调一致性。二是自选指标，目的在于给学校自主发展的空间和自主权，主要体现在设施建设和学校管理方面，把这些内容分别列出菜单，提供给学校自主选择。

3. 学校特色发展指标

该指标的设置是为了促使学校在达到常规要求的基础上，立足自身发展实际，借助某一方面的传统和优势，以全面实施素质教育、坚持教育创新为宗旨，以个性特色为切入点和发展的增长点，积极探索，厚积薄发，逐步形成自己独特的、优化的、稳定的教育特征、风格和校园文化，引导和促进学校不断向更高境界发展攀升。

4. 教育效益指标

把市场经济的一般规律引入教育，按照教育投入与教育产出之间的比值来评价学校。这部分指标既有体现面向全体、促进全面发展的质量评价（如普及程度及德智体美劳质量指标），也有体现和促进学生主动发展、衡量学生个性张扬的个性化评价（如学生个性特长发展）。这部分指标可以对学校实施素质教育的整体质量和效益状况进行全面衡量。

五、学校评价的价值取向

教育评价中的价值取向问题是教育评价研究中的基本问题，它是任何一个教育评价研究者都无法回避的问题。研究教育评价的价值取向首先要清楚什么是教育价值取向。因为评价是教育价值取向的具体体现，教育价值取向对于教育评价的目的、标准和所选择的方式、方法等都起着导向的作用。因而，确立正确的教育价值取向对教育评价是至关重要的。教育价值取向是人们依据某种价值观，根据自身需要，对教育活动做出选择和判断时所持的一种倾向性。反思我国的教育价值取向，曾经表现出一种片面的和急功近利的特点，在教育价值关系上忽视甚至否认受教育者的主体地位，过分追求教育的外在价值，忽略了其内在价值的实现。受此影响，我国的教育评价价值取向曾一度强调为社会服务，忽略了学校作为评价的主体的作用，导致我国的教育评价行政化色彩强烈，出现评价指标统一化、评价内容行为化、评价实施指令化等弊端。在我国基础教育中，为了避免和克服传统学校评价价值取向的错误引导，学校评价的价值取向要注意以下几点：

（一）关注评价主体的需要

教育评价的主体是多元的，在传统的教育评价的价值取向中，学校评价基本上侧重于行政部门对学校的评价，而学校本身对自己的评价基本上被排斥在外。同样在学校范围内，教师作为被评价的主体，也是被排斥在外的，学生是学习的主体，教学工作的好坏、学校的各种措施是否恰当、学校领导的办事能力和作风如何等，学生都有评价权，家长也有评价权，因此，他们也是教育评价的主体，他们既要评价别人和各种教育活动，也要评价自己，实行自我评价；学校领导班子的成员，是全校教育工作的领导者和管理者，他们有权根据国家的教育方针政策和上级教育行政部门的要求，对全校的教育工作进行评价，他们也是评价的主体。无论是学校、学校的教职员工，还是学生、家长，作为评价者都是评价体系中不可缺少的一个重要组成部分。要发挥评价的教育功能，就必须通过评价来使评价主体参与其中。我们知道，教育评价不应仅仅对客观的教育现象做出判断，而且要对主体本身及其需要进行分析，并在此基础上进行评价，所以学校评价的价值取向要关注评价主体自我评价的需要。

（二）注重评价的发展性

基础教育新课程改革倡导发展性评价，突出评价促进发展的功能。发展性评价的关键是要求教师用发展性的眼光看待每一个学生，学校用发展性的眼光看待每一名教师，教育行政机关用发展性的眼光看待每一所学校。发展性评价的核心是重过程，它强调给评价对象多次评价的机会，重视对象在过程中的转变，在形成终结性评价之前，评价主体会对评价对象进行指导帮助，并给予评价对象再次改正、修正的机会，在评价中始终强调静态和动态、科学和人文以及整体性和综合性。以发展性为导向的价值取向才能使评价主体以发展性的思维来促进学校的进步。

（三）重视评价的激励作用

一位著名教育家曾说过："教育的奥秘不在传授，而在激励、唤起和鼓舞。"课堂上，学生有了兴趣，才有交流的动机；有了兴趣，思维才会活跃。培养兴趣的重要途径就是"激励"。激励的作用在管理学上应用非常广泛，因为在人的深层需要中都有渴望被别人赏识的愿望。对于教师来讲，激励性的评价要求教师在教学中充分调动自己的情感因素，把每个学生当成自己的朋友，在对学生的表现进行评价时，多用鼓励少用批评，尽可能地寻找学生身上的闪光点；对于学校来讲，要充分重视评价的激励性对学校教职员工的影响，发挥评价的激励作用，调动员工的工作积极性，避免评价的消极影响。

（四）关注评价的文化性

校园文化是一种重要的亚文化形态，是在一定社会文化大背景下学校内激励、影响和制约师生活动的具有文化内涵的校园环境，是学校在办学过程中形成并为全体师生所认同的群体意识、群体行为的总和，是学校历史积淀、办学特色、校风教风学风的具体体现。它不仅能反映出一定社会发展阶段总体物质及精神文明水平，而且人们往往能从学校在社会发展中的总体地位及功能实现的全面性方面判断出社会发展的健康状况及文明程度。但是目前的情况却有些令人失望，很多学校都没有符合自身特色的校园文化，甚至是根本就没有建设校园文化，自然，学校评价中也没有关注到文化性，由此导致的后果就是不讲学校文化建设工作。一个学校的长效运行机制的产生与确保，必须借助于这个学校的强大的文化背景，而这个文化背景只能是这个学校所特有的。

第二节　现代中小学学校评价要素分析

自 20 世纪 80 年代以来，随着教育评价的发展，无论是在理论研究还是在实践探索方面我国都取得了辉煌的成就，初步形成了具有中国特色的学校评价体系，对规范教育行为、调动办学积极性等都起到了积极的作用。但是，正如在本章第一节中所述，随着教育价值观念的变化和基础教育改革的发展，目前中小学学校评价中存在的误区便显现出来。我们在对中小学校进行评价时应该同时思考如何改进评价，进而探索如何提高学校质量，不能“为评而评”，不能以评价本身为目的，而要以促进学校的发展为目的。本节将着重对现代中小学学校评价的几个要素进行论述，进而探讨改进学校评价、提高学校质量、促进学校发展的策略。

一、学校管理评价

（一）学校管理评价的主要内容

学校管理一般是指根据一定的教育目标，通过决策、计划、组织、指导和控制，有效地利用教育的各种要素，以实现培育人的学校管理活动。现代学校管理是一种系统管理，管理者应该把对象作为一个动态的系统，以整体优化的观点协调各基本要素之间的关系，使之向共同的管理目标逼近，其中包括：人、财、物、信息和工作等要素的整合优化。具体来说，学校管理可以分为教师管理、学生管理、领导管理、财务管理和资源管理等。它是学校良性运作与发展的有效前提，管理不善的学校即使条件再好也不能得到有效利用。

从现代管理学角度来看，管理是任何组织活动成功与否的关键因素。在我国，学校管理的理论正在逐步完善，学校评价借鉴国际质量管理模式，无疑有助于推进我国学校评价制度发展的进程。ISO9000 作为著名的质量认证制度，是得到全世界企业和广大消费者认同的认证标准。它对于教育管理及其评价也有着普遍的指导意义，以“生产”为目的的教育，也可以将 ISO9000 管理认证思想应用其中。应该借鉴 ISO 管理标准，改变传统观念，规范管理，强调“服务”意识，树立“以人为本”的管理理念，使学校不断朝着国际化、科学化的方向发展。因此，学校管理应该做到制度化、科学化。

中小学学校管理的评价指标也同样包括办学目标、人员职责、过程管理、服务体系和完善机制这五个方面。过程管理是指管理制度中要体现对过程的监督，突出过程的重要性，以保证质量。服务体系则要求能够有丰富和完善的服务体系，能够为学生和教师提供服务。完善机制是指制度本身的自我完善体系，通过种种渠道使其不断地得到完善。ISO9000 国际质量认证体系正是以其管理理念的先进性和管理规范的科学性取得了国际上的认同，我国在职业教育领域对 ISO9000 国际质量认证体系的引入比较多，而对于中小学学校管理这种质量评价的应用还很少，我们可以把 ISO9000 国际质量认证体系的指导思想和精髓应用到中小学学校评价中，为评价思想和方法注入新的活力。

（二）校本管理评价

就管理自身而言，传统的学校教育评价实质上是一种外控式管理模式的评价，这种评价依据的是上级教育行政部门的指令性要求，学校的管理权力主要掌握在教育行政机关的手中，他们不仅拥有很大程度上的教育政策的制定权，而且还拥有对诸如课程、教学和财务等一些学校常规管理进行掌控的权力。但是，行政机关在对学校教育的预期目标、教育过程、教育结果等内容进行判断时，很难准确评价学校本身的特性、需求和发展前景，这样就会导致管理的权限不但高度集中，而且官僚化严重，造成学校制度的不完善，使得学校在面对变化的外在形势和要求时，缺乏一种应变能力和创新能力。20 世纪 80 年代中期，在世界范围内出现的学校改革运动中，提出了校本管理的思想，提倡政府把权力下放到学校，学校管理改革出现了新的思想，对学校管理的评价引入了校本管理评价的内容。

校本管理（school-based management）的基本含义是教育的主管部门将其权力逐渐下放给学校，给予学校更大的权力和自由，使学校能够按照自己的意愿和具体的情况来决定资源的分配、学校财政的预算、课程的设置、教科书的选择、学校人事的决策等方面的改革措施，从而达到变革学校已有的管理体系、优化学校的教育资源、提高学校的办学质量的目的。校本管理既是一种管理思想，又是一种针对性极强的管理模式，实施校本管理最基本的条件是要赋予学校主体权，但又不能局限于学校谈管理，应该开阔眼界，建立相对开放、有广泛参与面的共同决策机制，创新管理制度，使校本管理的效益尽可能最大化。

校本管理强调权力下放与决策参与，这促进了学校管理方式从外控向内控的转变①。对校本管理进行评价的关键是以学校自评为主，让学校积极参与到评价中来，真正做到“校本评价”，才能真正实现校本管理，学校才能有真正的自主权。

二、中小学校师资水平评价

教育永远都离不开教师。一所学校的师资水平在很大程度上影响着该校学生的质量及学校的生存和发展。评价一所学校的好坏，教师队伍的好坏是主要标志之一，所以对于学校的师资水平的评价无论是在传统学校评价还是在现代学校评价中都占有非常重要

① 刘志春．实施校本管理的意义及其评价．新乡师范高等专科学校学报，2005（5）．

的位置。

（一）六点论

有些学者认为师资水平的评价主要包括以下一些内容：

（1）教师队伍建设的评价，主要评价学校教师人数，教师的职称、专业、学历水平以及研究方向等。

（2）教学质量的评价，主要评价教师的教学水平、班级管理能力等方面。

（3）教师品德修养的评价，这类评价采用鉴定和思想总结，包括教师的思想作风、人格修养、待人处事、为人师表、事业心和责任感、关心和热爱学生的程度等。

（4）教育科研能力的评价。教师是教育理论的实践者也应该是教育理论的总结和研究者，中小学教师的教育科研能力也是对其进行评估考核的一项重要内容。

（5）教师身体素质的评价。

（6）教师心理素质的评价。

（二）两点论

有学者认为，师资水平的评价主要从教师队伍建设和教师专业化两方面进行。

1. 教师队伍建设评价

（1）达到国际规定学历标准的人数和实际胜任教学工作的人数在教师总人数中所占比例的大小；受过专门教育训练或系统学习过教育理论的人数在教师总人数中所占的比例的大小。这两个比例越大，说明这个学校教师队伍的基本素质越好。

（2）是否形成了合理的教师梯队结构，即既有经验丰富的老年教师，又有精力充沛、勇于改革的中年教师，还有积极上进、有很大潜力的青年教师，并且在各个学科中都有一定数量的、大家所公认的骨干教师。

（3）教师发展和学科发展是否一致，教师所学专业和所教学科相一致的人数是否在增加。

（4）是否有一定的教师培训，有无具体可行的调整方案、实施步骤并取得调整效果；全体教师能否根据不同情况进行有计划的培养和提高。

（5）教师队伍是否稳定。教师队伍的稳定包括一定时期内教师的合理流动。

2. 教师专业化评价

教师专业化一词是20世纪80年代美国教育专家在美国教育质量呈不断下滑趋势的背景下提出的。他们认为要提高教学质量，一要确立教学工作的专业性地位，二要建立起与这一专业性职业相应的衡量标准，师范教育的责任就在于培养出训练有素的达到专业化标准的教师，以教师的专业化来实现教学的专业化，以确保未来学校对师资的需要。教师专业化评价概括起来主要从以下三个方面进行：

（1）职业道德评价。

评价教师职业道德是否从一般的道德要求向教师专业精神发展。世界各国越来越重视教师的专业精神培养，把教师专业精神的培养看成搞好本职工作的重要保证和内在动力。这是因为只要有这种精神，在各种环境和条件下教师都会把自己所从事的工作与社会未来的发展联系在一起，都会把自己的工作同个体的生命价值、家庭的希望与幸福联系在一起，就会对自己的工作充满事业心和责任感，就会把终身奉献给教育事业。

（2）专业知识和能力评价。

评价教师的知识结构和能力体系是否从单一型向复合型发展。科学技术的综合化，教育的社会化，教育、科研一体化趋势，要求教师具有一般的、较宽广的科学和人文素养，专业知识结构要合理。对于教师专业能力的要求包括四点：一是要求教师具有教学能力、实验指导能力、书面与口头表达能力、示范能力以及推理思考能力；二是要求教师具有组织管理的能力；三是要求教师具有善于与人交往的能力，即与学生、学生家长实现有效的双向沟通能力；四是要求教师具有教育研究能力。

（3）劳动形态评价。

劳动形态评价是评价教师是否从传授者转变到创造者。教育是创造性的劳动，学生不只是机械性地接受教师所传授的知识，还要具有创造知识的能力。因为教育者的对象千差万别，教育内容不断变化，教师个人条件不同。教师的劳动不可能千篇一律，教育时机的把握和教育矛盾、冲突的解决，需要教师做出正确、及时的判断并采取相应的措施。

三、学校文化评价

苏霍姆林斯基曾把校园环境的育人功能形象地比喻为“让学校的每一面墙壁都说话”。一方面，学校文化作为学校的精神文化和物质文化的总和，不仅能反映出一定社会发展阶段总体的物质及精神文明水平，而且人们往往能从学校在社会发展中的总体地位及功能实现的全面性方面判断出社会发展的健康状况及文明程度；另一方面，从学校内部来说，学校文化的优劣也直接影响着师生的身心健康和教育效果。校园文化不是为文化而文化，而是为管理而文化，为发展而文化。在学校的发展中它既是一种文化现象，又是一种新的学校管理模式。学校文化的状况无论是对于学校自身的发展，还是对于社会的文明都是至关重要的。所以，学校文化是学校评价的一项重要内容。

（一）校园文化在学校管理中的作用

对于校园文化的功能、建设等方面的研究，我国理论研究者主要从社会学、文化学、教育学等方面进行了探索，而将校园文化与学校管理相结合，从管理学的视角来论述校园文化的管理功效，使校园文化作为学校管理模式加以应用，这方面的研究还很少。这也就意味着学校管理的研究与实践还未真正将校园文化纳入管理学的范畴，所以有必要从管理学的角度对校园文化的作用和建设等进行探索和研究。

1. 校园文化在学校管理中的管理功能

（1）凝聚功能。它具体表现为“四感”，即对学校目标和价值观念心心相印的“认同感”、息息相关的“命运感”、对工作的“自豪感”和对学校的“归属感”。具有这“四感”，学校文化就能产生积极、持久的凝聚力量，并进而成为学校发展的动力源泉。

（2）导向功能。学校文化反映了整个学校追求的价值取向和整体利益，它可以将师生员工引导到学校所确定的特定目标上来，把个人的智慧、力量凝结成巨大的合力，从而产生良好的功效。

（3）激励功能。良好的学校文化，可以创造出一种人人受重视、受尊重的氛围，由此激励成员在实现学校目标的同时，实现自我价值。

（4）约束功能。浓郁的学校文化可使师生员工自觉服从那些从学校整体利益出发制定的行为准则，形成有效的“软约束”。这就减弱了规章制度这种“硬约束”对师生员工的心理冲撞和由此而产生的心理抵抗力，从而使学校的各级组织达成某种统一、和谐和默契。

（5）辐射功能。学校文化除了对内具有强烈的感染力外，还会通过师生员工与社会交往，或者通过某种特定的文化形式，向外辐射学校文化的内涵和特点，并产生良好的社会效益。

（6）应变功能。学校文化虽然具有稳定性、持续性，但在社会发展变化的影响下，它必然适时更新其形态和内容，以适应社会发展的要求。

2. 校园文化是学校发展的源泉和成功的保障

校园文化是以人为中心的管理思想在学校管理中的反映，是一种管理制度和管理文化，它为学校管理创设了背景氛围，是学校发展的源泉和成功的保障。这表现在以下三个方面：

（1）校园文化是学校管理最直接的环境，是学校管理的基础，学校管理总是在已有的校园文化中进行的。

（2）正如陶行知先生所说：“校长是学校的灵魂。要想评议一所学校，先要评议这所学校的校长。”所以说学校管理者的价值观念、思维方式对学校管理的影响将是至关重要的。而校园文化则影响学校管理者的价值观念、思维方式，从而深刻地影响着学校工作目标的确定、管理方法和措施的采取。

（3）正如学校管理者的思想受校园文化的影响一样，校园文化也影响学校被管理者的思想观念、道德情操，从而制约着被管理者的行为。

正如美国IBM公司的创始人沃森所说：一个伟大的组织之所以能够长久存在，最重要的条件并非结构形式或管理技能，而是我们称之为信念的那种精神力量，以及这种信念对于组织的全体成员的感召力。校园文化作为校园组织文化，它也同样具有这种管理功能。而作为组织文化的校园文化与学校组织特点相结合，便构成了代表新一代学校管理理论的校园文化理论。校园文化作为一种先进的管理理论，影响和制约着校园人的活动与发展，这种影响和制约正好与管理的导向、凝聚、协调、约束诸功能相吻合。因此它是改造学校文化环境、优化学校人员队伍（包括管理者、教师和学生）、树立学校形象、完善学校管理的有效途径。可见校园文化对学校管理有着广泛而深远的影响。

（二）校园文化评价内容指标

校园文化有狭义和广义之分。狭义论者认为校园文化是相对课堂文化而言的课外文化，它包括学校的舆论风气、人际关系、校园环境等；广义论者认为校园文化是学校的整体文化，它包括校容、校貌、教学内容、管理制度、全校师生的共识及所遵循的价值观念与行为准则，以及由此而产生的一种浓烈的精神氛围。由此可见，校园文化既包括精神氛围又包括物质环境。华东师范大学陈斌教授对校园文化从三个方面进行了定义：一是表层的实体文化，如学校的整体布局、建筑样式、文化设施等；二是中层的制度文化，如考勤制度、教师聘任制度、教师岗位责任制度等；三是深层的观念文化，如师生的价值观念、师生的思维方式、学校里的风俗习惯等。按照他的这种定义，校园文化评价包括三个层次的意义：

第一层次，校园物质性文化评价。主要是对包括学校进行正常活动的物质条件及学校活动的产物和成果所蕴含的文化因素的评价，又称载体文化的评价。

第二层次，校园的制度规范性文化评价。主要是对学校依据国家有关政策及教育发展规律所建立起来的学校纪律规范和规章文化的评价。

第三层次，校园的精神价值性文化评价。校园的精神价值性文化主要是指学校的校园精神，是赋予学校生命活力并反映学校历史传统、校园意志和精神面貌的一种校园精神文化形态，是校园文化的最高境界。校园的精神价值性文化评价主要是看一所学校是否具有促进学校发展的文化的凝聚力。

在校园文化的这三个层面中，物质性文化是校园文化的基础；制度规范性文化是校园文化的关键，它把物质性文化和精神价值文化统一为一个整体；精神价值性文化是校园文化的主导目标和灵魂，它决定了校园物质性文化和制度规范性文化发展的方向。校园文化的这三个层面是相互制约、相互渗透、相辅相成的。在对校园文化进行评价时不能忽略任何一个层次，否则就是不完全的，起不到引导学校发展的作用。

四、办学条件评价

（一）学校办学条件评价

1. 传统办学条件评价内容指标

从广义来看，办学条件可以分成硬件和软件两个方面。在前文中所提到的师资其实也可以归类为办学条件，属于办学的软件。这里的办学条件主要是指办学过程中的硬件设施。传统的办学条件评价可以从校内外两个部分来看。

学校内部通常是指校本部，它的办学条件可以从以下几方面进行考虑：一是办公设施。它既包括为学校教师提供的办公场所和办公设施，也包括为师生提供的生活设施，如独立的校园、体育场、图书馆、医疗室等。二是学校的各种设施的布局是否合理，如住宿区、教学区、活动区、办公区等是否相对集中，特别是教学区是否有比较安静的环境。如果这些小区不能相对区分开来，校园内必然很混乱。除了布局是否合理之外，还要看校园的清洁卫生与绿化的情况。三是教学设施和设备能否保证教学工作的基本需要，如教室资源必须保证班班有教室，人人有课桌椅，教师有备课室，有与教材有关的必需参考书，有供师生使用的阅览室以及一般的报纸和杂志等；学校有无实验室，是否能按照教学大纲的要求进行各种实验，以保证学生知识的掌握和技能的形成；是否有教学大纲所要求的多媒体教学所需的设备等。

学校外部的办学条件主要指周围的环境条件，学校所处社区的人文和自然环境是否有利于学生的成长和学校的发展。

办学条件作为整个学校的重要组成部分，它的评价指标包括人均场地、人均设备（人均资源）和资金运作等方面。前两项是针对学校的教职员工的，是使他们高效工作的必备因素，后一项则是一所学校生存和发展的保障，对其进行评价和监督有利于资源的合理、有效利用。必要的办学条件和设备，是保证教学水平和质量的物质条件。对办学条件和设备进行考察、评价的目的在于：促进学校和主管部门加大投入、提高效率，使办学条件和设备不断改善，使其投入产出比不断优化，充分发挥办学条件和设备的可能性效用和现实性效用，提高其对教学需要的适应度和满足度。

2. 现代办学条件评价内容指标

20 世纪 90 年代后期，沿海一些经济和教育发达省市先后制定了新的标准和实施规划，大力推动办学条件现代化和均衡化发展。1998 年，上海市开始实施“中小学标准化建设工程”，要求各级政府“将达标工程列入重要议事日程，落实专门部门负责，制定规划，分工到位，定期检查，限期完成”；1998 年 5 月，为贯彻落实党的十五大精神，中共广东省第八次代表大会提出“科教兴粤”战略，力争五年内使广东进入教育强省行列，为此，广东省政府先后出台《广东省小学、初中改造薄弱学校建设规范化学校实施规划》和《普通高中办学基本标准（试行）》等文件，大力改善办学条件；2001 年，深圳市出台了《深圳市义务教育规范化学校设备设施配置标准》，并制定了《深圳市义务教育学校建设基本标准三年规划（2001—2003）》，要求市、区教育、计划、财政、国土规划、建设、共同富裕办公室等有关部门根据市委、市政府的要求切实履行职能，密切配合，分工协作，做好有关工作；2013 年，广东省教育厅出台《广东省义务教育标准化学校标准》，这些相关规定和措施的出台都为学校办学条件评价的内容指标提出了新的要求，概括起来总体内容要求有以下几点：

（1）学校建筑设计应更多考虑到现代课程和教学的发展需要。比如：在教室群中设计为学生小组讨论和学习使用的小型教室，开辟多种空间为学生自学提供条件等。

（2）校园设计更加人性化。除了增加绿地、学生活动场地以外，还在走廊、连廊、室外等建筑局部设计适合学生课间活动和交流的场所。

（3）创建绿色学校一方面符合社会伦理责任需求，另一方面可以把对学生的环境保护教育实践化。在学校建设中，尽可能把节约能源和环境保护的项目引进来，例如污水处理、在采光设计中充分利用日光节约电能等。

（4）学校设施开放化。在“学校是社区文化中心”理念的指导下，构建面向社会的学校校舍、设施布局，以合适的方式将教室、运动场和图书馆等资源提供给社会公众利用。

（5）充分利用社会资源。借鉴发达国家的教育实践，设置专门的教育设施、设备、器材利用的协调机构，组织学校充分使用公共图书馆和共用大型教育设备和器材，节约社会资源。

（6）大力发展计算机网络。在教室中配备教师和学生使用的计算机，鼓励师生通过网络资源教学和学习，并把网络作为中小学师生沟通的辅助手段。

（7）以研究和实验带动办学条件的创新和发展。一些新理念产生后，经过深入的研究，很快在学校建设中通过个别实验得到实现，并根据成功范例逐步推广。

（二）学校特色评价

1993年《中国教育改革和发展纲要》明确提出了基础教育事业发展的指导方针："中小学要由'应试教育'转向全面提高国民素质的轨道，面向全体学生，全面提高学生的思想道德、文化科学、劳动技能和身体心理素质，促进学生生动活泼地发展，办出各自的特色。"但是，目前各地普遍实行或试行的《中小学办学水平综合评价方案》，还不能适应学校"办出各自的特色"的特殊需要。因此，探索研究学校特色评价已迫在眉睫。

学校特色的评价与一般学校办学水平的评价有密切的联系，但又有根本的区别。学校特色评价的着眼点是通过收集相关的信息与资料，对学校建设自己的特色的过程及成熟度进行价值判断，以便不断地对学校特色进行自我完善。根据目前的研究成果看，学校特色是指学校在长期的教育实践活动过程中所形成的独特的办学风貌或教育风格，学校特色作为一种教育现象，是许多综合性和多样性的统一。从最基本的构成要素来看，一般认为学校特色评价是以学校特色主题思想、学校教育行为方式、学校教育环境氛围和学校特色项目四大要素为内容进行评价的。

1. 学校特色主题思想

学校特色主题思想简称为办学主题，它是以校长为代表的学校个性化教育思想在办学过程中的集中体现。一般说来，它是校长在党和国家有关教育政策的指导下，依据某种教育思想与观念，对学校现实、教育资源配置状况和学校教育发展水平进行调查、分析、研究，并对学校教育发展前景进行规划的思想结晶。学校特色的主题决定着学校对教育形式、结构关系、运行程序的选择和组合，它体现并决定着学校教育改革活动的主旋律。

2. 学校教育行为方式

学校教育行为方式是指在学校教育实践活动中占主导地位的教育行为方式。一般说来，它是依据某种教育思想观念或教育经验，对学校教育所涉及的各种教育要素选择、组合、运用和控制的工作行为。在学校特色的建设中，教育行为方式是学校特色主题的外显形式，是特指在主题思想的指导下，对所涉及的教育要素自身进行优化和对各要素间的结构关系进行优化的方式；而且这种教育行为方式在学校长期的教育实践活动中，已被大多数教育工作者认同、接受，并转化为个体教育行为的特征，成为学校办学的优良传统和宝贵财富。

3. 学校教育环境氛围

学校教育环境氛围是指学校的物化环境和社会人文环境，特别是学校教育舆论的主导倾向和学校人际交往的心理氛围等。学校的物化环境和社会人文环境是学校特色赖以生存与发展的土壤，学校教育舆论的主导倾向是教育工作者对教育活动、行为方式进行调节的精神力量。学校特色要靠学校各方面人员同心协力、密切合作去创造，可以说，良好、真挚的人际关系与和谐、融洽的交往心理氛围是学校形成教育整体合力的前提，也是学校特色形成与发展的前提[①]。

4. 学校特色项目

学校特色项目必须具备以下三种性质：一是独特性，特色学校关键就在“特”字，在办学时要做到“人无我有”和“人有我优”；二是综合性，特色项目能体现多门学科、多种能力的融合；三是深刻性，项目水平沿着阶梯不断提高，特色项目研究不断做好、做深，研究成果能为同行所用，特色项目在实践中不断地得到完善和发展。

评价不是以判断为结果的。评价学校办学特色，主要是判断学校在哪些方面有特色，并判断其特色的水平。学校特色评价是学校特色建设过程中一个自我教育、自我提高、自我完善的重要环节，通过评价可以找出学校特色建设的进展和不足，进而制定出相应的改进措施与办法。只有这样才能在深化教育改革的过程中推动学校特色建设向前发展，真正做到在向素质教育转轨的过程中办出自己学校的特色，不断地提高学校特色的层次水平。

第三节　发展性的中小学学校评价

随着教育评价理论的发展，国外的学校评价日渐趋向于以学校自评为主的评价，学校主动争取家长、社区和教育行政部门的支持与监督，各级教育行政部门则委托独立的、具有专业资格认可的社会中介机构对学校实施资格认证。这种结合自上而下和自下而上的评价方法能够最有效地促进学校的发展，不仅能给予学校足够的办学自主权，而且能够根据一定标准对学校的办学质量给予必要的监控和支持。相比之下，我国目前的学校评价尚未充分重视学校的自我评价发展。在我国，学校评价一直以来都是教育行政部门为了更好地对学校实施统一管理而开展的以督导为特征的评价活动。这样的学校评价常常不分层次、不分类别，用“一把尺子”去衡量所有的学校。因而它常常不能可靠、有效地对学校进行评价，这种评价所能发挥的作用也非常有限。本节将阐述一种发展性的学校评价模式来解决学校自我评价改革的问题。

一、建立发展性的学校评价模式

评价模式是指在评价活动中有代表性的可供参照操作的评价方式或模型，它是一种简洁明了、便于直观的评价理论。不同的评价模式都是在特定条件下社会实践的产物，不同程度的社会发展中有不同的评价模式。从历史上看，评价一直围绕着“为什么评、评什么、谁来评、怎么评”等问题展开，如美国学者豪斯的评价模式、泰勒的目标达成模式等。我国现行的学校评价模式产生于 20 世纪 70 年代末 80 年代初。它是一种以工业化生产时代的标准化管理为核心理念、以检验各不相同的学校是否达到预先设定的统一标准为基本操作方式的评价模式，可以称为“鉴定性评价”，即用“一把尺子”量不同的学校。在学校发展的初级阶段，鉴定性评价对于促成学校软硬件达标、管理到位、质量

① 邢真．学校特色评价的探讨．中国教育学刊，1996（5）．

和效益达到一定标准，是十分必要和有效的。然而，由于鉴定性学校评价模式具有多同一、少个性、重奖惩的特点，过分强调目标的导向性和标准的统一性，削弱了评价的诊断性功能，因而其弊端和局限性也日渐明显。

发展性的学校评价模式，是将自身进步作为评价标准，对学校在一个时期内各方面工作成就与过去状况进行比较，衡量其进步情况，以发展为导向，鼓励学校挖掘潜力，不断提升从而调动各个部门和人员的积极性，并做到全员参与、全程参与，而对评价指标的完整性和技术的精确性则不做过多要求。它从学校实际出发，既重视学校的历史和现状，又重视对学校发展过程进行科学分析，确定未来发展的重点和方向，自我加压，激发内驱力，寻找目标实现的途径，再通过评价，检测任务完成程度，分析自身优势和不足，研究改善办法，找准对策，向更高目标奋进。发展性的学校评价模式可激发受评对象的主观能动性，始终看到学校是在不断发展变化的，以保证评价的连贯性和经常性，使学校对教育评价变被动为主动，变抵制为参与，由消极到积极，从面向过去到面向未来。

这种评价模式具有以下几个特点：

（1）自主性。学校在评价过程中，既是评价的客体，又是评价的主体，是主客体的统一体。学校的这种主体性要求其在学校评价过程中有自主性，校长、教师和学生都可以担任评价主体，他们有权利也有责任对学校的管理水平、教学质量等各个方面进行评价。

（2）民主性。在内部评价中，评价者和被评价者是一种平等的关系。克服外部评价中的强制的行政指令，体现民主精神，使评价建立在相互信任的基础之上，这样可以消除被评价者对评价的畏惧心理，使评价达到更好的效果。

（3）针对性。发展性评价模式不再使用“一把尺子”，不再搞“一刀切”，不再用同一种标准去衡量所有的学校。不同类型的学校使用不同的评价标准，同一类型的学校在不同时期也有不同的评价重点，评价具有一定的“弹性”，也有较强的针对性，从而更好地适应各具特色的评价对象，这也有利于特色学校的创立和发展。

二、发展性学校评价的基本理念

发展性学校评价把促进学校不断发展作为评价的根本目的，用可持续发展的理念指导评价的全过程，将促进学校改进工作作为确定评价内容、评价过程、评价方法的核心。发展性学校评价试图用“多把尺子”衡量不同的学校，从不同学校的实际出发开展评价。也就是在强调共性的基础上，更多地关注学校的个性和差异性。在这种评价活动中，合乎标准是对所有学校的基本要求，在保证基本标准的前提下促进学校有自身特色的、个性化的可持续发展，才是发展性学校评价的更高层次追求。建立发展性的学校评价模式，应以校为本，重视自我评价，强调诊断性评价功能；要实现以鉴定为主的评价观向以发展为主的评价观的转变，促使学校不断挖掘自身潜力和价值，承担发展目标的责任，真正做到评价为中小学校发展服务，为创新教育服务。发展性学校评价基本理念有以下几个方面：

（一）变“一元标准”为“多元标准”

以发展性为特征的学校评价针对传统的统一的学校评价标准，强调在评价过程中尊重学校差异，力图通过学校评价促使各学校形成自己的办学特色。由于学校在现实中的差异是客观存在的，各个学校原有的基础不同，在发展过程中所呈现的方式和速度也有所不同。学校评价必须承认这种差异，不宜用一元标准去衡量所有的学校，而应建立多元化的标准，通过评价，鼓励学校在办学目标、办学形式、管理方法、课程设置、教育评价、学生发展、教师成长等方面的多样化和个性化，使学校办出特色。有些地方还允许学校选择评价项目，也有些地区对学校评价采用“基础评价”和“特色评价”相结合的方法。这些都是发展性学校评价观念的具体体现。

（二）重视学校发展过程

以升学率为标准的传统学校评价只看结果而不重视发展的过程，而发展性学校评价对学校的评价要求不只是简单地以是否达到所设定的各项指标来衡量，更应该关注学校原有的基础和在原有基础上发展变化的程度，特别应该关注在这种发展变化过程中学校所采取的有效措施和所付出的努力，只有这样才有利于鼓励不同水平的学校都努力进取，争取发展，从而得到公平的评价。同时，也有利于在评价过程中发现典型，总结经验，进而推广经验，促进教育整体的发展。

（三）发展学校自主评价

发展性学校评价强调以学校为评价主体的可持续发展的评价，学校的自主评价是学校自我发展的前提和保证。发展性学校评价的最终目的在于促进学校不断发展，但发展有被动发展与主动发展之分。学校的被动发展表现为学校发展受外部力量的驱动，学校在发展过程中没有主动权；学校的主动发展则是学校拥有发展的主动权，学校根据自己发展的需要，进行主动有效的活动，实现自我发展的目的。长期以来，学校在学校评价中作为被评价者一直是评价的客体，即通过外部评价促使学校根据外部要求调整工作规划，实现学校发展。随着基础教育改革的推进，学校在学校评价中要求变被动发展为主动发展，不再只是被评价者，同时也积极参加到评价中来，开展学校的自主评价。

三、发展性学校评价的内容指标

在发展性学校评价理念的指导下，学校评价的内容指标也发生了很大的变化。对于内容指标的这一变化，我国的学者有很多不同的见解，现取其一叙述如下：

（一）基础性评价指标和发展性评价指标

一些课程改革实验区在学校评价活动中常常根据区内学校的整体情况和学校的个体状况，提出两种不同层次的评价指标：一是基础性评价指标。它是一个辖区内所有学校都需要达到的基本指标。这一评价指标强调学校教育资源和学校管理的规范性和制度性，强调学生发展的基本水平和对教师队伍的基本要求，强调国家课程在学校的实施等。二是发展性评价指标。它更强调学校的个别差异，注重学校形成自己的特色。这一指标更多地强调教育管理的自主性和创造性、学生发展的特色、教师队伍的优势以及符合学校实际的学校课程的开发与实施。

（二）单项评价和综合评价

以促进学校发展为目的的学校评价，在评价内容方面的另一个重要变化就是单项评价与综合评价相结合。现在在一些实验区，开展以什么内容为主的学校评价，并不是教育行政管理部门说了算，而是学校与教育主管部门根据不同时期学校的不同要求共同协商确定的。这里的评价可以是单项评价，也可以是综合评价。比如：学校在实现发展性目标阶段，有时为了全面审视自己各方面的工作，需要进行综合性的评价；有时则需要就学校发展的某一方面与外部评价者共同诊断，以发现自己在这方面存在的问题，并寻找产生问题的原因。各个学校综合评价的内容可能会有所不同，单项评价的内容则更会大相径庭。

（三）改变以升学率为唯一评价标准的做法

为了改变在学校评价中以升学率为唯一评价标准的做法，许多实验区开始把升学率这一长期以来学校、教师追求的唯一目标还原为学校教育教学质量提高的自然结果。有些实验区在学校评价中，尝试用学生全方位的发展状况和发展过程来体现学校工作的效果；有些地方已明确提出，不能直接将升学率作为学校评价的标准。

四、发展性学校评价的原则

（一）导向性和自主性相统一的原则

这种原则一方面要求评价引导学校进一步了解自身、明确发展方向，激励学校不断进取、不断完善，从而达到促进学校持续发展的目的；另一方面要求把学校作为评价活动的主体，把领导、组织评价与规划学校发展统一起来，使学校评价更具有导向性。贯彻该原则时要注意两点：一是学校评价的自主性，要求学校全体成员发挥个体的主体精神，以主人翁的意识参与到评价活动中；二是学校在准确把握我国的教育法律法规和学校的实际情况的基础之上，制定符合学校发展规律的发展规划，学校自主发展评价的导向性与自主性统一于发展规划，通过发展规划来引导评价的发展方向。

（二）发展性与激励性相统一的原则

这一原则是指以发展的眼光审视、判断学校的发展变化，以激励为手段，进一步调动促进发展变化的各种积极因素，谋求学校的更大发展，贯彻这一原则要注意两点：一是要准确把握发展的起点，正确分析发展的因素。受社会环境、办学条件等影响，每一所学校发展的起点不同。对一个发展起点较低的学校来说，尽管还没有达到较高发展水平，近几年却可能是其发展速度最快、发展质量最好的时期；对一个发展起点较高的学校，尽管已经达到较高的发展水平，但近几年不一定是发展得最好的时期。影响一个学校发展的因素很多，学校要抓住促进发展的积极因素进行全面总结，提炼出经验，通过评价全面分析制约发展的消极因素，找出问题，提出解决问题的对策。二是激励性贯穿于发展的始终。评价的过程是一个判断发展、促进发展的过程，更是一个树立榜样、增强信心和凝聚力的过程，以激励为主的评价是学校自主发展的重要特征。

（三）动态性与共创性相统一的原则

学校发展性评价的过程重点是：评价学校发展的潜能，找出学校的“最近发展区”，在这个“动态”中，发挥学校共同体成员的“共创”积极性，把学校可能的发展转变为发展的现实。落实该原则，一是靠以校长为核心的组织群体的教育智慧，即对学校发展机遇的敏锐把握，二是靠学校共同体成员的集体创造，学校共同体成员包括校长、教职工、学生、家庭成员、社区代表、教育行政部门代表等①。

五、发展性学校评价的方式

20 世纪 90 年代以来，在教育评价领域出现了许多新的评价形式，如表现性评价、真实性评价、档案袋评价、动态评价等。这些评价分类标准不一，评价方式也各异。发展性评价观念指导下的学校评价强调综合运用多种方法：既要有学校内部的自我评价，又要有学校外部的他评；既要肯定终结性评价，又要重视形成性评价、诊断性评价；既要有定性分析，又要有定量分析，以促进学校的不断发展。

（一）内部评价和外部评价相结合

为了发挥学校评价的导向性、激励性、规范性和发展性功能，发展性评价采用内部评价和外部评价相结合的方式，也即强调自评和他评相结合、以自评为主的方式。因为从学校功能的发展来看，评价已不能只局限于筛选、选拔、衡量好坏的程度，更重要的是通过评价进行信息反馈，根据实际情况调整决策，使学校管理功能得到更好的发挥，以取得最大的办学效益。在自评过程中，学校按照评价标准，积极组织教师、学生和家长参与到自评活动中来，形成学校与教师、教师与学生、学校与家长的良性互动，促使学校把自评过程变成一个学习思考的过程，一个立足实际、自我完善、主动发展的过程。但是，学校自评并不能代替外部评价者对学校的评价。教育行政部门仍应是学校评价的主要力量。此外，社区、家长、教师、学生等多种主体也都应该参与到学校评价的过程之中。只有将内部评价与外部评价有机地结合起来，让多方主体以合适的方式参与到学校评价中来，才能更好地发挥学校评价的作用，使学校获得可持续发展的不竭动力。

（二）形成性评价和终结性评价相结合

进行学校教育综合评价是一项复杂的工作，应当注意评价的频率，不能随意进行，要把定期的终结性评价与随机的形成性评价结合起来。形成性评价是指学校对自己动态的发展进行价值判断。它把关注的眼光聚焦于学校发展的过程，及时矫正学校发展过程中的偏差，把握学校发展过程中的每一个机遇，不断修正、调整发展计划，为学校按发

---

① 潘永庆，孙文彬，路吉民．多元评价：创新教育的有效机制．济南：山东教育出版社，2004.

展规律发展提供保障。终结性评价是指学校在发展的某一阶段或周期完成后所进行的评价活动，它是对学校发展的结果做出价值判断。在发展性学校评价中把这两种方式结合起来，一方面减少了终结性评价的工作量，另一方面又增强了评价指导的及时性和实效性。

（三）定性评价和定量评价相结合

定性评价是对素质教育某些指标的质的确定，定量评价是对素质教育某些指标的量的描述。学校教育是一种培养人的社会活动，是一种精神文明的发展，它的效用既有许多可测性，又有大量的难测性，同时具有迟效性。因此，我们对一所学校的评价结论应既有定性评价部分的分析，又有定量评价部分的描述，将二者有机地结合起来，形成科学的评价反馈意见。对成绩突出并被确定为个性化学校的，教育行政机关可以在该校举办个性化学校校长论坛和校长教育思想报告会，吸收更多校长参与研讨，形成开放式共同参与评价的局面。只有将定性和定量评价方式结合起来才能全面、公平地对学校进行发展性的评价。

六、进行发展性学校评价要注意的几个问题

第一，在学校自评与他评的关系上，要以学校自评为主，外部他评为辅。学校是发展的主体，应该而且必须是评价的主体。一方面学校在享有更大自主权的同时，必须进行更多的自我评价、自我约束和自我调整。另一方面，只有当学校自觉加强并持续成功自评和调整，从以他控为主转向以自控为主时，才标志着学校主体地位的真正确立。

第二，在形成性评价和终结性评价的结合上，要以注重过程的形成性评价为主。由于学校的发展总是非均衡的，每一个发展阶段都会有其主要的发展目标和相对突出的主要矛盾，发展性学校评价就要及时地、有针对性地帮助学校更好地发展。

第三，在发展过程和发展结果的关系上，要侧重于发展过程。学校发展性评价注重的是学校自身的进步幅度和“增值”大小，坚持的是“发展是硬道理”，强调的是在原有基础上的进步，评价的是学校为发展所做的贡献、所采取的有效措施。

第四，在统一标准和办学特色的关系上，要强调办学特色。办学特色是在一定教育理念下经过长期发展积淀而成的，从某种意义上来说，发展性学校评价要求的最好的学校，也就是最有个性、最有特色的学校。在基础教育改革深化的过程中，很多地区和学校开始放弃标准化和统一性的观点和做法，追求自己的办学特色，尤其是薄弱学校在起点差的基础上把办成特色学校看成是学校变革发展的一个契机。发展性评价理念强调发展过程，强调评价特色，它并不意味着不顾教育评价的基本标准，而是强调对评价标准统一性和灵活性的把握，从而办出各具特色和个性鲜明的学校，以便树立典型、开展不同类型的教育交流活动，相互借鉴办学特色经验，促进教育的整体发展。

第五，要重视及时反馈评价结果。发展性学校评价并不只是追求过程而完全忽视其评价结果的应用。学校评价的结果与建议必须通过学校自身的活动才能真正发挥其积极的作用，因此，以促进学校发展为基本理念的学校评价在评价结果的利用问题上要特别

注重学校的自觉性、主动性，学校可以将经常性自评的结果，或与外部评价者协商的、共同认可的评价意见用于调控和改善学校的工作。

本章小结

学校评价的主要目的有：一是改进学校管理，充分发挥学校效能；二是判断学校工作的好坏，评定学校的优劣。中小学学校评价是现代学校教育发展的客观要求，也是我国基础教育改革的迫切需要：学校评价对学校教育起着重要的定向引导作用，学校评价可以促进学校领导和教职员工的发展，学校评价有利于调动社会各方面的力量关心学校教育。

学校评价的内容包括：学校的发展目标、学校的发展能力、学校发展的自我保障机制、学校的发展成效。学校评价的标准分为两类：一类是以学校升学率为标准对学校进行好坏区分；另一类认为评价学校不能只看结果，还要注重过程，即要以学生的发展为标准。学校评价的价值取向：关注评价主体的需要、注重评价的发展性、重视评价的激励作用、关注评价的文化性。现代中小学学校评价的要素包括学校管理评价、中小学校师资水平评价、学校文化评价、办学条件评价。

发展性的学校评价模式具有自主性、民主性和针对性的特点。发展性学校评价的基本理念包括：变“一元标准”为“多元标准”、重视学校发展过程、发展学校自主评价。发展性学校评价的内容指标有：基础性评价指标和发展性评价指标、单项评价与综合评价、改变以升学率为唯一评价标准的做法。发展性学校评价的原则有：导向性和自主性相统一的原则、发展性与激励性相统一的原则、动态性与共创性相统一的原则。发展性学校评价的方式有：内部评价和外部评价相结合、形成性评价和终结性评价相结合、定性评价和定量评价相结合。进行发展性学校评价要注意的几个问题：在学校自评与他评的关系上，要以学校自评为主，外部他评为辅；在形成性评价和终结性评价的结合上，要以注重过程的形成性评价为主；在发展过程和发展结果的关系上，要侧重于发展过程；在统一标准和办学特色的关系上，要强调办学特色；要重视及时反馈评价结果。

思考题

1. 学校评价的目的及意义是什么？
2. 现代中小学学校评价的内容有哪些变化？
3. 学校管理评价的含义是什么？它包括哪些内容？
4. 发展性学校评价的基本理念是什么？这些理念是如何指导学校评价的？
5. 你认为在构建发展性学校评价的模式时要注意的问题有哪些？

拓展阅读：

国家示范性普通高级中学评估标准．[2022-06-12]. https：//www. renren-doc. com/paper/128213948. html.

第十五章
学校美育评价

本章提要

美育评价有利于改进学校美育工作，推动美育实施全面发展，全面贯彻党的教育方针，实施素质教育，提高学生审美和人文素养，从五育并举到五育融合，促进学生健康成长。

本章阐述了学校美育评价的概念、功能和价值以及开展学校美育评价的原则，简要介绍了国际上比较成熟的美育测评体系及美育评价方法，以便指导开展各类学校美育评价工作。

第一节　学校美育评价概述

一、学校美育评价

（一）美育

审美教育（美育）本来是一个西方的概念，最早由德国诗人、哲学家席勒在他的《美育书简》中提出。学界一般认为是王国维最早将“美育”这个词引入中国的。《百年中国美育》的导读部分介绍道：“1902 年，王国维翻译日本牧水濑五一郎著的《教育学》，首次引入‘美育’这一概念……1903 年，王国维发表了《孔子之美育主义》一文，后来连连发表与美育有关的论著。正是因为这样的贡献，学界普遍认为王国维是将‘美学’和‘美育’一词引进中国的第一人①，他奠定了自己在中国美育史上首开先河的地位，堪称现代美育在中国最早的传播人，研究家和倡导者。”② “美育”有广义和狭义之分，广义的美育是指运用自然界、社会生活、物质产品与精神产品中一切美的形式给人们以耳濡目染、潜移默化的教育，以达到美化人们心灵、行为、语言、体态，提高人们道德与智慧的目的。狭义的美育一般是指艺术教育，即通过艺术手段进行教育。

---

① 聂振斌．中国近代美学思想史．北京：中国社会科学出版社，1991：55.

② 赵伶俐，汪宏．百年中国美育．北京：高等教育出版社，2006：1.

美育是国家“德智体美”全面发展教育方针中不可或缺的组成部分。2015 年《国务院办公厅关于全面加强和改进学校美育工作的意见》开宗明义指出：“美育是审美教育，也是情操教育和心灵教育，不仅能提升人的审美素养，还能潜移默化地影响人的情感、趣味、气质、胸襟，激励人的精神，温润人的心灵”，且具有“与德育、智育、体育相辅相成、相互促进”的育人功能。现有美育定义诸多，多数学者关于“美育”的研究中有着共同要素和美育理论、实验实践、研究成果，基于此，有学者将美育定义为“美育是有目的有计划有组织地通过各种美的事物，培养学生审美欣赏、审美表现和审美创造能力，同时也有助于培养他们良好的人格品质行为、发展智力、增强体育等促进身心全面发展的教育活动”①。

学校美育主要培养学生审美感知、艺术表现、创意实践、文化理解等素养。

审美感知是指对自然世界、社会生活和艺术作品中美的特征及其意义与作用的发现、感受、认识和反应能力。审美感知具体指向审美对象富有意味的表现特征，以及艺术活动与作品中的艺术语言、艺术形象、风格意蕴、情感表达等。审美感知的培育，有助于学生发现美、感知美，丰富审美体验，提升审美情趣。

艺术表现是指在艺术活动中创造艺术形象、表达思想感情、展现艺术美感的实践能力。艺术表现包括艺术活动中联想和想象的发挥，表现手段与方法的选择，媒介、技术和艺术语言的运用，以及情感的沟通和思想的交流。艺术表现的培育，有助于学生掌握艺术表现的技能，认识艺术与生活的广泛联系，增强形象思维能力，涵养热爱生命和生活的态度。

创意实践是指综合运用多学科知识，紧密联系现实生活，进行艺术创新和实际应用的能力。创意实践包括营造氛围，激发灵感，对创作的过程和方法进行探究与实验，生成独特的想法并转化为艺术成果。创意实践的培育，有助于学生形成创新意识，提高艺术实践能力和创造能力，增强团队精神。

文化理解是指对特定文化情境中艺术作品人文内涵的感悟、领会、阐释能力。文化理解包括感悟艺术活动、艺术作品所反映的文化内涵，领会艺术对文化发展的贡献和价值，阐释艺术与文化之间的关系。文化理解的培育，有助于学生在艺术活动中形成正确的历史观、民族观、国家观、文化观，尊重文化多样性，增强文化自信。

（二）学校美育评价

学校美育评价是指根据一定的标准对学生艺术素质（素养）与美育教学质量等方面进行测试和评估的活动过程。学校美育评价最主要的是对美育的效果进行价值判断，即对学生艺术素质（素养）情况的评价，而学生的艺术素质（素养）评价主要是在学校的统一安排下由开展美育的教师来完成的。此外，学校美育评价还涉及学校的管理、环境、工作等多个方面。

近年来，教育部先后与 30 多个省区市签署学校美育改革发展备忘录，并将“推进体育美育教学改革，加强考核和督导评估”连年纳入年度工作要点，更加凸显了美育评价

---

① 越伶俐．论美育目标及目标分类体系．西南师范大学学报（哲学社会科学版），1995（3）.

的重要性。同时，学校美育评价是学校美育工作的重要组成部分，是对学校美育工作水平进行反馈和分析、对学校美育工作质量进行监督和考核、对学校美育工作效果进行追踪和检验的不可或缺的手段。对学校美育工作进行全面、客观和科学的评价有助于提高学校美育质量、增强学校对美育工作的重视程度，破除“五唯”倾向，强化“以美育人、以美化人”的功能。

二、学校美育评价的功能与价值

“评价是教育教学改革的‘牛鼻子’，也是教育教学活动旅程中的‘最后一公里’，它直接关系教育教学是完美收官还是前功尽弃，学校美育也不例外。”① 学校美育的功能和价值决定着美育想要做什么、能做什么和追求什么。由此，学校美育评价有三个重要的功能与价值，从评价对象来看，具有目标导向功能；从学校美育工作来看，具有反思功能，对学校美育工作起着监督与促进作用；从国家教育体系角度来看，具有价值引领功能。

（一）目标导向功能

美育评价与美育目标的关系密不可分，“培养什么人”是学校美育面对的重大问题，学校美育评价也为美育指明了方向。构建科学的学校美育课程体系是落实美育目标的重要措施，《国务院办公厅关于全面加强和改进学校美育工作的意见》中美育课程目标对不同阶段的学生做出了不同要求，围绕“以审美和人文素养培养为核心，以创新能力培育为重点”建设与开展课程，对美与教学、艺术人才培养模式、美育平台、校园文化环境、美育教师、资源等多方面提出要求，将课程开课率、中小学艺术素质测评、学校美育工作自评等多方面纳入，制定了学生要达到的知识、技能水平的标准，学校艺术教师、活动、课程和特色的标准，指明了学生发展和学校美育工作开展的方向与目标，发挥保障和激励的作用。

（二）反思功能

评价本身就是一个进行价值判断的活动。从学校美育工作的角度看，评价学校美育工作开展的情况和效果，对学校美育工作起着监督作用，对其工作水平进行反馈和分析，有利于学校反思与改进美育工作存在的不足，完善和健全美育工作内容；从学生的角度看，全面科学地评价学生当前的艺术素质，能弥补学生发展的不足，让学生不断进行反思和自我完善，同时还有利于提高学校美育工作内容的适切性。

（三）价值引领功能

健全与完善学校美育评价体系有助于提高学校美育工作的地位，强化中华优秀传统文化、革命文化、社会主义先进文化教育，形成有中国特色的现代化学校美育体系。形成这一体系有助于补齐我国教育体系中的美育短板，加强美育与德育、智育、体育、劳

---

① 郭声健．以美育《意见》为行动指南 推进学校音乐教育改革发展．中国音乐教育，2021（1）．

动教育的融合，推进我国德智体美劳五育并举、全面发展。此外，广大人民群众美学素质的提升将进一步增强全社会对学校美育培养的认同，由学校美育扩展到家庭美育、社会美育，形成全民族美育的格局。随着人民群众审美追求与人文素养的提升，人民群众对文化产业、文化活动的需求也相应增加。广大人民群众将更加广泛地投身到国家文化产业建设中，形成全社会推进中华优秀传统文化创造性转化、创新性发展的合力，推动人人成为传播中国特色社会主义先进文化的使者，增强文化自信，讲好中国故事，彰显中国之美①。

三、学校美育评价的原则

（一）发展性原则

学校美育评价的主要对象是学生，应该坚持人的全面发展原则，“育人为本”的原则，只有立足于人的全面和谐发展，才能把审美和教育有机结合起来，才能保证美育评价的正确进行。其次，美育评价的根本在于改变应试教育引起的不良反应，以及因应试教育导致的美育功能缺失，其主要是促进学生艺术素质和综合素养的提升，促使学生核心素养的形成，提升学生的竞争能力，为新时代培养有用的全面人才，进而提升综合国力。因而在开展美育评价时，应该以发展的眼光看待评价对象，尤其是从促进学生发展、人类未来发展的角度去思考。

（二）科学性原则

开展学校美育评价应当遵循科学性原则，遵循不同阶段学生的身心发展规律，遵循不同学科如美术、音乐学科教育的基本规律，充分体现学科的性质和价值。其次，由于美育的特点，其育人的成效很难用传统的方式去进行评价，又由于不同个体之间存在审美和个性特点的差异，不同地区、学校之间教育资源、文化、经济等存在差异，不能采用“一刀切”的方式开展美育评价，应该充分科学地考虑各类差异，因地制宜科学地采用多种方式开展美育评价。

（三）操作性原则

中共中央办公厅、国务院办公厅于 2020 年印发的《关于全面加强和改进新时代学校美育工作的意见》明确了美育学科核心素养为文化理解、审美感知、艺术表现、创意实践等四个方面。很显然，这四个方面的核心素养都是难以通过传统的纸笔考试方式来对学生进行考核评价的，必须通过实践性、体验性的内容与方式来进行评价，重点考查学生参加艺术实践活动的态度、兴趣、爱好、特长、创意及艺术技能掌握情况，考查学生的审美情趣、审美品位、艺术鉴赏能力、文化理解能力等，特别是考查学生在真实审美生活情境中解决实际问题的能力。这就要求开展美育评价应当遵循可操作性的原则，根据艺术课程的特征，测评和考试要体现形象性、直观性、交互性、艺术性，测评指标、

① 咸国军．新时代高校美育评价体系建设探析．上海教育评估研究，2021，10（4）．

考试方式要清晰明了，便捷易行，充分发挥现代教育技术的优势，让测评考试内容有美、有趣，特点突出，手段灵活，技术高效，真正体现素质教育的基本要求。

四、学校美育评价的内容

“评什么”是关于美育评价的内容方面的问题，学校美育评价应当包括学生的“学”（学生艺术素质和美育效果）、教师的“教”以及涉及美育的管理、学校环境等各个方面。2015 年《国务院办公厅关于全面加强和改进学校美育工作的意见》、中共中央办公厅和国务院办公厅于 2020 年印发的《关于全面加强和改进新时代学校美育工作的意见》以及教育部研制的有关美育评价实施办法都明确了有关评价的内容。此外，2014 年 1 月出台的《教育部关于推进学校艺术教育发展的若干意见》，提出要建立中小学学生艺术素质评价制度、学校艺术教育工作自评公示制度、学校艺术教育发展年度报告制度等三项学校美育评价制度，对美育评价的内容做出明确的说明。依据国家美育评价政策，美育评价按照对象可以划分为中小学美育评价、高校美育评价、美育督导评价、美育问责评价①。

（一）中小学美育评价

2020 年，中共中央办公厅、国务院办公厅印发的《关于全面加强和改进新时代学校美育工作的意见》（简称《意见》）提出要“把中小学生学习音乐、美术、书法等艺术类课程以及参与学校组织的艺术实践活动情况纳入学业要求，探索将艺术类科目纳入初、高中学业水平考试范围。全面实施中小学生艺术素质测评，将测评结果纳入初、高中学生综合素质评价。探索将艺术类科目纳入中考改革试点，纳入高中阶段学校考试招生录取计分科目，依据课程标准确定考试内容，利用现代技术手段促进客观公正评价”。其中对学校的评价，在《中小学校艺术教育工作自评报表》中评价内容包括“艺术课程、艺术活动、艺术教师、条件保障、特色发展、学生艺术素质测评”六个主要的方面，《中小学校艺术教育发展年度报告》重点反映艺术课程建设、艺术教师配备、艺术教育管理、艺术教育经费投入和设施设备、课外艺术活动、校园文化艺术环境、重点项目推进，以及中小学实施学校艺术教育工作自评制度等方面的情况。对学生的评价，在《中小学生艺术素质测评指标体系（试行）》中评价的内容包括课程学习、课外活动、基础知识、基本技能、校外学习、艺术特长六个主要的方面。

《义务教育艺术课程标准（2022 年版）》中指出艺术教育要坚持以美育人。以习近平新时代中国特色社会主义思想为指导，以落实核心素养为主线，引导学生积极参与各类艺术活动，感受美、欣赏美、表现美、创造美，丰富审美体验，学习和领会中华民族艺术精髓，增强中华民族自信心与自豪感；了解世界文化的多样性，开阔艺术视野。充分发挥艺术课程在培育学生审美和人文素养中的重要作用。

---

① 郭声健，刘珊．国家美育评价政策：背景、内容与原则．湖南师范大学教育科学学报，2021，20（3）．

（二）高校美育评价

《意见》要求“高等教育阶段将公共艺术课程与艺术实践纳入学校人才培养方案，实行学分制管理，学生修满公共艺术课程2个学分方能毕业”，并提出“把美育工作及其效果作为高校办学评价的重要指标，纳入高校本科教学工作评估指标体系和‘双一流’建设成效评价”。

（三）美育督导评价

《意见》提出“健全教育督导评价制度，把政策措施落实情况、学生艺术素质测评情况和支持学校开展美育工作情况等纳入教育督导评估范围。完善国家义务教育美育质量监测，公布监测结果”。

（四）美育问责评价

《意见》明确提出“对政策落实不到位、学生艺术素质测评合格率持续下降的地方政府、教育行政部门和学校负责人，依规依法予以问责”。

第二节　学生美育评价的指标体系

一、国外学生美育测评体系介绍

美育的“测评”是指通过测验及多种方式对学生美育学习的效果做系统考查，以评量美育教学内容和手段的成效，故统称为“测评”。其中审美智能概念已广泛运用于国外美育与艺术教育领域。目前西方学界把审美智能的概念界定为儿童艺术能力发展过程中的智能基础，包括了儿童在构图、色彩、想象力等方面的掌握能力。审美智能概念最初由美国心理学家诺曼·梅尔于20世纪30年代初提出。审美智能概念从诞生之初便与审美与艺术的学习紧密相关。当代对其较为清晰的界定来自英国艺术教育家阿布斯，他认为审美智能的培养是美育的重要内容：“审美既涉及感知，也涉及情感。因此，审美智能教育必须关注将感知（sensation）和感受（feeling）发展为通常所说的感性（sensibility）”①。21世纪以来，这一概念逐渐成为西方美育和艺术教育讨论中的常见概念。与此同时，近几十年的心理学与认知科学研究则发现，智能并不只是逻辑、认知和记忆方面的能力，人类的生存与生活中存在着丰富的智能类型，除了人们耳熟能详的智商、情商，还有运用于跨文化情境中的文化智能，运用于实践中的实践智能等。下文将以国际上比

---

① 阿布斯认为根据词源与使用历史来看“审美”指涉了三层含义：（1）感知：指在感知层面所感；（2）感受：指在心灵和情感（affective）层面所感；（3）感性：指将知觉和情感层面的所感共同融合发展的辨别力与敏感性。参见：Peter Abbs. Aesthetic education：an opening manifesto//Peter Abbs. The symbolic order：a contemporary reader onthe arts debate. Abingdon：Taylor & Francis Group，2005：3.

较成熟的美育测评体系为考察样本，着重梳理与分析不同体系中的测评维度，以探索美育测评中的基本维度。此处选择的五个测评系统分别是：美国《艺术教育评估框架》(Arts Education Assessment Framework，2016)、英国中等教育普通证书（General Certificate of Secondary Education，GCSE）中的“艺术与设计”科目评估框架、加德纳专为艺术教育评估研究发起的“艺术推进”（Ats Propel）项目、国际文凭课程中的艺术评估体系、匈牙利国家核心课程（Hungarian National Core Curriculum）中的美育评价设计。五套测评体系所针对的学习阶段各异，整体覆盖了从义务教育到大学入学阶段的美育，艺术教育学习，了解与整合不同阶段的美育测评体系，既能实现对美育测评维度的广泛考察，又有助于构建能实现美育教学延续性的测评框架[①]。

美国《艺术教育评估框架》包括了对舞蹈、音乐、戏剧与视觉艺术四种艺术的评估，该体系提出了几个最基本的维度：创作、操演、阐释和反应。具体内容包括：学生应该获得关于艺术的知识和理解，包括作品的个人、历史、文化和社会背景；他们应该获得感知、技术、表达和思维、反思的技能。这两方面的内容在每个艺术学科中都可以找到[②]。知识与理解、感知、技术、表达、思维、反思乃是美国《艺术教育评估框架》中的测评基本维度。

英国 GCSE 体系是适用于英国所有中学生的课程与测验体系，学生要学习其中的必修课程与一定数量的选修课，并通过相应的考试。“艺术与设计”是选修的大类之一，其具体评估目标为：（1）通过调查发展思想（develop ideas），展示对资料的批判性理解；（2）通过探索方法，选择和尝试适当的媒介、材料、技术和工艺以完善作品；（3）随着工作的进展，记录与目标相关的想法、观察和见解；（4）呈现个人化的、有意义的反应，实现目标并展示对视觉语言的理解。评估目标包括了以下基本维度：批判理解、创作、实践、技术、自我反思和知识与理解[③]。

加德纳领导的“艺术推进”项目，旨在研究艺术教育的测评问题。该项目主要考察艺术制作（production）、艺术感知（perception）与艺术反思（reflection）三大能力。在具体评估设计中还有以下要求，如“技巧，学生是否能够掌握此领域的基本技术和原则；追求，学生经过认真思考，对作品进行创造性的修改，可作为他们持之以恒从事这项工作能力的证据；创新，学生以创造性的方式解决问题、进行试验和运用工具冒险的能力，自己提出问题并解决它的能力；表达，即学生在作品（或音乐演奏中）表达思想或感情的能力”[④]。总括起来，该项目的评估维度囊括了制作、感知、反思、技巧、追求、创新

---

① 国内关于美育与艺术教育的关系时常处于讨论之中，但欧美主流国家以艺术教育命名的教育体系（通识教育方向），许多都与我国美育的育人诉求指向一致，这一点可以从各个艺术教育体系的设计理念、课程标准和测评方案中看出。同时，艺术教育作为美育的主要路径之一，其测评方式对于美育的测评设计具有奠基性。因此本研究并未将过多的关注点放在不同教育体系的名称辨析上，而更关注名称之下的内核，将具有影响力的测评体系囊括于此，为我国的美育测评服务，无论它们是被称为美育或艺术教育。

② National Assessment Governing Board U. S. Department of Education. 2016 arts education assessment framework. Washington，D. C：Council of Chief State School Officers，2016.

③ CSE art and design scheme of assessment. https：//www. aqa. org. uk/subjects/art- and- design/gcse/art- and-design-8201- 8206/scheme- of- assessment.

④ 加德纳．多元智能新视野．北京：中国人民大学出版社，2008.

和表达。

国际文凭课程是由位于瑞士日内瓦的国际文凭组织（the International Baccalaureate Organization，IBO）在世界范围内组织和管理的课程体系，是目前国际上最前沿且接受范围最广的教育体系之一。布顿认为IBO的艺术教育模式代表着欧洲最特别和先进的思路，值得各国学习与借鉴。IBO艺术选修项目可细分为舞蹈、音乐、电影、戏剧与视觉艺术，不同门类的课程与评估逻辑基本一致，这里以视觉艺术为样本一窥其评价维度。视觉艺术评估标准包括："富有想象力和创造力的思维和表达方式（30%），研究的持续性（15%），技术技能（15%），了解所选用媒介的特性和功能（15%），对设计基础理解（15%），自我成长和发展评估（10%）。"IBO测评的基本维度可概括为：想象力与创造力、研究持续性、技术、知识与理解、自我认知与反思。

虽然多数国家都以"艺术教育"统称美育与艺术教育，但匈牙利和我国一样，仍坚持使用美育之名。匈牙利的国家核心课程中明确提出美育的教学目标是培养学生的审美意识和审美表达能力，包括了审美感知的欣赏能力和创造性表达。审美意识和审美表达能力的培养又以知识、技能和态度为基础。知识包括艺术品的语境，当代文化与相应表现形式；技能是指艺术表达、分析、表演和交流能力；态度则是指要培养学生积极和开放的态度；并主动通过参与艺术和文化活动丰富自我认识①。匈牙利的测评体系包括了：知识与理解、表达、技能、感知、创造性、审美态度与自我认识七个维度。通过对五套测评体系的归纳、总结和提炼，可将各体系所涵盖的维度进行总结，如表15-1所示，为了将各维度涵盖在内，表格使用了相近概念合并的方法。

表15-1 欧美五个美育（艺术教育）体系测评维度

		评估维度							
		创造力（创造/想象/创意）	表达	知识与理解	技能/技术	批判反思与自我认知	感知	追求（持续性）	审美态度与审美情感
评估体系	美国《艺术教育评估框架》	√	√	√	√	√	√	×	×
	英国GCSE	√	√	√	√	√	×	×	×
	"艺术推进"	√	√	√	√	√	√	√	×
	国际文凭课程中的艺术评估体系	√	√	√	√	√	×	√	×
	匈牙利美育评价	√	√	√	√	√	√	×	√

二、国内学生美育评价指标体系介绍

国内学生美育评价指标体系是指依据普通中小学艺术课程标准和中等职业学校公共艺术课程教学大纲，研制学生艺术素质评价标准、测评指标和操作办法，对中小学校和

① Hungarian national core curriculum (abridged version). http://www.nefmi.gov.hu/english/hungarian-national-core.

中等职业学校学生进行艺术素质测评的一套标准体系。2015年各地开始对中小学校和中等职业学校学生进行艺术素质测评，艺术素质测评纳入学生综合素质评价体系以及教育现代化和教育质量评估体系，并将测评结果记入学生成长档案，作为综合评价学生发展状况的内容之一，以及学生中考和高考录取的参考依据。

中小学美育评价指标体系的内容遵循美育特点与学生成长规律，以艺术课程为主体，以各学科相互渗透融合为课程评价原则，十分注重校园文化环境的育人作用，注重整合与分配学校与社会的美育资源，实施美育实践活动课程化管理，全方位地保障了学校美育的健康发展。其中，美育评价指标体系的内容主要包括以下几个方面：课程学习、课外活动、基础知识、基本技能、校外学习、艺术特长（加分项）（见表15-2）。表15-3为中小学校艺术教育工作自评报表的一部分①。

表15-2 《中小学生艺术素质测评指标体系（试行）》

一级指标	二级指标	指标内容	分值
基础指标	1. 课程学习	音乐、美术等艺术课程学习的出勤率、参与度和学习任务完成情况	25
	2. 课外活动	参加学校组织的艺术兴趣小组、艺术社团和各类艺术活动的表现	15
学业指标	3. 基础知识	理解和掌握音乐、美术等艺术课程标准要求的基础知识的情况	25
	4. 基本技能	掌握和运用音乐、美术等艺术课程标准要求的基本技能的情况	25
发展指标	5. 校外学习	自主参加校外艺术学习、参与艺术实践的情况（主要指参与社区、乡村文化艺术活动，学习优秀的民族民间艺术，欣赏高雅的文艺演出和展览等）	10
	6. 艺术特长（加分项）	在学校现场测评中展现的某一艺术项目的特长（包括声乐、器乐、舞蹈、戏剧、戏曲、绘画、书法等）	10

表15-3 《中小学校艺术教育工作自评报表》（部分）

中小学校艺术教育工作自评报表

______省（区、市）______市

学校名称（公章）：____________ 联系电话：____________

学校类别：□普通小学； □普通初中； □普通高中； □完全中学； □职业高中；
□九年一贯制学校； □十二年一贯制学校

教学班总数：小学______个；初中______个；高中______个

在校学生总数：小学______人；初中______人；高中______人

专任教师总数：小学______人；初中______人；高中______人

自评项目	自评内容	自评记录	自评得分	存在的主要问题	改进措施
艺术课程（30分）	按照国家要求开齐开足上好音乐、美术等艺术课程。利用当地教育资源，开发具有民族、地域特色的艺术课程，推进教学改革，提高教学质量	音乐：____课时/周； 美术：____课时/周； 综合艺术：____课时/周； 地方/学校艺术课程：____课时/周，列出课程名称________			

① http://www.moe.gov.cn/srcsite/A17/moe_794/moe_795/201506/t20150618_190674.html.

目前，我国各地市也在积极开展学校美育评价工作。以泉州市为例，泉州市打造构建了“扬帆美育促进中心”，利用信息技术手段，对学生美育水平进行测试，达到以测促教、以测促学、全面提升学生艺术素养的目的，推动学校美育教育工作的开展，让更多的学生感受美、发现美、认识美、抒写美，形成独特的品位与格调，为培养德智体美劳全面发展的社会主义建设者和接班人进行有益的实践与探索。

第三节　中小学美育评价的方法

评价是检验、提升教学质量的重要方式和手段。要充分发挥评价的诊断、激励和改善功能，促进学生发展。评价涉及学习态度、过程表现、学业成就等多方面，贯穿美育的全过程和艺术教学的各个环节。

一、中小学美育评价的基本方向

坚持素养导向。围绕核心素养内涵、课程总目标和学段目标，依据课程的内容要求、学业要求和学业质量标准，进行全面、综合的评价，既要关注学生掌握艺术知识、技能的情况，更要重视对价值观、必备品格、关键能力的考查。

坚持以评促学。倡导评价促进学习的理念，关注学生真实发生的进步，捕捉、欣赏、尊重学生有创意的、独特的表现，并予以鼓励，不断加深学生的艺术体验，引导学生发现自己的艺术潜能，合理运用评价结果改进学习，发展自己的艺术特长。

重视表现性评价。围绕学生艺术学习实践性、体验性、创造性等特点，注重观察、记录学生艺术学习、实践、创作等活动中的典型行为和态度特征，通过作品展示、技艺表演等形式，对学生艺术学习情况进行质性分析，同时兼顾其他评价方式的应用。注重引导学生对自己的学习历程进行写实记录，丰富评价内容，提高评价的全面性、准确性。

坚持多主体评价。充分发挥学校、教师、学生、家长等不同评价主体或角色的作用，形成多方共同激励的机制，增强学生学习艺术的动力和信心。

二、中小学美育评价的基本环节及方法

课堂评价是美育教学的有机组成部分。教师应面向全体学生进行评价，评价内容包括学生在学习过程中的行为表现、学习态度、课堂学习阶段目标的达成情况等方面。通过观察、提问、交流、记录等方式，了解学生在欣赏、表现和创意实践等过程中的学习进程、行为表现，分析、把握学生的学习态度、学习体验、学习困难，给予必要的指导。评价反馈应注重即时性、生成性、针对性，以鼓励为主，激发学生的积极性，同时指出存在的问题，帮助学生改进学习。

作业评价作为美育课堂教学的有效延伸与补充，是促进学生学习发展的手段之一，

是学习评价的重要组成部分。作业设计应注重素养立意，体现开放性、情境性、整合性，难度合理，类型多样，可包括独立完成型与团队合作型、书面型与活动实践型、巩固练习型与创意实践型，也包括共性化作业与个性化作业。作业评价既要关注结果，如实物作品、视听表演、数字化编创作品等，也要关注过程，如方案策划、素材收集、创意构思等。在整体把握作业质量的基础上，进一步对作业要素或组成部分进行单项分析。依据作业意图，确定作业评价侧重点，可注重统一要求，也可注重创意表达，处理好两者之间的关系。综合运用质性分析和量化评定，要重视书面或口头反馈，发挥评价的引导、激励作用。

期末评价应立足于对学生艺术素养发展状况进行全面评定，应包括课堂评价、作业评价和期末考核的结果。其中，期末考核要依据本学期的课程目标、内容、教学实际组织实施，注重采用具有综合性的题目或任务，可运用表演、展示、纸笔测试、档案袋等方式。

评价结果可以采用分项等级制和评语相结合的方式呈现，避免单纯以分数评价学生。评语要简练、中肯、有针对性，以便学生准确了解自己的表现和结果，并知道今后的努力方向。针对不同学生的特点，对评价结果要做个性化、发展性的解读。注重运用学生评价结果反思、改进教学。

以美术教学评价为例，美术教学评价的主体是多样化的，根据评价者身份的差异可以有学生自评、学生互评、教师评价、社会群体评价等多元化的评价方式。而评价角度、方法的差异也会造成评价结果千差万别，使评价结果更全面、客观，最大限度地发挥评价对整个教学的促进作用。因此，要改变以往单纯重视以教师为中心的结果性评价方法，加大对学生自评和互评等综合评价方法的研究和应用。自我评价有利于学生主动巩固美术知识和提高劳动技能，但是评估准确性不高，可能有失偏颇。相对于自我评价，学生互评可以激起学生的团结友爱精神，提高他们的学习主动性，促进他们养成谦虚好学的良好学习态度。教师评价的专业性强和准确度较高，起到核心的引导作用。社会群体包括学校管理者、家长、社会民众等，他们的评价各有特点，如校长的评价更具权威性，但因缺乏对学生美育细节的了解，不能起到针对性作用；又如家长的评价可给教师和学生提供参考，但可能带有强烈的主观色彩，或缺乏专业性等。每个群体的教学评价各有利弊，只有将之有机整合，充分发挥其合力，才能使评价最优化。

还可以采用美术学习档案袋的方式，将档案袋评价作为学生自评和教师评价的依据，学生可以此全面地审视自己的成长和不足，教师可以此评价学生的学业。美术学习档案袋评价方式不是单纯地评价作业质量，也强调通过观察、记录和分析学生的美术学习行为，对其情感体验、意识活动、习惯态度、操作技能等进行全方位的综合评价。如对情感体验的考查应注重审美意识的培育，使学生在欣赏美时感受美的愉悦。分析美术学习档案中透露的学生意识，可检视他们审美意识的形成情况，并给予相应评语，可以促使他们增强美的觉知力。美术学习档案袋评价方法的实效性较强，能使教师从学生成长足迹中洞悉问题，使评价结果富有时间维度的连贯性，把握学生的美术学习发展规律，突出评价的整体性与综合性。中小学美术教学评价方法依托于美术教学活动，立足美术课程，结合其课程特点探讨这些课程的多样化美术教学评价方法，最终丰富美术教学内容，提升教学水平。如下文美术课程的档案袋评价——单元课“马蒂斯的艺术”的例子。

美术课程的档案袋评价——单元课“马蒂斯的艺术”

初次与学生见面，笔者对学生进行了问卷调查。问卷设置有“你来自哪所中学？有什么兴趣爱好？对美术课有什么要求？”等问题。从学生反馈中，笔者了解到学生已有的兴趣爱好以及对高中时期美术学习的需求，也看到小汪等一些同学还没有进入美术学习的状态。这些信息将成为美术学习档案袋中的第一手资料。

（一）小汪制作美术学习档案袋

在教师指导下，小汪选择牛皮纸制作了一个属于自己的美术学习档案袋。在档案袋正面标有科目、姓名、年级、目录单等信息。

（二）小汪学习情况与资料积累

1. 第一课时

小汪与本组同学认真学习了老师提供的图片和文字资料，并按要求完成了一份学习单，记录了研习过程。

2. 第二课时

从美术语言角度赏析绘画作品《戴帽子的妇人》，加深了对马蒂斯艺术特点的理解。课后，小汪自发临摹了《戴帽子的妇人》。

3. 第三课时

对剪纸作品《国王的悲哀》展开赏析，小汪和同学们一起探讨了马蒂斯的色彩运用特色以及创作理念和技法。

4. 第四课时

围绕剪纸的创作技巧、创作内涵进行讨论，从东西方文化艺术的角度进行对比，发现东西方剪纸艺术的异同之处。

5. 第五课时

教师提出作业要求，运用剪贴技法创作一幅纸艺小品，要有学习单，能体现较完整的构思设计过程。小汪和小组同学根据学习单的提示展开学习。

6. 第六课时

小汪与同组学生进行创作并在课后提交了学习单和创作的作品。

（三）对小汪的档案袋进行评价

在“马蒂斯的艺术”这一主题单元的学习过程中，小汪在档案袋中逐步收集了一份体现研习记录的学习单、一张临摹作品、一张东西方剪纸艺术对比表和一份体现创作构思的学习单及一件剪贴画作品，构成了较为完整的学习情况证据链。

1. 小汪的自我评价

小汪在自我评价中写道：“对于创作作品，我更偏向于灵感，靠灵感描绘出来某一形象。我自认为这过于自由，可是大多数时间还是凭借这种方法。但在学习中，我也渐渐发现想要进行创作不能光凭灵感，有时必须确立主题、周密计划，不然在其过程中经常会毫无思绪，很难进行下去。我觉得这是我需要改进的一点。总之，追求完美是好的，然后还要增加自己独到的见解和创意。我对自己的作品的评价是还可以。”

2. 同伴互评

小汪和学习小组的成员从学习开始至结束，始终在一起，彼此之间最了解各自在学习中的真实表现情况。因此，同伴间的互评注重学习态度、合作交流、实践中探索的勇气以及创新的意识等比较隐性的指标，以达到相互学习、取长补短的目的。

3. 教师的评价

一个学期即将结束，教师须对学生的美术学习档案袋进行评价。首先，我在小汪的档案袋中补充了一份最初由小汪填写的问卷。有趣的是，通过对比，可以清晰地展现小汪对美术学习从兴趣不大到自发学习、主动学习的心理变化，这是最值得欣喜和深思之处。结合平时对小汪的关注和自评的情况，我给出评价等级和相应的评语，肯定小汪在美术学习上的显著进步。

资料来源：张肇丰，徐士强．教育评价的30种新探索．上海：华东师范大学出版社，2014：142-144.

本章小结

学校美育评价是指根据一定的标准对学生艺术素质（素养）与美育教学质量等方面进行测试和评估的活动过程，主要对美育的效果进行价值判断，即对学生艺术素质（素养）情况的评价。美育评价主要具备目标导向功能、反思功能、价值引领功能，须遵守美育评价的原则，选取合适的评价方法，对学生美育发展做出综合评价，以增强学生的感受美、欣赏美、创造美、表现美的能力。

思考题

1. 什么是学校美育？
2. 什么是学校美育评价？
3. 学校美育评价的意义是什么？
4. 构建中小学美育评价指标体系的基本原则有哪些？

拓展阅读：

微时评｜黄明：美育评价不在于标准统一．(2022-03-30) [2022-06-12]. http://www.cnarts.net.cn/cweb/news/read.asp?id=477923&kind=%EF%BF%BD%EF%BF%BD%EF%BF%BD%EF%BF%BD.

第十六章
增值性评价

本章提要

增值性评价作为一种较为新颖的评价方式，它为我国教育评价提供了新的思路和借鉴。长期以来，我国教育评价往往以原始分数绝对值的高低为标准，对学校教育效能做出判断。2020 年 10 月，中共中央、国务院印发的《深化新时代教育评价改革总体方案》提出了“坚持科学有效，改进结果评价，强化过程评价，探索增值评价，健全综合评价”的要求，揭开了新时代教育评价改革的序幕，“四个评价”为未来教育评价的发展及改革指明了方向。这是我国首次在政策文件中提及“增值评价”的概念。实施科学的教育评价方法是我国教育改革逐渐走向深化的必然要求。增值性评价作为新近发展起来的一种教育评价方法，它实现了关注点的变化，保证了更加公平的比较，与绩效责任紧密相连，并且具有诊断性功能。增值性评价逐渐进入大众视野，并在教育评价体系中得以广泛应用，因此我们有必要对增值性评价的发展历史、评价主体、利弊以及如何改进等方面进行了解和反思，最终推进增值性评价在我国的实际应用与发展。本章主要对增值性评价的定义、方法和应用进行了介绍与探讨。

第一节　增值性评价概述

一、增值与增值性评价

增值性评价最早起源于经济学中增值（value-added）的概念。“增值”指的是实现等价的财务节约或收益，并非仅基于单位价格的变动，指的是相对价格的提高。它要求在评估“产出”（output）时考虑“投入”（input）的多少，即投入（原材料、能源）和最终产品销售价格之间的差距。学校增值性评价借用了经济学观点，对“增值”一词的解释有两种表述形式：一种为“成绩说”，另一种为“全面说”。

（一）“成绩说”对增值的定义

“成绩说”认为，“增值”是指学生成绩连续年度比较后的变化。其代表人物有特克维、莫蒂默、桑德斯等。特克维等人指出，“增值”是用来标注评价学校或教师表现的方法，它测量单个学生连年知识的进步，并作为学校绩效评价系统的基础，也可以指任何矫正入学知识或能力的评价方法①。

莫蒂默认为，有效能的学校就是“能够使学生的实际进步大于根据其起点水平做预测所应该获得的学习进步的学校，这个‘大于’或‘增值’是指对学生的学习背景和前期学习成就做出合理预测基础上的增加值，它完全是由学校教育作用产生的②。

学界更倾向于将“增值”定义为学生个体一段时间先后成绩进步的幅度增量的比较，但这种界定也遭受到了批评：仅关注到代表知识技能内容的学生学业成绩的增值，而忽略了学生其他方面技能的数据评价，如社会技能、民主管理技能等，窄化了学校教育内涵。

（二）“全面说”对增值的定义

“全面说”认为，“增值”是学生智力、社会和情感领域的进步。“增值”评量的概念是建立在学校可以增加“价值”到其学生的学习成就的假设上，以及基于测量学生在某一段时间内的学习进步。它通常指认知方面，也可适用于非认知表现。OECD的概括比较全面和具体：“在考虑学生社会经济地位、家庭背景和先前学习的同时，应在一个广泛范围的智力、社会和情感方面促进学生的进步。”③

还有学者以学生“输入”“输出”统一变量指标变化界定增值。例如，荷兰著名学校效能研究学者序润斯认为，“增值”就是学生各方面素质在输出与输入对比时产生变化的部分。总的来说，“全面说”对增值的定义可以简单概括为：相对于起始阶段，学生经过学校的教育后各方面素质增长的情况④。

对“增值”定义的不同也带来了增值性评价价值取向的不同。目前国内对增值性评价的应用主要集中在对于学生成绩增量的数据研究中，对于全面性综合素质的评价模式及评价方法还有待完善。

二、增值性评价的定义

在我国教育评价领域，对学校和教师的评价多是一种终结性评价，即以学生测验成绩的均值为标准进行评价。这种单一的评价方法反映的信息并不准确，已受到各方面的批评。为更加科学和准确地评价学校和教师的效能，教育评价领域迫切需要一种

---

① An empirical comparison of statistical models for value-added assessment of school performance. Journal of educational and behavioral statistics. 2004，29 (1).

② P. Mortimore. The road to improvement：reflections on school effectiveness. New York：Routledge，1998.

③ 托马斯，彭文蓉．运用“增值”评量指标评估学校表现．教育研究，2005 (9).

④ 汤林春，梁玲玲．学校效能评价的尝试．上海教育科研，2005 (4).

新的评价方法。因此，增值性评价应运而生，成为教育评价领域逐渐兴起的一种新评价方式。

在教育评价领域，增值性评价是指通过追踪研究设计，收集学生在一段时间内不同时间点上的标准化测验成绩；基于学生自身测验成绩的纵向比较，并考虑其他不受学校或教师控制的因素对学生成绩的影响（如学生的原有成绩水平、人口学因素、家庭背景信息以及学校周围地区的经济发展水平等），使用多水平模型对数据进行统计分析，可以将上述因素对学生成绩的影响与学校或教师对学生成绩的效应分离开来，追踪学生在一段时间内学业上的变化，考察学校或教师对学生学业成绩影响的净效应，进而实现对学校或教师效能较为科学、客观的评价。简言之，增值性评价法是指排除学校和教师控制之外的影响因素，准确估算教师或学校对学生年度学业成绩进退步的具体影响程度的数据统计和分析方法。综合上述学者的研究，笔者认为，增值性评价指的是在接受一段时间学校教育后，学生各方面素质进步程度的差异性价值判断，它强调评价各维度指标的一致。

三、增值性评价的特点

（一）实现了关注点的变化

教育评价中，最常用的评价方式是使用学生成绩原始分数的平均分或升学率作为评价指标，确定学校或教师的工作是否有效。有研究发现，使用原始分数作为评价学校或教师效能的指标是不准确的，甚至会有误导作用。此外，这种评价方式导致人们过于关注考试的结果，过分关注少数尖子生的培养，忽视了大多数学生的发展，损害了教育过程中的公平性。而增值性评价则是基于每个学生的进步来计算学校或教师对学生学业增长的影响，这样就使学校和教师的关注点从个别学生身上转移到更加实质性的问题——每个学生的进步状况如何。

（二）保证了更公平的比较

增值性评价将每个学生的当前成绩与过去成绩进行比较，关注学生的进步和成长，而不是学生成绩的绝对水平，从而改变了以往将学生的学业成绩与平均值或任意制定的标准进行比较的做法。由此对学校或教师效能的评价都是基于学生的进步或增值，这一评价标准的确立，实现了教育评价过程中比较的公平性，有利于激发生源质量差的学校促进学生进步的动力。

（三）与绩效责任紧密相连

问责制目前已成为各个国家进行学校效能研究的主要方面，它要求使用学生标准化测验的成绩作为评价对象，以使教育对学生的学习成果负责。评价是问责制的重要组成部分，评价的科学性直接关系到问责制实施的效果。增值性评价本身的特点，为问责提供了一个良好的评价框架，能够提供对学校和教师更为公平的考察。

（四）具有潜在的诊断性功能

单纯的增值性评价不能识别学生成绩差的原因，但是增值性评价是基于追踪设计的研究，因此它能够根据详尽的数据描述识别出学生的成功与失败之处，这将成为学校和教师发现问题做出决策的起点。此外，利用增值性评价的信息，可同时为教师提供形成性评价和终结性评价的信息，从而为教师的自我提升提供依据。

（五）能够满足所有学生的需要

增值性评价的基本理念是学校和教师应该保证所有水平的学生都以相同的速率取得学习上的进步，即每个学生在一年内的学业增值幅度应当相同。这就要求学校和教师不能只关注成绩好的学生，而要兼顾所有学生的发展和进步。根据每个学生的需要，采取相应的教学措施，从而促进每个学生的进步，满足所有学生的需要①。

四、增值性评价的意义

增值性评价的产生由来已久，早在 20 世纪 70 年代左右美国便出现这一概念。在美国的《不让一个孩子掉队法案》中，增值性评价成为一种辅助性的保障机制，也逐渐成为美国教育问责机制的一个组成部分。增值性评价强调的是学生学习的过程，关注学生在一定时期内增长的价值，即在学业、综合素质、品德等各方面的成长。它摒弃了过去只看重教育结果，忽视教育过程的弊端，更加科学公正地评价学校的效能和教师的绩效水平，有利于促进学生自我学习、自我修正、自我提高，调动学生的学习积极性，引导学生独立思考，增强学生的自信心。因此，增值性评价作为一种新兴的教育评价方式，相比传统的评价方法，具有以下几点意义：

第一，“增值”实现了由终结性评价法到发展性评价法的转变，更注重学校教育对于学生成就增幅的意义。

第二，增值性评价是一种理念，它重视每个学生个体的发展，关注学生之间的差异，强调学生各方面素质发展目标差异性，体现了学生发展的过程，是一种较全面、科学、可取的观点。

第三，增值性评价是一种标准，是对学校教育作用于学生的增值发展的价值判断，是对学生自身成就进步幅度大小的衡量。

第四，增值性评价是一种方法，它侧重量化数据，但也兼顾质性内容，它既重视形成性评价方法的运用，也兼顾到鉴定性评价方法与终结性评价方法。

对于传统的教育评价而言，增值性评价无疑是一个突破，它冲破了“唯分数论”的桎梏，彰显了以人为本的教育理念。由于学生的学业成绩容易量化，而学生的综合素质等内容难以界定，所以目前的增值性评价主要是指以学生的学业成绩为主要指标，以统计模型和数据为根本支撑，通过追踪研究设计，收集和比较学生一个时期内前后成绩的

---

① 辛涛，张文静，李雪燕．增值性评价的回顾与前瞻．中国教育学刊，2009（4）．

增长量，通过学生增加的价值来评判学校和教师的努力程度。其间，将学生先前的测验成绩和其他教师无法左右的因素作为控制变量，只考量教师这个“净因素”的影响。有国外学者将增值性评价比喻成“不完美的灵药”。然而我们在使用这种评价方式时还需要注意模型的使用、评价指标的选择、遏制不良的教学现象等问题。这剂“灵药”是否完美，还需要我们去探讨。

第二节　增值性评价的应用

根据评价主体的不同，增值性评价主要应用于以下几个方面的评价：学生增值性评价、教师增值性评价和学校效能增值性评价。

一、学生增值性评价

（一）学生增值性评价的缘起

我国长期以来对学生的学习评价较少关注学习起点以及投入因素的影响，忽视了学生的主观努力与实际的进步幅度，导致我国教育中的“片面追求升学率”和“高分低能”、学生的学习时间投入与产出不相匹配的现象。传统的学生评价逐渐疏离了评价的初衷，与教育的本真目的渐行渐远，与当前我国提出的素质教育要求、“破五唯”要求等格格不入，因此，必须对我国教育评价制度尤其是学生评价进行改革和创新，改变传统的终结性学生评价，更加注重学生评价的过程性和发展性。

在教育评价领域使用增值性评价，始于美国，最初也是针对教师评价改革而提出的。传统的学生评价有标准学业测试法、诊断性评价、形成性评价和总结性评价等，它们只关注学生的学业成就如何，对学生学业进步状况并不关心。但是越来越多的人想知道通过几年的学校教育，学生的进步状况到底如何，因此，学生增值性评价应运而生。

（二）学生增值性评价的内涵

与传统的学生评价相比，学生增值性评价不仅关注学生的最后考试成绩，而且还将学生原有的知识、技能等纳入评价的范围。素质教育追求学生全面发展，因此，学生增值性评价同样关注学生在学习过程中的知识与技能、过程与方法、情感态度与价值观的发展。

第一，学生增值性评价是一种理念，它重视学生各方面素质的全面发展，体现了学生发展的过程，兼顾到学生个体的差异，是一种较全面、科学、可取的观点。第二，学生增值性评价指标实现了由狭隘的对学生成绩变化的衡量向学生各方面素质进步的转变。第三，增值是一种标准，增值性评价是对学生接受一段时间学校教育后各方面素质进步程度差异性的价值判断。第四，增值性评价关注过程，强调“输入-过程-输出”整个学生评价的过程。第五，增值性评价目标关注到学生基础性差异是一种差异性判断。

综上，学生增值性评价是一种以学生的起点水平与学习结果为具体参照，旨在观察学生的成长过程，以学生的进步幅度为评价学生的标准，融合了发展性评价和总结性评价的学生评价方式。

（三）学生增值性评价的核心理念

1. 以学生的“进步”为评价标准

以学生的“进步”为学生增值性评价的标准，是学生增值性评价的本质要求。通过学生的先前基础和最终结果分析学生在一段时间内学业的变化情况，而不仅仅关注学生的最终学习效果，实现“不比基础、比进步”。

2. 以学生的“发展”为评价目标

以学生的“发展”为评价目标是指学生增值性评价的目标旨在促进学生的全面发展，促进学生德智体美劳等各方面的发展。而全体学生的原有基础是参差不齐的，增值性评价要求教师充分尊重学生间的个体差异，充分发挥学生各自的特长，努力促进全体学生的发展。

3. 以科学的评价模型为评价媒介

实施学生增值性评价需要对学生数据或信息进行统计分析，以得到学生增值性评价的结果。最常见的分析模型有概要分析、线性回归分析、多水平分析。

（四）学生增值性评价的主体及标准

学生增值性评价的主体不仅是指由谁来考评学生，更重要的是谁有资格和能力参与和实施学生评价的问题。实施学生增值性评价需要多元的评价主体参与，同时对不同的评价主体也有相应的要求①。

1. 评价主体多元化

第一，学生增值性评价以学生一段时间内各方面的“进步”作为增值标准，这就需要学生、教师、家长、社会等树立学生增值性评价观。第二，学生各方面的“进步”数据需要学生、家长、教师等共同提供并确保信息的真实性。第三，学生增值性评价的实施需要学生、教师、家长和评价人员相互沟通，长期坚持搜集学生增值性评价的相关数据。

2. 学生是学生增值性评价的重要主体

学生增值性评价的目的是促进全体学生的全面发展。学习成绩不应是评价的唯一依据。在实施学生增值性评价的过程中需要学生提供各方面的资料，所以在实施学生增值性评价的过程中，学生不仅是对象还是重要的评价主体。

3. 教师是学生增值性评价的关键主体

教师既是评价者又是执教者。首先，我国增值性评价还处于探索阶段，教师担任着确定学生增值性评价理念、评价内容、搜集评价信息、整理和分析相关信息、反馈评价结果的任务。其次，教师能将教学目标与评价目标统一起来，充分发挥增值性评价的发

---

① 李玉芳．多彩的学生评价．北京：教育科学出版社，2009：77.

展功能，既提高教师的教学水平，也促进学生的进步。最后，教师相对了解学生在起点、智力、个性等方面的差异，能够使得评价更真实客观，从而实现评价的时效性。

4. 评价主体须具备增值性评价的素质

评价主体所具备的素质包括对理念的深入理解，实施步骤的熟练掌握，对学生的持续关注，配合与调动其他评价主体的能力，对评价数据的收集、处理与运用能力，对评价结果的解释能力等。

（五）学生增值性评价的内容

学生增值性评价同样属于学生评价的范围，两者之间存在共性。学生增值性评价不仅要重点关注学业成绩上的增值，更要全面关注学生在德智体美劳方面的增值。学生在德智体美劳上的增值性评价可以重点关注以下内容：

在德育增值性评价上，可以通过教师、家长、学生等评价主体对学生的道德认知、道德情感、道德习惯、道德行为等方面进行客观观察和记录，以评价学生在养成良好思想道德和行为习惯上的增值。

在智育增值性评价上，可以以学生在不同时间段的各学科学业成绩（主要评价学生对学科基础知识和基本技能的掌握程度）为主要增值性评价依据，同时关注学生学习能力的发展程度（主要评价学生通过学科学习后，认知能力、实践能力、创新能力的增值）以及学习心理品质的提高程度（在学习过程中学习兴趣、学习态度、学习方法、学习行为等的增值），形成过程性评价与结果性评价有机结合的增值性评价体系。

在体育增值性评价上，可以形成针对学生体育品德、体育健康知识、运动能力、健康行为、身体素质、运动习惯等方面的增值性评价体系，同时注重学生在身体形态、身体素质、运动技能等方面的增值。

在美育增值性评价上，可以评价学生在学习手工、音乐、舞蹈、戏剧、曲艺、美术、书法、影视、篆刻、摄影等校内艺术课程、活动或比赛中审美认识力、体验力、表现力、鉴赏力和创造力的增值。

在劳动教育增值性评价上，建立不同学段、不同年级的日常生活劳动、生产劳动和服务性劳动等系统化清单制度，通过清单的完成情况来评价学生在劳动情感、劳动认知、劳动态度、劳动兴趣、劳动习惯和劳动技能等维度上的增值。

学生增值性评价内容要保证均衡性，五育发展一方都不可偏废。在德智体美劳上有些方面增值可能不方便直接获得测量数据，但增值性评价重在强调学生的进步，所以也可以采取观察、记录等方式做质性的增值性评价，不要求必须采用数据进行量化分析。

（六）学生增值性评价的不足

1. 学生增值性评价内容缺少统一标准

一方面，当前学生增值性评价只应用于对学习成绩的评价，尚未关注到对学生德体美劳的增值性评价；另一方面，虽然我国之前就有对增值性评价的实践，但没有持续落实。其原因可归结为对增值性评价的标准没有明确规定，没有明确指出增值性评价的对象是谁以及如何具体落实。

2. 学生增值性评价数据收集难度大

学生增值性评价的数据既包括学科学业成绩等可直接量化的数据，又包括通过自评、他评以及观察记录等质性数据；既包括学生自身在德智体美劳方面进步的直接数据，又包括学生背景、学校信息等影响学生进步的间接数据。

3. 学生增值性评价结果运用受到限制

学生增值性评价可能会引起应试教育导向，我国目前已经开展的增值性评价研究大多以学生的学业成绩为主，关注学生在不同时间段的净效应。这种导向下的增值性评价可能导致学生、教师、家长更关心成绩，从而忽视了学生的全面发展。

4. 学生增值性评价模型复杂且难理解

学生增值性评价可供选择的模型很多且不同模型有各自的优缺点，并且大多不易理解。

二、教师增值性评价

教师增值性评价是一种起源于英美、目前已在一些国家和地区应用的教师评价新模式。这种评价模式借助统计模型，将教师对学生成绩进步的单独贡献分离出来，更加公平、精确，具有引导教师关注全体学生、促进教师专业化发展、缓和生源大战及促进教师资源合理配置等方面的优势，对促进我国教师评价改革有重要的参考价值。教师增值性评价助力于教育评价本质的回归与发展，使破除传统教师评价的瓶颈成为可能。

（一）教师增值性评价的产生

增值性评价在美国的产生经历了一个循序渐进的过程。1964 年美国詹姆斯·科尔曼（J. Coleman）教授带领一个研究小组收集了美国各地学生的数据，进行了美国教育领域所做的最大规模的调研。然后他们对这些调研材料进行了分析。1966 年，科尔曼向国会递交了《关于教育机会平等的报告》，这就是美国社会学史和教育史上著名的《科尔曼报告》。该报告指出：在众多因素的综合影响作用中，学校对学生学习成就的影响程度很低，仅能解释学生成绩变化 10%的部分，远远小于学生社会经济背景因素对学生成绩的影响程度①。该结果引发了人们对学校效能的讨论，到底什么是评定学校效能的依据，应该如何去判定学校效能，我们的学校教育究竟能不能促进学生的学业进步，因而教育评价领域引起了美国教育界的广泛关注。

在 20 世纪 70 年代，教育经济学家哈努谢克（Eric Hanushek）曾提出教师增值评价设想，他认为更好的、更有效的教师比普通的或低效的教师更能增加价值，因为前者的学生能学得更多更好。同时，哈努谢克还提出通过测量学生的学习所得来衡量其教师的效能的方法是可行的。而教育统计学家威廉·桑德斯（William Sanders）是最早将哈努

① W. L. Sanders，S. P. Horn. The tennessee value-added assessment system（TVAAS）：mixed-model methodology in educational assessment. Journal of personnel evaluation in education，1994（8）.

谢克理念运用于实践的人。田纳西大学的统计学家桑德斯以及他的团队一直致力于学校效能、教师效能的研究。他在研究中发现，在诸多影响学生成绩的因素中（如学校教育系统、班级规模、学生先前成就水平等），他们的教师是主导因素。因而，提高教师效能是提高学生成绩的有效手段，而要提高教师效能首先要有测量教师效能的有效手段。在这样的思路下，桑德斯教授及他的团队利用其学科背景设计出了基于统计模型的增值评法来测量教师效能，并于 1992 年将其纳入田纳西州教师评价体系之中，从而形成了著名的田纳西州增值性评价系统（Tennessee value-added assessment system，TVAAS）。

（二）教师增值性评价的定义

关于教师评价的概念，可参考本书第九章的内容。教育领域的变革催生了教师增值性评价及教师增值性评价方法的迭代。教师增值性评价，一般认为是利用统计模型计算教师对学生成绩的“增值”的方法，即以学生的学业进步情况而非绝对的学业成绩来评价教师。首先，这种方法考虑到的是“增值”，即学生在教师影响下取得的进步，而不是其最终取得的成绩；其次，这种方法还考虑到学生成绩的变化会受到很多不受教师控制的因素的影响，比如学生的初始成绩、性别、种族、社会经济地位等等，因此评价教师的时候应尽量控制或排除这些因素的影响，从而获得教师对学生的“净效应”。总而言之，教师增值性评价是一种利用统计技术、考虑学生进步、考虑多重因素的相对科学与公平的教师评价法。

（三）关于教师增值性评价的争议

1. 教师增值性评价的准确性

教师增值性评价最大的特点就是将教师增值指标纳入教师评价体系之中，而增值指标则是基于学生成绩利用统计模型计算出来的。如斯坦福大学的教授琳达·达林-哈蒙德从增值模型应用前提的角度进行了分析。她认为增值模型能够发挥效应关键是看其是否能够准确测量出教师对学生学习的贡献，从理论上来说，如果以下条件满足了，增值模型或许能够做到这一点。这些条件包括：（1）学生的学习能够用测验充分测量出来，这些测验能够反映出学生有价值的学习，以及课程目标所要求的所有的学习内容。（2）无论是校内还是校际，学生被随机分配给教师。换言之，每个教师负责教授的学生，其学习条件和特性不存在显著差别。（3）在测评期间，教师是唯一对其学生学习有贡献的人。这三个条件无疑都是绝对理想化的条件，在正常的教学环境里很难实现。首先，没有一项标准化测验能充分反映出学生的学习所得，因为测验本身就存在一定的局限性——范围性和指向性；其次，我们无法通过重新分配社会资源来改善学生所处的不利处境，学生在校内还是校际的随机分配是无法保障的；最后，学生生活的环境中不仅仅有教师，还有同学、家庭和社会的影响，无法保证测评期间教师才是唯一对学生学习有贡献的人。

2. 教师增值性评价的适用性

将增值性评价方法应用到教师评价中，从本质上来说，就是要考量教师在学生成绩进步中所起的作用。对于学校管理者来说，他们可以通过增值性评价获得教师评价中的客观指标，使他们在对教师问责时更有说服性。在美国联邦政府的政策激励下，美国校长们更倾向于将教师增值指标纳入教师评价体系中，然而在实际应用中，他们却有着不同的观点和做法。许多测评和统计专家包括美国统计协会纷纷表示，增值性评价模型不是评价教师个体效能的有效或可靠的方法，因为它不反映教师教学的内容或质量。而一些老师在学生调查中得分较高，并且通过校长的课堂观察和其他指标的评定表现都很好，但是其学生在考试中却表现不佳①。这些现象导致管理者很难做出决定，使得教师评价难以顺利进行。因此，他们提出教师评价的 5 条指导原则和 7 条实施建议，具体见表 16－1 和表 16－2②。

表 16－1　全美中学校长协会提出的教师评价指导原则

（1）作为教学领导，校长的角色是引领全校教师在学习中提高教学质量，校长应与教师们共同讨论哪些教学举措有效，哪些效果不佳
（2）教师评价体系应有助于校长营造一种持续学习、不断提升的合作式学校文化
（3）能够促进学习的评价对教师教学的改进有重大意义
（4）学校应该利用学生测试成绩数据来推动学生更深层次地领会和掌握核心概念，同时帮助教师完善教学、调整教学目标等
（5）全美中学校长协会支持使用各种评价方法对教师进行评价

表 16－2　全美中学校长协会关于教师评价的实施建议

（1）成功的教师评价体系应该进行多次贯穿整个学年的课堂观察。课堂观察应由专门的评估人员进行，收集多种数据，并为教师们提供有意义的反馈
（2）各州和学区都应该使用"同行协助和审查"（Peer Assistance and Review）项目，这个项目旨在安排专家型指导教师为新教师和教学上有困难的老教师提供帮助
（3）各州和学区都应该在教师评价中使用教师构建的学生学习档案袋
（4）增值评价法应该被校长用来测评学校工作的进展，并对学校教学项目和教学方法的有效性进行评估
（5）增值评价法不应该用于事关教师个体的重要的人事决策
（6）各州和学区应不断进行关于如何恰当使用学生考试成绩和增值评价模型的校长培训
（7）各州和学区应该为校长提供所需资源和时间，以便校长们决定如何最好地使用学生成绩数据

资料来源：满孝珠．美国教师增值性评价的发展现状及启示．曲阜：曲阜师范大学，2017.

从上表可以看出，将增值性评价理念落实到教师评价实践中，管理者们同样有自己的思考。如校长们应通过接受培训学习如何恰当使用增值性评价模型、增值性评价的结果不应该用于决定有关教师个体的重要决策等。在其应用过程中，学校管理者既要衡量政府的政策驱动，又要衡量其在应用过程中引发的内部争议，尤其是利益相关者的反对声音。

3. 教师增值性评价的合理性

增值评价法的合理性主要是针对教育实践者（主要是教师）对于增值评价法的态度

① Polikoff，Porter. Instructional alignment as a measure of teaching quality. Educational evaluation and policy analysis，2014，36（4）.

② C. Guerere. Value-added and observational measures used in the teacher evaluation process：a validation study. University of South Florida，2013.

和观点而言的，即将增值评价法应用到教师评价中是否为教育实践者所接受，其是否使教师工作得更愉快，是否使教学效果更好等。在很多已经使用增值评价法来评价教师的试点学区，有教师反映，她每年都做着同样的工作，用着同样的方法教学，但每年的增值指标却不一样。对于学校领导来说，他认为这些增值性评价的结果对于教师而言是很难理解和接受的，而且学校也很难对此结果有清楚的解释。若在教师评价中使用增值评价法，不仅有可能会引发教师们对教师评价的不良情绪，还有可能影响到教师们的教学工作，对于一个学校来说，增值性评价可能会抑制学校发展。有研究者发现，休斯敦地区的一些教师意识到，一旦他们开始教授四年级学生，他们的增值性评价分数就会下降，因为在四年级，所有英语非母语学生，会进入常规课堂上课，而分数的下降会导致教师评价分数较低从而受到处分甚至被解聘。一位教师说，"如果让我去教授这样的并轨年级的课程，我就有可能失业，因为这个年级的评估分数肯定会降低"①。因而，没有一个教师愿意去教并轨的四年级学生。这些现象的存在毫无疑问地会影响教师的工作质量和教学效果。由此可见，我们在分析增值评价法的合理性时，不能简单考虑其政策支持、管理者的态度，更应该关注教育实践者的态度，毕竟教育实践者是影响教育质量的直接因素。我们应该关注的是增值评价法应用到教师评价中将如何影响教师们的教学行为。如果一种评价方式不能激发教师的工作积极性，不能促进教学效果的提高，那么，这种评价方式的合理性自然会受到质疑。

三、学校效能增值性评价

（一）学校效能、学校效能评价与学校效能增值性评价

萨蒙斯（Sammons）认为，现在人们更倾向于将效能视为一个相对的概念，效能依赖于对研究学校类型的选择、对输出结果的选择、对控制因素的选择及对研究时间长短的选择。在不同的学术范畴下或不同的研究视角下，研究者对学校功能的认知不同、期望也不同，自然对学校功能的判断和概念界定也就不同，那么学校功能对应的学校效能也就不同。基于不同学术范畴下学者对学校功能的认识，学校效能可以简单地界定为：学校效能就是学校在固定输入下可以表现出来的功能的程度。

学校效能评价被认为是评价学校在控制生源和学校背景等外部因素的条件下，与其他条件类似学校相比，其达到目标的程度，是对学校工作绩效"净"影响的评价。基于此理解，笔者认为，学校效能增值性评价指的是以学生的学业成就为评价依据，通过相关的统计分析技术，将学校对学生发展的影响从生源、性别、民族等诸多相关因素中分解出来，进而测量一定时间内学生的进步幅度，以此试图发现一些学校的学生是否比其他学校的学生能获得相对较大的发展的一种评价方法。

（二）学校效能增值性评价的特点

1. 以量化研究为主

增值性评价在计量方法上是通过建立投入与产出变量间的回归方程，量化研究影响

① S. M. Johnson. Will VAMS reinforce the walls of the egg-crate school. Educational researcher，2015（44）.

学生学习成就的各项因素，增值即为回归方程的残差值。在统计方法上起初是采用描述性的统计分析以及常用的多元回归分析，随着对教育活动的多层次嵌套结构的深入认识，即教育问题中存在着学生属于班级、班级嵌套于年级、年级嵌套于学校等现实结构。多水平回归分析模型在近 20 年中逐步发展成熟起来，并已应用于增值性评价分析，极大地推动了学校效能研究的发展。桑德斯认为：多水平分析的增值性评价模型就学校层面的测量而言，目前是评价学校增值作用的最准确的工具。

2. 综合性

采用增值方法对学校效能进行研究，需要对效能进行分类分析，一个总体的学校效能结论不能充分反映学校的实际情况。事实上，对学校效能的研究可以有以下几个常见的内容：学校的整体绩效水平、不同学科间学校效能的差异、学校对学生影响的时序变化、不同学生群体间以及地区间的效能差异比较。

3. 应用性

增值性评价不仅仅是一个学术研究课题，还可用作学校自我评估与管理的科学工具。地方教育部门、学校校长和教师都可以利用此方法，对学生、班级、学校、地区甚至国家的教育效能进行评价，也可以用于评价教学内容、学校改进、教育平等、课程等。

四、英美两国增值性评价的应用

英美两国在增值性评价方面具有丰富的经验。其中，美国是世界上最早研究和实践增值性评价的国家，主要将增值性评价用于教育问责。英国较美国起步略晚，其增值性评价主要用于学校效能评价。英美在增值性评价的研究、设计、实施等方面的探索为其他国家和地区提供了重要的参考价值。

（一）美国的增值性评价

20 世纪 80 年代，美国学生在国际学业成就测验中成绩下滑，引发社会各界对教育发展状况的担心。1983 年，美国高质量教育委员会发布具有里程碑意义的报告《国家处于危险之中：教育改革势在必行》（A Nation at Risk：The Imperative for Educational Reform）。该报告显示，1963 年至 1980 年间，美国学生的 SAT 成绩持续下滑的一系列问题对学生个体发展和美国未来都构成了威胁。1989 年，总统布什与各州州长召开教育峰会并制定了六项国家教育目标。为实现这些教育目标，美国各州在增加财政投入推动课程与教学改革的同时，逐渐建立了基于教育评估结果的教育问责制度。

田纳西州时任州长麦克沃特（Ned R. McWherter）于 1992 年签署《教育改进法案》（Education Improvement Act，EIA），提出要加强教育问责，教育部每年要公布各学区和部分公立中小学的质量与绩效数据，包括出勤率、升学率、辍学率、测试成绩等，以敦促各地方教育机构合理使用经费，切实提高学生学业成就。但是，许多教育者认为学生成绩受家庭社会经济背景的影响很大，用成绩问责教师或学校是不公平的。于是，增值性评价成为教育问责的新依据。在此背景下，该州启用了田纳西州增值性评价系统，在全州实施增值性评价①。

田纳西州增值性评价系统（TVAAS）通过对3～12年级学生连续多年追踪的标准化测试取得的学科学业成绩，包括数学、科学、社会研究、阅读和语言艺术等，突破了以学生单次测试成绩衡量教师水平造成的困境。TVAAS过滤掉了一些诸如社会经济地位、种族、班级规模、是否属于处境不利学生（是否获得免费/减价午餐）等其他一些与学生成绩低相关的变量后，通过研究表明教师效能对学生成绩的影响最大。使TVAAS具有革命性的原因之一是，它从学生上一年到下一年的收获方面关注学生的成就。换句话说，学生在这一学年学到了什么？每个学生每年获得的收益被称为增值。从概念上来讲，“增值＝当前的成就/结果－先前成就/结果”。它关注的是学生随着时间变化所取得的学业进步，而不是学生成就水平是否达标。学生可能两次（或多次）的测验成就均处于及格线以下，但如果经过对比发现他的学业成就获得了相对提高，那么这里也存在增值。

美国是增值性评价体系最成熟、系统的国家之一，1992年TVAAS的实施，开启了全世界增值性评价研究的浪潮。随后，美国的芝加哥、俄亥俄州、华盛顿哥伦比亚特区等地区也相继启动增值性评价项目。这些增值性评价项目都以测评“教师准备计划”（Teacher Preparation Programs，TPP）的效果为目的，为基础教育重点的绩效评估和资源配置决策提供了重要信息。各州在增值性评价项目上的探索得到了联邦政府的支持。自2006年起，美国对多州的增值性评价项目给予资助，2009年开始的“力争上游计划”（Race to the Top）进一步加大了对基础教育改革的投资力度。截至2016年，美国在联邦和州层面都开始使用增值性评价模型测量TPP的效能②。

（二）英国的增值性评价

与美国不同，英国的增值性评价主要用于学校效能的评估。在此基础上，政府进行学校问责，学校寻求提升路径，家长和学生进行学校选择。20世纪80年代，英国颁布《教育改革法》（1988年）规定了国家标准课程，公立学校失去决定课程内容自主权。统一课程带来统一考试和学校评估，考虑到对使用原始成绩评价学校办学质量的批判，英国提出学校增值性评价理念并于兰开夏郡中小学进行试点，2002年在英格兰、威尔士等地区使用增值性评价，2006年将增值性评价推广到英国全境。

其中兰开夏郡学校效能增值性评价项目（Lancashire Value-Added Project，LVAP）选择在兰开夏郡地方教育局下属中小学实施。主要收集的数据包括：一是学生入学时的才能基线，以语言认知、数量认知等测试来调查；二是某阶段结束后的学习成绩，在主科成绩基础上纳入信息技术、艺术等额外成绩，并将学生态度量表也考虑在内；三是学生背景因素；四是学校背景因素。

以增值指标来评价学校的教育质量在英国已经实施多年。LVAP的特色主要体现在三个方面，一是评价内容多元，评价方法比较成熟。突破了单以分数评价学校的局限，在考虑学生主副科成绩的同时关注学生品德等因素。充分考虑了学生能力、家庭因素及

---

① 周瑶，陈星贝．增值性评价：来自美国田纳西州的核心经验．中小学管理，2020（10）.

② 邵卓越，刘徽．关键看增量：增值性评价的英美探索．https：//www.sohu.com/a/539361937_121124210.

学校因素，并通过统计学方法将学校因素从影响学生学习结果的诸多因素中分离出来，实现对学校教育结果的“净”影响的评价。二是健全的数据收集机制。LVAP由专门考试机构组织统一考试，一定程度上保证了考试信度效度，利用学生成绩追踪软件又为数据整合和数据库构建提供了便利。三是以信息反馈机制为依托达成评价效用。该项目提供了一系列的回馈信息，供学校、教师参考，以了解学校水平及薄弱点，同时为家长择校、公众参与教育治理提供依据①。

目前较为流行的增值性评价模型主要有获得分数模型、协变量校正模型、马尔科夫链模型、多因变量模型、交叉分类模型等，其详细信息可见表16-3。

表16-3 增值性评价模型对比

模型	模型内容	应用领域	特点	不足
模型一 获得分数模型 (gains model)	将学生连续两次测试成绩的增长量与相应的教师联系起来，其数量的表现形式是两次测试成绩的差值	美国得克萨斯州用获得分数作为学校效能增长的指标	模型扩展性好，不受测量误差的影响；能使用标准化的统计软件进行估算	该控制法前提假设错误，成绩相减要求两次测试成绩垂直等值，然而跨年级的垂直等值本身就不充分，严格意义上的量尺相等难以达到
模型二 协变量校正模型 (covariate adjustment model)	以后测成绩为因变量，前测成绩为协变量，允许加入学生特征变量校正模型估计结果，班级层的随机效应为教师的效能值	该增值评估系统主要用于帮助制订教师和学校改进计划	协变量校正模型要求两次测试分数有标准的含义即可，不需要严格的垂直等值，这增强了模型在教育评价中推广应用的价值。协变量校正模型假设教师效能随时间变化，且可在模型中直接估计	仅使用一次前测成绩作为控制变量，无法有效地校正测量误差对教育效能估计的影响。已有模拟研究及实际数据研究表明，协变量模型中加入三次及三次以上前测成绩能有效减小测量误差对估计结果的影响
模型三 马尔科夫链模型 (Markov chain model)	从概率转移的角度分析不同学业水平学生接受教育后，学业水平发生变化的概率，根据概率的转移计算当年学校或教师在不同学生等级上表现的特征值，以此来评价教师效能	该模型主要运用于教育评价的问责系统中	以同一学科连续两次测试成绩的等级为分析基础，适应了教育评价中表现性评价的等级评定形式，也增大了对测量误差的容忍度；能用来帮助行政管理部门估计学校或教师效能每年需要达到的水平，使教育政策的目标有量化的标准	忽略等级内学生的差异，从而会对增值性评价结果产生影响

① 计思多．中小学学校效能增值性评价域外经验与启示：以英国兰开夏郡为例．教育观察，2020，9（3）．

续表

模型	模型内容	应用领域	特点	不足
模型四 多因变量模型 (multivariate response model)	假设先前教师的效能是持续不变的，认为模型中不需要加入影响评价公平的控制变量，连续多次的测试成绩就能充分反映学生的特征，在模型估计中控制这些前测成绩，能准确地估计教师效能	多因变量模型已经应用于美国十几个州的数百所学校。英国、新加坡等国也纷纷通过引入增值性评价来实现学校教育质量问责与提升计划	不需加入学生或学校的特征变量校正教育效能的估计，减少了收集特征变量的程序。可提供详细的用于指导改进的反馈报告，评估结果可用于人事决策	证明其教师效能持续不变的假设错误，估计学生缺失信息也可能导致教育效能估计的偏差
模型五 交叉分类模型 (cross-classified model)	假设学生成绩随时间呈线性增长，增长趋势的参数取决于学生；教师对学生成绩的影响是对学生特定增长轨迹的“偏转”作用，并假设教师对学生成绩的影响是累积的过程，是持续不消失的	劳登·布什（S. W. Rauden Bush）对这种模型进行研究，并将其应用在教育评价中。但还未正式应用在教育评价系统中	交叉分类模型与多因变量模型相似，不同之处是后者对学生成绩的增长没有明确的规定。另外，交叉分类模型需要加入学生或学校特征变量校正估计的教育效能	该模型假设学生成绩恒定比率增长的假设存在不合理性，现实中学生成绩的增长可负可正，也可能维持不变

第三节 我国增值性评价的未来发展趋势

一、增值性评价的优势所在

（一）科学公正地评价学生，促进学生全面发展

过去我们评价学生，更多的是追求时间短、速度快，将每次考试后的总分和平均分来作为衡量学生学业成绩水平的依据，以此来判定学生是否掌握了知识。随着教育改革的不断深入，我们不能再停留于过去的这种评价方式，仅仅把学生一次考试成绩当作学习成果。虽然在升入高中后，学生必然面临着高考这一挑战，但是我们也应该关注学生是否掌握了良好的学习方法，同时关注他们的实际进步情况。采用增值性评价手段，可以促使学校、教师、家长更加科学、公正、公平地看待每一个学生的发展状况，跟踪学生学情动态，不再简单地拘泥于“平均分”“班级排名”“年级排名”这样的字眼，而是关注学生与自己的比较，更加注重学生的成长。

（二）促进教师队伍的建设和学校效能的提升

首先，比起传统的评价方法，增值模型注重的是理性的数据分析，考量学生一段时间的学习成绩变化情况，并把教师的薪酬、等级、晋升、奖惩等与其挂钩，它排除了教师的经济地位、过去的成就等外在因素，用真实的数据来反映教师在教学上的效果，在某种程度上是比较公平的，更容易被教师所采纳。其次，教师为了能够适应和学习这种评价方法，也会努力地参与相关培训，有利于提升教师的综合素质评价能力。最后，增值性评价关注的是教师实际的效能，是他所施加给每位学生实际的教学效果，从而能进一步地区分和比较教师的效能值，促使效能较低的教师反思和改进自己的教学，激励效能较高的教师继续提升自我工作效能。总体来看，增值性评价有利于教师队伍的专业化发展和建设。

在学校方面，我们常使用“升学率”和学生入校的总成绩来区分“好校”和“差校”，然而这些学生入校后的学习情况我们难以详细得知。社会的教育资源一般会向好的学校倾斜，但是不代表所谓“差”的学校就没有效能，没有努力地培养学生。增值性评价能够采用一种客观的视角来看待学校在培养学生方面的效能，将学生在进校后一段时间内的学习增长进行量化分析，呈现出学校对学生的实质性影响和作用。这种方式有利于各所学校公平地参与竞争，根据自身实际效能去获取社会资源和支持。

（三）面向素质教育，缓解应试教育的“分数负担”

学生进入学校学习，不仅背负着父母对自己的殷切期望，还担受着教师、学校、社会各方无微不至的关怀。我们很难抛弃“考试”本身，因为学生的学业成绩是目前唯一能够较好地进行量化的指标，考试也能反映学生每次学习后的不足和成长，但我们可以减少应试教育对于分数的过度关注。以促进学生各方面素质发展为宗旨，通过教育评价方法的转变，也许可以稍微缓解学生身上的“分数负担”，将关注的重心从学习成果的最后产出转移到学习过程上来，看到学生在各方面的进步，尊重每个学生在学习过程中付出的努力。

二、增值性评价的现存问题

（一）增值模型的局限性

增值性评价依赖于增值模型，而且统计结果会根据增值模型的不同而产生差异。再者，数据的分析不可能完全精确，模型的使用也需要专门的学习和研究。目前包括线性回归模型、多水平模型、简单的描述性统计分析等等，每一种分析方法对数据的要求都不同。在数据分析的过程中，应该如何将庞大的教育数据整合归纳起来，又应该如何完善标准化测验的试题库，防止学生只是为了取得满意的评价结果而学习，这都是我们必须思考的问题。增值模型剔除了学生先前的学习成就，忽视了学生在学校以外接受的教育，这种控制下学生的学习增长值又能否完全归功于学校效能？冰冷的数据只能阐述表现，而无法说清事实背后的根源。

在模型中，比较学生过去一段时间的学习增长，不可避免地会存在一些问题。例如不同学习水平的学生在学习成绩上存在差异，所以他们的进步空间不一样，增值模型并不能完全适用于他们，尤其是优等生和后进生之间。试想一个优等生平时成绩是 90 分，那么他的进步空间十分有限，想要继续提升分数的难度很大；一个后进生平时只能考 60 分，但他的进步空间很大，想要提升分数相对比较容易。我们无法从学生的成绩增长来认定每个学生的学习量是否一致，数据上的增长也无法完全反映出每个学生的学习水平，还是要考虑学生本身的基础差异。

除此之外，在增值模型下，我们更多的是考查学生在考试中的表现，关注点只停留在考试的分数即最终结果，而不能考查学生在其他方面的成长，特别是学生在学习过程中的表现和个体的学习质量。增值模型是人为产生的评估产物，我们不能将增值模型基于考试分数得出的结果当作最终的教育目标，这与家长和社会对学生的教育期望有所不同。

（二）评价指标的不一致性

虽然目前已经有许多学校推行了增值性评价，但是并没有建立起完善的、统一的评价指标。同时，并非所有学校都具备推行增值性评价的条件，这需要接受一定的培训和学习。增值性评价以标准化测验为基础，评价的内容仍然局限于传统的“主要”学科，那么学校又该如何考量其他学科和学生的身心发展，是否能将非学业性表现纳入学生的评价中，都是我们需要去探讨的难题。学校对增值性评价的理解不同，确定和使用的评价指标便有所差异，我们应当注重评价指标背后的科学性、公正性和合理性。针对发展程度不同的学校，评价指标该如何确立？若指标无法一致，那么应该如何比较学校之间效能的差异？

（三）教师功利化教学

增值性评价相对公平地评价了教师的工作绩效，一方面可以刺激教师提升教学水平，另一方面也可能会带来不良的教学现象。我们无法规避这种现象：教师只关注拥有“完整的先后成绩数据”的学生，成了一名“理性的教师”，教学变成“功利性教学”。增值模型将教师引导到一个共同的起点上，抛弃了过去那些影响教师绩效的因素，教师之间为追求这种规范的尺度相互比较、相互竞争。因此，对于不是自己班级的学生，教师没有动力去给他提供学习上的指导，因为这个学生的“学习增长”是算到其他教师头上的。那些流动的学生（例如转班、转校等情况）也难以得到教师的关注，因为他们的成绩数据并不完整，尤其缺少了初始成绩和部分学习过程中的成绩，在教学评价时很难将其纳入评价范围。

再次，标准化测试集中在一些比较核心的所谓“主要”科目中，为了追求标准化测试的良好成果，教师就会不断地进行操作性、技能性的练习，让学生在考试中取得好成绩。于是在教学中不可避免地降低了美术、音乐、体育等课程的比重，或者直接取消了这些课程。

增值性评价毕竟是基于数据的评价模式，我们既然享受了其理性客观的分析，也就无法规避冰冷数据带来的局限性。不论是运用何种统计模型进行增值性评价，教育者都不能忘记最初的教育目标，一味地沉溺于学生成绩提升带来的甜头。若教师都变成了“理性的教师”，在教学团队中有目的、有意识地去迎合这种增值模型，那么最终的受害者只能是学生。

三、增值性评价的发展趋势

（一）建立数据资料库

要更好地进行增值性评价，就需要从不同的维度来全面收集相关数据，建立完整的评价数据资料库。从时间范围来看，需要从学生一入学就开始收集其相关数据，保存好学生在多次测验中的成绩，直至该学生从学校毕业。只有连续性的数据才能更加客观、准确地反映出该学生在学习过程中的表现。从内容跨度来看，除了收集考试的成绩，还应当收集学生多方面的表现成绩，从而更好地评价学生是否真正地实现了全面发展。从评价主体来看，应当收集与学生相关的家庭、学校、教师、同学等多方面数据，在不断发展增值性评价过程中进一步分析这些课外因素与学生进步的关系。但是在收集数据并建立数据库的过程中，应量力而行，不要加重教师和学生的负担，更不要为了收集“全面”的数据而收集许多无用的数据。

（二）与传统评价相结合

增值性评价正处于起步阶段，在现阶段进行学校效能评价、教师评价以及学生评价时，都无法完全摆脱传统评价模式而单独采用增值性评价。所以在实施增值性评价时，切忌“一刀切”，直接将增值性评价应用到所有的教学评价中，而应当在逐步探索增值性评价的过程中，不断完善增值性评价，同时将其引入当前评价体系中去，建立更为科学、合理、公平的评价体系。

（三）建立更为科学的增值性评价模型

结合我国实际，逐步建立科学合理的增值性评价模型。每一个评价方法模型的建立都需要科学的设计。边玉芳教授指出，在增值性评价发展的过程中，研究者根据理论假设和实际情况不同先后提出了几种不同的模型，如获得分数模型、协变量校正模型、交叉分类模型等，此外还有田纳西模型。我国在开发增值性评价模型的过程中，应该在借鉴其他国家经验的同时，结合我国实际，根据我国的实际教育需要、教育特点以及育人目标等，建立适应中国国情的增值性评价方法。此外，随着“互联网＋教育”的不断发展，应当建立起简单易操作的增值网络平台，从而更加便捷地进行数据收集与增值性评价①。

---

① 黎思翡，洪智建，胡中锋．增值评价之反思．今日教育，2021（1）．

当前，我国正处于教育改革不断深化的关键阶段，如何评价当前的教育质量，如何借助教育评价促使教育质量进一步提高，增值性评价为我们提供了新的思路。增值性评价的目的在于有效地引导学校从重投入到重过程、从重生源到重培养、从单纯注重结果到关注教育全过程，也正是这些优势推动了这一方法在实践中的应用。

本章小结

增值性评价作为新近发展起来的一种教育评价方法，它实现了关注点的变化、使比较更加公平、与绩效责任紧密相连，且具有诊断性功能。

增值性评价指的是在接受一段时间学校教育后，学生各方面素质进步程度的差异性价值判断，它强调评价各维度指标的一致。

增值性评价强调的是学生学习的过程，关注学生在一定时期内增长的价值，即在学业、综合素质、品德等各方面的成长。它摒弃了过去只看重教育结果，忽视教育过程的弊端，更加科学公正地评价学校的效能和教师的绩效水平，有利于促进学生自我学习、自我修正、自我提高，调动学生的学习积极性，引导学生独立思考，增强学生的自信心。

根据评价主体的不同，增值性评价主要应用于以下几个方面的评价：学生增值性评价、教师增值性评价和学校效能增值性评价。

未来增值性评价发展应当与传统评价相结合，构建适合我国教育发展特点的评价模型。

思考题

1. 增值性评价的价值取向有哪几种？
2. 增值性评价的应用范围是什么？
3. 简述增值性评价的利弊。
4. 简述增值性评价的历史。

拓展阅读：

曾蓉，孙丽萍，彭家荣．激发学生自主发展的高能量：成都市石室小学学生学业发展增值性评价探索．教育科学论坛，2019（29）.

参考文献

[1] 桑代克，桑代克-克莱斯特. 教育评价：教育和心理学中的测量与评估：第 8 版. 北京：商务印书馆，2018.

[2] 田中耕治. 教育评价. 北京：北京师范大学出版社，2001.

[3] 陈玉琨. 教育评价学. 北京：人民教育出版社，2019.

[4] 程书肖. 教育评价方法技术. 北京：北京师范大学出版社，2021.

[5] 丁朝蓬. 新课程评价的理念与方法. 北京：人民教育出版社，2003.

[6] 金娣，王刚. 教育评价与测量. 北京：教育科学出版社，2002.

[7] 经济合作与发展组织. 为了更好的学习：教育评价的国际新视野. 上海：上海教育出版社，2019.

[8] 李建军. 新课程的学校体育评价. 广州：广东高等教育出版社，2003.

[9] 李雁冰. 课程评价论. 上海：上海教育出版社，2002.

[10] 李雁冰. 质性课程评价研究. 上海：华东师范大学出版社，2000.

[11] 刘本固. 教育评价的理论与实践. 杭州：浙江教育出版社，2000.

[12] 刘淑兰. 教育评估和督导. 上海：华东师范大学出版社，2000.

[13] 刘志军. 发展性课程评价研究. 上海：华东师范大学出版社，2002.

[14] 邱均平，王碧云，汤建民. 教育评价学：理论方法实践. 北京：科学出版社，2016.

[15] 王汉澜. 教育评价学. 开封：河南大学出版社，1995.

[16] 吴维宁. 新课程学生学业评价的理论与实践. 广州：广东教育出版社，2004.

[17] 郑金洲，陶保平，孔企平. 学校教育研究方法. 北京：教育科学出版社，2003.

[18] 程宇飞，李军岩，范尧. 我国学校体育教育评价本原的理论遵循、迷思困境与实践路向. 体育学研究，2022，36 (2).

[19] 邓晖，陈鹏. 用好评价指挥棒 撬动教育高质量发展. 光明日报，2022-05-12 (5).

[20] 冯虹，朱瑞. 20 世纪 90 年代以来我国教育评价政策的回顾及展望. 教育测量与评价，2019 (11).

[21] 黄小平，胡中锋. 论教育评价的效度及其构建. 高教探索，2014 (2).

[22] 李如密. 教育评价改革思维的突破与挑战. 教育测量与评价，2020 (8).

[23] 李涛. 迈向强国之路的中国教育评价改革 . 教育发展研究，2021，41 (10).

[24] 李雁冰. 论教育评价专业化. 教育研究，2013，34 (10).

[25] 刘继萍. 基础教育评价的教育性反思：人的异化与回归. 中国人民大学教育学刊，2020 (3).

[26] 刘嘉. 多元教育评价助力创新人才培养. 人民教育，2020 (21).

[27] 刘茂祥. 基于实践导引的中小学劳动教育评价研究. 教育科学研究，2020 (2).

[28] 刘振天. 破立结合构建新时代教育评价体系. 中国社会科学报，2021 - 12 - 07 (8).

[29] 刘志军，徐彬. 教育评价：应然性与实然性的博弈及超越. 教育研究，2019，40 (5).

[30] 骆明艳，刘任丰. 基于档案袋评价的中小学劳动教育评价. 湖北科技学院学报，2021，41 (6).

[31] 石中英. 回归教育本体：当前我国教育评价体系改革刍议. 教育研究，2020，41 (9).

[32] 王宁宁，程文广. 新时代我国学校体育教育评价改革动因溯源及路径指向. 沈阳体育学院学报，2022，41 (3).

[33] 谢维和. 教育评价的双重约束：兼以高考改革为案例. 教育研究，2019，40 (9).

[34] 袁晶. 大规模有组织教育评价的运行机制分析：以经济合作与发展组织 PISA 的组织实施为例. 世界教育信息，2022，35 (5).

[35] 张志华，王丽，季凯. 大数据赋能新时代教育评价转型：技术逻辑、现实困境与实现路径. 电化教育研究，2022，43 (5).

[36] 赵倩倩. 新时代教育评价导向的特征与路径. 中国高等教育，2021 (24).

[37] 宗爱东. 教育评价的症结及出路. 探索与争鸣，2022 (4).

[38] Donald P. Kauchak，Paul D. Eggen. Learning and teaching：research based methods. Boston：Allyn and Bacon，1989.

[39] E. G. Guba ，Y. S. Lincoln. Fourth generation evaluation. Newburg Park，CA：Sage，1989.

[40] E. G. Guba ，Y. S. Lincoln. Effective evaluation. San Francisco：Jossey Bass，1981.

[41] Gilbert Sax. Principles of educational and psychological measurement and evaluation. Belmont，CA：Wadsworth，1980.

[42] J. D. McNei. Curriculum：a comprehensive introduction. New York：Little，Brown and Company，1985.

[43] John W. Best. Research in education. Upper Saddle River：Prentice-Hall，1975.

[44] H. Schubert. Curriculum：perspective，paradigm，and possibility. New York：Macmillan Publishing Company，1986.

后 记

去年春节前夕，中国人民大学出版社的王雪颖老师联系我，希望修订出版本书的第四版，我欣然接受了这个任务。一是感觉本书的有些内容已经有些陈旧；二是这些年评价的改革如火如荼，出现了一些新的理论与方法；三是有些新的评价问题需要我们研究。

在第三版的基础上，第四版对所有内容都进行了修改，补充增加了三章内容和拓展阅读。具体撰写情况：第一章，胡中锋、李英哲；第二章，胡中锋、李方；第三章，胡中锋、黎雪琼；第四章，胡中锋、李方；第五章，冯燕、胡中锋；第六章，黎雪琼；第七章，贾海薇；第八章，胡中锋、李英哲；第九章，谢燕妮；第十章，胡中锋、王震霖、杨映雪；第十一章，李小英；第十二章，黄为根；第十三章，胡中锋、盛俊丽；第十四章，彭晓煊、廖雨路；第十五章，张晓欣、周艺；第十六章，彭依、李琦。华南师范大学教育经济与管理专业 2021 级的所有硕士生均参加了本书的修订工作，我的博士生李英哲负责全书的校对和修改工作，在此一并致谢。诸位作者之中，多数是我现在和过去的学生，在撰写过程中，他们的钻研精神也深深地鼓励着我，使我感觉到长江后浪推前浪的压力。

我国虽然被公认为教育评价的起源地，但从严格的意义上说，现代教育评价诞生于西方，并在西方特别是美国得到飞速的发展。由于众多原因，我国对教育评价理论与方法的研究与运用还和西方国家有一定的差距。作为新世纪中国教育评价的研究者，我们也感到了巨大的压力和沉重的责任。

时代已经吹响了教育评价改革的号角，《深化新时代教育评价改革总体方案》已经为我们描绘了我国教育评价改革的蓝图。我们唯有不忘初心、砥砺前行，为我国的教育评价改革尽绵薄之力。

在本书的写作过程中，我们参阅和引用了许多学者的专著和文章，在书中和参考文献中都已一一列出，在此对原作者也表示感谢！

感谢中国人民大学出版社的编辑人员，特别是王雪颖编辑，没有他们的辛勤劳动，本书难以顺利再版。

由于时间紧促，加上水平与积累有限，本书从整体框架体系到具体内容以及语言的规范性等方面仍有完善和改进的空间，敬请诸位同行予以指正。

胡中锋

2022 年 10 月

于广州大学城华南师范大学文 3 栋 315 室

图书在版编目（CIP）数据

教育评价学/胡中锋主编．--4版．--北京：中国人民大学出版社，2023.1
新编21世纪教育学系列教材
ISBN 978-7-300-31167-8

Ⅰ.①教… Ⅱ.①胡… Ⅲ.①教育评估－高等学校－教材 Ⅳ.①G40-058.1

中国版本图书馆CIP数据核字（2022）第201212号

新编21世纪教育学系列教材
教育评价学（第四版）
胡中锋　主编
Jiaoyu Pingjiaxue

出版发行	中国人民大学出版社		
社　　址	北京中关村大街31号	邮政编码	100080
电　　话	010－62511242（总编室）		010－62511770（质管部）
	010－82501766（邮购部）		010－62514148（门市部）
	010－62511173（发行公司）		010－62515275（盗版举报）
网　　址	http://www.crup.com.cn		
经　　销	新华书店		
印　　刷	北京密兴印刷有限公司	版　　次	2008年7月第1版
开　　本	787 mm×1092 mm　1/16		2023年1月第4版
印　　张	23.25 插页1	印　　次	2025年6月第5次印刷
字　　数	530 000	定　　价	58.00元

教学支持说明

（教学课件）

中国人民大学出版社教育学科秉承“出教材学术精品，育人文社科英才”的出版宗旨，多年来，出版了大批高质量的教育学、小学教育、学前教育专业教材和学术著作。

我们为本教材制作了相应的PPT教学课件，任何一位采用本书作为授课教材的教师均可免费获得该课件。为了确保该课件仅为授课教师获得，烦请您填写如下材料，并将相关信息通过E-mail发送给我们，我们将在收到相关信息后通过E-mail给您发送该课件。欢迎您加入我们的QQ群（教育新视野交流群，群号为159813080），或登录我社官方网站（www.crup.com.cn），注册并认证成为教师会员，以获得更好的服务。

我们的联系方式：

地址：（100872）北京市中关村大街甲59号文化大厦1202室

中国人民大学出版社

电话：（010）82502724　62514775（传真）

E-mail：ggglcbfs@vip.163.com

QQ群：159813080

兹证明________大学/学院________院/系________专业________学年第________学期开设的________课程，采用中国人民大学出版社出版的________（书名、作者）作为本课程教材。授课教师为________，授课班级共________个、学生________人。授课教师需要与本书配套的教学课件。

联 系 人：________________

通信地址：________________

邮　　编：________________

电　　话：________________

E-mail：________________

系/院主任：________（签字）

（系/院办公室章）

______年____月____日